HT PONS

Bildwörterbuch

Sanitär Heizung Klima

Deutsch, Französisch, Russisch, Kurdisch

Verlag Handwerk und Technik
Hamburg

PONS Langenscheidt GmbH
Stuttgart

Verlag Handwerk und Technik, PONS
Bildwörterbuch Sanitär Heizung Klima Deutsch – Französisch - Russisch - Kurdisch

Bearbeitet von: Bearbeitet für Französisch, Russisch und Kurdisch von: eLocalize for Technology SAE

Die technischen und grafischen Zeichnungen wurden nach Vorlagen ausgeführt von: Dipl.-Ing. Manfred Appel, A&I Planungsgruppe, Lübeck; Grafische Produktion Neumann, Rimpar; as-illustration, Rimpar
Die Normblattangaben werden wiedergegeben mit Erlaubnis des DIN Deutsches Institut für Normung e.V. Maßgebend für das Anwenden der Norm ist deren Fassung mit dem neuesten Ausgabedatum, die bei der DIN Media GmbH, Burggrafenstraße 6, 10787 Berlin, erhältlich ist.

1. Auflage 2025 (1,01 - 2025)

Lademannbogen 135, 22339 Hamburg; Postfach 63 05 00, 22331 Hamburg
E-Mail: info@handwerk-technik.de – Internet: www.handwerk-technik.de
PONS Langenscheidt GmbH Stuttgart 2025
www.pons.de

Umschlagmotive vorne: TROX GmbH, Neukirchen-Vluyn (1); Meibes System-Technik GmbH, Burgwedel (2); IMI Heimeier, Erwitte (3); as-illustration Alexander Schmitt, Rimpar (4); hinten: Conex | Bänninger – IBP GmbH, Linden (1); REMS GmbH & Co KG, Waiblingen (2)
Logoentwurf: Erwin Poell, Heidelberg
Logoüberarbeitung: Sabine Redlin, Ludwigsburg
Druck und Bindung: BDZ GmbH, 54595 Prüm

ISBN: 978-3-582-65644-5

20 ARBEITSSICHERHEIT UND UNFALLSCHUTZ
SÉCURITÉ AU TRAVAIL ET PROTECTION CONTRE LES ACCIDENTS
ОХРАНА ТРУДА И ТЕХНИКА БЕЗОПАСНОСТИ
EWLEKARIYA KAR Û PARASTINA JI QEZAYAN

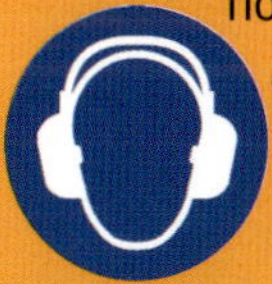

42 FERTIGUNGS- UND MONTAGETECHNIK
TECHNIQUE DE FABRICATION ET DE MONTAGE
ТЕХНОЛОГИЧЕСКОЕ ОБОРУДОВАНИЕ И СБОРОЧНАЯ ТЕХНИКА
TEKNÎKA ÇÊKIRIN Û MONTAJÊ

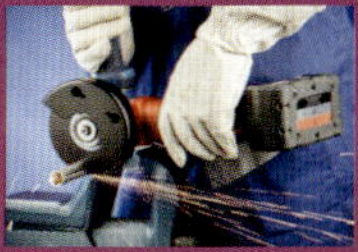

120 WERKSTOFFTECHNIK
TECHNIQUE DES MATÉRIAUX
МАТЕРИАЛОВЕДЕНИЕ
TEKNÎKA MADEYAN

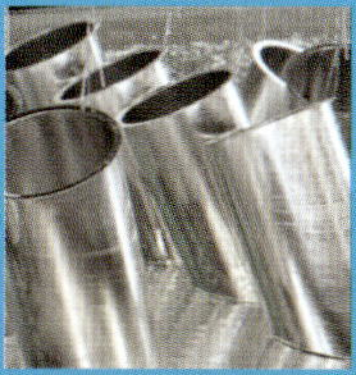

178 ELEKTROTECHNIK
GÉNIE ÉLECTRIQUE
ЭЛЕКТРОТЕХНИКА
TEKNÎKA ELEKTRÎKÊ

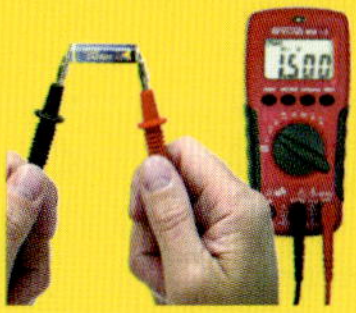

214 SANITÄRTECHNIK
LA TECHNIQUE SANITAIRE
САНТЕХНИКА
TEKNOLOJIYA PAQIJIYÊ

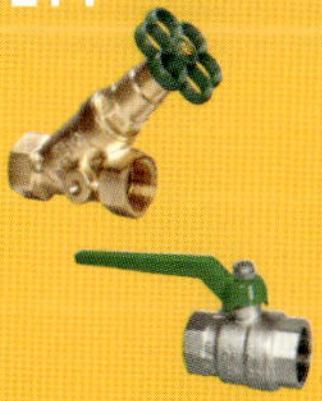

264 HEIZUNGSTECHNIK
TECHNIQUE DE CHAUFFAGE
ТЕПЛОТЕХНИЧЕСКОЕ ОБОРУДОВАНИЕ
TEKNOLOJIYA GERMKIRINÊ

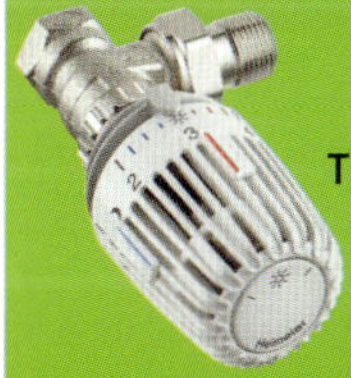

300 KLIMATECHNIK
TECHNIQUE CLIMATIQUE
ТЕХНИКА КОНДИЦИОНИРОВАНИЯ ВОЗДУХА
TEKNÎKA KLÎMAYÊ

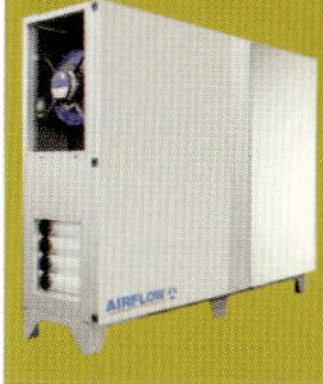
AIRFLOW

313 INDEX
DEUTSCH
FRANÇAIS
РУССКИЙ
KURDÎ

VORWORT - AVANT-PROPOS - ПРЕДИСЛОВИЕ - PÊŞGOTIN 12

BENUTZERHINWEISE - AVEC LE DICTIONNAIRE - УКАЗАНИЯ ПОЛЬЗОВАТЕЛЯМ - NOTAN JIBO BIKARHÊNER 14

1 ARBEITSSICHERHEIT UND UNFALLSCHUTZ - SÉCURITÉ AU TRAVAIL ET PROTECTION CONTRE LES ACCIDENTS - ОХРАНА ТРУДА И ТЕХНИКА БЕЗОПАСНОСТИ - EWLEKARIYA KAR Û PARASTINA JI QEZAYAN 20

1.1 PERSÖNLICHE SCHUTZAUSRÜSTUNG - ÉQUIPEMENTS DE PROTECTION INDIVIDUELLE - СРЕДСТВА ИНДИВИДУАЛЬНОЙ ЗАЩИТЫ - AMÛRÊN PARASTINA KESANE 23

1.2 SICHERHEITSKENNZEICHNUNGEN FÜR DIE UNFALLVERHÜTUNG - SIGNALISATION DE SÉCURITÉ POUR LA PRÉVENTION DES ACCIDENTS - ЗНАКИ БЕЗОПАСНОСТИ ДЛЯ ПРЕДУПРЕЖДЕНИЯ НЕСЧАСТНЫХ СЛУЧАЕВ - NÎŞANÊN EWLEKARIYÊ JI BO PÊŞÎLÊGIRTINA QEZAYAN 25

1.2.1 Sicherheitsfarben - Couleurs de sécurité - Цвета безопасности - Rengên ewlekariyê 25

1.2.2 Verbotszeichen - Panneaux d'interdiction - Запрещающие знаки - Nîşanên qedexekirinê 25

1.2.3 Gebotszeichen - Panneaux d'obligation - Предписывающие знаки - Nîşanên fermanî 28

1.2.4 Warnzeichen - Panneaux d'avertissement - Предупреждающие знаки - Nîşanên hişyariyê 30

1.2.5 Rettungszeichen - Panneaux de secours - Эвакуационные знаки - Nîşanên rizgarkirinê 33

1.2.6 Brandschutzzeichen - Panneaux de prévention des incendies - Знаки пожарной безопасности - Nîşanên parastina ji agir 35

1.2.7 Zusatzzeichen - Panneaux supplémentaires - Дополнительные знаки - Nîşanên zêdekirî 35

1.2.8 Gefahrstoffe - Substances dangereuses - Опасные вещества - Madeyên talûke 36

1.2.9 Flucht- und Rettungspläne - Plans d'évacuation et de sauvetage - Планы эвакуации - Planên revîn û rizgarkirinê 37

1.2.10 Anleitungen zur Ersten Hilfe - Instructions pour les premiers secours - Указания касательно первой медицинской помощи - Rêberiyên alîkariya yekem 38

1.2.11 Betriebsanweisungen - Modes d'emploi - Инструкции по технике безопасности - Rêberiyên kar 39

1.3 UNFALLVERHÜTUNG - PRÉVENTION DES ACCIDENTS - ПРЕДУПРЕЖДЕНИЕ НЕСЧАСТНЫХ СЛУЧАЕВ - PÊŞÎLÊGIRTINA QEZAYAN 40

1.3.1 Leitern und Gerüste - Échelles et échafaudages - Лестницы и леса - Nerdewan û darbestin 40

2 FERTIGUNGS- UND MONTAGETECHNIK - TECHNIQUE DE FABRICATION ET DE MONTAGE - ТЕХНОЛОГИЧЕСКОЕ ОБОРУДОВАНИЕ И СБОРОЧНАЯ ТЕХНИКА - TEKNÎKA ÇÊKIRIN Û MONTAJÊ 42

2.1 SPANENDES TRENNEN - SÉPARATION PAR USINAGE - РЕЗАНИЕ СО СТРУЖКООБРАЗОВАНИЕМ - VEQETANDINA BI QIRŞIKAN 46

2.1.1 Sägen - Sciage - Распиловка - Miştarkirin 46

2.1.2 Bohren - Forage - Сверление - Qulkirin 48

2.1.3 Senken - Lamage - Зенкование - Kûrkirin 54

2.1.4 Gewindeschneiden - Alésage - Нарезание резьбы - Birîna vîdayan 55

2.1.5 Trennschleifen - Tronçonnage - Абразивное отрезание - Veqetandina bi rêxistinê 58

2.1.6 Entgraten, Anfasen und Schälen - Ébavurage, chanfreinage et écroutage - Удаление заусенцев, скашивание кромок и бесцентровая обточка - Paqijkirina qirêjan, lêvvedan û qelêşan 59

2.1.7 Schneiden - Coupe - Резка - Birîn 60

2.2 UMFORMEN - FORMAGE - ФОРМООБРАЗОВАНИЕ - ŞIKILDAN 65

2.2.1 Biegen und Kanten - Cintrage et pliage - Гибка и кантование - Tewandin û qatkirin 65

2.2.2 Aufmuffen und Aushalsen - Mandrinage et formage de collerettes - Изготовление муфт и вытачивание канавок - Kumikkirin û qirikderxistin 72

2.3 FÜGEN - ASSEMBLAGE - ПРИГОНКА - PÊKVEDAN 75

2.3.1 Berechnen von Rohrlängen - Calcul de longueurs de tubes - Расчет длины труб - Hesabkirina dirêjahiya boriyê 75

2.3.2 Löten - Brasage - Пайка - Lehîmkirin 76

2.3.3 Schweißen - Soudure - Сварка - Tevşokirin 80

2.3.4 Kleben - Collage - Склейка - Pêvezeliqandin 86

2.3.5 Pressverbindungen - Raccords à sertissage -Прессовые соединения - Pêvegirêdanên pêçandinê 88

2.3.6 Schiebehülsenverbindungen - Raccords à sertir coulissants - Соединение с помощью скользящих муфт - Pêvegirêdanên giloveya şimitandinê 89

2.3.7 Steckverbindungen - Connexions enfichables - Штекерные соединения - Pêvegirêdanên hevdanan 90

2.3.8 Gewinderohrverbindungen - Raccords filetés tubulaires - Соединение труб с резьбой - Pêvegirêdanên boriya vîdayî 90

2.3.9 Schraubenverbindungen - Raccords vissés - Винтовые соединения - Pêvegirêdanên vîdayan 92

2.4 MONTIEREN - MONTAGE - МОНТАЖ - MONTAJKIRIN **102**
2.4.1 Montagewerkzeug - Outil de montage - Монтажный инструмент - Amûrên montajê 102
2.4.2 Befestigungsgründe - Supports de fixation - Крепежные основания - Sedemên pêvekirin 103
2.4.3 Befestigung von Rohren - Fixation de tubes - Крепление труб - Pêvekirina boriyan 104
2.4.4 Dübel, Anker und Schellen - Chevilles, ancres et colliers de serrage - Дюбели, анкеры и хомуты - Dubel, hevsar û kelepçe 104
2.5 PRÜFEN - VÉRIFICATION - ИСПЫТАНИЕ - KONTROLKIRIN **111**
2.5.1 Prüfmittel - Équipemenets de test - Испытательная среда и испытательные приборы - Amûrên kontrolê 111
2.5.2 Prüfen von Längen - Vérification des longueurs - Контроль длины - Kontrolkirina dirêjahiyan 112
2.5.3 Prüfen von Winkeln - Vérification des angles - Контроль уголков - Kontrolkirina goşeyan 116
2.5.4 Prüfen von Formen - Vérification des formes - Контроль форм - Kontrolkirina şikilan 117
2.5.5 Prüfen von Richtungen und Lagen - Vérification des directions et des positions - Контроль направлений и местоположений - Kontrolkirina aliyan û pozisyonan 118
2.5.6 Prüfen von Druck und Temperatur - Vérification de la pression et de la température - Контроль давления и температуры - Kontrolkirina pestîn û germahiyê 119

3 WERKSTOFFTECHNIK - TECHNIQUE DES MATÉRIAUX - МАТЕРИАЛОВЕДЕНИЕ - TEKNÎKA MADEYAN **120**

3.1 METALLE - MÉTAUX - МЕТАЛЛЫ - METAL **129**
3.1.1 Eisenwerkstoffe - Matériaux ferreux - Продукция чёрной металлургии - Madeyên hesinî 129
3.1.2 Nichteisenmetalle - Métaux non ferreux - Цветные металлы - Metalên nahesinî 133
3.2 NICHTMETALLE - NON-MÉTAUX - НЕМЕТАЛЛЫ - NAMETAL **140**
3.2.1 Kunststoffe - Plastiques - Полимерные материалы - Plastîk 140
3.2.2 Keramische Werkstoffe - Matériaux céramiques - Керамические материалы - Madeyên keramîkî 148
3.2.3 Holz - Bois - Древесина - Dar 149
3.2.4 Glas - Verre - Стекло - Cam 149
3.3 VERBUNDWERKSTOFFE - MATÉRIAUX COMPOSITES - КОМПОЗИЦИОННЫЕ МАТЕРИАЛЫ - MADEYÊN PÊKHATÎ **150**
3.3.1 Faserverbundwerkstoffe - Matériaux composites renforcés de fibres - Волокнистый композиционный материал - Madeyên pêkhatî yên rîşalî 150
3.3.2 Sinterverbundwerkstoffe - Matériaux composites frittés - Композиты из спеченных сплавов - Madeyên pêkhatî yên sinterbûyî 151
3.3.3 Schichtverbundwerkstoffe - Matériaux composites stratifiés - Композиты с многослойной структурой - Madeyên pêkhatî yên qatbiqat 152

3.3.4 Durchdringungsverbundwerkstoffe – Matériaux composites de pénétration – Композиты из тугоплавкой пористой матрицы – Madeyên pêkhatî yên pêkveniguhaztî 152

3.4 HILFSSTOFFE – EXCIPIENTS – ВСПОМОГАТЕЛЬНЫЕ МАТЕРИАЛЫ – MADEYÊN ALÎKAR 153

3.4.1 Kühl- und Schmierstoffe – Réfrigérants et lubrifiants – Охлаждающие и смазочные вещества – Madeyên hênikker û rûnker 153

3.4.2 Klebstoffe – Adhésifs – Клеящие вещества – Madeyên zeliqandinê 153

3.5 HALBZEUGE – PRODUITS SEMI-FINIS – ПОЛУФАБРИКАТЫ – NÎVPARÇE 154

3.5.1 Profile – Profilés – Профили – Profîl 154

3.5.2 Rohre – Tubes – Трубы – Borî 158

3.5.3 Bleche – Tôles – Листовой металл – Pelên hesinî 164

3.5.4 Bänder – Bandes – Полосы – Pîvaz 165

3.5.5 Drähte – Fils – Проволока – Tel 166

3.6 KORROSION – CORROSION – КОРРОЗИЯ – ZENGARBÛN 167

3.6.1 Elektrochemische Korrosion – Corrosion électrochimique – Электрохимическая коррозия – Zengarbûna elektrîkîkîmyewî 167

3.6.2 Chemische Korrosion – Corrosion chimique – Химическая коррозия – Zengarbûna kîmyewî 169

3.6.3 Korrosionsprodukte – Produits de corrosion – Продукты коррозии – Berhemên zengarbûnê 169

3.6.4 Korrosionsformen – Formes de corrosion – Коррозионные формы – Formên zengarbûnê 170

3.6.5 Korrosionsschutz – Protection contre la corrosion – Защита от коррозии – Parastina zengarbûnê 174

4 ELEKTROTECHNIK – GÉNIE ÉLECTRIQUE – ЭЛЕКТРОТЕХНИКА – TEKNÎKA ELEKTRÎKÊ 178

4.1 WERKZEUGE – OUTILS – ИНСТРУМЕНТЫ – AMÛR 182

4.2 GRUNDLAGEN – PRINCIPES DE BASE – ОСНОВЫ – BINGEHÎN 184

4.2.1 Atomaufbau – Structure de l'atome – Строение атома – Struktura atomê 184

4.2.2 Wirkungen der Elektrizität – Effets de l'électricité – Воздействие электричества – Bandorên elektrîkê 185

4.2.3 Elektrische Spannung – Tension électrique – Электрическое напряжение – Voltaja elektrîkî 187

4.2.4 Stromstärke - Intensité du courant - Сила тока – Hêza ceyranê 188

4.2.5 Elektrischer Widerstand – Résistance électrique – Электрическое сопротивление – Berxwedana elektrîkî 190

4.2.6 Elektrische Leistung – Puissance électrique – Электрическая мощность – Hêza elektrîkî 194

4.2.7 Elektrische Arbeit – Travail électrique – Работа по переносу электрического заряда – Xebata elektrîkî 195

4.2.8 Steckerverbindungen - Connexions des fiches - Штекерные разъемы - Girêdanên fîşan 196

4.2.9 Elektrische Leitungen - Câbles électriques - Электропровода - Rêderên elektrîkî 199

4.3 SPANNUNGSERZEUGUNG - GÉNÉRATION DE TENSION - ФОРМИРОВАНИЕ НАПРЯЖЕНИЯ - ÇÊKIRINA VOLTAJÊ 200

4.4 SPANNUNGSUNTERBRECHUNG - COUPURE DE TENSION - ПРЕРЫВАНИЕ НАПРЯЖЕНИЯ - QUTKIRINA VOLTAJÊ 202

4.4.1 Schalterarten - Types d'interrupteurs - Типы переключателей - Cureyên bişkokan 202

4.4.2 Sicherungen - Fusibles - Предохранители - Ewlekarî 202

4.5 MESSEN - MESURER - ИЗМЕРЕНИЕ - PÎVANDIN 205

4.5.1 Messgeräte - Instruments de mesure - Измерительные приборы - Amûrên pîvanê 205

4.5.2 Messungen - Mesures - Измерения - Pîvan 208

4.6 ELEKTROANSCHLÜSSE IN SANITÄRRÄUMEN - RACCORDEMENTS ÉLECTRIQUES DANS LES LOCAUX SANITAIRES - ЭЛЕКТРИЧЕСКИЕ СОЕДИНЕНИЯ В САНИТАРНО-БЫТОВЫХ ПОМЕЩЕНИЯХ - GIRÊDANÊN ELEKTRÎKÎ DI ODEYÊN SANITARÊ DE 210

4.7 ELEKTRISCHE SCHUTZEINRICHTUNGEN - DISPOSITIFS DE PROTECTION ÉLECTRIQUE - ЗАЩИТНЫЕ ЭЛЕКТРИЧЕСКИЕ УСТРОЙСТВА - AMÛRÊN PARASTINA ELEKTRÎKÎ 212

4.8 SCHALTZEICHEN - SIGNES DE COMMUTATION - СХЕМНОЕ ОБОЗНАЧЕНИЕ - NÎŞANÊN ŞEMATÎKÊ 213

5 SANITÄRTECHNIK - LA TECHNIQUE SANITAIRE - САНТЕХНИКА - TEKNOLOJIYA PAQIJIYÊ 214

5.1 TRINKWASSERANLAGEN - INSTALLATIONS D'EAU POTABLE - СИСТЕМЫ ПИТЬЕВОЙ ВОДЫ - PERGALÊN AVA VEXWARINÊ 218

5.1.1 Öffentliche Trinkwasserversorgung - Réseau public d'eau potable - Государственные системы обеспечения питьевой водой - Dabînkirina ava vexwarinê ya giştî 218

5.1.2 Trinkwasserverteilung in Gebäuden - Distribution d'eau potable dans des bâtiments - Распределение питьевой воды в зданиях - Belavkirina ava vexwarinê di avahiyan de 221

5.1.3 Verlegetechniken von Trinkwasserversorgungssystemen - Techniques de pose de systèmes d'alimentation d'eau potable - Технологии прокладки систем обеспечения питьевой водойи - Teknîkên raxistina pergalên dabînkirina ava vexwarinê 225

5.2 ARMATUREN - ROBINETTERIE - АРМАТУРА - FÎKSTUR 227

5.2.1 Absperrarmaturen - Robinets d'arrêt - Запорная арматура - Fîksturên astengkirinê 227

5.2.2 Sicherungsarmaturen - Systèmes de protection - Предохранительная арматура - Fîksturên ewlekariyê 228
5.2.3 Auslaufarmaturen - Robinetterie d'écoulement - Выпускные вентили - Fîksturên derxistinê 231
5.2.4 Ablaufarmaturen - Robinetterie d'évacuation - Спускные клапаны - Fîksturên avderê 233
5.2.5 Spüleinrichtungen - Dispositifs de chasse d'eau - Смывные устройства - Amûrên şûştinê 234

5.3 ANLAGEN ZUR TRINKWASSERERWÄRMUNG - INSTALLATIONS DE PRODUCTION D'EAU POTABLE CHAUDE - УСТАНОВКИ ДЛЯ ПОДОГРЕВА ПИТЬЕВОЙ ВОДЫ - DEZGEHÊN GERMKIRINA AVA VEXWARINÊ 236

5.3.1 Offene Trinkwassererwärmer - Chauffe-eau d'eau potable - Открытый подогреватель питьевой воды - Germkerên ava vexwarinê yên vekirî 238
5.3.2. Geschlossene Speicher-Trinkwassererwärmer - Réservoir-chaufe-eau d'eau potable fermé - Закрытые емкостные подогреватели питьевой воды - Germkerên ava vexwarinê yên depo-girtî 240
5.3.3 Durchfluss-Trinkwassererwärmer - Chauffe-eau d'eau potable à débit - Проточные подогреватели питьевой воды - Germkerên ava vexwarinê yên herikînê 241
5.3.4 Trinkwassererwärmung durch die zentrale Heizungsanlage - Chauffage d'eau potable via une installation de chauffage centrale - Подогрев питьевой воды с помощью центральной системы отопления - Germkirina ava vexwarinê bi rêya dezgeha germkirinê ya navendî 242
5.3.5 Trinkwassererwärmung durch solarthermische Anlagen - Chauffage d'eau potable via des installations solaires thermiques - Подогрев питьевой воды с помощью гелиотермических установок - Germkirina ava vexwarinê bi rêya dezgehên solartermîkî 243

5.4 SANITÄROBJEKTE - APPAREILS SANITAIRES - САНИТАРНО-ТЕХНИЧЕСКИЕ ПРИБОРЫ - HACETÊN SANITARÊ 244

5.4.1 Waschtische und Waschbecken - Éviers et lavabos - Рукомойники и моечные ванны - Maseyên destşok û beşikên şûştinê 244
5.4.2 Spülen und Ausgussbecken - Rinçage et bassins de déversement - Смыв и сливные бачки - Şûştin û beşikên avêtinê 246
5.4.3 Klosettanlagen - Installations pour toilettes - Санузлы - Dezgehên tuwaletê 247
5.4.4 Urinale - Urinoirs - Писсуары - Pêşava 249
5.4.5 Bidets (Sitzwaschbecken) - Bidets - Биде - Bîdetan (beşikên şûştin-rûniştekî) 250
5.4.6 Badewannen - Baignoires - Ванны - Banyoyan 250
5.4.7 Duschen - Douches - Душевые кабины - Duşan 252

5.5 ENTWÄSSERUNG - DRAINAGE - ВОДООТВЕДЕНИЕ - AVDERÎ 254

5.5.1 Ablaufstellen und Geruchverschlüsse - Points d'écoulement et siphons - Приемники сточной жидкости и сифоны - Cihên avderê û tapên bîhnê 256
5.5.2 Leitungen und Abzweige - Conduites et dérivations - Трубопровода и ответвления - Borî û liq 258

5.5.3 Schutz vor Überschwemmung - Protection contre les débordements - Защита от затопления - Parastina li dijî lehîbûnê 261
5.5.4 Ableitung von Niederschlagwasser - Évacuation des eaux pluviales - Отвод конденсата - Derxistina ava baranê 262

6 HEIZUNGSTECHNIK - TECHNIQUE DE CHAUFFAGE - ТЕПЛОТЕХНИЧЕСКОЕ ОБОРУДОВАНИЕ - TEKNOLOJIYA GERMKIRINÊ 264

6.1 WÄRMEERZEUGUNG - PRODUCTION DE CHALEUR - ПРОИЗВОДСТВО ТЕПЛА - ÇÊKIRINA GERMIYÊ 267
6.1.1 Brennstoffe und Brennstoffversorgungsanlagen - Combustibles et installations d'approvisionnement en combustible - Топливные материалы и системы подачи жидкого топлива - Sotemenî û pergalên dabînkirina sotemeniyê 267
6.1.2 Brenner - Brûleur - Горелки - Şewatok 271
6.1.3 Heizkessel - Chaudière - Нагревательные баки - Kazanên germkirinê 277

6.2 WÄRMEVERTEILUNG - DISTRIBUTION DE LA CHALEUR - РАСПРЕДЕЛЕНИЕ ТЕПЛА - BELAVKIRINA GERMIYÊ 280
6.2.1 Rohrverlegung - Pose des tubes - Прокладка труб - Raxistina boriyan 281
6.2.2 Armaturen - Robinetterie - Арматура - Fîkstur 283
6.2.3 Pumpen - Pompes - Насосы - Pompa 286
6.2.4 Heizkörper und Heizkörperanbindung - Radiateurs et raccordement des radiateurs - Нагревательные элементы и их подключение - Germker û girêdana germkerê 288

6.3 ABGASANLAGEN - INSTALLATIONS DE GAZ D'ÉCHAPPEMENT - ВЫТЯЖНЫЕ СИСТЕМЫ - PERGALÊN GAZÊN DERKETÎ 295
6.3.1 Abgasüberwachung - Surveillance des gaz d'échappement - Мониторинг выбросов - Çavdêriya gazên derketî 299

7 KLIMATECHNIK - TECHNIQUE CLIMATIQUE - ТЕХНИКА КОНДИЦИОНИРОВАНИЯ ВОЗДУХА - TEKNÎKA KLÎMAYÊ 300

7.1 RAUMLUFTTECHNISCHE ANLAGEN (RTL) - INSTALLATIONS DE TRAITEMENT D'AIR (RTL) - ЦЕНТРАЛЬНАЯ СИСТЕМА КОНДИЦИОНИРОВАНИЯ (ОВКВ) - PERGALÊN TEKNÎKÎ YA HEWAYA HUNDIRÊ ODEYAN (HVAC) 303
7.1.1 Bauteile der RTL-Anlage - Composants de l'installation RTL - Конструктивные элементы центральной системы кондиционирования - Pêkhateyên pergalên teknîkî yên ji bo hewaya hundirê odeyan (HVAC) 306

7.2 KONTROLLIERTE WOHNRAUMLÜFTUNG - VENTILATION CONTRÔLÉE DU LOGEMENT - КОНТРОЛЬОВАНА ВЕНТИЛЯЦІЯ ЖИТЛОВИХ ПРИМІЩЕНЬ - HEWAGIRTINA KONTROLKIRÎ YA ODEYÊN RÛNIŞTINÊ 310

INDEX DEUTSCH - INDEX ALLEMAND - НЕМЕЦКИЙ ИНДЕКС - INDEKSA ALMANÎ 313

INDEX FRANZÖSISCH - INDEX FRANÇAIS - ИНДЕКС ФРАНЦУЗСКИЙ - INDEKSA FRANSÎ 335

INDEX RUSSISCH - INDEX RUSSE - РУССКИЙ ИНДЕКС - INDEKSA RÛSÎ 355

INDEX KURDISCH - INDEX KURDE - ИНДЕКС КУРДСКИЙ - INDEKSA KURDÎ 375

VORWORT

Fachsprache lernen mit Bildern

Ob in der Werkstatt, beim Kunden oder im Unterricht, die Verwendung von Fachbegriffen spielt in der Berufsvorbereitung und beim Einstieg in den Beruf eine zentrale Rolle.

Mit dem Bildwörterbuch Sanitär Heizung Klima können die Fachbegriffe in deutscher Sprache schnell gelernt und verstanden werden anhand zahlreicher Fotos. Darüber hinaus kann durch detailreiche Grafiken und deren Beschriftung auf die Funktionsweise und auf die Verwendung geschlossen werden. Das Bildwörterbuch Sanitär Heizung Klima ist ein hilfreicher Begleiter beim Lernen und Erklären von technologischem Fachwissen.

Wir wünschen viel Erfolg beim Einstieg in den Beruf.

Ihre

Redaktion

AVANT-PROPOS

Apprendre le langage technique avec des images

Que ce soit en atelier, chez le client ou en classe, l'utilisation des termes techniques joue un rôle central dans la préparation professionnelle et l'entrée dans le métier.

Avec le Dictionnaire visuel Plomberie Chauffage Climatisation, les termes techniques en langue française peuvent être appris et compris rapidement grâce à de nombreuses photos. De plus, les graphiques détaillés et leurs légendes permettent de comprendre le fonctionnement et l'utilisation des équipements. Le Dictionnaire visuel Plomberie Chauffage Climatisation est un compagnon précieux pour l'apprentissage et l'explication des connaissances technologiques spécialisées.

Nous vous souhaitons beaucoup de succès dans votre entrée dans le métier.

La rédaction

ПРЕДИСЛОВИЕ

Изучение технической терминологии по иллюстрациям

Для мастерских, клиентов или занятий в классе использование технической терминологии играет ключевую роль в профессиональной подготовке и освоении профессии.

С помощью иллюстрированного словаря терминов в области сантехнического оборудования, систем отопления и климатических установок можно быстро выучить и понять слова на немецком языке благодаря многочисленным фотографиям. Кроме того, можно получить представление о принципе действия и назначении на основе подробных схем с надписями. Иллюстрированный словарь терминов в области сантехнического оборудования, систем отопления и климатических установок служит хорошим подспорьем в изучении материалов и получении профессиональных знаний.

Желаем успехов в освоении вашей профессии.

Ваша редакция

PÊŞGOTIN

Fêrbûna termînolojiya teknîkî bi wêneyan

Yan di xebatxaneyê de, yan li cihê miştefî, yan jî di polê de, bikaranîna termînolojiya teknîkî di amadekirin û destpêka karê de roleka giring dilîze.

Bi Ferhenga Wêneyan a Avşor, Germker û Klîmayê, termînên teknîkî yên Almanî bi alîkariya gelek wêneyan dikarin bi lez werbin fêrkirin û têgihiştin. Wekî din, grafîkên berfireh û sernivîsên wan têgihiştina çawaniya xebata van terman û bikaranîna wan nîşan dide. Ferhenga Wêneyan a Avşor, Germker û Klîmayê rêhevalekî alîkar e ji bo fêrbûn û ravekirana zanîna teknîkî.

Em ji bo destpêka karê we serkeftinê dixwazin.

Tîma weşanê ya we

SO ARBEITEN SIE EFFIZIENT MIT DEM WÖRTERBUCH

COMMENT TRAVAILLER EFFICACEMENT AVEC LE DICTIONNAIRE
КАК ЭФФЕКТИВНО РАБОТАТЬ С ЭТИМ СЛОВАРЕМ
BI BANDOR BI VÊ FERHENGÊ RE BIXEBITE

das **Scherschneiden**
le cisaillement
Резка на ножницах
Birîna meqesî

Ganz gleich, ob in der Werkstatt, beim Kunden, im Unterricht oder beim Lernen: Dieses Wörterbuch ist Ihr idealer Begleiter. Gegliedert in sieben Kapitel, decken die über 1.800 Fachbegriffe den wichtigsten Wortschatz für die Sanitär-Heizungs-Klimatechnik ab. Die Kombination von Wort und Bild ermöglicht es Ihnen Wörter schnell nachzuschlagen, zu übersetzen und sich einzuprägen.

При работе в мастерской, общении с клиентом, занятиях на уроке или самостоятельно данный словарь послужит вам хорошим подспорьем. Данный технический словарь, разделенный на семь глав, насчитывает более 1800 наиболее важных терминов в области сантехнического оборудования, систем отопления и климатических установок. Благодаря иллюстрациям вы сможете быстро найти, перевести и запомнить нужные слова.

Que ce soit en atelier, chez le client, en classe ou lors de l'apprentissage, ce dictionnaire est votre compagnon idéal. Organisé en sept chapitres, il couvre les quelque 1 800 termes techniques les plus importants pour le secteur de la plomberie, du chauffage et de la climatisation. La combinaison de mots et d'images vous permet de rechercher rapidement des termes, de les traduire et de les mémoriser.

Yan di xebatxaneyê de, yan li cihê mişterî, yan di polê de, yan jî dema xwendinê, ev ferheng rêhevalê we yê îdeal e. Bi heft beşan ve hatiye dabeşkirin, zêdetirî 1,800 peyvên teknîkî herî girîng ên ji bo teknolojiya avşor, germker û klîmayê tê de ye. Têkiliya peyv û wêneyan dihêle hûn bi lez peyvan bibînin, wergerînin û bi bîr bînin.

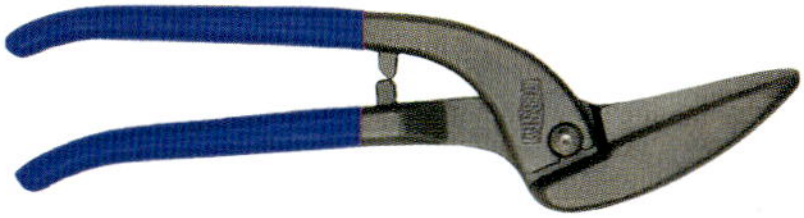

die **Durchlaufschere**
la cisaille en continu
резак
meqesa berdewam

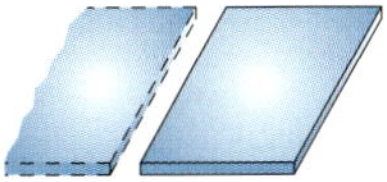

abschneiden
couper
отрезка
jêkirin

Wörter im Zusammenhang lernen
Wörter werden schneller gemerkt, wenn man sie im Kontext lernt. Die fachsystematische Gliederung und Bündelung von Begriffen erleichtert die Suche und zeigt gleichzeitig die Struktur des Berufsfeldes auf, die sich so auch in Lehrwerken wiederfindet.

Изучение слов по контексту
Слова быстрее запоминаются при их изучении в контексте. Систематизация и группировка технических терминов облегчает поиск и одновременно отражает структуру специализированной области, повторяя материалы учебников.

Apprendre les mots en contexte
Les mots sont retenus plus rapidement lorsqu'ils sont appris dans leur contexte. La structure thématique et le regroupement des termes facilitent la recherche tout en mettant en évidence la structure du domaine professionnel telle qu'elle se retrouve également dans les manuels d'apprentissage.

Fêrbûna peyvan di kontekstê de
Dema ku peyv di kontekstê de têne fêrkirin, ew zûtir têne bîranîn. Dabeşkirin û komkirina sîstematîk a terman lêgerînê hêsantir dike û di heman demê de çarçoveya qada pîşeyî nîşan dide, ku ev yek di pirtûkên dersê de jî tê xuyang kirin.

INDEX DEUTSCH - INDEX ALLEMAND - НЕМЕЦКИЙ ИНДЕКС - INDEKSA ALMANÎ 313

INDEX FRANZÖSISCH - INDEX FRANÇAIS - ИНДЕКС ФРАНЦУЗСКИЙ - INDEKSA FRANSÎ 335

INDEX RUSSISCH - INDEX RUSSE - РУССКИЙ ИНДЕКС - INDEKSA RÛSÎ 355

INDEX KURDISCH - INDEX KURDE - ИНДЕКС КУРДСКИЙ - INDEKSA KURDÎ 375

Schnell übersetzen
Wenn es einfach schnell gehen muss, schlagen Sie im Anhang im Stichwortverzeichnis nach. Dort sind alle Stichwörter in den Sprachen Deutsch, Französisch, Russisch und Kurdisch in alphabetischer Reihenfolge mit Angabe der Seitenzahl aufgeführt.

Быстрый перевод
Для экономии времени можно обратиться к прилагаемому предметному указателю. Здесь все ключевые слова перечислены в алфавитном порядке на немецком, Французский, русский и курдский языках с указанием номеров страниц.

Traduire rapidement
Quand il faut aller vite, consultez l'index des mots-clés en annexe. Tous les termes y sont répertoriés par ordre alphabétique en Allemand, Français, Russe et Kurde, avec indication des numéros de page correspondants.

Wergera bilez
Eger hûn bersiveke bilez dixwazin, li peyvên sereke yên di îndeksa pêvekê de bigerin. Hemû peyvên sereke li wir bi rêza alfabetîk bi zimanên Almanî, Fransî, Rûsî û Kurdî hatine rêzkirin, digel jimara rûpelê ya diyarkirî.

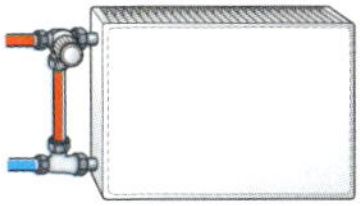

das **Dreiwege-Heizkörperventil**
le robinet de radiateur à trois voies
трехходовой радиаторный клапан
valva radyatorê ya sê-rêyan

Für den Notfall
Bilder sind eine universelle Sprache, die von allen Kulturen verstanden wird. Sollte die Verständigung mittels Worten doch mal schwierig sein, zeigen Sie einfach auf das entsprechende Bild.

На всякий случай
Изображения - универсальный язык, понятный в любой культурной среде. При сложностях в понимании написанного достаточно показать соответствующее изображение.

En cas d'urgence
Les images constituent un langage universel, compris par toutes les cultures. Si la communication par les mots s'avère difficile, il suffit de pointer l'image correspondante.

Ji bo rewşên awarte
Wêne zimanekî gerdûnî ne ku ji aliyê hemû çandan ve tê fêmkirin.
Ger danûstandin bi karanîna peyvan dijwar be, tenê wêneyê têkildar nîşan bidin.

Das sollten Sie noch wissen

Die Stichwörter in diesem Wörterbuch stehen immer in der Einzahl, es sei denn sie werden in der Regel nur in der Pluralform verwendet.
Mitunter ist es nicht möglich für das deutsche Stichwort ein Äquivalent in der Fremdsprache zu finden. In solchen Fällen wird eine Erklärung in der Fremdsprache gegeben.
Vereinzelt wurde bei deutschen Stichwörtern zusätzlich auch die umgangssprachliche Form aufgenommen (z. B. der Winkelschleifer - die Flex, die Saugglocke - der Pömpel).

Abkürzungen im Buch und ihre Bedeutung:

umg	=	*umgangssprachlich*
pl	=	*Plural*
sing	=	*Singular*

Ce qu'il faut savoir

Les mots-clés de ce dictionnaire sont toujours présentés au singulier, sauf s'ils sont généralement utilisés au pluriel. Dans certains cas, il n'est pas possible de trouver un équivalent direct en langue étrangère pour le mot-clé allemand. Dans ces cas, une explication est fournie dans la langue étrangère. Occasionnellement, des formes familières ont été ajoutées aux mots-clés français (par exemple, der Winkelschleifer (la meuleuse d'angle) - die Flex (la flex), die Saugglocke (le déboucheur à ventouse) - der Pömpel - (le ventouse).

Abréviations utilisées dans le livre et leur signification :

umg	=	familier *(umgangssprachlich)*
pl	=	pluriel
sing	=	singulier

Это важно знать

Ключевые слова в данном словаре всегда указываются в единственном числе, за исключением их обычного использования во множественном числе. Иногда для ключевого слова на немецком языке невозможно найти эквивалент на иностранном языке. В таких случаях дается пояснение на иностранном языке. В отдельных случаях для ключевых слов на немецком языке использована их разговорная форма (примеры: der Winkelschleifer - die Flex (болгарка), die Saugglocke - der Pömpel (вантуз).

Сокращения в книге и их значение:

umg	=	*разговорная форма*
pl	=	множественное число
sing	=	единственное число

Tiştên din ên ku divê hûn bizanin

Peyvên bingehîn di vê ferhengê de her tim di forma yekjimar de ne, ji xeynî ku bi gelemperî tenê bi forma pirjimar werbin bikaranîn. Carinan ji bo peyvê bingehîn ê Almanî di zimanê bîyanî de hevbereke peyda nake. Di van rewşan de, di zimanê bîyanî de şîrovekirinek tê dayîn. Di hin rewşan de, ji bo peyvên bingehîn ên Almanî forma xelkî jî hatiye tevlêkirin (mînak, Winkelschleifer (makîneya birrînê ya goşedar) - die Flex (fleks), die Saugglocke (vekera destava ghirtî) - der Pömpel (pompel)).

Kurtkirin di pirtûkê de û wateya wan:

umg	=	axaftina rojane
pl	=	pirjimar
sing	=	yekjimar

ARBEITSSICHERHEIT UND UNFALLSCHUTZ

SÉCURITÉ AU TRAVAIL ET PROTECTION CONTRE LES ACCIDENTS

ОХРАНА ТРУДА И ТЕХНИКА БЕЗОПАСНОСТИ

EWLEKARIYA KAR Û PARASTINA JI QEZAYAN

1 ARBEITSSICHERHEIT UND UNFALLSCHUTZ - SÉCURITÉ AU TRAVAIL ET PROTECTION CONTRE LES ACCIDENTS - ОХРАНА ТРУДА И ТЕХНИКА БЕЗОПАСНОСТИ - EWLEKARIYA KAR Û PARASTINA JI QEZAYAN

1.1 PERSÖNLICHE SCHUTZAUSRÜSTUNG - ÉQUIPEMENTS DE PROTECTION INDIVIDUELLE - СРЕДСТВА ИНДИВИДУАЛЬНОЙ ЗАЩИТЫ - AMÛRÊN PARASTINA KESANE 23

1.2 SICHERHEITSKENNZEICHNUNGEN FÜR DIE UNFALLVERHÜTUNG - SIGNALISATION DE SÉCURITÉ POUR LA PRÉVENTION DES ACCIDENTS - ЗНАКИ БЕЗОПАСНОСТИ ДЛЯ ПРЕДУПРЕЖДЕНИЯ НЕСЧАСТНЫХ СЛУЧАЕВ - NÎŞANÊN EWLEKARIYÊ JI BO PÊŞÎLÊGIRTINA QEZAYAN 25

1.2.1 Sicherheitsfarben - Couleurs de sécurité - Цвета безопасности - Rengên ewlekariyê 25

1.2.2 Verbotszeichen - Panneaux d'interdiction - Запрещающие знаки - Nîşanên qedexekirinê 25

1.2.3 Gebotszeichen - Panneaux d'obligation - Предписывающие знаки - Nîşanên fermanî 28

1.2.4 Warnzeichen - Panneaux d'avertissement - Предупреждающие знаки - Nîşanên hişyariyê 30

1.2.5 Rettungszeichen - Panneaux de secours - Эвакуационные знаки - Nîşanên rizgarkirinê 33

1.2.6 Brandschutzzeichen - Panneaux de prévention des incendies - Знаки пожарной безопасности - Nîşanên parastina ji agir 35

1.2.7 Zusatzzeichen - Panneaux supplémentaires - Дополнительные знаки - Nîşanên zêdekirî 35

1.2.8 Gefahrstoffe - Substances dangereuses - Опасные вещества - Madeyên talûke 36

1.2.9 Flucht- und Rettungspläne - Plans d'évacuation et de sauvetage - Планы эвакуации - Planên revîn û rizgarkirinê 37

1.2.10 Anleitungen zur Ersten Hilfe - Instructions pour les premiers secours - Указания касательно первой медицинской помощи - Rêberiyên alîkariya yekem 38

1.2.11 Betriebsanweisungen - Modes d'emploi - Инструкции по технике безопасности - Rêberiyên kar 39

1.3 UNFALLVERHÜTUNG - PRÉVENTION DES ACCIDENTS - ПРЕДУПРЕЖДЕНИЕ НЕСЧАСТНЫХ СЛУЧАЕВ - PÊŞÎLÊGIRTINA QEZAYAN 40

1.3.1 Leitern und Gerüste - Échelles et échafaudages - Лестницы и леса - Nerdewan û darbestin

1.1 PERSÖNLICHE SCHUTZAUSRÜSTUNG – ÉQUIPEMENTS DE PROTECTION INDIVIDUELLE - СРЕДСТВА ИНДИВИДУАЛЬНОЙ ЗАЩИТЫ- AMÛRÊN PARASTINA KESANE

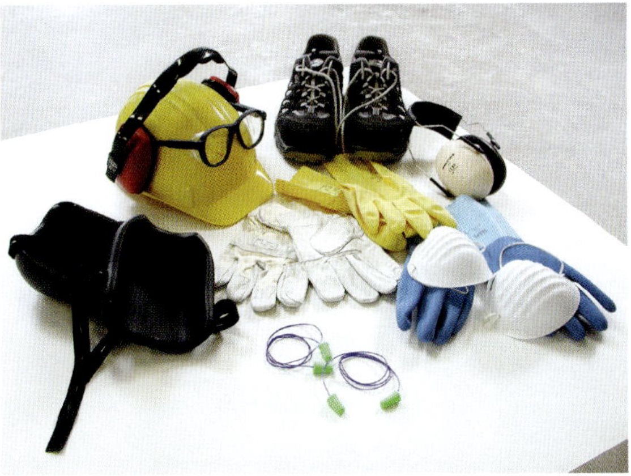

die **persönliche Schutzausrüstung**
les équipements de protection individuelle
средства индивидуальной защиты
amûrên parastina kesane

der **Schutzhelm**, *umg* der **Arbeitshelm**
le casque de protection
защитная каска
kumê parastinê

der **Schutzhandschuh**, *umg* der **Arbeitshandschuh**
le gant de protection
защитная рукавица
destanê parastinê

der **Sicherheitsschuh**, *umg* der **Arbeitsschuh**
la chaussure de sécurité
защитная обувь
pêlavên ewlekariyê

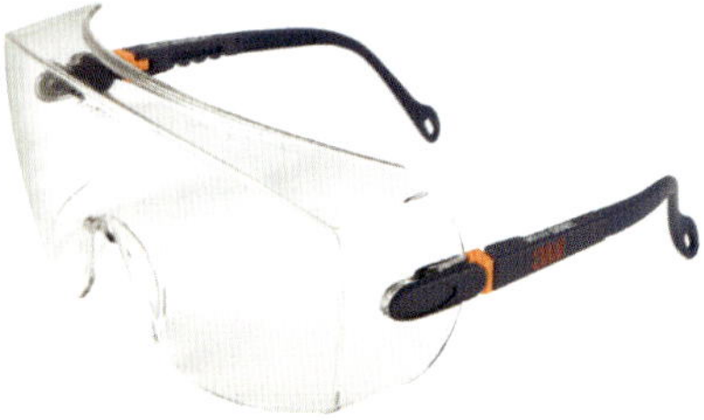

die **Schutzbrille**
les lunettes de protection
защитные очки
çavlika parastinê

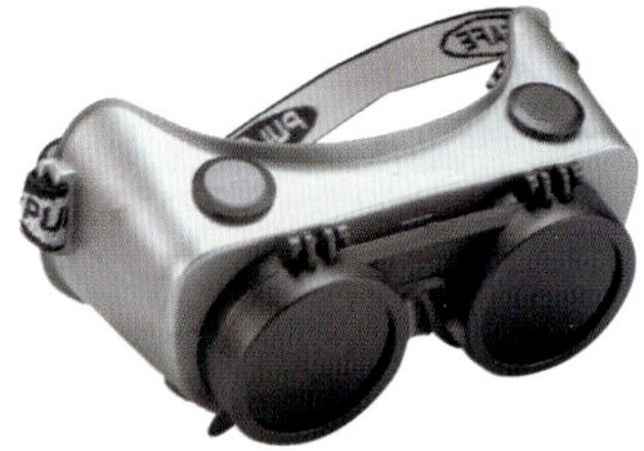

die **Schweißerschutzbrille,**
umg die **Schweißerbrille**
les lunettes de soudeur
защитные очки для сварки
çavlika parastina tevşoyê

der **Gehörschützer,**
umg der **Ohrenschützer**
le casque anti-bruits
шумозащитные наушники
parastina guhan

die **Mundschutzmaske,**
umg die **Atemmaske**
le masque de protection
маска для защиты рта
maskê parastina devî

1.2 SICHERHEITSKENNZEICHNUNGEN FÜR DIE UNFALLVERHÜTUNG – SIGNALISATION DE SÉCURITÉ POUR LA PRÉVENTION DES ACCIDENTS - ЗНАКИ БЕЗОПАСНОСТИ ДЛЯ ПРЕДУПРЕЖДЕНИЯ НЕСЧАСТНЫХ СЛУЧАЕВ - NÎŞANÊN EWLEKARIYÊ JI BO PÊŞÎLÊGIRTINA QEZAYAN

1.2.1 Sicherheitsfarben – Couleurs de sécurité – цвета безопасности – Rengên ewlekariyê

das **Verbot**
l'interdiction
запрет
qedexe

das **Gebot**
l'exigence
предписание
ferman

die **Warnung**
l'avertissement
предупреждение
hişyarî

die **Gefahrlosigkeit**
die **Rettung**
l'absence de danger
безопасность
bêtalûkebûn

der **Brandschutz**
la protection contre l'incendie
противопожарная защита
parastina ji agir

1.2.2 Verbotszeichen – Panneaux d'interdiction – запрещающие знаки – Nîşanên qedexekirinê

allgemeines Verbotszeichen
le panneau d'interdiction général
общий запрещающий знак
nîşana giştî ya qedexekirinê

Rauchen verboten
Interdiction de fumer
курить запрещено
cixarekêşan qedexe ye

offene Flamme
Feuer verboten
Flamme nue
открытое пламя
pêta vekirî

für Fußgänger verboten
Interdit aux piétons
проход запрещен
ji bo peyan qedexe ye

kein Trinkwasser
Eau non potable
вода не для питья
ne ava vexwarinê ye

für Flurförderzeuge verboten
Interdit aux chariots de manutention
запрещается движение средств напольного транспорта
ji bo wesayîtên barî qedexe ye

Berühren verboten
Interdiction de toucher
запрещается прикасаться. опасно
destlêdan qedexe ye

mit Wasser löschen verboten
Interdiction d'éteindre avec de l'eau
запрещается тушить водой
bi avê temirandin qedexe ye

keine schwere Last
pas de charge lourde
запрещено использовать тяжеловесный груз
barê giran tune

eingeschaltetes Mobiltelefon verboten
Interdiction de téléphones portables allumés
пользоваться включенными мобильными телефонами запрещено
telefona mobîl a vekirî qedexe ye

Hineinfassen verboten
Interdiction d'introduire les mains
руками не трогать
destpêvedan qedexe ye

Aufsteigen verboten
Interdiction de monter
подниматься вверх запрещено
hildanî qedexe ye

Aufzug im Brandfall nicht benutzen
Ne pas utilliser l'ascenseur en cas d'incendie
при пожаре пользоваться подъемником запрещено
di rewşa agir de asansorê bi kar neynin

Essen und Trinken verboten
Interdiction de manger et de boire
запрещается принимать пищу
xwarin û vexwarin qedexe ye

Abstellen verboten
Interdiction de s'arrêter
запрещается загромождать проходы
rawestandin qedexe ye

Betreten der Fläche verboten
Interdiction de pénétrer dans la zone
вход воспрещен
ketina qadê qedexe ye

Personenbeförderung verboten
Interdiction de transporter des personnes
перевозка пассажиров запрещена
veguhastina kesan qedexe ye

Benutzen von Handschuhen verboten
Interdiction d'utiliser des gants
пользоваться перчатками запрещено
bikaranîna destanan qedexe ye

Fotografieren verboten
Interdiction de prendre des photos
фотографировать запрещено
wênegirtin qedexe ye

Schalten verboten
Ne pas modifier la position de l'interrupteur
переключать запрещено
vêxistin qedexe ye

Seitenschleifen verboten
Meulage latéral interdit
шлифование торцом круга запрещено
rêxistina kêlekî qedexe ye

handgeführte(s) Schleifen verboten
Meulage à la main interdit
шлифовка вручную запрещена
rêxistina bi dest qedexe ye

kein Zutritt für Unbefugte
Entrée interdite aux personnes non autorisées
посторонним вход воспрещен
ketina kesên bêdestûr qedexe ye

Besteigen für Unbefugte verboten
Montée interdite aux personnes non autorisées
подниматься наверх посторонним запрещено
hildanî ser refan qedexe ye

Treten hinter den Schwenkarm verboten
Interdiction de passer derrière l'arbre pivotant
останавливаться позади поворотного рычага запрещено
çûyina pişta milê zivirandî qedexe ye

1.2.3 Gebotszeichen – Panneaux d'obligation – Предписывающие знаки – Nîşanên fermanî

allgemeines Gebotszeichen
Signal d'obligation général
общий предписывающий знак
nîşana giştî ya fermanî

Netzstecker ziehen
Débrancher la prise d'alimentation du secteur
отключить штепсельную вилку
fîşê derxînin

Anleitung beachten
Respecter les instructions
соблюдать инструкцию
rêberiyê bişopînin

lichtundurchlässigen Augenschutz benutzen
Utiliser une protection des yeux opaque
работать в светонепроницаемых защитных очках
parastina çavan a li dijî ronahiyê bi kar bînin

Gehörschutz benutzen
Utiliser une protection auditive
работать в защитных наушниках
parastina guhan bi kar bînin

Fußschutz benutzen
Utiliser une protection des pieds
работать в защитной обуви
parastina pêyan bi kar bînin

Augenschutz benutzen
Utiliser une protection des yeux
Работать в защитных очках
parastina çavan bi kar bînin

Handschutz benutzen
Utiliser une protection des mains
Работать в защитных перчатках
parastina destan bi kar bînin

vor Benutzung erden
Mettre à la terre avant utilisation
перед включением заземлить
berî bikaranînê erdkirin

Schutzkleidung benutzen
Utiliser des vêtements de protection
Работать в защитной одежде
cilên parastinê bi kar bînin

Hände waschen
Se laver les mains
вымыть руки
destan bişon

Atemschutz benutzen
Utiliser une protection respiratoire
работать в средствах индивидуальной защиты органов дыхания
parastina bêhnkişandinê bi kar bînin

Gesichtsschutz benutzen
Utiliser une protection du visage
работать в защитном щитке
parastina rû bi kar bînin

Auffanggurt benutzen
Utiliser un harnais de sécurité
использовать страховочную привязь
cihê destgirtinê bi kar bînin

Kopfschutz benutzen
Utiliser une protection de la tête
Использовать защиту головы
parastina serî bi kar bînin

Schweißmaske benutzen
Utiliser un masque de soudage
использовать защитную маску для сварки
maskê tevşoyê bi kar bînin

Warnweste benutzen
utiliser un gilet de sécurité
использовать светоотражающий жилет
cilên hişyarkerî bi kar bînin

Rückhaltesystem benutzen
Ceinture de sécurité obligatoire
использовать удерживающую систему
sîstema ragirtinê bi kar bînin

Maske benutzen
Utiliser un masque
использовать маску
maskê bi kar bînin

vor Wartung oder Reparatur freischalten
Déverrouiller avant la maintenance ou la réparation
перед техобслуживанием или ремонтом отключить
berî hişyarî an tamîrê ji kar derxin

Hautschutzmittel benutzen, *umg* **Handcreme benutzen**
Utiliser une protection pour les mains
использовать средство индивидуальной защиты кожи
amûrên parastina çermî bi kar bînin

Übergang benutzen
Passerelle obligatoire
переходить по надземному переходу
derbasbûnê bi kar bînin

Fußgängerweg benutzen, *umg* **Fußgängerüberweg benutzen**
Utiliser le passage piétons
пользоваться пешеходной дорожкой
rêya peyayan bi kar bînin

Schutzschürze benutzen
Utiliser un tablier de protection
использовать защитный фартук
cilergê parastinê bi kar bînin

Sperren
Fermer
заблокировать
astengkirin

1.2.4 Warnzeichen – Panneaux d'avertissement – Предупреждающие знаки – Nîşanên hişyariyê

allgemeines Warnzeichen
Panneau d'avertissement général
общий предупреждающий знак
hişyariya giştî

explosionsgefährliche Stoffe *Pl*
Substance explosive
взрывоопасные вещества
madeyên xetera teqînê

radioaktiver Stoff
ionisierende Strahlung
Substance radioactive
радиоактивное вещество
madeya radyoaktîf

Laserstrahlen *Pl*
Faisceaux laser
лазерное излучение
tîrojên lazerê

nicht ionisierende Strahlung
Rayonnement non ionisant
неионизирующее излучение
tîroja neyonîzekirî

magnetisches Feld,
umg das **Magnetfeld**
Champ magnétique
магнитное поле
qada magnetîkî

Rutschgefahr
Risque de glissade
опасность падения при скольжении
xetera şimîtînê

Hindernis am Boden
Obstacle sur le sol
препятствие на полу
asteng li erdê

elektrische Spannung
Tension électrique
электрическое напряжение
voltaja elektrîkî ya bilind

Absturzgefahr
Risque de chute
опасность падения
xetera ketinê

Flurförderfahrzeug
Chariot élévateur
напольное транспортное средство
wesayîta guhaztina barî

Biogefährdung
Risque biologique
биологическая опасность
xetera biyolojîk

schwebende Last
Charge suspendue
подвешенный груз
barê daliqandî

Frost, niedrige Temperatur
Gel, température basse
холод
qeşa

giftiger Stoff
Substance toxique
токсичное вещество
madeya jehrî

automatischer Anlauf
Démarrage automatique
автоматический пуск
destpêka otomatîk

Handverletzung
Blessure à la main
возможно травмирование рук
birîndariya destan

Quetschgefahr
Risque d'écrasement
опасность защемления
xetera perçiqandinê

optische Strahlung
Rayonnement optique
оптическое излучение
tîroja optîkî

Hindernis im Kopfbereich
Obstacle au niveau de la tête
препятствие в верхней зоне
asteng li deverên serî

brandfördernder Stoff
Substance comburante
окисляющее вещество
madeya şewatê

feuergefährlicher Stoff
Substance inflammable
легковоспламеняющееся вещество
madeya xetera agir

Gasflasche
Bouteille de gaz
газовый баллон
şûşeya gazê

ätzender Stoff
Substance corrosive
разъедающее вещество
madeya şewatê

explosionsfähige Atmosphäre
Atmosphère explosive
взрывоопасная среда
atmosfera xetera teqînê

EX

1.2.5 Rettungszeichen – Panneaux de secours – Эвакуационные знаки – Nîşanên rizgarkirinê

Erste Hilfe
Premiers secours
первая медицинская помощь
alîkariya yekem

der **Arzt,**
umg der **Doktor**
le médecin
врач
bijîşk

das **Notruftelefon**
le téléphone d'urgence
телефон для экстренного вызова
telefona acîl

der **AED (Automatisierter Externer Defibrillator)**
le DEA (défribrillateur externe automatisé)
АВД (автоматический внешний дефибриллятор)
AED (Defîbrîlatora Derve ya Otomatîkkirî)

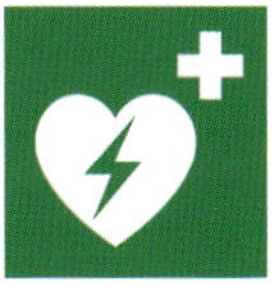

die **Sammelstelle**
le point de collecte
сборный пункт
cihê komkirinê

die **Augenspüleinrichtung,**
umg die **Augendusche**
le dispositif de rinçage des yeux
установка для промывки глаз
pêşandana çavan

die **Notausgangsvorrichtung, erreichbar nach Zerschlagen einer Scheibe**
le dispositif d'issue de secours, accessible après avoir cassé une vitre
устройство экстренного открывания. для доступа к нему разбить стекло
amûra dergeha acîl, tê gihîştin piştî şikandina şûşeyê

die **Notdusche**
la douche d'urgence
аварийный душ
duşa acîl

die **Krankentrage**
le brancard
носилки
garîna nexweşan

der **Notausstieg**
la sortie de secours
запасной выход
pelika acîl

der **Notausstieg mit Fluchtleiter**
l'issue de secours avec échelle d'évacuation
запасной выход с аварийной лестницей
derketina acîl bi pelikana revê

die **öffentliche Rettungsausrüstung**
le matériel de secours public
спасательное оборудование общего пользования
amûrên parastina giştî

der **Rettungsausstieg**
la sortie de sauvetage
аварийный выход
derketina rizgariyê

Öffnen durch Rechtsdrehung
Ouvrir en tournant vers la droite
для открытия повернуть вправо
vekirin pêçana devî

der **Notausgang rechts**
la sortie de secours à droite
запасной выход справа
dergeha acîl ya rastê

1.2.6 Brandschutzzeichen – Panneaux de prévention des incendies – Знаки пожарной безопасности – Nîşanên parastina ji agir

der **Feuerlöscher**
l'extincteur
огнетушитель
agirkuj

Mittel und Gerät zur Brandbekämpfung
Outils et appareils pour la lutte contre l'incendie
средство и приспособление для тушения пожара
amûr û hacetên ji bo têkoşîna li dijî agirî

der **Löschschlauch**
la lance à incendie
пожарный шланг
şilanga avê

der **Brandmelder**,
umg der **Feuermelder**
le détecteur de fumée
пожарный извещатель
detektora agir

die **Feuerleiter**
l'escalier de secours
пожарная лестница
pêpelûka agir

das **Brandmeldetelefon**
le téléphone d'alerte de fumée
телефон прямой связи с пожарной охраной
telefona agahdarkirina agir

1.2.7 Zusatzzeichen – Panneaux supplémentaires – Дополнительные знаки – Nîşanên zêdekirî

Hochspannung
Lebensgefahr

das **Kombinationszeichen**
le caractère combinatoire
комбинированный знак
kombînasyona nîşanan

1.2.8 Gefahrstoffe – Substances dangereuses – Опасные вещества – Madeyên talûke

giftig
toxique
токсично
jehrî

ätzend
corrosif
едкое вещество
şewatî

gesundheitsschädigend
préjudiciable à la santé
вредно для здоровья
zirardar ji bo ewlekariyê

hochentzündlich
hautement inflammable
чрезвычайно
огнеопасно
pir agirçêker

gesundheitsgefährdend
dangereux pour la santé
опасно для здоровья
zirardar ji bo tenduristiyê

1.2.9 Flucht- und Rettungspläne – Plans d'évacuation et de sauvetage – Планы эвакуации – Planên revîn û rizgarkirinê

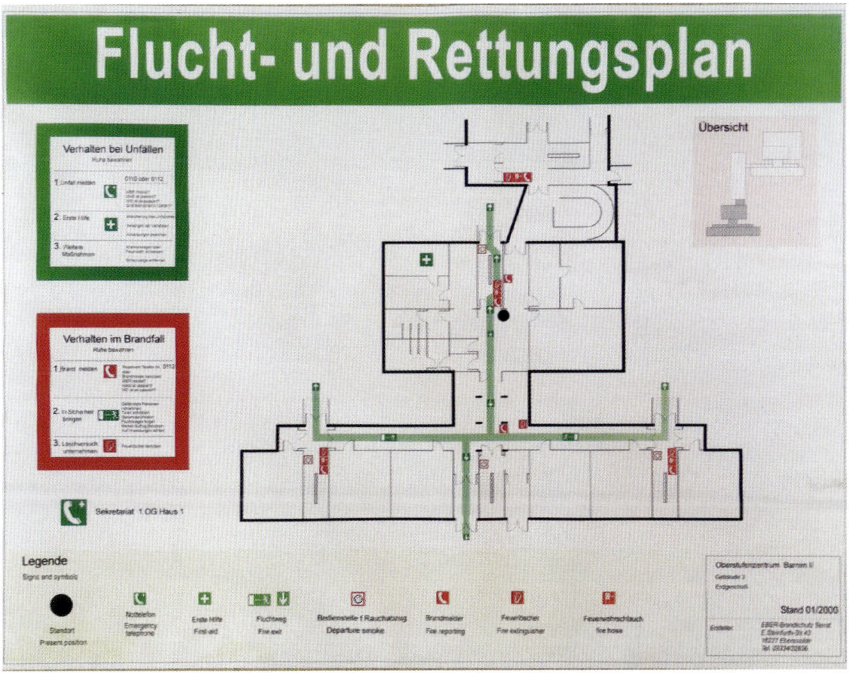
Flucht- und Rettungsplan
Übersicht
Verhalten bei Unfällen
Verhalten im Brandfall
Sekretariat 1.OG Haus 1
Legende
Signs and symbols
Standort
Present position
Notelefon
Emergency telephone
Erste Hilfe
First-aid
Fluchtweg
Fire exit
Departure smoke
Brandmelder
Fire reporting
Feuerlöscher
Fire extinguisher
Feuerwehrschlauch
fire hose
Oberstufenzentrum Barnim II
Stand 01/2000

der **Flucht- und Rettungsplan**
plan de fuite et de sauvetage
план пожарной эвакуации
plana rev û rizgariyê

1.2.10 Anleitungen zur Ersten Hilfe – Instructions pour les premiers secours – Указания касательно первой медицинской помощи – Rêberiyên alîkariya yekem

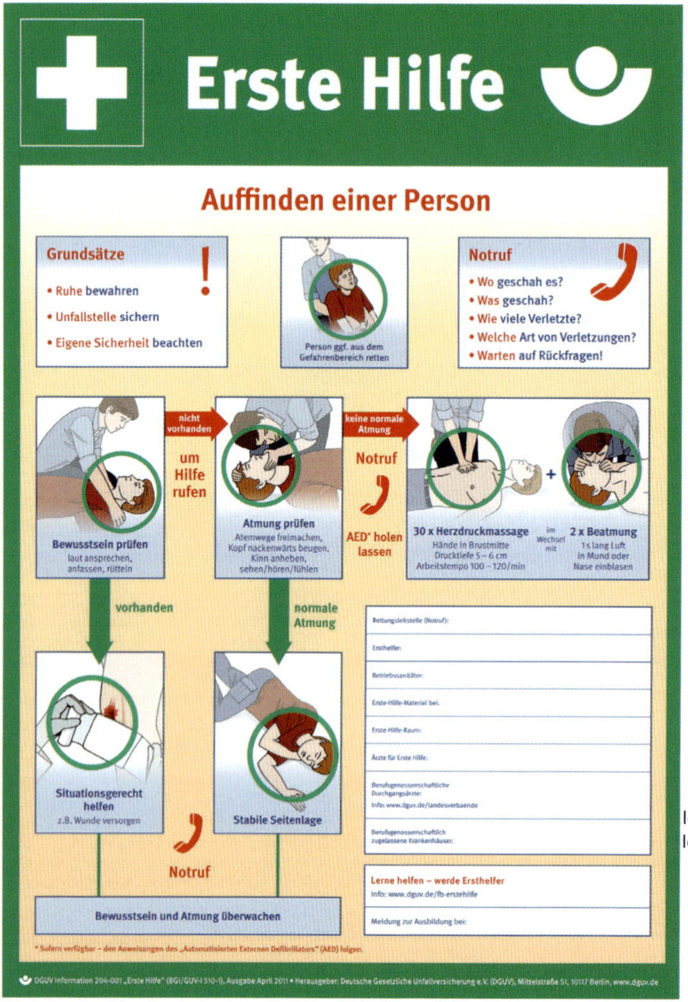
Erste Hilfe
Auffinden einer Person
Grundsätze
• Ruhe bewahren
• Unfallstelle sichern
• Eigene Sicherheit beachten
Person ggf. aus dem Gefahrenbereich retten
Notruf
• Wo geschah es?
• Was geschah?
• Wie viele Verletzte?
• Welche Art von Verletzungen?
• Warten auf Rückfragen!
nicht vorhanden
um Hilfe rufen
keine normale Atmung
Notruf
AED* holen lassen
Bewusstsein prüfen
laut ansprechen, anfassen, rütteln
Atmung prüfen
Atemwege freimachen, Kopf nackenwärts beugen, Kinn anheben, sehen/hören/fühlen
30 x Herzdruckmassage
Hände in Brustmitte
Drucktiefe 5 – 6 cm
Arbeitstempo 100 – 120/min
im Wechsel mit
2 x Beatmung
1 s lang Luft in Mund oder Nase einblasen
vorhanden
normale Atmung
Rettungsleitstelle (Notruf):
Ersthelfer:
Betriebssanitäter:
Erste-Hilfe-Material bei:
Erste-Hilfe-Raum:
Ärzte für Erste Hilfe:
Berufsgenossenschaftliche Durchgangsärzte:
Info: www.dguv.de/landesverbaende
Berufsgenossenschaftlich zugelassene Krankenhäuser:
Situationsgerecht helfen
z.B. Wunde versorgen
Stabile Seitenlage
Notruf
Bewusstsein und Atmung überwachen
Lerne helfen – werde Ersthelfer
Info: www.dguv.de/fb-erstehilfe
Meldung zur Ausbildung bei:
* Sofern verfügbar – den Anweisungen des „Automatisierten Externen Defibrillators" (AED) folgen.
DGUV Information 204-001 „Erste Hilfe" (BGI/GUV-I 510-1), Ausgabe April 2011 • Herausgeber: Deutsche Gesetzliche Unfallversicherung e.V. (DGUV), Mittelstraße 51, 10117 Berlin, www.dguv.de

die **Anleitung zur Ersten Hilfe**
les instructions pour les premiers secours
инструкция по оказанию первой медицинской помощи
rêberiya alîkariya yekem

1.2.11 Betriebsanweisungen – Modes d'emploi – Инструкции по технике безопасности – Rêberiyên kar

max. 150 kg
min 1m
Prüfung gemäß VBG 74
Nächste Prüfung
Reg. Nr.
2009
2007
2008

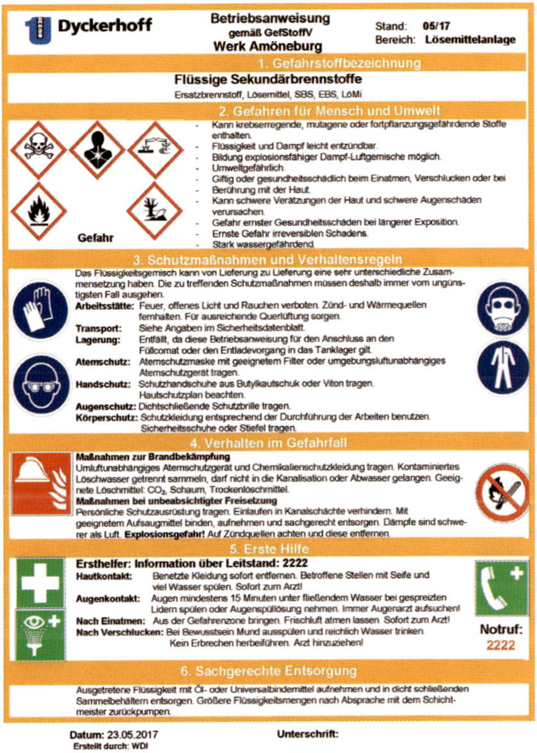

Dyckerhoff

Betriebsanweisung
gemäß GefStoffV
Werk Amöneburg

Stand: **05/17**
Bereich: **Lösemittelanlage**

1. Gefahrstoffbezeichnung

Flüssige Sekundärbrennstoffe
Ersatzbrennstoff, Lösemittel, SBS, EBS, LöMi

2. Gefahren für Mensch und Umwelt

Gefahr

- Kann krebserregende, mutagene oder fortpflanzungsgefährdende Stoffe enthalten.
- Flüssigkeit und Dampf leicht entzündbar.
- Bildung explosionsfähiger Dampf-Luftgemische möglich.
- Umweltgefährlich.
- Giftig oder gesundheitsschädlich beim Einatmen, Verschlucken oder bei
- Berührung mit der Haut.
- Kann schwere Verätzungen der Haut und schwere Augenschäden verursachen.
- Gefahr ernster Gesundheitsschäden bei längerer Exposition.
- Ernste Gefahr irreversiblen Schadens.
- Stark wassergefährdend.

3. Schutzmaßnahmen und Verhaltensregeln

Das Flüssigkeitsgemisch kann von Lieferung zu Lieferung eine sehr unterschiedliche Zusammensetzung haben. Die zu treffenden Schutzmaßnahmen müssen deshalb immer vom ungünstigsten Fall ausgehen.

Arbeitsstätte: Feuer, offenes Licht und Rauchen verboten. Zünd- und Wärmequellen fernhalten. Für ausreichende Querlüftung sorgen.
Transport: Siehe Angaben im Sicherheitsdatenblatt.
Lagerung: Entfällt, da diese Betriebsanweisung für den Anschluss an den Füllcomat oder den Entladevorgang in das Tanklager gilt.
Atemschutz: Atemschutzmaske mit geeignetem Filter oder umgebungsluftunabhängiges Atemschutzgerät tragen.
Handschutz: Schutzhandschuhe aus Butylkautschuk oder Viton tragen. Hautschutzplan beachten.
Augenschutz: Dichtschließende Schutzbrille tragen.
Körperschutz: Schutzkleidung entsprechend der Durchführung der Arbeiten benutzen. Sicherheitsschuhe oder Stiefel tragen.

4. Verhalten im Gefahrfall

Maßnahmen zur Brandbekämpfung
Umluftunabhängiges Atemschutzgerät und Chemikalienschutzkleidung tragen. Kontaminiertes Löschwasser getrennt sammeln, darf nicht in die Kanalisation oder Abwasser gelangen. Geeignete Löschmittel: CO_2, Schaum, Trockenlöschmittel.
Maßnahmen bei unbeabsichtigter Freisetzung
Persönliche Schutzausrüstung tragen. Einlaufen in Kanalschächte verhindern. Mit geeignetem Aufsaugmittel binden, aufnehmen und sachgerecht entsorgen. Dämpfe sind schwerer als Luft. **Explosionsgefahr!** Auf Zündquellen achten und diese entfernen.

5. Erste Hilfe

Ersthelfer: Information über Leitstand: 2222
Hautkontakt: Benetzte Kleidung sofort entfernen. Betroffene Stellen mit Seife und viel Wasser spülen. Sofort zum Arzt!
Augenkontakt: Augen mindestens 15 Minuten unter fließendem Wasser bei gespreizten Lidern spülen oder Augenspüllösung nehmen. Immer Augenarzt aufsuchen!
Nach Einatmen: Aus der Gefahrenzone bringen. Frischluft atmen lassen. Sofort zum Arzt!
Nach Verschlucken: Bei Bewusstsein Mund ausspülen und reichlich Wasser trinken. Kein Erbrechen herbeiführen. Arzt hinzuziehen!

Notruf: 2222

6. Sachgerechte Entsorgung

Ausgetretene Flüssigkeit mit Öl- oder Universalbindemittel aufnehmen und in dicht schließenden Sammelbehältern entsorgen. Größere Flüssigkeitsmengen nach Absprache mit dem Schichtmeister zurückpumpen.

Datum: 23.05.2017
Erstellt durch: WDI
Unterschrift:

die **Betriebsanleitung: Benutzung einer Leiter**
la notice : utilisation d'une échelle
руководство по эксплуатации: использование лестницы
rêberiya kar: bikaranîna pêpelikekê

die **Betriebsanweisung: Verwendung eines Gefahrstoffes**
la notice : utilisation d'une substance dangereuse
инструкция по технике безопасности: использование опасного вещества
rêberiya kar: bikaranîna madeyeke bi talûke

1.3 UNFALLVERHÜTUNG – PRÉVENTION DES ACCIDENTS – ПРЕДУПРЕЖДЕНИЕ НЕСЧАСТНЫХ СЛУЧАЕВ – PÊŞÎLÊGIRTINA QEZAYAN

1.3.1 Leitern und Gerüste – Échelles et échafaudages – Лестницы и леса – Nerdewan û darbestin

rutschfest
antidérapant
противоскользящая поверхность
nehişîn

die **Aluminiumleiter**, *umg* die **Aluleiter**
l'échelle en aluminium
алюминиевая лестница
pêpelika alûmînyûm

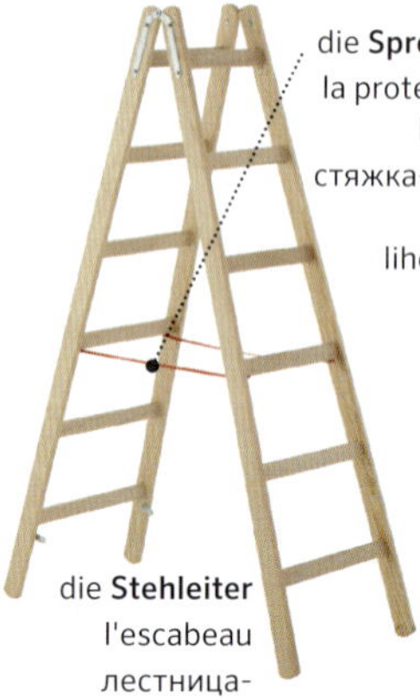

die **Spreizsicherung**
la protection contre l'écartement
стяжка-перемычка
ewlekariya lihevzêdekirinê

die **Stehleiter**
l'escabeau
лестница-стремянка
pêpelika sekinandî

die **Ausziehleiter**
l'échelle coulissante
раздвижная лестница
pêpelika kişandî

die **Anlegeleiter**
l'échelle simple
приставная лестница
pêpelika paldayî

1 m
65° … 75°
a = 65° … 75°

die **Leiter anlegen**
Mettre en place une échelle
приставить лестницу
danîna pêpelikê

das **Kleingerüst**
Le petit échafaudage
мини-леса
darbesta biçûk

das **Gerüst**
l'échafaudage
леса
darbestin

≥ 1.00

der **Geländerholm**
le garde-corps
поручень
milyonê
parêzgeriyê

der **Zwischenholm**
la filière intermédiaire
промежуточный
элемент
milyonê navberê

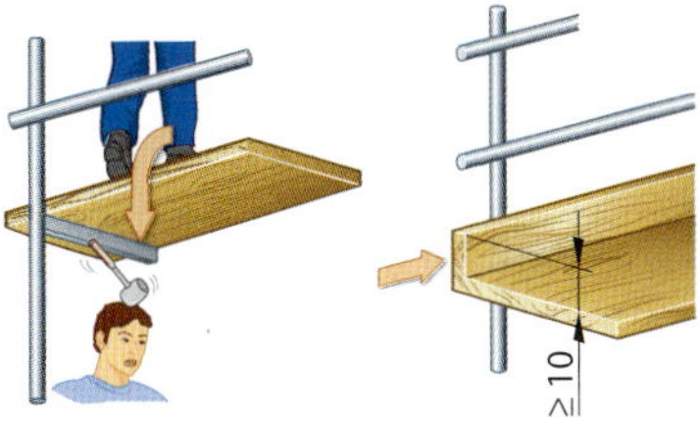
≥ 10

das **Bordbrett**
La plinthe
борт
texteya kêlekê

das **Gerüst auf Rollen**
l'échafaudage sur roues
катучие леса
darbesta li ser tekera

FERTIGUNGS- UND MONTAGE-TECHNIK

TECHNIQUE DE FABRICATION ET DE MONTAGE

ТЕХНОЛОГИЧЕСКОЕ ОБОРУДОВАНИЕ И СБОРОЧНАЯ ТЕХНИКА

TEKNÎKA ÇÊKIRIN Û MONTAJÊ

2 FERTIGUNGS- UND MONTAGETECHNIK – TECHNIQUE DE FABRICATION ET DE MONTAGE – ТЕХНОЛОГИЧЕСКОЕ ОБОРУДОВАНИЕ И СБОРОЧНАЯ ТЕХНИКА – TEKNÎKA ÇÊKIRIN Û MONTAJÊ

2.1 SPANENDES TRENNEN – SÉPARATION PAR USINAGE - РЕЗАНИЕ СО СТРУЖКООБРАЗОВАНИЕМ - VEQETANDINA BI QIRŞIKAN 46

2.1.1 Sägen – Sciage - Распиловка - Miştarkirin 46

2.1.2 Bohren – Forage - Сверление - Qulkirin 48

Bohrer – Foret - Сверло - Burşî 50

Bohrmaschinen – Foreuses - Сверлильное оборудование - Makîneyên qulkirinê 51

Bohrfutter – Mandrin de perçage - Сверлильный патрон - Destika burşiyê 54

2.1.3 Senken – Lamage - Зенкование - Kûrkirin 54

2.1.4 Gewindeschneiden – Alésage - Нарезание резьбы - Birîna vîdayan 55

2.1.5 Trennschleifen – Tronçonnage – Абразивное отрезание – Veqetandina bi rêxistinê 58

2.1.6 Entgraten, Anfasen und Schälen – Ébavurage, chanfreinage et écroutage – Удаление заусенцев, скашивание кромок и бесцентровая обточка – Paqijkirina qirêjan, lêvvedan û qelêşan 59

2.1.7 Schneiden – Coupe – Резка – Birîn 60

Rohrschneiden – Découpe de tubes - Резка труб - Birîna boriyan 64

2.2 UMFORMEN – FORMAGE - ФОРМООБРАЗОВАНИЕ - ŞIKILDAN 65

2.2.1 Biegen und Kanten – Cintrage et pliage – Гибка и кантование – Tewandin û qatkirin 65

Flachstahlbiegen – Cintrage d'acier plat – Гибка полосовой стали – Tewandina hesinê pan 68

Biegen von Profilen – Cintrage de profilés – Гибка профилей – Tewandina profîlan 68

Blechbiegen – Cintrage de tôle – Гибка листового металла – Tewandina pelên hesinî 69

2.2.2 Aufmuffen und Aushalsen – Mandrinage et formage de collerettes – Изготовление муфт и вытачивание канавок– Kumikkirin û qirikderxistin 72

Aushalsen – Formage de collerettes – вытачивание канавок – Qirikderxistin 73

2.3 FÜGEN – ASSEMBLAGE – ПРИГОНКА – PÊKVEDAN 75

2.3.1 Berechnen von Rohrlängen – Calcul de longueurs de tubes – Расчет длины труб – Hesabkirina dirêjahiya boriyê 75

z-Maß-Methode – Méthode de la cote z –Метод z-оценки допусков – Rêbaza pîvana-z 75

2.3.2 Löten – Brasage – Пайка – Lehîmkirin 76

Fügestelle vorbereiten – Préparer le point d'assemblage – Подготовка стыков – Amadekirin cihê pêvekirinê 79

2.3.3 Schweißen – Soudure - Сварка - Tevşokirin 80

2.3.4 Kleben – Collage - Склейка - Pêvezeliqandin 86

2.3.5 Pressverbindungen – Raccords à sertissage - Прессовые соединения - Pêvegirêdanên pêçandinê 88

2.3.6 Schiebehülsenverbindungen – Raccords à sertir coulissants - Соединение с помощью скользящих муфт - Pêvegirêdanên giloveya şimitandinê 89

2.3.7 Steckverbindungen – Connexions enfichables - Штекерные соединения - Pêvegirêdanên hevdanan 90

2.3.8 Gewinderohrverbindungen – Raccords filetés tubulaires - Соединение труб с резьбой - Pêvegirêdanên boriya vîdayî 90

Die lösbare Rohrverbindung – Le raccord de tubes amovible - Разъемное соединение труб - Girêdana boriyê ya vekirinbar 91

Die Spannverbindung - Le raccord de serrage - Зажимное соединение - Girêdana şidandinê 92
Die Flanschverbindung - Le raccord à bride - Фланцевое соединение - Girêdana flanşê 92

2.3.9 Schraubenverbindungen - Raccords vissés - Винтовые соединения - Pêvegirêdanên vîdayan 92

Schrauben - Vis - Винты и болты - Vîda 92
Schraubenformen - Formes des vis - Формы винтов и болтов - Şikilên vîdayan 95
Mutternformen - Formes des écrous - Формы гаек - Şikilên somûnan 99
Scheibenformen - Formes des disques - Формы шайб - Şikilên dîskan 100
Schraubensicherungen - Freins à vis - Стопорение - Ewlekariya vîdayan 101

2.4 MONTIEREN - MONTAGE - МОНТАЖ - MONTAJKIRIN 102

2.4.1 Montagewerkzeug - Outil de montage - Монтажный инструмент - Amûrên montajê 102

2.4.2 Befestigungsgründe - Supports de fixation - Крепежные основания - Sedemên pêvekirin 103

2.4.3 Befestigung von Rohren - Fixation de tubes - Крепление труб - Pêvekirina boriyan 104

2.4.4 Dübel, Anker und Schellen - Chevilles, ancres et colliers de serrage - Дюбели, анкеры и хомуты - Dubel, hevsar û kelepçe 104

Kunststoff - Plastique - Синтетический материал - Plastîk 104
Metall - Métal - Металл - Metal 104
Wirkungsweise von Dübeln und Ankern - Fonctionnement des chevilles et des ancres - Принцип действия дюбелей и анкеров - Awayê karkirina dubel û hevsaran 107
Montagearten - Types de montage - Виды монтажа - Cureyên montajê 108
Schellen, Schienen und Konsolen - Colliers de serrage, rails et consoles - Хомуты, направляющие и кронштейны - Kelepçe, rêl û konsolên dîwarî 109

2.5 PRÜFEN - VÉRIFICATION - ИСПЫТАНИЕ - KONTROLKIRIN 111

2.5.1 Prüfmittel - Équipemenets de test - Испытательная среда и испытательные приборы - Amûrên kontrolê 111

2.5.2 Prüfen von Längen - Vérification des longueurs - Контроль длины - Kontrolkirina dirêjahiyan 112

Maßverkörperungen - Mesures matérialisées - Меры физической величины - Pêkanîna pîvanan 112
Anzeigende Längenmessmittel - Instruments de mesure de longueur indicatifs - Средства измерения длины - Amûrên nîşandana pîvana dirêjahiyê 112
Messfehler - Erreur de mesure - Погрешность - Şaşitiyên pîvanê 115
Indirekte Prüfgeräte - Appareils de contrôle indirects - Приборы для косвенных измерений - Amûrên kontrolê yên ne rasterast 116

2.5.3 Prüfen von Winkeln - Vérification des angles - Контроль уголков - Kontrolkirina goşeyan 116

Messen von Winkeln - Mesure des angles - Измерение углов - Pîvana goşeyan 116

2.5.4 Prüfen von Formen - Vérification des formes - Контроль форм - Kontrolkirina şikilan 117

Kalibrieren - Calibrage - Калибровка - Kalibrasyon 117

2.5.5 Prüfen von Richtungen und Lagen - Vérification des directions et des positions - Контроль направлений и местоположений - Kontrolkirina aliyan û pozisyonan 118

2.5.6 Prüfen von Druck und Temperatur - Vérification de la pression et de la température - Контроль давления и температуры - Kontrolkirina pestîn û germahiyê 119

2.1 SPANENDES TRENNEN – SÉPARATION PAR USINAGE – РЕЗАНИЕ СО СТРУЖКООБРАЗОВАНИЕМ – VEQETANDINA BI QIRŞIKAN

2.1.1 Sägen – Sciage – Распиловка – Miştarkirin

die **Handbügelsäge**
la scie à métaux à main
ручная бугельная пила
miştara destî

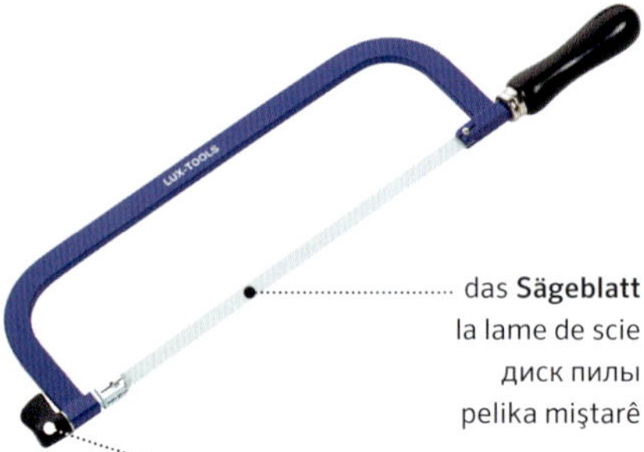
LUX-TOOLS

das **Sägeblatt**
la lame de scie
диск пилы
pelika miştarê

der **Schraubstock**
l'étau
винтовые тиски
mengena vîdayê

sägen
le sciage
распиловка
miştarkirin

die **Spannmutter**
l'écrou de serrage
зажимная гайка
somûna şidandinê

die **Zahnteilung**
le pas de dents
шаг зубьев
rêza didanan

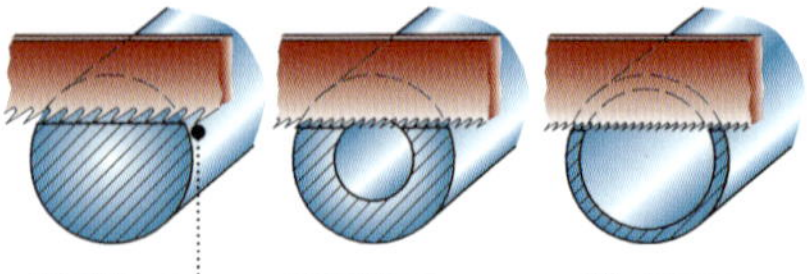

16 Zähne pro inch

24 Zähne pro inch

32 Zähne pro inch

der **Zahn**
la dent
зуб
didan

metabo
STEB 65 Quick

die **Stichsäge**
la scie sauteuse
лобзиковая пила
miştara xişikî

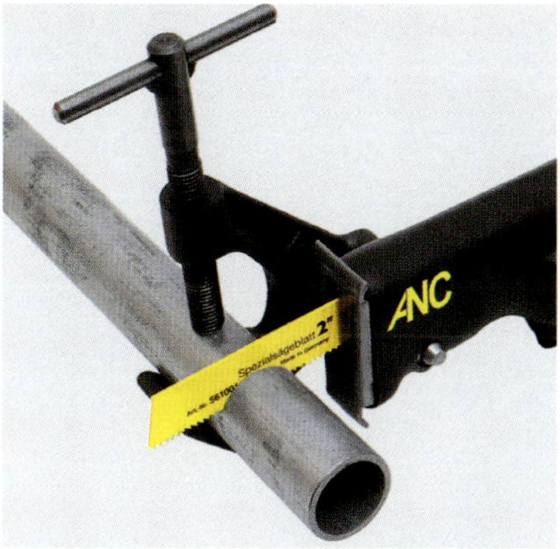
ANC
Spezialsägeblatt 2"

die **Rohrsäge**
la scie à tubes
труборез
miştara boriyê

metabo
metabo

die **Kapp- und Gehrungssäge**
la scie à onglet radiale
торцовочно-усорезная пила
miştara serî û goşeyî

KASTO

die **Hubsägemaschine**
la machine à scier à mouvement alternatif
ножовочная пила
makîneya miştara vertical

REMS

die **Kreissägemaschine,**
umg die **Kreissäge**
la scie circulaire
распиловочная машина с круглым пильным полотном
makîneya miştara bazinî

2.1.2 Bohren – Forage – Сверление – Qulkirin

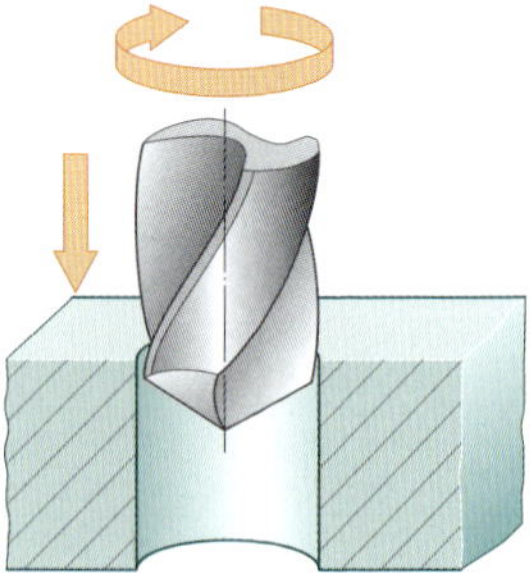

bohren
forage
сверление
qulkirin

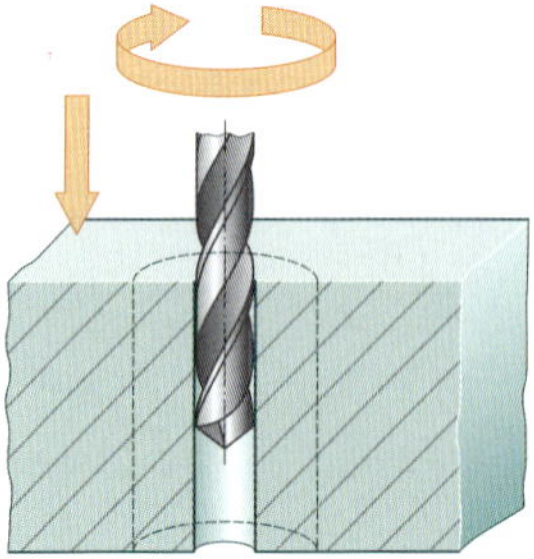

vorbohren
forage préalable
предварительное растачивание
qulkirina destpêkê

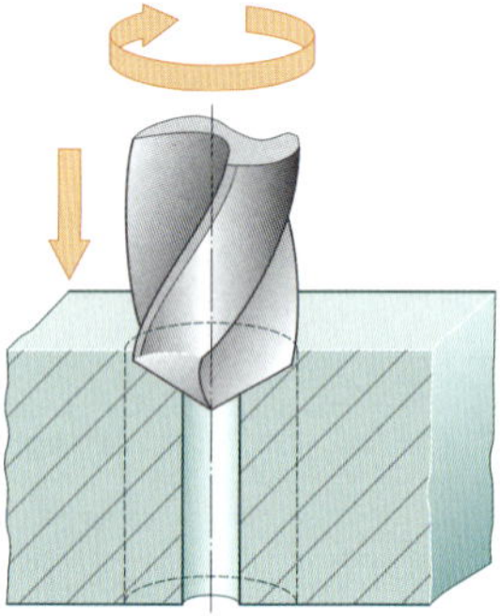

aufbohren
alésage
высверливание
mezinkirina qulê

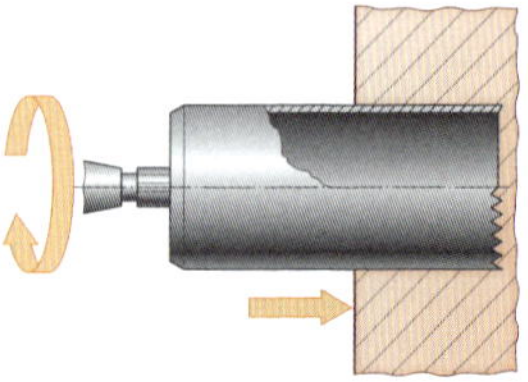

kernbohren
carottage
корончатое сверление
kûrkirina qulê

der **Spiralbohrer,**
umg der **Bohrer**
le forêt hélicoïdal
спиральное сверло
burşiya spiral

die **Spitzenlänge**
la longueur de pointe
режущая часть
dirêjahiya serî

das **Schneidteil**
la partie coupante
режущая часть
beşa birînê

der **Zylinderschaft**
la queue cylindrique
цилиндрический стержень
milê silindrî

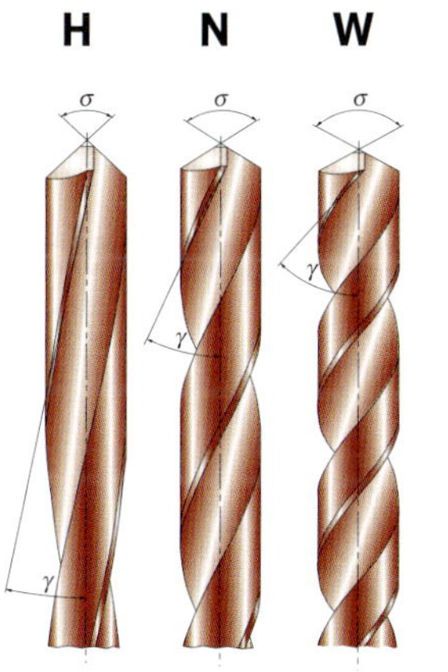
H
N
W
σ
γ

	H	N	W
Spanwinkel γ	10° ... 13°	16° ... 30°	35° ... 40°
Spitzenwinkel σ z. B.	80°	118°	125°

der **Spanwinkel**
l'angle de coupe
передний угол резания
goşeya qirşikan

der **Spitzenwinkel**
l'angle de pointe
угол при вершине сверла
goşeya serî

der **Bohrertyp**
le type de forêt
тип сверла
cureyê burşiyê

H – harte Werkstoffe, z.B. Hartguss
D - Matériaux durs, comme la fonte dure
H - твердые материалы, например твердая отливка
H - madeyên req, wek mînak fontê

N – normale Werkstoffe, z.B. Stahl
N - Matériaux normaux, comme l'acier
N – обычные материалы, например сталь
N – madeyên normal, wek mînak pola

W – weiche Werkstoffe, z.B. Aluminium
T - Matériaux tendres, comme l'aluminium
W - мягкие материалы, например алюминий
W - madeyên nerm, wek mînak alûmînyûm

Bohrer – foret – Сверло – Burşî

der **Steinbohrer**
le forêt à pierre
сверло по камню
burşiya kevirê

der **Betonbohrer**
le forêt à béton
сверло по бетону
burşiya betonê

der **HSS-Bohrer,**
umg der **Metallbohrer**
le forêt HSS
сверло из быстрорежущих сталей
burşiya HSS

der **Holz- und Kunststoffbohrer**
le forêt à bois et à plastique
сверло по дереву и пластику
burşiya dar û plastîkê

der **Blechbohrer**
le forêt à tôle
сверло по листовому металлу
burşiya pelên hesinî

der **Schälbohrer**
le forêt à pointe de centrage
сверло с крутой винтовой канавкой
burşiya qelişandinê

Bohrmaschinen – Foreuses – Сверлильное оборудование – Makîneyên qulkirinê

BOSCH

die **Schlagbohrmaschine**
la perceuse à percution
ударно-вращательная сверлильная машина
makîneya qulkirina darbeyî

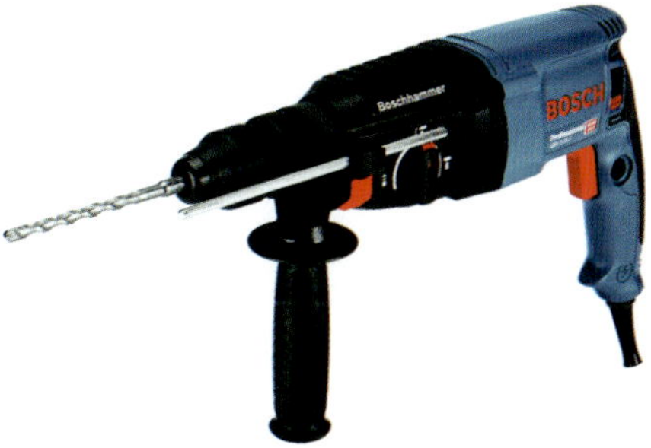
Boschhammer
BOSCH

der **Bohrhammer**
le marteau perfortateur
перфоратор
çekûşê qulkirinê

die **Kernbohrmaschine**
la carotteuse
магнитный
сверлильный станок
makîneya qulkirina navîn

die **Bohrkrone**
le trépan
буровая коронка
taca qulkirinê

BOSCH

der **Akkubohrhammer**
le marteau perforateur sans fil
аккумуляторный перфоратор
çekûşê qulkirinê yê bateriyê

die **Säulenbohrmaschine**
la perceuse à colonne
вертикально-сверлильный станок
makîneya qulkirina stûnî

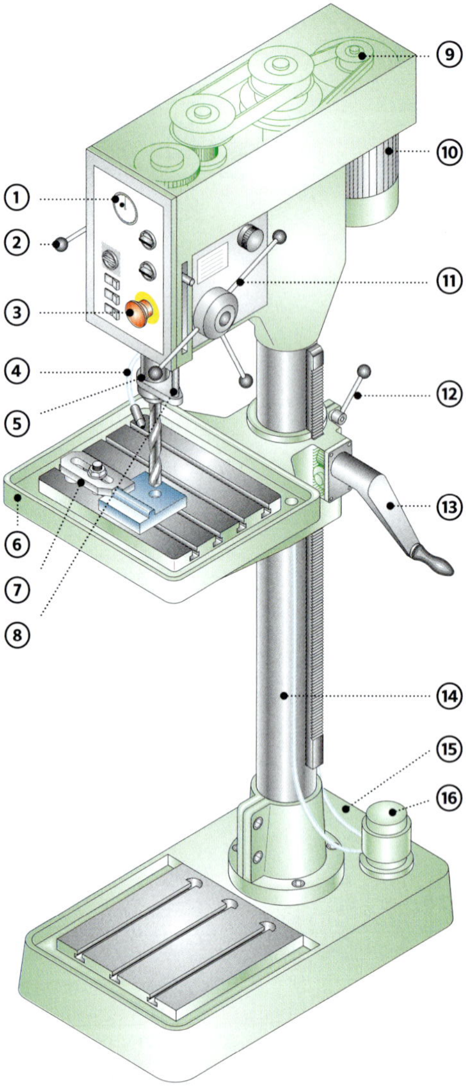

①
②
③
④
⑤
⑥
⑦
⑧
⑨
⑩
⑪
⑫
⑬
⑭
⑮
⑯

① der **Drehzahlmesser**
le compte-tours
счетчик числа оборотов
pîvana zîvirînê

② die **Drehzahlverstellung**
le réglage de vitesse
регулирование частоты вращения
guherandina leza zîvirînê

③ **Not-Aus**
arrêt d'urgence
аварийное выключение
rawestana acîl

④ der **Kühlmittelschlauch**
le flexible pour réfrigérant
шланг системы охлаждения
şilanga madeyên hênikker

⑤ die **Bohrspindel**
la broche de perçage
шпиндель сверлильного станка
milê qulkirinê

⑥ der **Bohrtisch**
la table de forage
стол сверлильного станка
masa qulkirinê

⑦ die **Werkstückaufnahme**
le logement de pièce à usiner
упор ограничения глубины
gireka parçeyê xebatê

⑧ der **Tiefenanschlag**
la butée de profondeur
пор ограничения глубины
sînorkerê kûrahiyê

⑨ das **Riemengetriebe**
l'entraînement par courroie
ременная передача
pergala kayîşê

⑩ die **Elektromotor**
le moteur électrique
электродвигатель
motora elektrîkî

⑪ der **Vorschub**
l'avance
подача
pêşdaxistin

⑫ der **Feststellhebel**
le levier de blocage
зажимный рычаг
levayê qedkirinê

⑬ die **Kurbel**
la manivelle
кривошип
destika zivirandinê

⑭ die **Säule**
la colonne
колонна
stûn

⑮ die **Fußplatte**
la plaque de base
опорная плита
bingeha pêyî

⑯ die **Kühlmittelpumpe**
la pompe de refroidissement
насос охлаждающей системы
pompa madeyên hênikker

Bohrfutter – Mandrin de perçage – Сверлильный патрон – Destika burşiyê

das **Zahnkranzbohrfutter**
le mandrin de perçage à couronne dentée
сверлильный патрон с зубчатым венцом
destika qulkirinê ya didankirî

der **Bohrfutterschlüssel**
la clé à mandrin
ключ сверлильного патрона
mifteya destika qulkirinê

das **Schnellspannbohrfutter**
le mandrin auto-serrant
быстрозажимный сверлильный патрон
destika qulkirina şidandina lezgîn

das **Bohrfutter für Bohrer mit Längsnut**
le mandrin pour forêt avec rainure longitudinale
сверлильный патрон для сверла с продольным пазом
destika qulkirinê ji bo burşiyên bi şiva dirêj

die **Längsnut**
la rainure longitudinale
продольный паз
şiva dirêj

2.1.3 Senken – Lamage – Зенкование – Kûrkirin

der **Querlochsenker**
la fraise à évaburer à trou transversal
зенкер для поперечных отверстий
kûrkerê qula berwar

der **Kegelsenker**
la fraise à chanfreiner
конический зенкер
kûrkerê konî

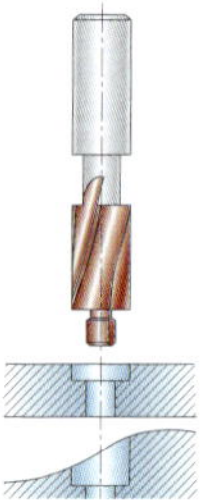

der **Flachsenker**
la fraise plate
цековка
kûrkerê pan

2.1.4 Gewindeschneiden – Alésage – Нарезание резьбы – Birîna vîdayan

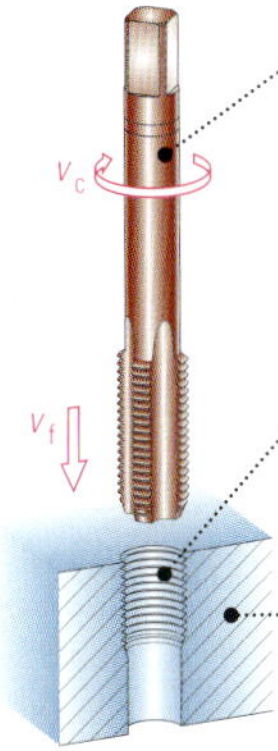
v_c
v_f

der **Gewindebohrer**
le taraud
метчик
burşiya vîdayan

das **Innengewinde**
le filetage intérieur
внутренняя резьба
vîdaya navxweyî

das **Werkstück**
la pièce à usiner
обрабатываемая деталь
parçeya xebatê

das **Gewinde**
le filetage
резьба
vîda

das **Außengewinde**
le filetage extérieur
наружная резьба
vîdaya derve

der **Gewindebohrer**
le taraud
метчик
burşiya vîdayan

der **Ring**
l' anneau
кольцо
xelek

der **Vorschneider**
le taraud ébaucheur
подрезатель
birêrê pêşî

der **Mittelschneider**
le taraud intermédiaire
средний метчик
birêrê navîn

der **Fertigschneider**
le taraud finisseur
чистовой метчик
birêrê dawî

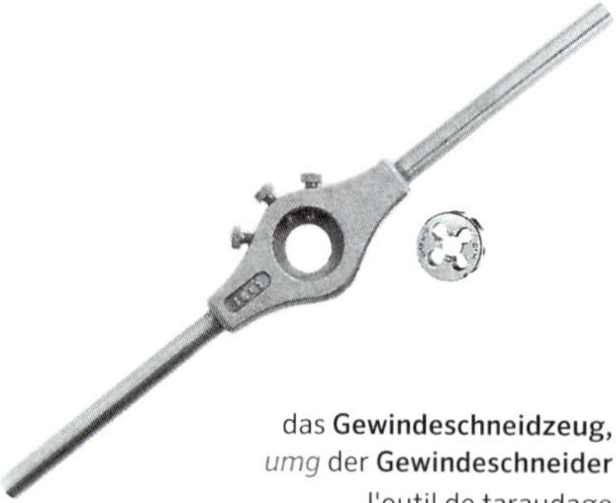

das **Gewindeschneidzeug,**
umg der **Gewindeschneider**
l'outil de taraudage
резьбонарезной инструмент
amûra birîna vîdayan

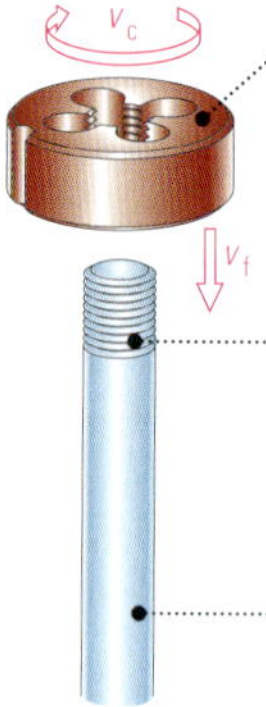
v_c
v_f

das **Schneideisen**
la filière de coupe
нарезная плашка
hesinê birînê

das **Außengewinde**
le filetage extérieur
наружная резьба
vîdaya derve

das **Werkstück**
la pièce à usiner
обрабатываемая деталь
parçeya xebatê

die **Handkluppe,**
umg die **Kluppe**
la pince à main
вороток
mengena destî

die **Ratschenhebel,**
umg die **Ratsche**
le levier à cliquet
храповый рычаг
levayê rêçikeyê

der **Gewindeschneidkopf,**
umg der **Schneidkopf**
la tête de taraudage
резьбонарезная головка
serê birîna vîdayan

ROLLER

die **Gewindeschneidemaschine, handgeführt,**
umg der **Gewindschneider**
l'aléseuse manuelle
ручной станок для нарезания резьбы
makîneya birîna vîdayan, bi rêvebiriya destî

der **Schneidkopf ohne Automatik**
la tête de coupe non automatisée
режущая головка без автоматики
serê birînê bê otomatîk

ROLLER

die **Gewindeschneidemaschine**
l'aléseuse
станок для нарезания резьбы
makîneya birîna vîdayan

der **Schneidkopf mit Automatik,**
umg der **Schnellwechsel-Schneidkopf**
la tête de coupe automatisée
режущая головка с автоматикой
serê birînê bi otomatîk

2.1.5 Trennschleifen – Tronçonnage – Абразивное отрезание – Veqetandina bi rêxistinê

trennschleifen
tronçonnage
отрезание шлифовальным кругом
veqetandin bi rêxistinê

metabo

der **Winkelschleifer,**
umg die **Flex**
la meuleuse d'angle
углошлифовальная машина
rêxistina goşeyî

SG-ELASTIC

die **Trennschleifscheibe**
le disque à tronçonner
отрезной шлифовальный круг
dîska birîna veqetandinê

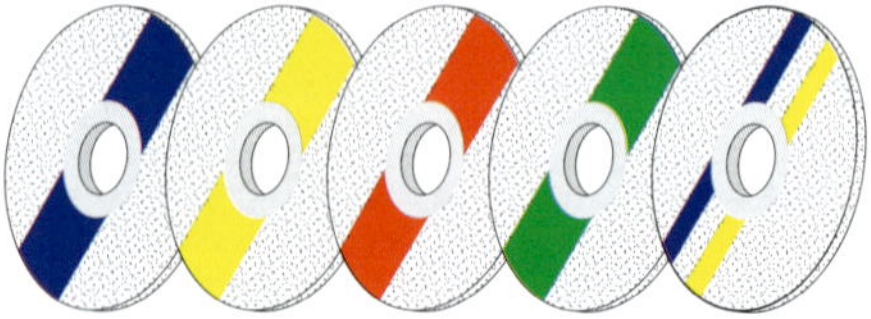

50 m/s 63 m/s 80 m/s 100 m/s 125 m/s

die **Farbcodierung der Schleifscheibe**
le code couleur de la meule
цветная маркировка абразивного круга
kodkirina bi reng a dîska rêxistinê

die **Umfangsgeschwindigkeit**
la vitesse périphérique
окружная скорость
leza dora dîskê

2.1.6 Entgraten, Anfasen und Schälen – Ébavurage, chanfreinage et écroutage – Удаление заусенцев, скашивание кромок и бесцентровая обточка – Paqijkirina qirêjan, lêvvedan û qelêşan

entgraten
ébavurer
удаление заусенцев
paqijkirina qirêjan

der **Entgrater mit elektrischem Antrieb**
l'ébavureur à entraînement électrique
гратосниматель с электрическим приводом
paqijkera qirêjan bi ajoya elektrîkî

der **Handentgrater**
l'ébavureur manuel
ручной гратосниматель
paqijkera qirêjan a destî

Rondo Universal

der **Universalentgrater**
l'ébavureur universel
универсальный гратосниматель
paqijkera qirêjan a gerdûnî

REMS

der **Innenrohrentgrater**
l'ébavureur de tube intérieur
внутренний гратосниматель труб
paqijkera qirêjan a boriya navxweyî

das **Trenn- und Anfasgerät**
l'appareil à tronçonner et à chanfreiner
устройство для отделения и снятия фаски
amûra veqetandin û lêvedanê

das **Schälwerkzeug**
l'outil d'écroûtage
инструмент для снятия стружки
amûra qelêşandinê

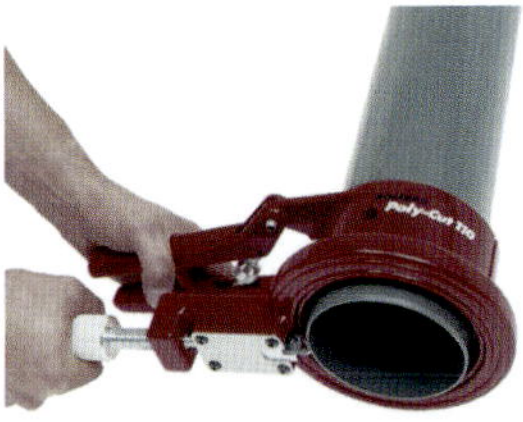

anfasen
chanfreiner
снятие фаски
lêvedan

abschälen
écroûter
отделение оболочки
qelêşandin

2.1.7 Schneiden – Coupe – Резка – Birîn

das **Scherschneiden**
le cisaillement
резка на ножницах
birîna meqesî

das **Blech**
la tôle
листовое железо
pelên hesinî

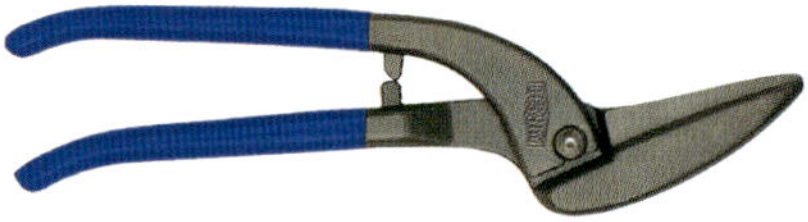

die **Durchlaufschere**
la cisaille en continu
резак
meqesa berdewam

abschneiden
couper
отрезка
jêkirin

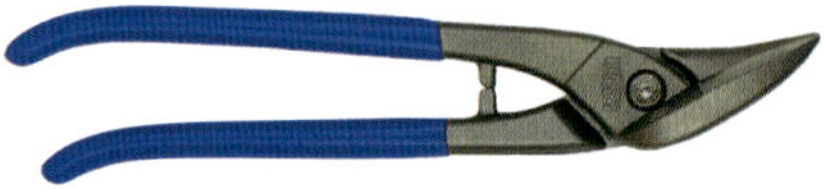

die **Ideale Schere**
la cisaille idéale
идеальные ножницы
meqesa îdeal

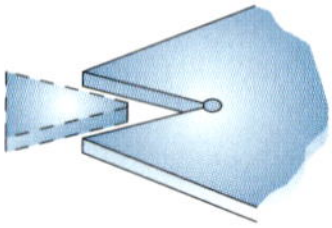

ausklinken
encocher
вырезка и пробивка
jêbirrîn

die **Gerade Schere**
la cisaille droite
ровные ножницы
meqesa rast

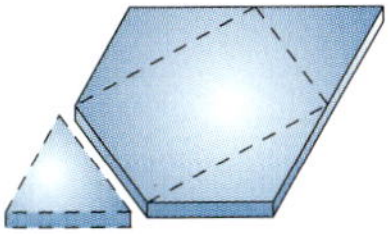

beschneiden
détourer
обрезка
jêkirin

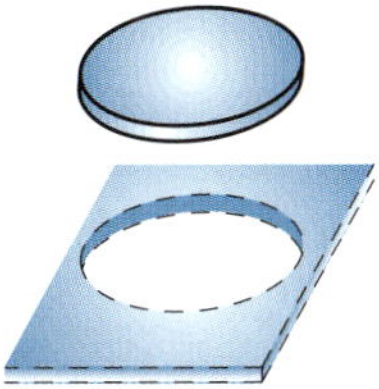

kreisschneiden
couper circulairement
резание по окружности
birîna bazinî

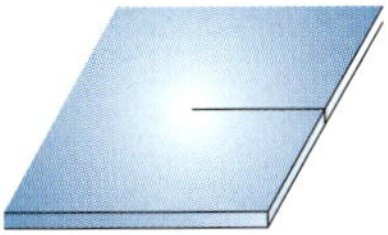

einschneiden
inciser
надрезка
têrbirrîn

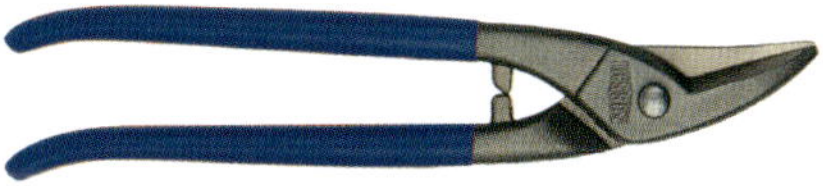

die **Lochschere**
la cisaille à trous
пробивной штамп
meqesa qulê

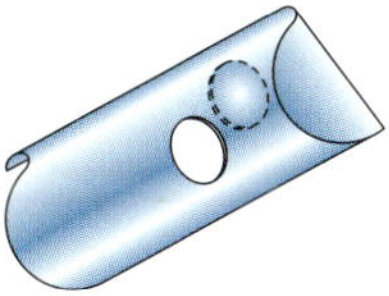

lochschneiden
découper des trous
пробивка отверстий
qulbirrîn

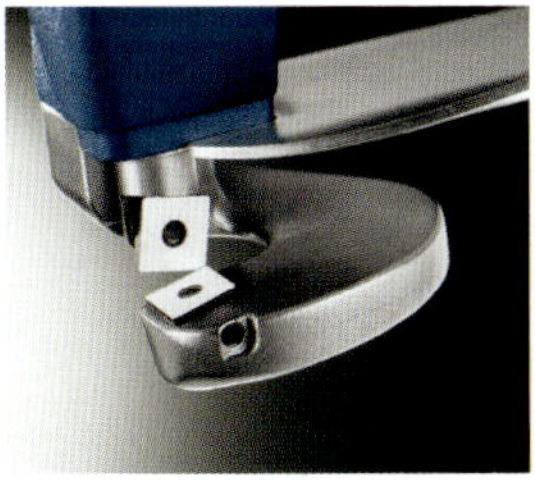

die **elektrische Handblechschere**
la cisaille à tôle manuelle électrique
электрические ножницы
для резки листового металла
meqesa pelên hesinî ya
elektrîkî ya destî

die **Rollenblechschere**
la cisaille à tôle à rouleaux
роликовые листовые ножницы
meqesa pelên hesinî ya bi rolek

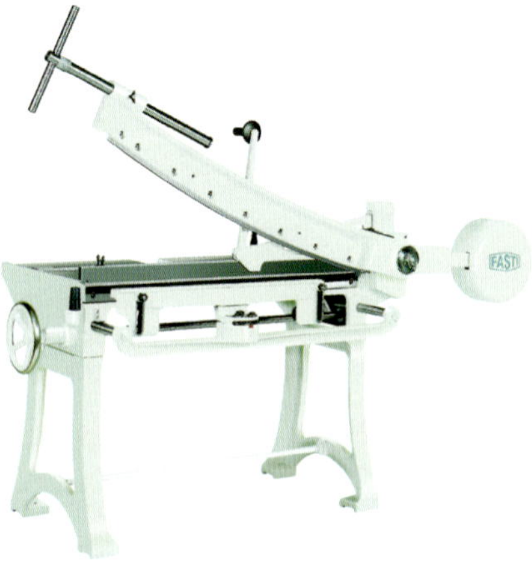
FASTI

die **Hebeltafelschere**
la cisaille à levier
стуловые рычажные ножницы
meqesa mezin a levayî

der **Niederhalter**
le presseur
струбцина
ragirê jêr

die **Handhebelschere**
la cisaille à levier manuelle
ручные рычажные ножницы
meqesa destî ya levayî

das **Abschneiden**
la coupe
обрезка
jêkirin

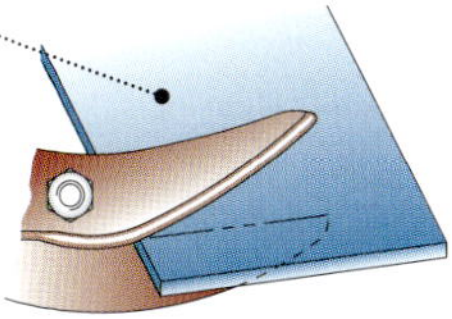

der **Schneidvorgang**
le processus de coupe
процесс резки
pêvajoya birînê

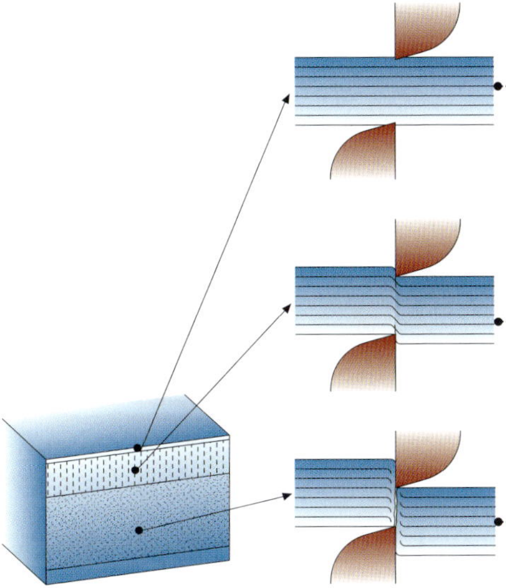

das **Stauchen**
le refoulement
обжим
komkirin

das **Schneiden**
la découpe
резка
birîn

das **Trennen**
la séparation
разделение
veqetandin

der **Hohlschliff**
la taille creuse
вогнутая заточка
şeqbûna valahî

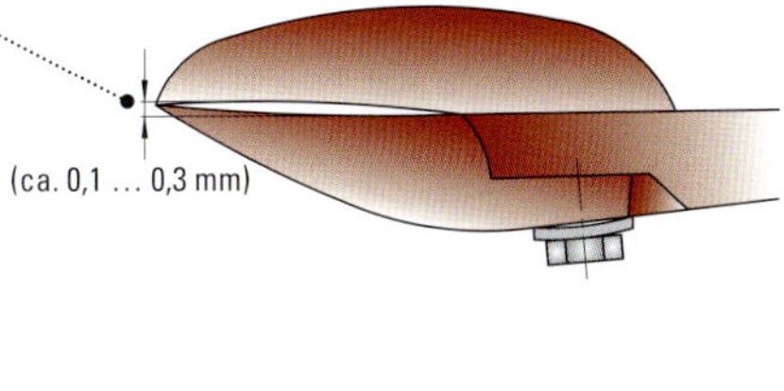
(ca. 0,1 … 0,3 mm)

Rohrschneiden – Découpe de tubes – Резка труб – Birîna boriyan

das **Rohr abschneiden**
couper le tube
отрезка трубы
jêkirina boriyê

REMS

der **Rohrabschneider**
le coupe-tubes
инструмент для отрезки труб
birêrê boriyê

das **Rundmesser**, *umg* das **Schneidrad**
le couteau circulaire
дисковый нож
kêra girover

REMS

der **Akku-Rohrschneider**
le coupe-tubes sans fil
аккумуляторный труборез
birêrê boriyê yê bateriyî

REMS

die **Rohrschere**
la cisaille à tubes
ножницы для резки труб
meqesa boriyê

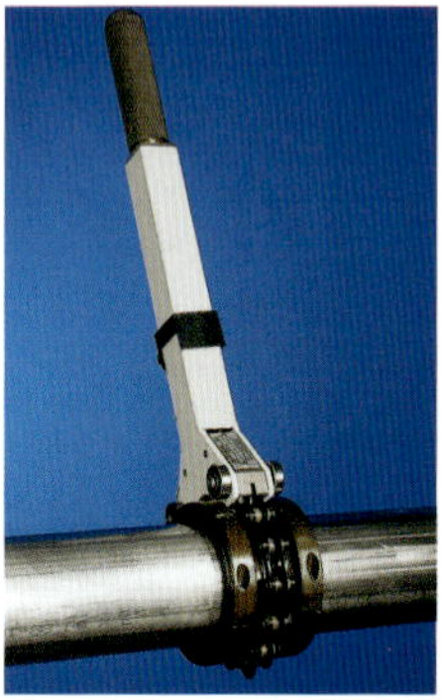

die **Schneidkette**
la chaîne de coupe
фрезерная цепь
zincîra birînê

der **Schneidring für Steinzeugrohre**
la bague coupante pour tubes en grès
ножевое кольцо для керамических труб
xeleka birînê ji bo boriyên kevirî

2.2 UMFORMEN – FORMAGE – ФОРМООБРАЗОВАНИЕ – ŞIKILDAN

2.2.1 Biegen und Kanten – Cintrage et pliage – Гибка и кантование – Tewandin û qatkirin

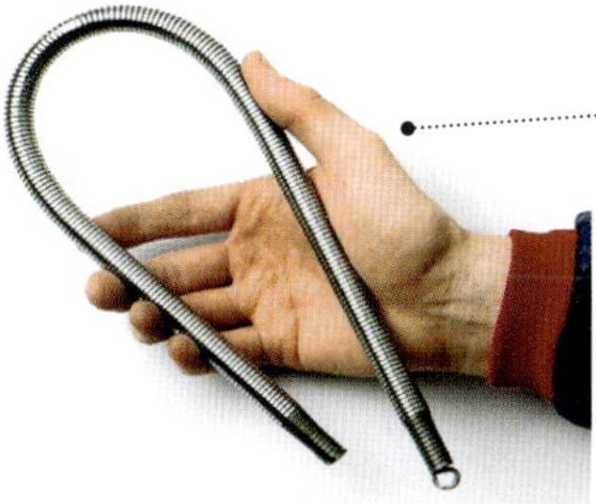

das **Freihandbiegen**
le ceintrage à main levée
свободная гибка
tewandina destî

die **Biegefeder**
le ressort de flexion
изгибная пружина
federeya tewandinê

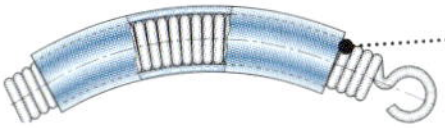

innen
intérieur
внутри
hundir

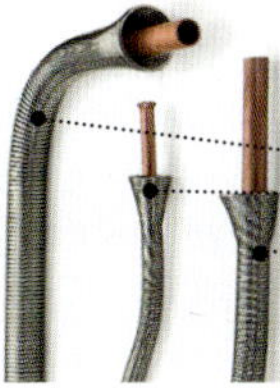

außen
extérieur
снаружи
derve

das **Handrohrbiegegerät**
la cintreuse manuelle pour tubes
ручной трубогиб
amûra tewandina boriyê ya destî

ROTHENBERGER

die **Zweihandbiegezange**
la pince de cintrage à deux mains
щипцы для сгибания двумя руками
gezika tewandinê ya dudestkî

die **Ratschenbiegezange**
la pince de cintrage à cliquet
щипцы для сгибания с храповым механизмом
gezika tewandinê ya rêçikeyî

REMS

die **elektrische Rohrbiegemaschine**
la cintreuse de tubes électrique
электрический трубогибочный станок
makîneya tewandina boriyê ya elektrîkî

die **hydraulische Rohrbiegemaschine**
la cintreuse de tubes hydraulique
гидравлический трубогибочный станок
makîneya tewandina boriyê ya hîdrolîkî

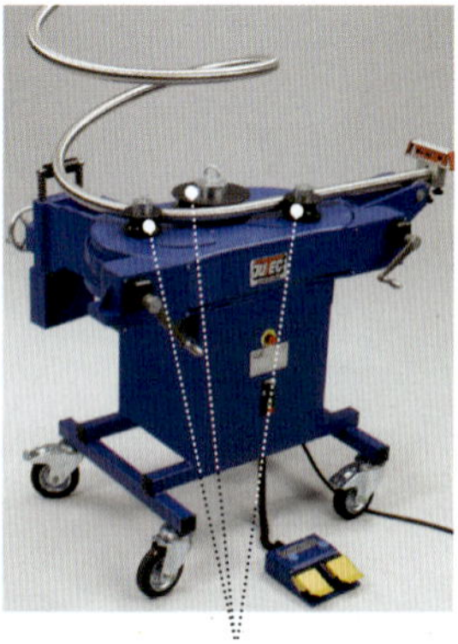

der **Dreirollenbiegeaufsatz**
l'accessoire de cintrage à trois rouleaux
трехроликовая насадка для гибки
serê tewandinê ya sê rolekî

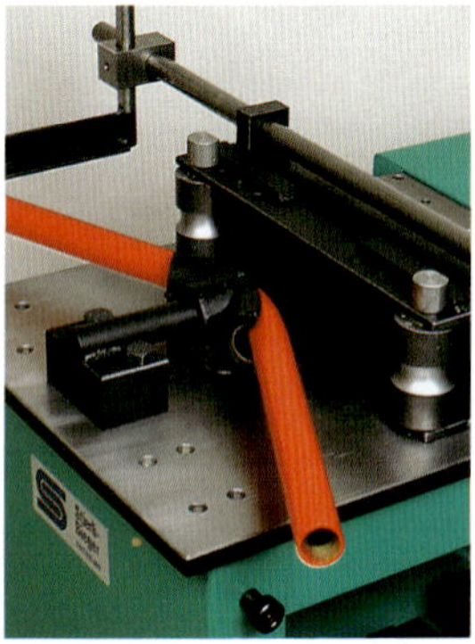

die **Biegemaschine**
la cintreuse
гибочный станок
makîneya tewandinê

der **Gegenhalter**
le contre-support
контропора
ragirê beramberî

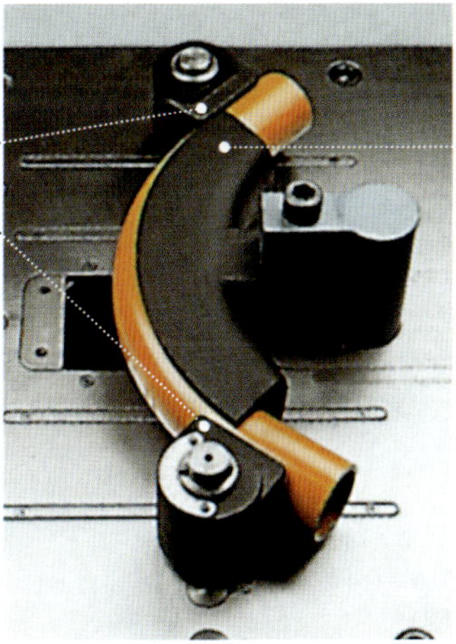

das **Biegesegment**
le segment de cintrage
гибочный сегмент
parçeya tewandinê

die **gestreckte Bogenlänge**
la longueur d'arc étirée
вытянутая длина дуги
dirêjahiya kevanê ya rast

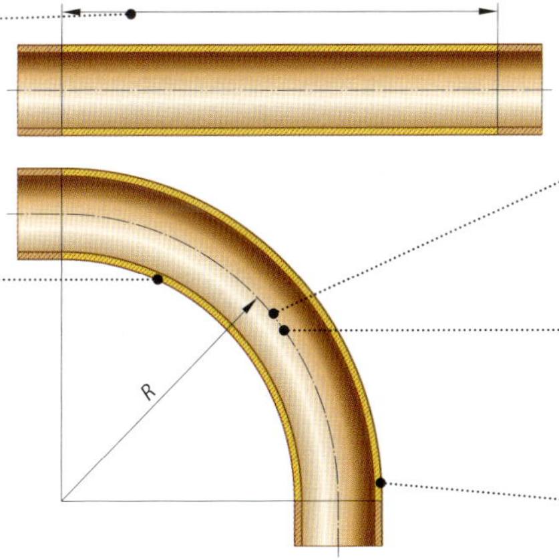
R

die **Bogenlänge**
la longueur d'arc
длина дуги
dirêjahiya kevanê

gestaucht
compressé
сплющено
komkirî

die **neutrale Achse**
l'axe neutre
нейтральная ось
mijarêya bêalî

gestreckt
étiré
вытянуто
dirêjkirî

Flachstahlbiegen – Cintrage d'acier plat – Гибка полосовой стали – Tewandina hesinê pan

der **Flachstahlbiegeaufsatz**
l'embout de cintrage pour acier plat
насадка для гибки полосовой стали
serê tewandina hesinê pan

ZOPF

das **Walzenbiegen**
le cintrage par rouleaux
гибка на вальцах
tewandina bi rolekan

Biegen von Profilen – Cintrage de profilés – Гибка профилей – Tewandina profîlan

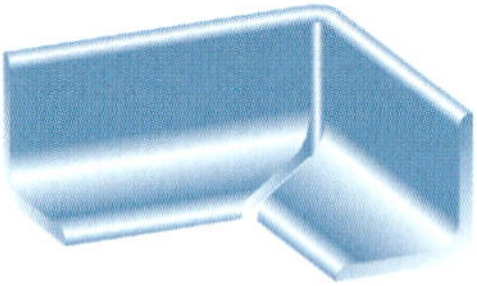

das **gebogene Profil**
le profil cintré
согнутый профиль
profîla tewandî

das **Ausklinken**
l' encochage
расцепление
jêbirrîn

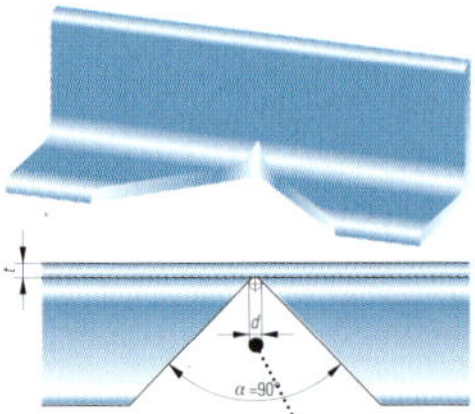
t
d
α =90°

die **Bohrung**
le perçage
сверление
qul

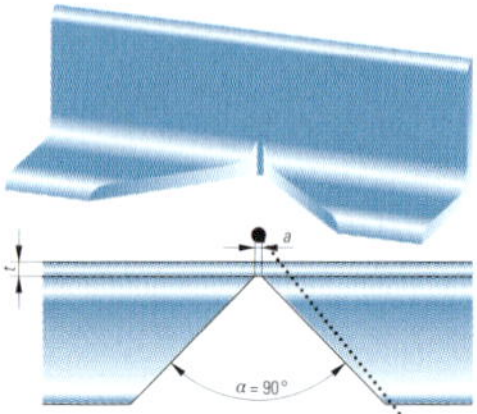
t
a
α = 90°

die **Fase**
le chanfrein
фаска
lêv

Blechbiegen – Cintrage de tôle – Гибка листового металла – Tewandina pelên hesinî

der **Holz- oder Kunststoffhammer**
le marteau en bois ou en plastique
деревянный или пластиковый молоток
çekûşê dar an plastîkê

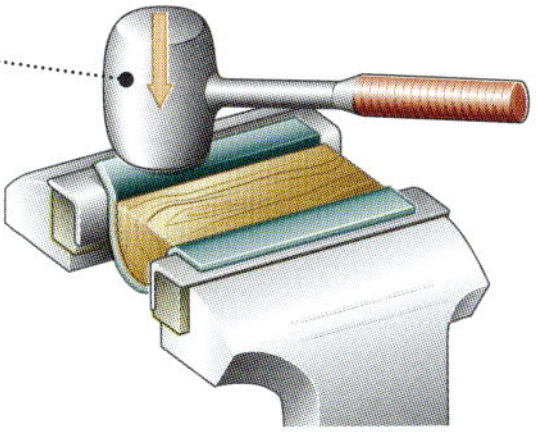

das **Kanten**
le chant
кантовка
qatkirin

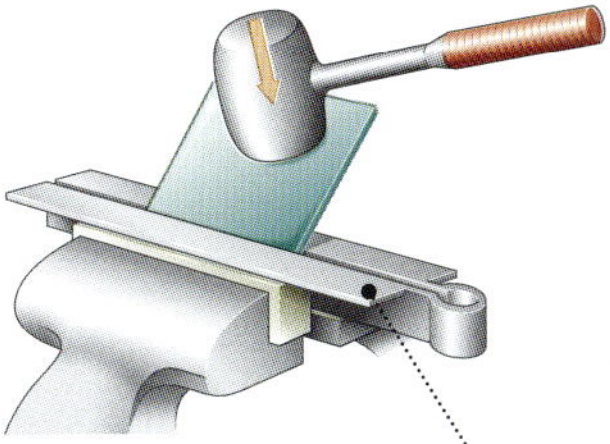

die **Blechkluppe**
la pince à tôle
клупп для листового металла
mengena pelên hesinî

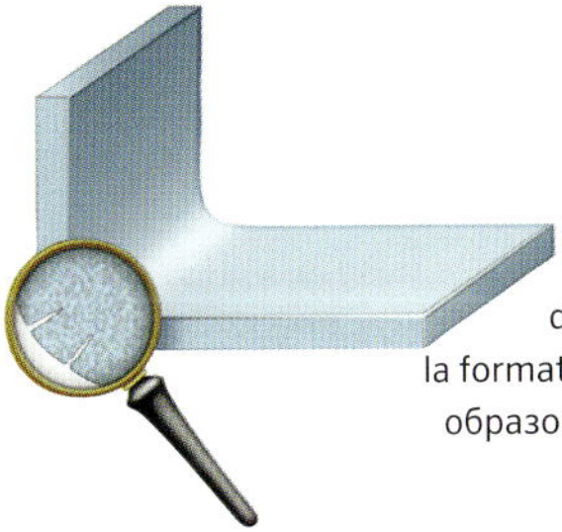

die **Rissbildung**
la formation de fissures
образование трещин
qelişîn

die **Quetschung**
l'écrasement
сдавливание
perçiqandin

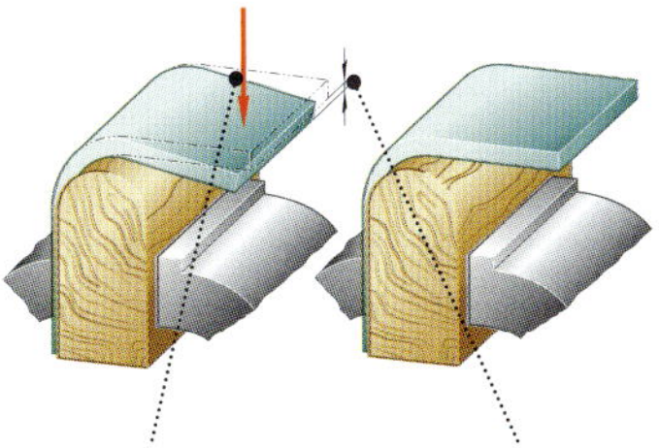

die **Biegekraft**
la force de flexion
усилие изгиба
hêza tewandinê

die **Rückfederung**
le retour élastique
упругая отдача
vegerîna federe

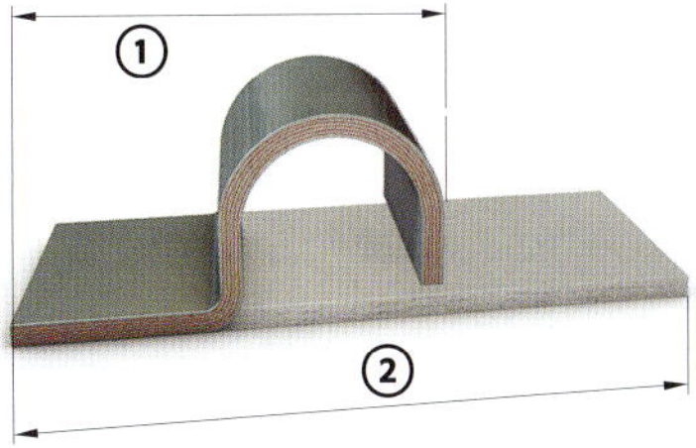
①
②

① die **Werkstücklänge**
la longueur de la pièce à usiner
длина детали
dirêjahiya parçeya xebatê

② die **gestreckte Länge**
la longueur étirée
развернутая длина
dirêjahiya rast

das **Schwenkbiegen**
le cintrage par pivotement
гибка поворотом
tewandina zivirandinê

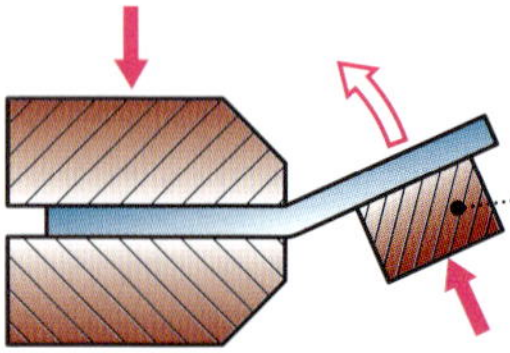

die **bewegliche Wange**
la joue mobile
подвижная щека
lêva bizav

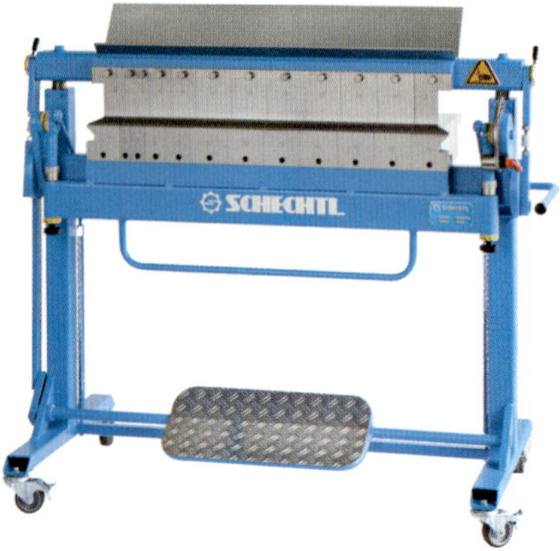
SCHECHTL

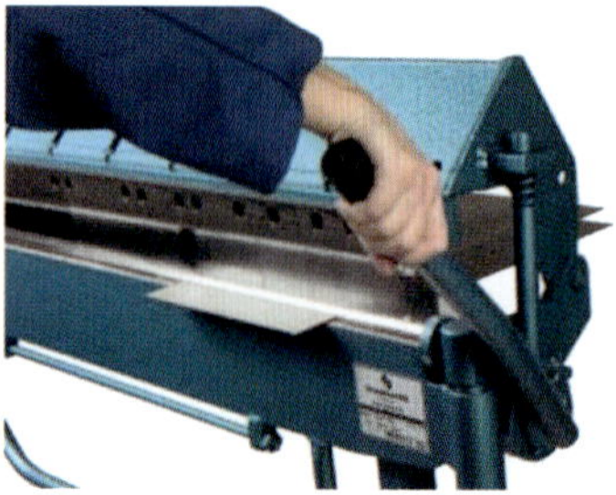

die **Schwenkbiegemaschine**
la machine à cintrer pivotante
комбинированный листогиб
makîneya tewandina zivirandinê

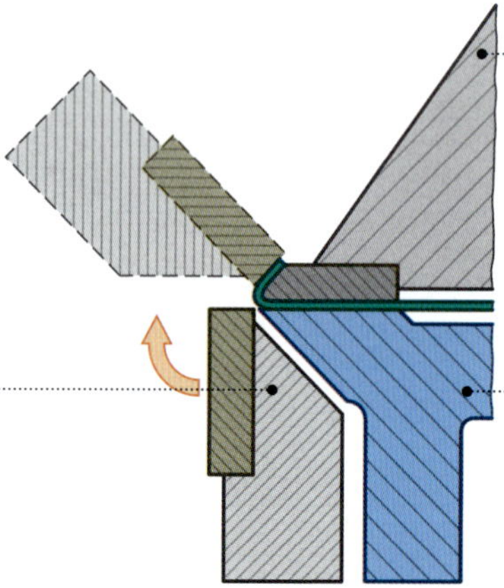

die **Oberwange**, *umg* der **Druckbalken**
la joue supérieure
верхняя щека
lêva jorîn

die **Biegewange**, *umg* der **Biegebalken**
la pince à cintrer
направляющая
lêva tewandinê

die **Unterwange**, *umg* der **Tisch**
la joue inférieure
нижняя щека
lêva jêrîn

der **Biegestempel**
le poinçon de cintrage
гибочный пуансон
mûrê tewandinê

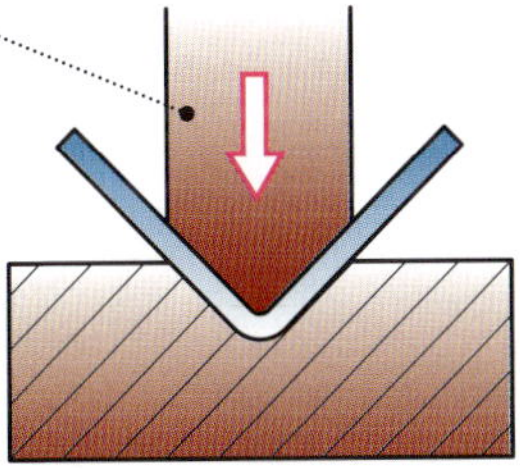

das **Gesenkbiegen,**
umg das **Abkantpressen**
le cintrage à la presse
гибка в штампе
tewandina bi qalibê

die **Gesenkbiegepresse**
presse à cintrer
листоштамповочный пресс
presa tewandina bi qalibê

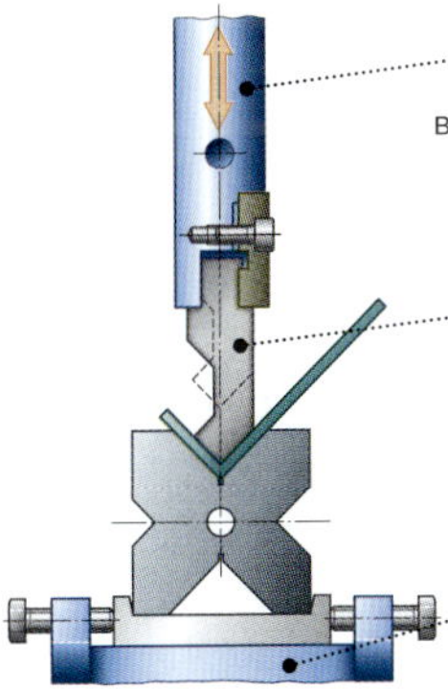

der **Oberbalken**
la poutre supérieure
верхняя поперечная перекладина
dara jorîn

der **Biegestempel**
le poinçon de cintrage
гибочный пуансон
mûrê tewandinê

der **Unterbalken**
la poutre inférieure
подбалка
dara jêrîn

das **Rundhorn**
la bigorne ronde
круглая насадка
stiriyê girov

die **Rundungsmaschine**
la machine à arrondir les angles
скругляющий станок
makîneya giroverkirin

das **Runden**
le rond
закругление острых кромок
giroverkirin

2.2.2 Aufmuffen und Aushalsen – Mandrinage et formage de collerettes – Изготовление муфт и вытачивание канавок – Kumikkirin û qirikderxistin

die **Einstecktiefe**
la profondeur d'insertion
глубина посадки
kûrahiya têxistinê

die **Muffenverbindung**
le raccord par manchon
соединение в раструб
girêdana kumikî

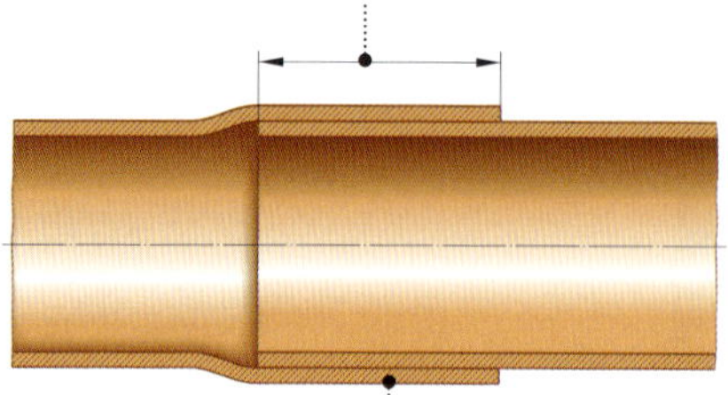

die **Muffe**
le manchon
муфта
kumik

aufmuffen
mandriner
муфтовое соединение
kumikkirin

die **Aufweitköpfe**
les têtes d'expansion
расширительные головки
serên firekirinê

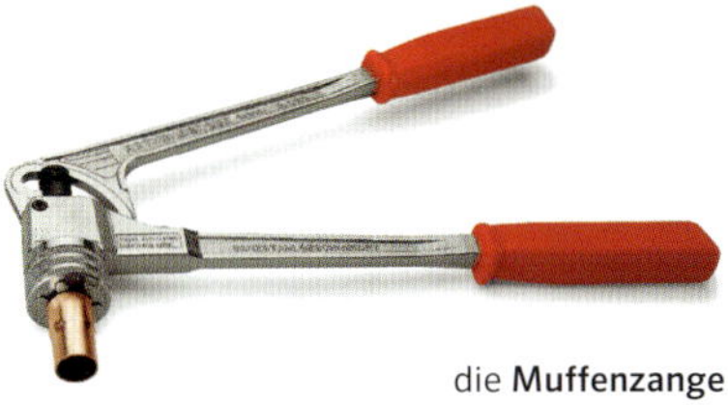

die **Muffenzange**
la pince à manchons
клещи для завертки муфт
gezika kumikê

Aushalsen – Formage de collerettes – Вытачивание канавки – Qirikderxistin

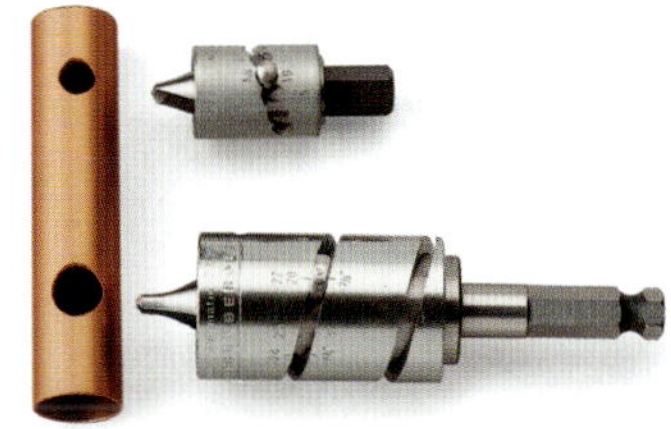

der **Schälbohrer mit Anbohrspitze**
le forêt à écroûter avec pointe de perçage
сверло с крутой винтовой канавкой и наконечником
burşiya qelişandinê bi serê qulkirinê

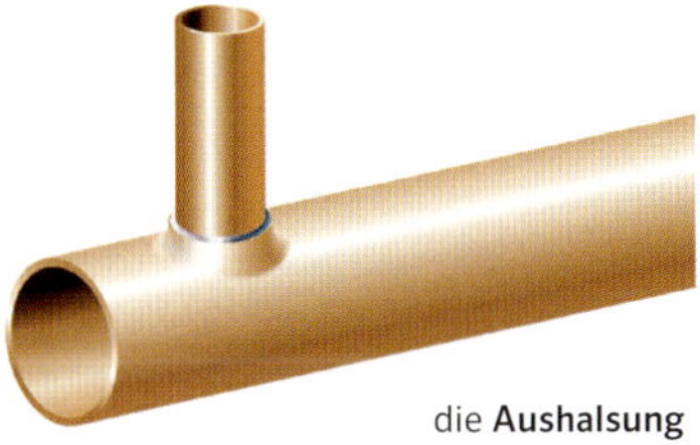

die **Aushalsung**
la formation de collerette
вытачивание канавки
qirikderxistin

das **elektrische Aushalswerkzeug,** *umg* der **elektrische Aushalser**
l'outil électrique de formation de collerette
электрический инструмент для вытачивания канавок
amûra qirikderxistinê ya elektrîkî

das **Aushalswerkzeug,** *umg* der **Aushalser**
l'outil de de formation de collerette
инструмент для вытачивания канавок
amûra qirikderxistinê

die **Aushalsung mit der Ratsche**
la formation de collerette avec la clé à cliquet
вытачивание канавок с помощью храпового механизма
qirikderxistina bi rêçikeyê

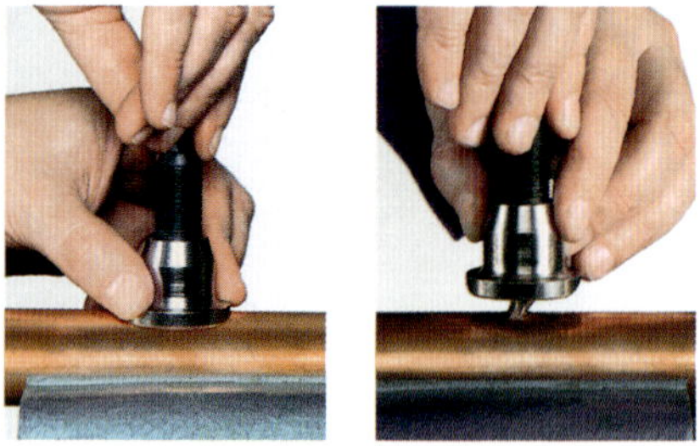

das **Aushalswerkzeug einführen und fixieren**
Introduire et fixer l'outil d'encollage
установка и закрепление инструмента для вытачивания канавок
têxistin û sabîtkirina amûra qirikderxistinê

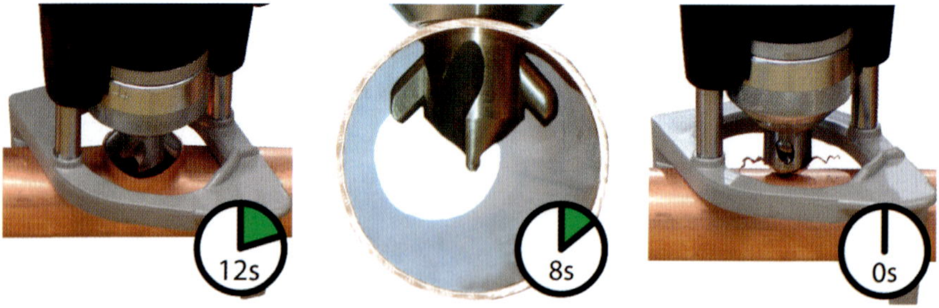
12s
8s
0s

die **Aushalsung mit elektrischem Aushalswerkzeug**
la formation de collerette avec un outil de formation de collerette électrique
вытачивание канавок электрическим инструментом
qirikderxistina bi amûra qirikderxistinê ya elektrîkî

2.3 FÜGEN – ASSEMBLAGE – ПРИГОНКА – PÊKVEDAN

2.3.1 Berechnen von Rohrlängen – Calcul de longueurs de tubes – Расчет длины труб – Hesabkirina dirêjahiya boriyê

z-Maß-Methode – Méthode de la cote z –
Метод z-оценки допусков – Rêbaza pîvana-z

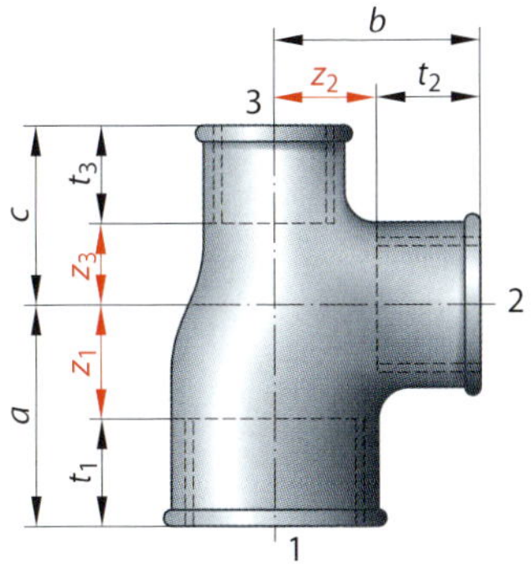
b
z_2
t_2
3
c
t_3
z_3
2
z_1
a
t_1
1

das **z-Maß**
cote z
z-допуск
pîvana-z

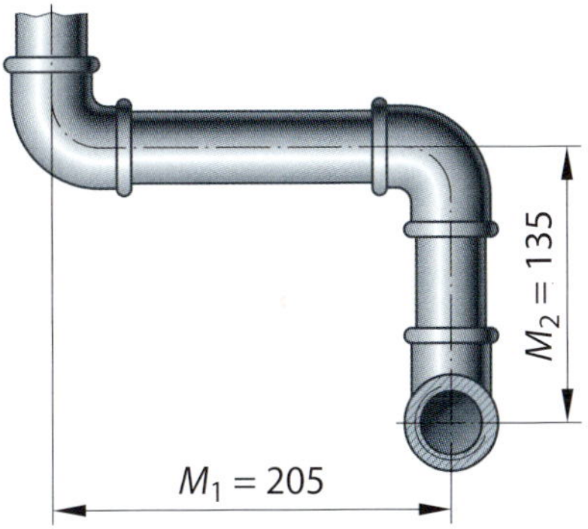
$M_2 = 135$
$M_1 = 205$

das **Mitte-Mitte-Maß**
la mesure centre-centre
расстояние между центрами
pîvana navend-navend

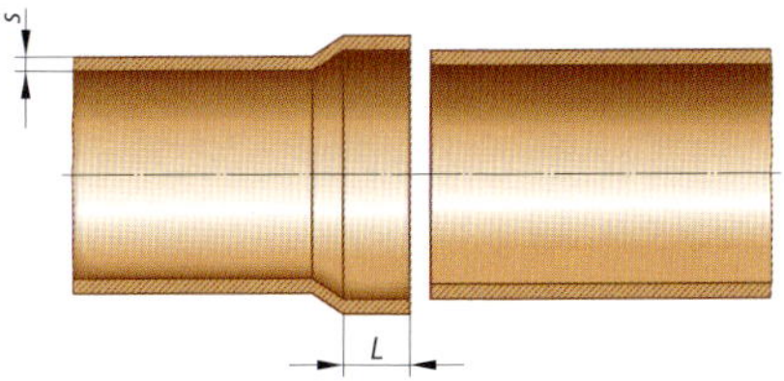
s
L

die **Wanddicke s**
l' épaisseur de paroi s
толщина стенки s
stûrbûna dîwarî s

die **Einstecktiefe L (3xs)**
la profondeur d'insertion L (3xs)
глубина посадки L (3xs)
kûrahiya têxistinê L (3xs)

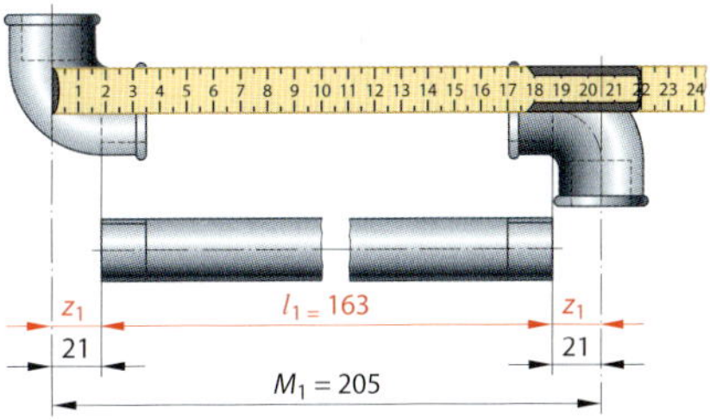
z_1
$l_1 = 163$
z_1
21
21
$M_1 = 205$

die **Zuschnittlänge l**
la longueur de découpe l
длина заготовки l
dirêjahiya jêbirrînê l

2.3.2 Löten – Brasage – Пайка – Lehîmkirin

PERKEO
PERKEO

der **Propan-Sauerstoff-Brenner**
le brûleur propane-oxygène
пропано-кислородная горелка
şewatoka propan-oksîjen

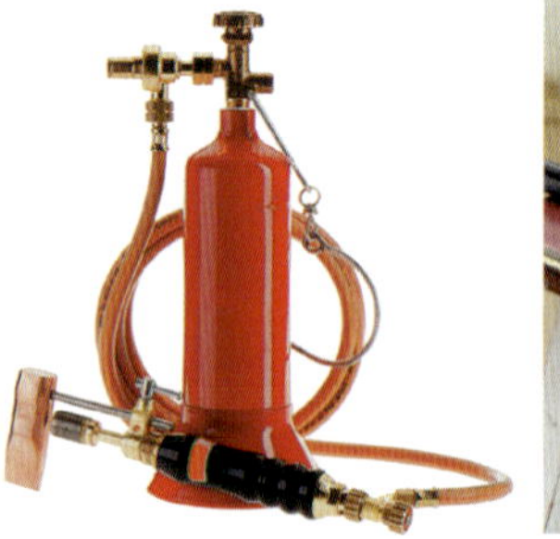

der **Hammerlötkolben**
le fer à souder à marteau
молотковый паяльник
çekûşê lehîmkirinê

das **Weichlöten**
le brasage tendre
пайка мягким припоем
lehîmkirina nerm

FELDER
"Kolo"

das **Weichlot,**
umg das **Lötzinn**
le brasage tendre
мягкий припой
lehîma nerm

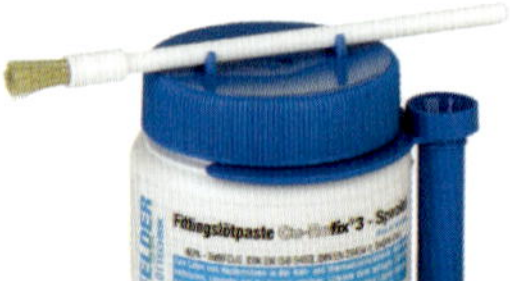
FELDER

die **Lötpaste**
la pâte à braser
паяльная паста
xemîra lehîmê

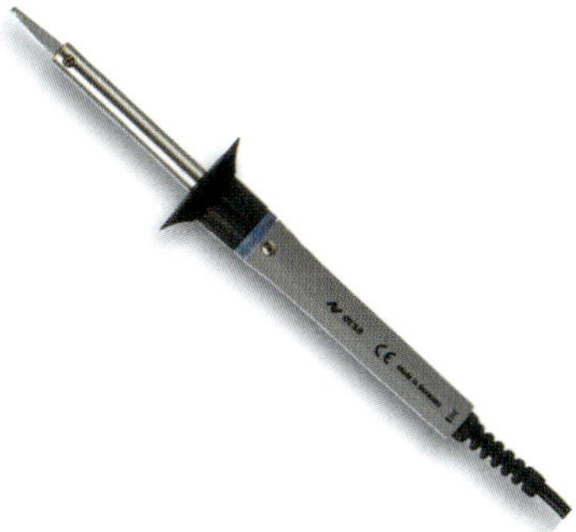

der **Elektrolötkolben**
le fer à souder électrique
электропаяльники
lehîmkerê elektrîkî

REMS Contact 2000

das **elektrische Widerstandslötgerät**
la soudeuse électrique par résistance
электрическая установка для напайки пластинок из твердого сплава методом сопротивления
amûra lehîmkirina berxwedana elektrîkî

der **Lötspalt (erhitzt)**
la fente de brasage (chauffée)
зазор в месте пайки (при накале)
derza lehîmê (germkirî)

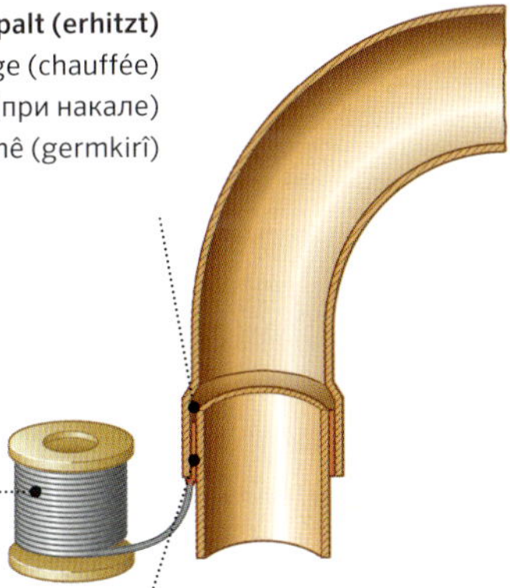

das **Lot**
la brasure
припой
lehîm

das **flüssige Lot**
la brasure liquide
жидкий припой
lehîma şil

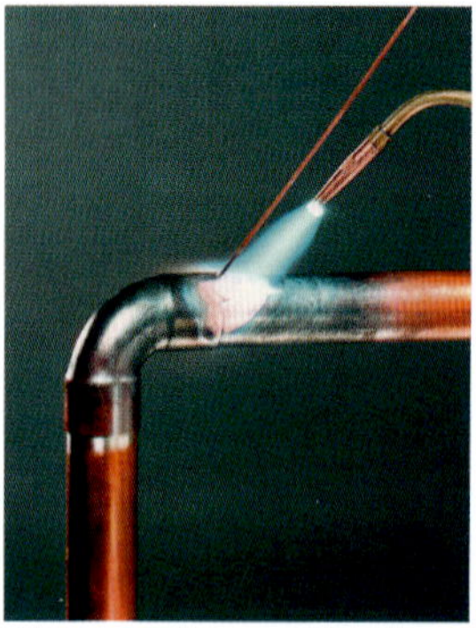

das **Hartlöten**
le brasage fort
твердый припой
lehîmkirina req

WITT
WITT

der **Acetylen-Sauerstoff-Brenner**
le brûleur acétylène-oxygène
ацетилено-кислородная горелка
şewatoka asetîlen-oksîjen

der **Druckminderer**
le réducteur de pression
редуктор давления
kêmkerê pestînê

die **Sicherungseinrichtung**
le dispositif de sécurité
устройство безопасности
pergala ewlekariyê

das **Acetylen kastanienbraun**
l'acétylène marron
ацетилен, каштаново-
коричневый
asetîlena qehweyî ya şabeşî

der **Sauerstoff blau (grau)**
l'oxygène bleu (gris)
кислород, синий (серый)
oksîjena şîn (gewr)

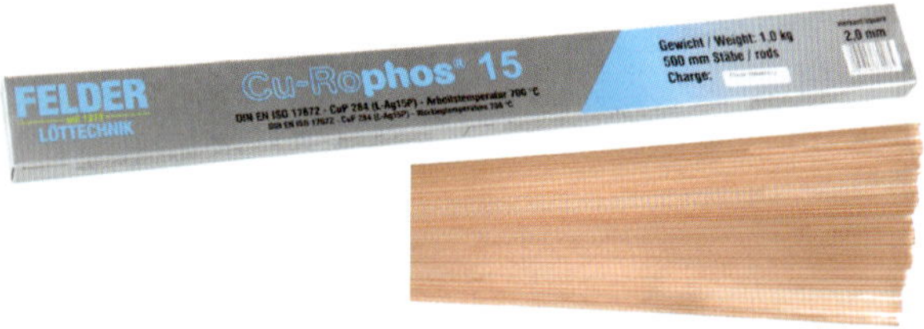
FELDER
LÖTTECHNIK
Cu-Rophos® 15
Gewicht / Weight: 1,0 kg
500 mm Stäbe / rods
Charge:
2,0 mm

das **Hartlot**
la brasure forte
твердый припой
lehîma req

Медные фитинги

die **Kupferfittings** *Pl*
les raccords en cuivre
медные фитинги
fîtîngên misî

das **Reinigungsvlies**
le non-tissé de nettoyage
чистящий волоконный холст
vîlyaya paqijkirinê

Fügestelle vorbereiten – Préparer le point d'assemblage – Подготовка стыков – Amadekirin cihê pêvekirinê

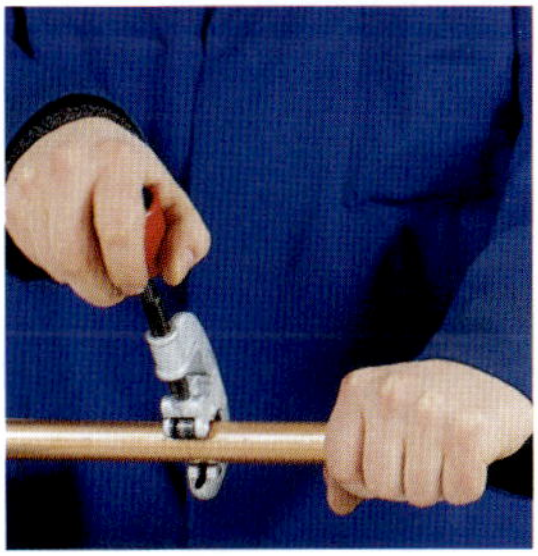

① das **Rohr trennen**
séparer le tube
разделение труб
veqetandina boriyê

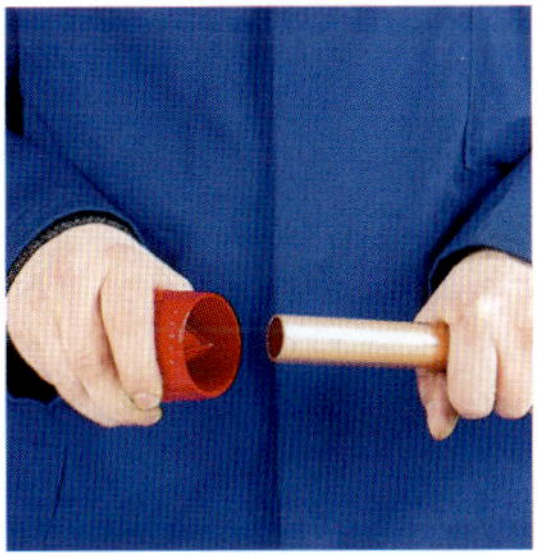

② **entgraten**
ébavurer
удаление заусенцев
paqijkirina qirêjan

③ **kalibrieren**
calibrer
калибровка
kalibrasyonkirin

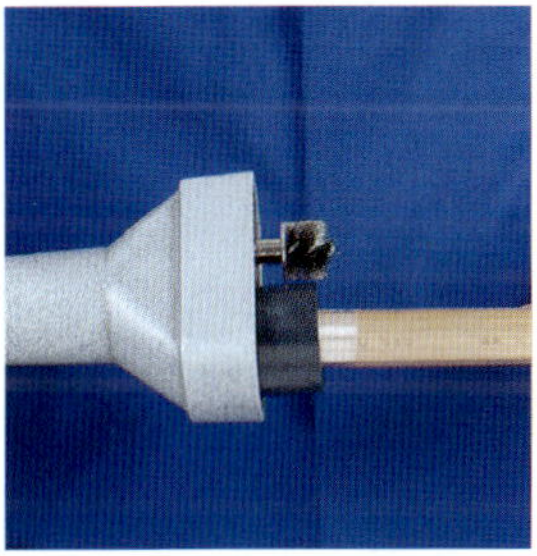

④ die **Rund- und Ringbürste**
la brosse ronde et brosse circulaire
щетка дисковая и для контактных колец
firçeya girover û xelekî

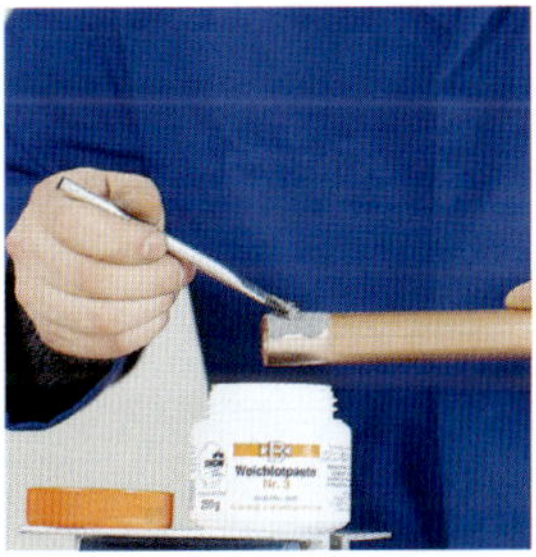

⑤ die **Lötpaste auftragen**
appliquer la pâte à braser
нанесение паяльной пасты
sepandina xemîra lehîmê

⑥ das **elektrische Widerstandslöten**
le brasage par résistance électrique
электрическая пайка методом сопротивления
lehîmkirina berxwedana elektrîkî

2.3.3 Schweißen - Soudure - Сварка - Tevşokirin

der **Schweißschirm**
l'écran de soudure
сварочный щиток
mertalê tevşokirinê

die **Schutzhandschuhe**
le gant de protection
защитные перчатки
destanên parastinê

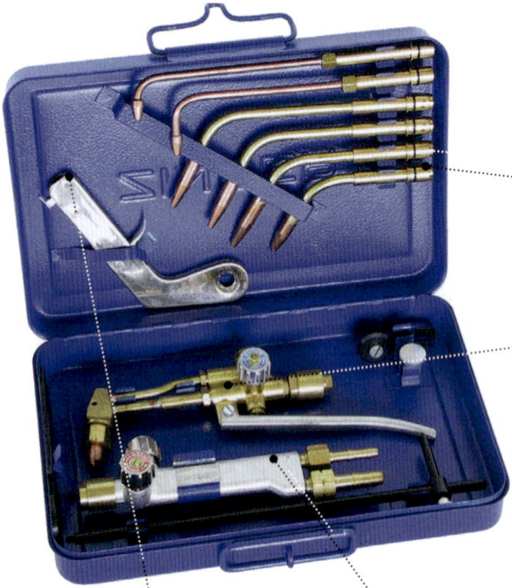

der **Brennersatz**
le jeu de brûleurs
комплект для горелки
koma şewatokê

der **Brennereinsatz**
l'insert de brûleur
наконечник горелки
serê şewatokê

der **Schneideinsatz**
la plaquette de coupe
сопло кислородного резака
serê birînê

der **Anzünder**
l'allumeur
зажигатель
vêxistiner

der **Handgriff**
la poignée
рукоятка
destgir

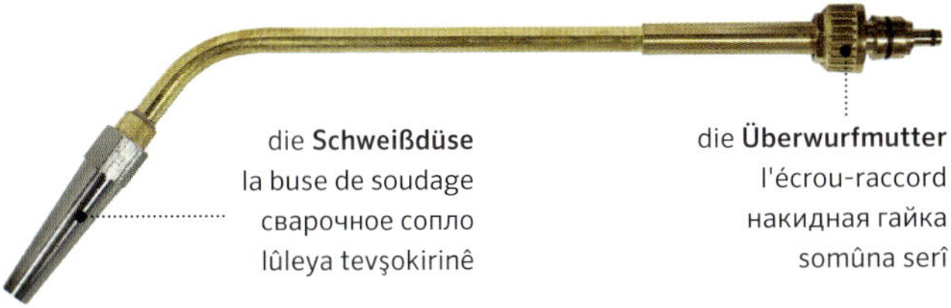

der **Schweißbrenner**
le chalumeau
сварочная горелка
şewatoka tevşoyê

die **Schweißdüse**
la buse de soudage
сварочное сопло
lûleya tevşokirinê

die **Überwurfmutter**
l'écrou-raccord
накидная гайка
somûna serî

MESSER

das **Sauerstoffventil**
la soupape à oxygène
кислородный вентиль
vavê oksîjenê

das **Acetylenventil**
la soupage à acétylène
ацетиленовый вентиль
vavê asetîlenê

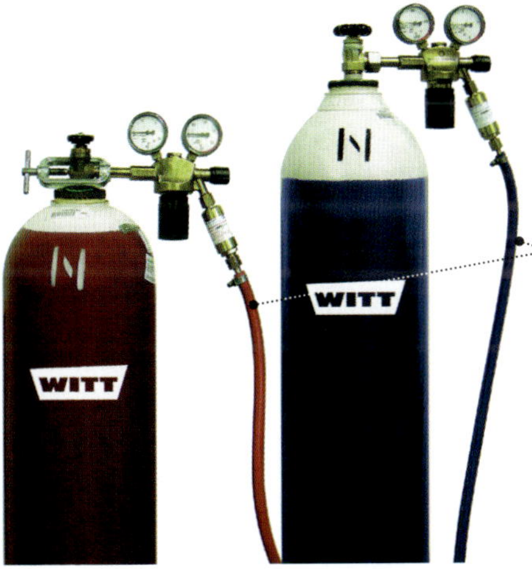
WITT
WITT

der **Gasschlauch**
le tuyau de gaz
газовый шланг
şilanga gazê

die **Acetylen-Gasflasche**
la bouteille de gaz à acetylene
баллон с ацетиленом
şûşeya gaza asetîlenê

die **Sauerstoff-Gasflasche**
la bouteille de gaz à oxygène
баллон с кислородом
şûşeya gaza oksîjenê

der **Druckminderer für Sauerstoff**
le réducteur de pression pour oxygène
редуктор давления кислорода
kêmkerê pestînê ji bo oksîjenê

das **Rechtsgewinde**
le filetage à droite
правая резьба
vîdaya rastê

der **Druckminderer für Acetylen**
le réducteur de pression pour acétylène
редуктор давления ацетилена
kêmkerê pestînê ji bo asetîlenê

das **Linksgewinde**
le filetage à gauche
левая резьба
vîdaya çepê

die **Schweißflamme**
la flamme de soudure
сварочное пламя
agirê tevşoyê

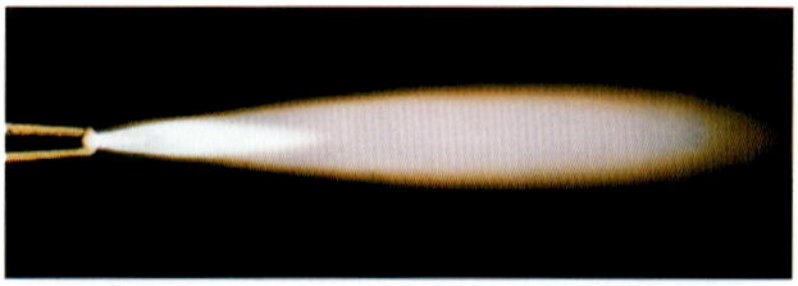

der **Brenngasüberschuss**
l'excès de gaz combustible
избыток горючего газа
zêdehiya gaza şewatê

der **Sauerstoffüberschuss**
l'excès d'oxygène
избыток кислорода
zêdehiya oksîjenê

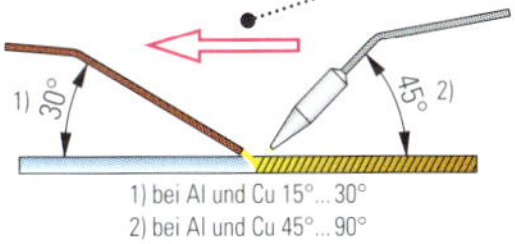
1) 30°
45° 2)
1) bei Al und Cu 15°...30°
2) bei Al und Cu 45°...90°

das **Nachlinksschweißen (NL)**
le soudage à gauche (SG)
левая сварка (NL)
tevşokirina aliyê çepê (NL)

das **dünne Blech**
la tôle fine
тонкий листовой металл
pelên hesinî yên tenik

die **Schweißnaht**
la soudure
сварной шов
berzika tevşoyê

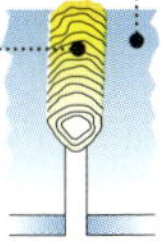

die **Pendelbewegung**
le mouvement pendulaire
движение маятника
tevgera pendulê

der **Brenner**
le brûleur
горелка
şewatok

der **Schweißstab**
la baguette à souder
сварочный электрод
milê tevşoyê

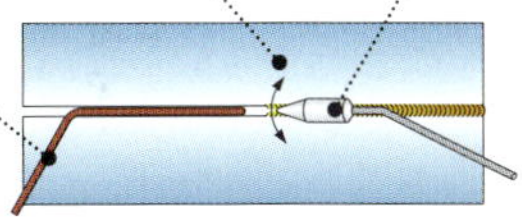

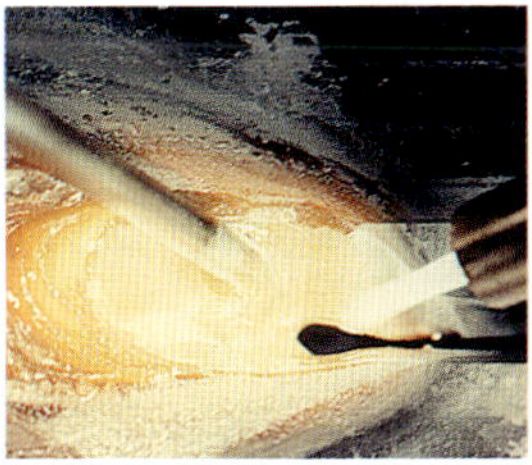

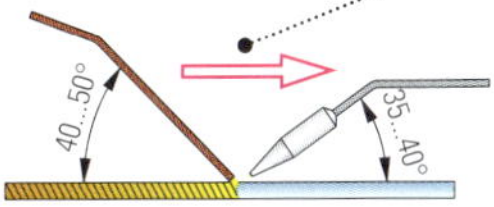
40...50°
35...40°

das **Nachrechtsschweißen (NR)**
le soudage à droite (SD)
правая сварка (NR)
tevşokirina aliyê rastê (NR)

das **dicke Blech**
la tôle épaisse
толстый листовой металл
pelên hesinî yên stûr

die **Schweißöse**
l'œillet à souder
сварочная проушина
xeleka tevşokirinê

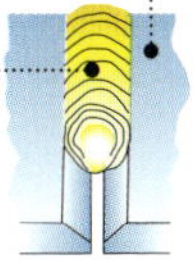

die **kreisförmige Bewegung**
le mouvement circulaire
круговое движение
tevgera bazinî

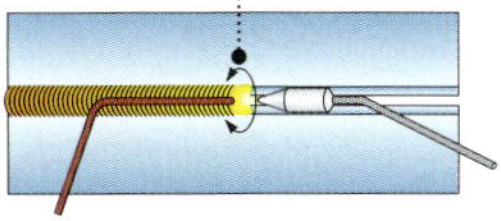

das **Heizelement-Stumpfschweißen,**
umg das **Spiegelschweißen**
le soudage bout à bout par élément chauffant
стыковая сварка нагревательными элементами
tevşokirina-serê-kundê bi elementê germiyê

von Hand
à la main
вручную
bi dest

mit Schweißmaschine
avec soudeuse
с помощью сварочного аппарата
bi makîneya tevşokirinê

das **Heizelement-Muffenschweißen**
le soudage des manchons par élément chauffant
сварка муфт нагревательными элементами
tevşokirina-kumikê bi elementê germiyê

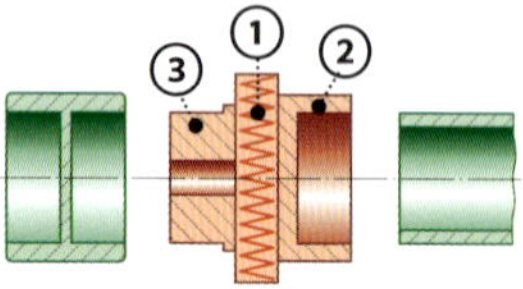
1
2
3

① das **Heizelement**
l'élément chauffant
нагревательный элемент
elementê germiyê

② die **Heizmuffe**
le manchon chauffant
термоусадочная муфта
kumika germiyê

③ der **Heizstutzen**
la tubulure de chauffage
термоусадочный патрубок
destika germiyê

③ das **Fügen der Rohrteile**
l'assemblage des pièces tubulaires
стыковка трубчатых элементов
pêvekirina parçeyên boriyê

② das **Aufschieben auf Heizmuffe und Heizdorn**
l'enfilage sur le manchon chauffant et le mandrin chauffant
надевание на термоусадочную муфту и сердечник
siwarkirin li ser kumik û stiriyê germiyê

① das **abgeschälte Rohrende**
l'extrémité écroûtée du tube
зачищенный конец трубы
serê boriyê yê qelêşî

das **Heizwendelschweißen**
le soudage par filament chauffant
электромуфтовая сварка
tevşokirina bi pêça germiyê

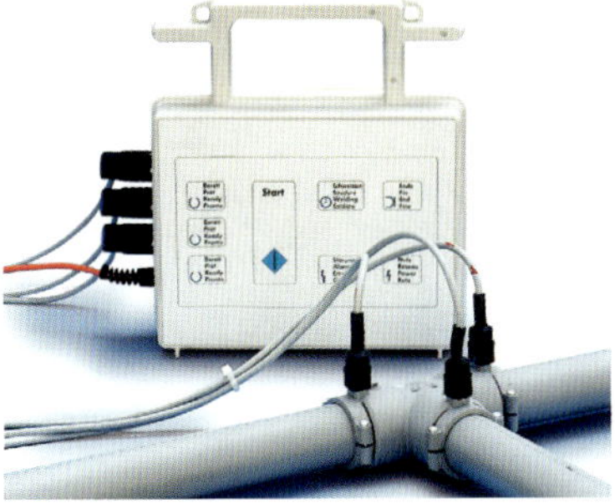

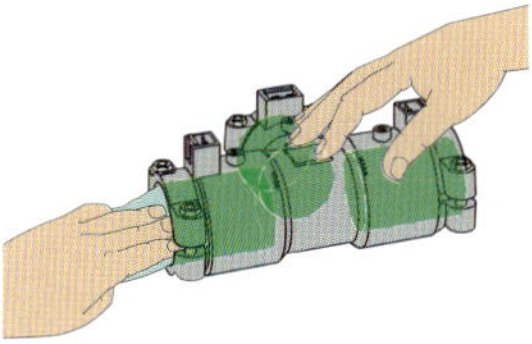

① **Rohrende und Muffe reinigen**
nettoyer l'extrémité du tube et le manchon
очистка конца трубы и муфты
paqijkirina serê boriyê û kumikê

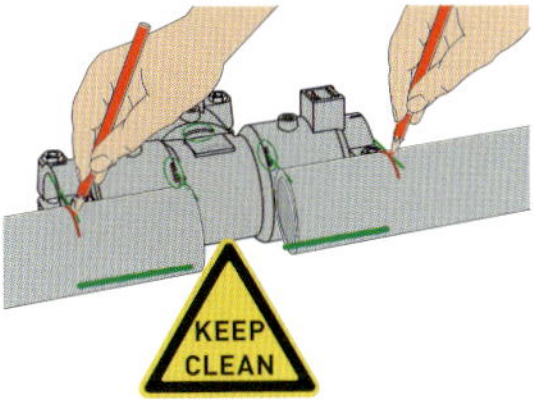
KEEP
CLEAN

② die **Einstecktiefe einzeichnen**
marquer la profondeur d'insertion
глубина посадки на чертеже
nîşankirina kûrahiya têxistinê

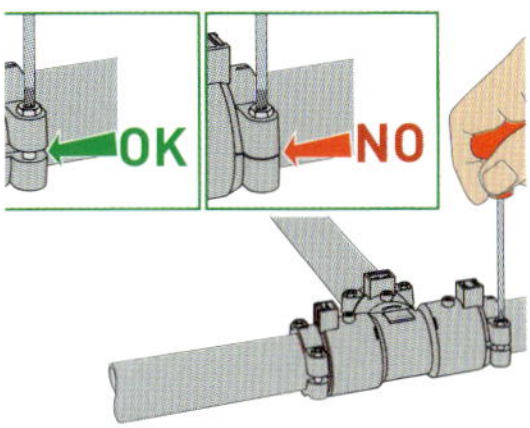
OK
NO

③ **einstecken und fixieren**
insérer et fixer
вставка и фиксация
têxistin û sabîtkirin

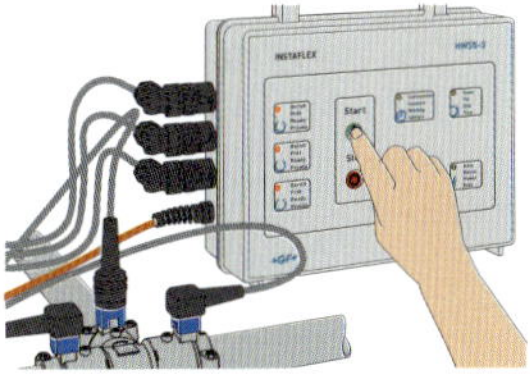

④ das **Schweißgerät anschließen**
brancher le poste à souder
подключение сварочного аппарата
girêdana amûra tevşokirinê

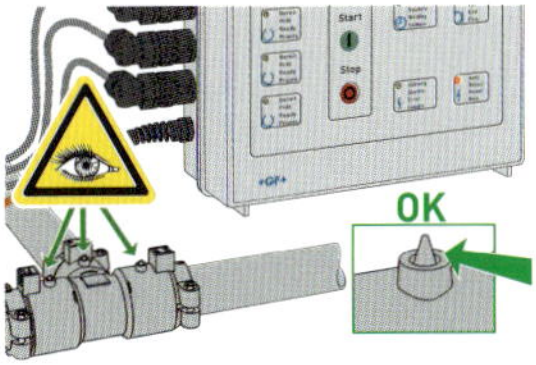
OK

⑤ **Materialzapfen sichtbar**
pivot de matériau visible
шипы материала просматриваются
siltikê madeyî tê dîtin

2.3.4 Kleben – Collage - Склейка - Pêvezeliqandin

das **Abdichten mit Klebstoff**
l'étanchéité avec de la colle
герметизация клеем
şidandin bi madeyê zeliqandinê

der **hochviskose Klebstoff**
la colle à haute viscosité
высоковязкий клей
madeyê zeliqandinê yê lîaca-bilind

das **Werkstück**
la pièce à usiner
деталь
parçeya xebatê

der **niedrigviskose Klebstoff**
la colle à faible viscosité
низковязкий клей
madeyê zeliqandinê yê lîaca-nizm

kleine Kontaktfläche
petite surface de contact
небольшая поверхность контакта
rûberê têkiliyê yê biçûk

schlechte Haftkraft
mauvaise adhérence
невысокая сила сцепления
hêza zeliqînê ya xirab

große Kontaktfläche
grande surface de contact
большая поверхность контакта
rûberê têkiliyê yê mezin

gute Haftkraft
bonne adhérence
Высокая сила сцепления
hêza zeliqînê ya baş

die **Adhäsion**
l'adhésion
адгезия
teşqeleya hevzeliqînê

das **Werkstück**
la pièce à usiner
деталь
parçeya xebatê

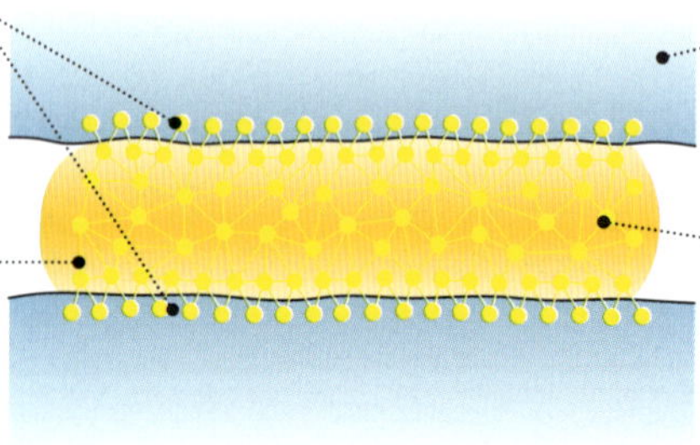

die **Kohäsion**
la cohésion
сила сцепления
teşqeleya yekbûnê

der **Klebstoff**
la colle
клей
madeyê zeliqandinê

② das **Loch schneiden**
découper un trou
прорезка отверстия
birîna qulê

① die **Klebefläche markieren**
marquer la surface de collage
выделение склеиваемой поверхности
nîşankirina rûberê zeliqînê

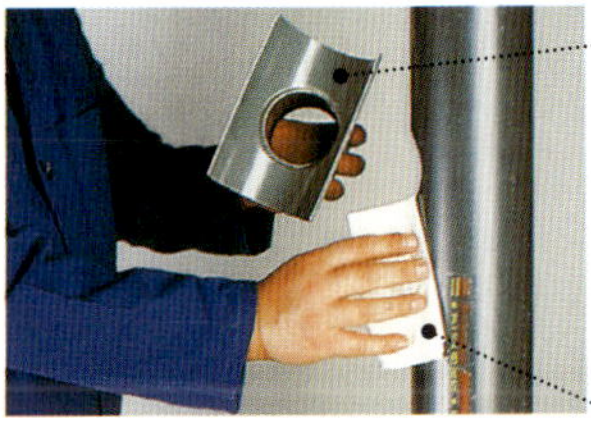

das **Sattelstück**
la pièce de piquage
седловая вставка
parçeya zînî

③ die **Flächen reinigen**
nettoyer les surfaces
очистка поверхностей
paqijkirina rûberan

das **Reinigungsvlies**
le non-tissé de nettoyage
чистящий волоконный холст
vîlyaya paqijkirinê

⑤ **Anpressen und Klebstoffwulst entfernen**
appuyer et enlever le bourrelet de colle
прижим и удаление остатков клея
pêçandin û jêbirina gurmikê madeyê zeliqandinê

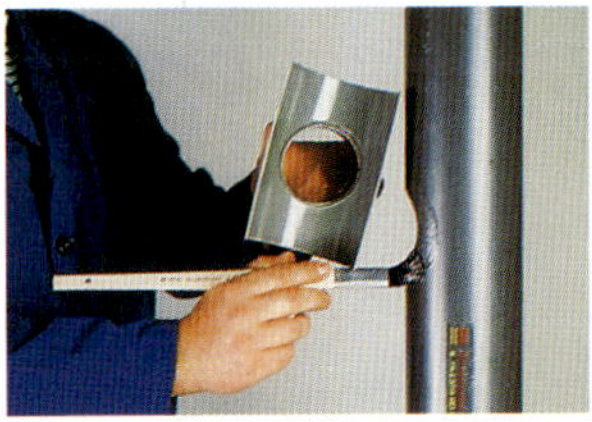

④ den **Klebstoff auftragen**
appliquer de la colle
нанесение клея
sepandina madeyê zeliqandinê

2.3.5 Pressverbindungen – Raccords à sertissage - Прессовые соединения - Pêvegirêdanên pêçandinê

REMS

die **Akku-Pressmaschine**
la sertisseuse sur batterie
аккумуляторный пресс
makîneya pêçandinê ya bateriyî

REMS

die **Presszange**
la pince à sertir
опрессовочные клещи
gezika pêçandinê

das **Verpressen von Kupferrohr**
le sertissage de tubes en cuivre
прессование медной трубы
pêçandina boriya misî

unverpresst
non serti
прессование не выполнено
nepêçandî

①
②
③

die **Pressfittings**
raccords à sertir
пресс-фитинги
fîtîngên pêçandinê

① das **Sanitärrohr**
le tube sanitaire
сантехническая труба
boriya sanitarê

② das **Gasrohr**
le tube de gaz
газопроводная труба
boriya gazê

③ das **Solarrohr**
le tube solaire
труба под кабель для солнечной панели
boriya solarê

die **Presszange**
la pince à sertir
опрессовочные клещи
gezika pêçandinê

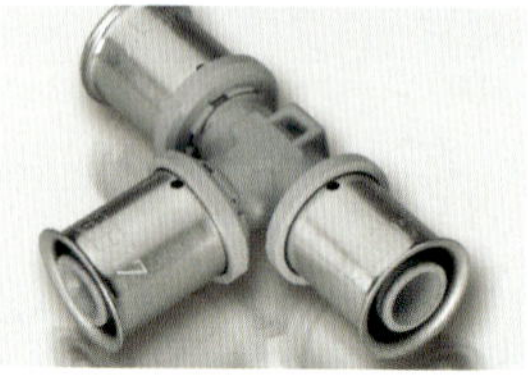

die **Presshülsenverbindung**
le raccord de douilles à sertir
соединение с помощью пресс-втулки
girêdana giloveya pêçandinê

die **Presskontur**
le contour de sertissage
пресс-контур
kontura pêçandinê

2.3.6 Schiebehülsenverbindungen – Raccords à sertir coulissants - Соединение с помощью скользящих муфт - Pêvegirêdanên giloveya şimitandinê

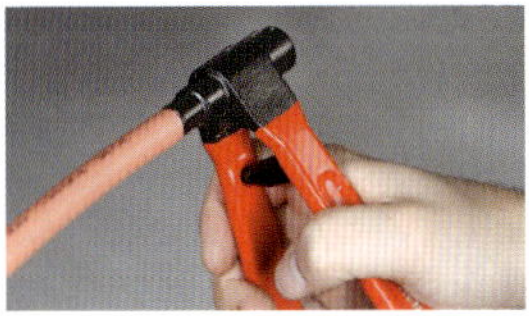

das **Aufweitwerkzeug**
l'outil d'élargissement
развальцовочный инструмент
amûra firekirinê

verschiedene Anwendungsbereiche
différents domaines d'application
различные области применения
qadên bikaranînê yên cûrbecûr

die **Schiebehülse**
le manchon coulissant
скользящая муфта
giloveya şemitandinê

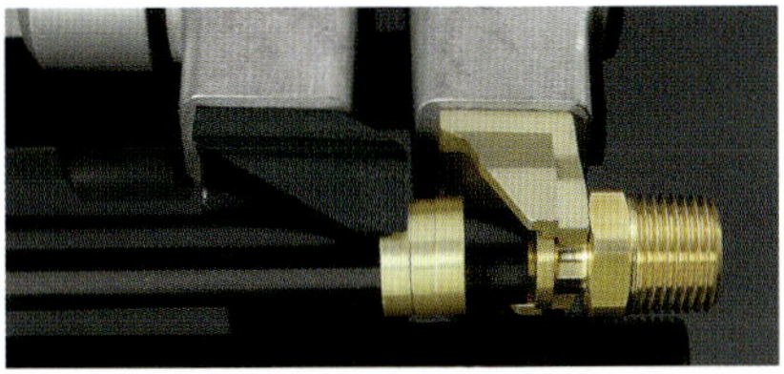

die **Hülse über das Rohr schieben**
faire glisser le manchon sur le tube
задвигание втулки на трубу
şemitandina giloveyê li ser boriyê

ROTHENBERGER

das **Schiebewerkzeug**
l'outil coulissant
инструмент для запрессовки
amûra şemitandinê

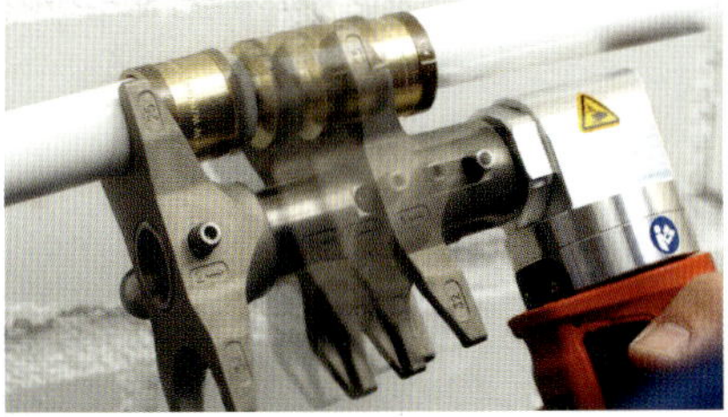

das **Akku-Schiebewerkzeug**
l'outil coulissant sur batterie
аккумуляторный инструмент для запрессовки
amûra şemitandinê ya bateriyî

das **Akku-Aufweitwerkzeug**
l'outil d'élargissement sur batterie
аккумуляторный развальцовочный инструмент
amûra firekirinê ya bateriyî

2.3.7 Steckverbindungen – Connexions enfichables - Штекерные соединения - Pêvegirêdanên hevdanan

der **Dichtring**
la bague d'étanchéité
прокладочное кольцо
xeleka şidandinê

unlösbar
indissociable
неразъемное
nevekirinbar

die **Steckverbindung**
le connecteur
разъемное соединение
girêdana hevdanan

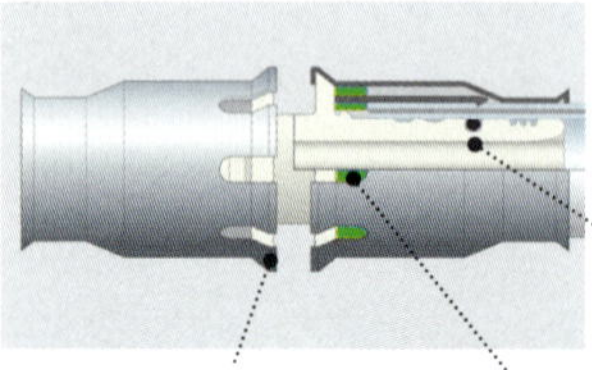

das **Steckfitting**
le raccord enfichable
соединительная арматура
fîtînga hevdanan

der **Krallring**
la bague à griffes
клещевидное кольцо
xeleka çengelan

der **Signalring, Einsteckkontrolle**
l'anneau générateur de signaux, contrôle d'insertion
кольцевой выключатель сигнала контроль подключения
zengila sîngalê kontrola pêvekê

der **O-Ring**
le joint torique
уплотнительное кольцо
xeleka-o

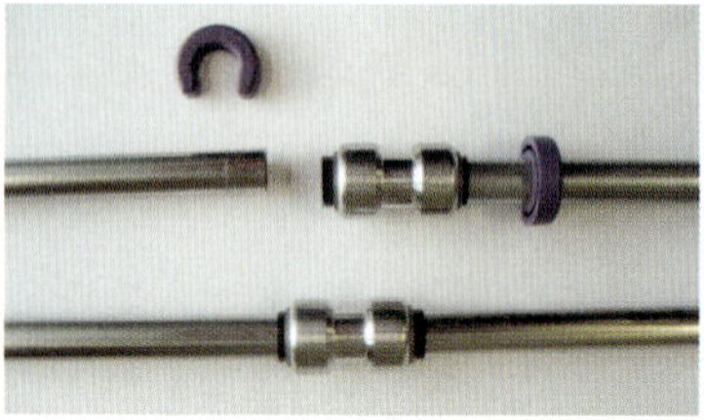

lösbar
dissociable
разъемное
vekirinbar

das **Steckfitting**
le raccord enfichable
соединительная арматура
fîtînga hevdanan

2.3.8 Gewinderohrverbindungen – Raccords filetés tubulaires - Соединение труб с резьбой - Pêvegirêdanên boriya vîdayî

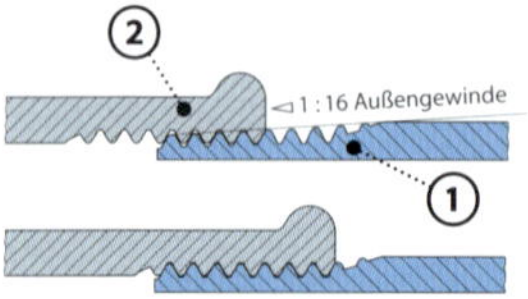
②
◁1 : 16 Außengewinde
①

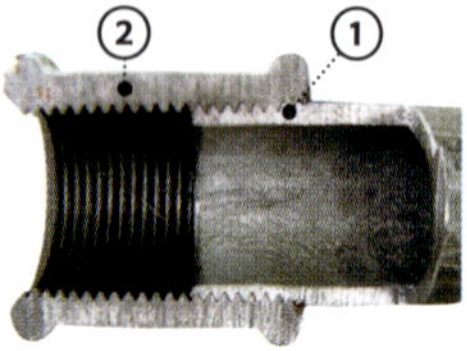
②
①

das **Whitworth-Rohrgewinde**
le filetage whitworth pour tubes
дюймовая резьба трубы
vîdaya boriyê ya whitworth

① **Außengewinde, kegelig**
filetage extérieur, conique
наружная резьба, коническая
vîdaya derve, konî

② **Innengewinde, zylindrisch**
filetage intérieur, cylindrique
внутренняя резьба, цилиндрическая
vîdaya navxweyî, silindrî

unlösbar
indissociable
неразъемное
nevekirinbar

Die lösbare Rohrverbindung – Le raccord de tubes amovible - Разъемное соединение труб - Girêdana boriyê ya vekirinbar

die **Übergangsverschraubung**
le raccord union
навинчивающийся переходник
pêçandina derbasbûnê

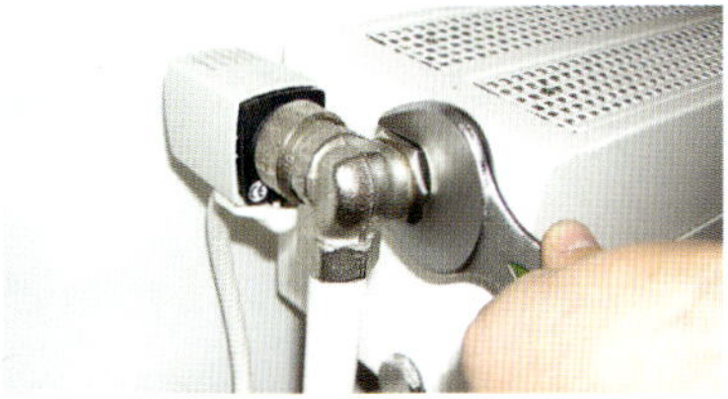

die **Anschlussverschraubung**
le raccord vissé
резьбовое соединение
pêçandina girêdanê

die **Verschraubung für Gewinderohr**
le raccord pour tube fileté
резьбовое соединение трубы
pêçandina ji bo boriya vîdayî

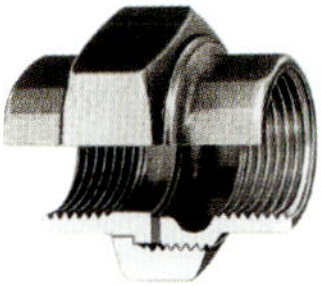

mit Dichtring
avec bague d'étanchéité
с прокладочным кольцом
bi xeleka şidandinê

konisch dichtend
à étanchéité conique
с коническим уплотнением
şidandina konî

der **Schneidring**
la bague coupante
врезное кольцо
xeleka birînê

die **Schneidringverschraubung**
le raccord à bague coupante
штуцерное соединение с врезным кольцом
pêçandina xeleka birînêa

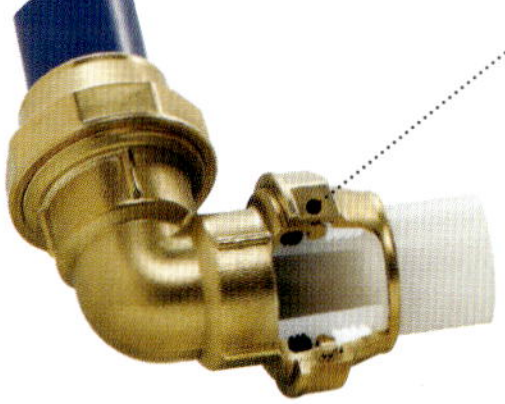

der **Klemmring**
la bague de serrage
зажимное кольцо
xeleka şidandinê

die **Klemmringverschraubung**
le raccord à bague de serrage
фитинг, уплотняемый вручную
pêçandina xeleka şidandinê

Die Spannverbindung – Le raccord de serrage - Зажимное соединение - Girêdana şidandinê

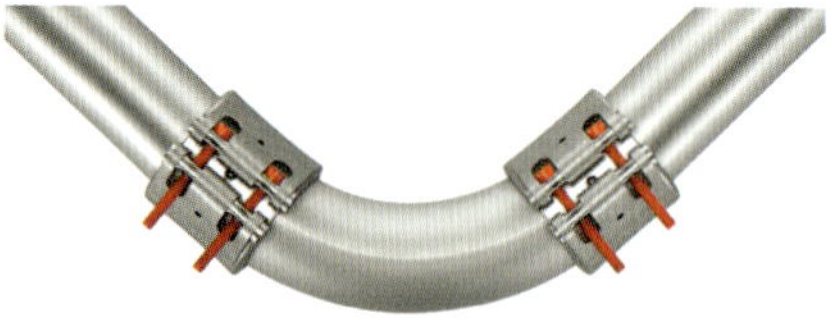

die **Rohrkupplung**
le raccord de tube
трубное соединение
kuplêra boriyê

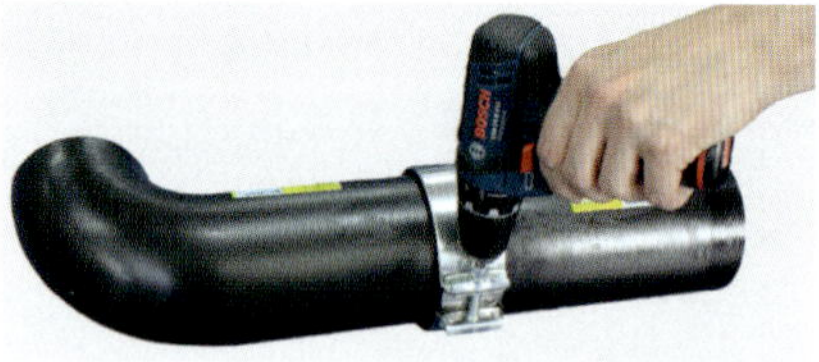

die **Rohrmanschette**
la manchette de tube
манжета трубы
manşêta boriyê

Die Flanschverbindung – Le raccord à bride - Фланцевое соединение - Girêdana flanşê

der **Lötflansch**
la bride de brasure
паяный фланец
flanşa lehîmê

der **Gewindeflansch**
la bride filetée
резьбовой фланец
flanşa vîdayî

2.3.9 Schraubenverbindungen – Raccords vissés - Винтовые соединения - Pêvegirêdanên vîdayan

Schrauben – Vis - Винты и болты - Vîda

die **Schraube**
la vis
винт, болт
vîda
die **Mutter**
l'écrou
гайка
somûn

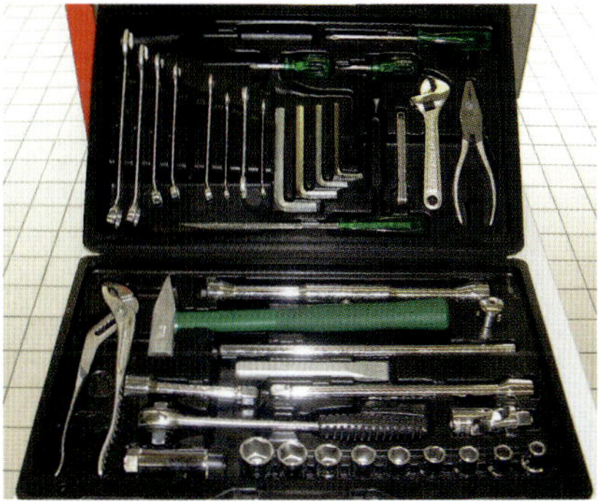

der **Werkzeugkoffer für Schraubverbindungen**
la boîte à outils pour raccords vissés
ящик с инструментами для выполнения резьбовых соединений
çenteya amûran ji bo pêvegirêdanên vîdayî

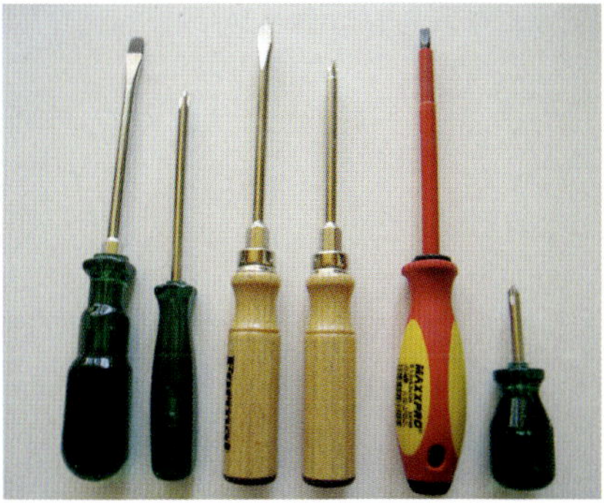

der **Schraubendreher,** *umg* der **Schraubenzieher**
le tournevis
шуруповерт
vîdaker

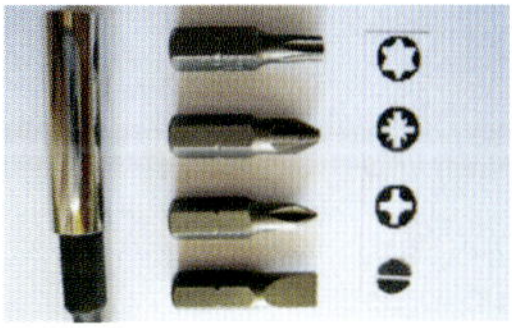

der **Schraubendrehereinsatz,** *umg* der **Bit**
l'embout de tournevis
наконечник шуруповерта
serê vîdakerê

19 PROXXON INDUSTRIAL 17

der **Doppelmaulschlüssel**
la clé à fourche double
двойной гаечный ключ
mifteya du-devî

der **Doppelringschlüssel**
la clé à œil double
двусторонний кольцевой гаечный ключ
mifteya du-xelekî

19 PROXXON INDUSTRIAL 19

der **Ringmaulschlüssel**
la clé mixte
комбинированный гаечный ключ
mifteya xelek-devî

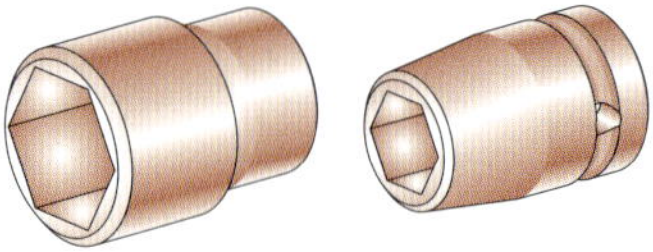

der **Steckschlüssel**
la clé à douille
торцовый ключ
mifteya siwirkirinê

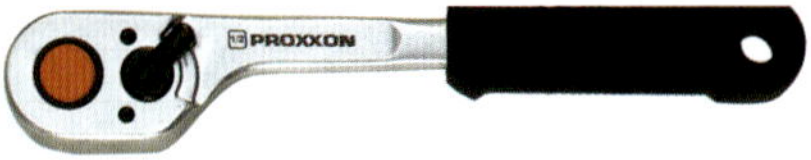
PROXXON

die **Ratsche,**
umg die **Knarre**
la clé à cliquet
храповый механизм
rêçike

der **Quergriff mit Gleitstück**
la poignée transversale avec pièce coulissante
крестовая скользящая рукоятка
destika çeprast bi beşa şemitandinê

der **Steckgriff mit Vierkant**
la poignée enfichable avec carré
вставная ручка с квадратной головкой
destika siwirkirinê bi çargoşe

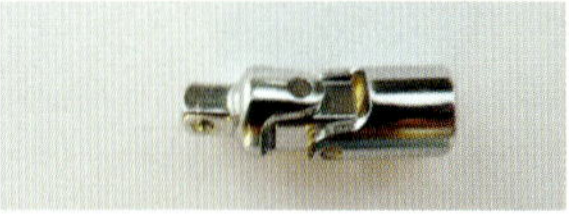

das **Kardangelenk**
le joint de cardan
карданный шарнир
movika kardanê

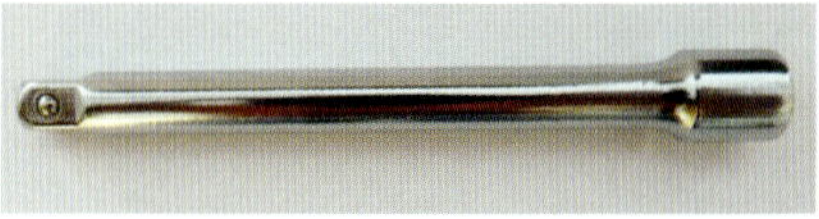

die **Verlängerung**
la rallonge
удлинение
dirêjker

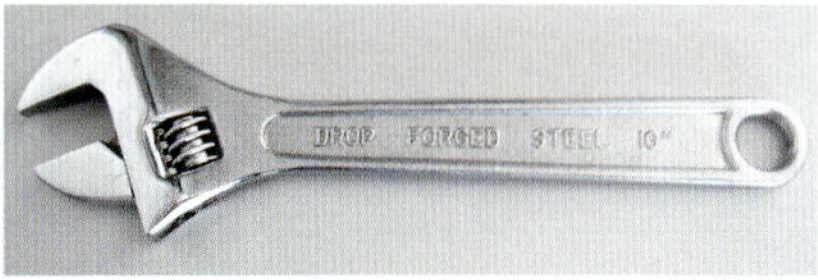
DROP FORGED STEEL 10"

der **Rollgabelschlüssel**
la clé à molette
разводной ключ
mifteya çengala rolan

der **Hakenschlüssel**
la clé à crochet
крючковый ключ
mifteya çengalî

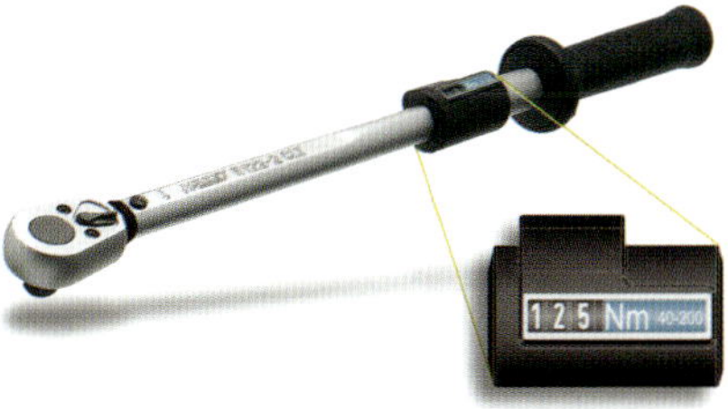
125 Nm
40-200

der **Drehmomentschlüssel**
la clé dynamométrique
динамометрический гаечный ключ
mifteya pêça-hêzê

BOSCH
Professional

der **Akku-Bohrschrauber**
la perceuse-visseuse sans fil
аккумуляторная дрель-отвертка
vîdakerê qulkirinê yê bateriyî

Schraubenformen – Formes des vis - Формы винтов и болтов - Şikilên vîdayan

die **Schraube**
la vis
винт, болт
vîda

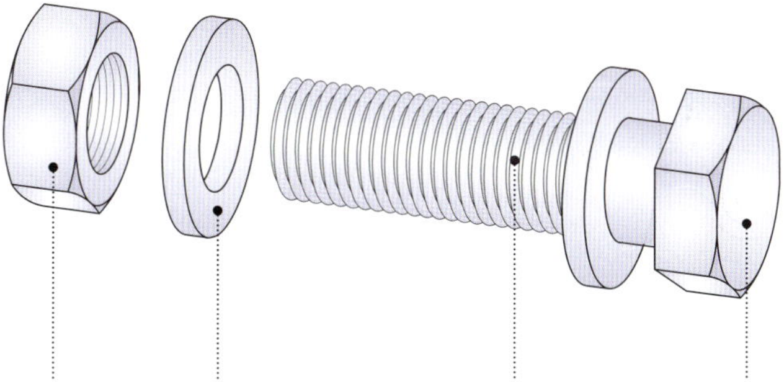

die **Mutter**
l'écrou
гайка
somûn

die **Unterlegscheibe**
la rondelle
подкладная шайба
dîska binvîdayê

das **Gewinde**
le filetage
резьба
vîda

der **Schraubenkopf**
la tête de vis
головка винта (болта)
serê vîdayê

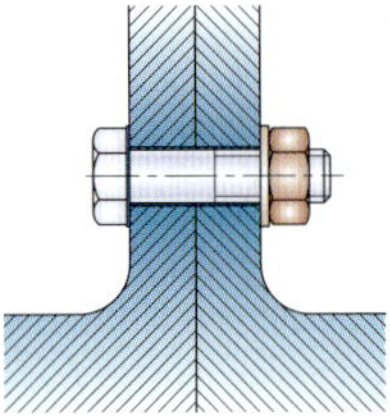

die **Schraubenverbindung**
le raccord vissé
винтовое/болтовое соединение
pêvegirêdana vîdayî

das **metrische ISO-Gewinde**
le filetage métrique ISO
метрическая резьба ISO
vîdaya ISO-metrîk

das **Whitworth-Gewinde**
le filetage Whitworth
дюймовая резьба
vîdaya Whitworth

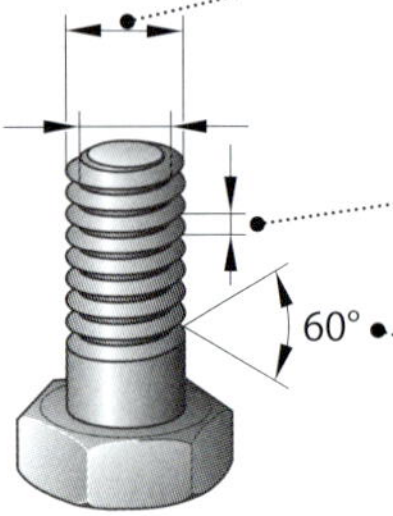
60°

der **Nenndurchmesser**
le diamètre nominal
номинальный диаметр
çapleka navî

die **Steigung**
la pente
подъем
bazdan

der **Flankenwinkel**
l'angle de flanc
угол исходного профиля
goşeya kêlekê

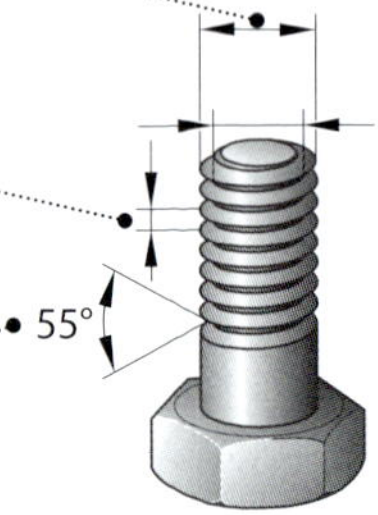
55°

die **Sechskantschraube**
la vis à tête hexagonale
шестигранный болт
vîdaya şeşgoşe

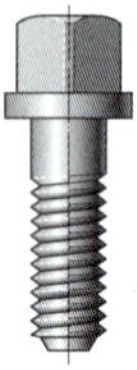

die **Vierkantschraube**
la vis à tête carrée
болт с четырехгранной головкой
vîdaya çargoşe

der **Schlitz**
la rainure
шлиц
şeq

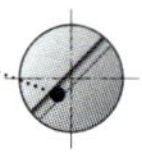

die **Zylinderschraube**
la vis à tête cylindrique
болт с цилиндрической головкой
vîdaya silindrî

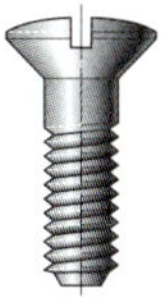

die **Linsensenkschraube**
la vis à tête cylindrique bombée
винт с полупотайной головкой
vîdaya serkûrkirina lensî

die **Senkschraube**
la vis à tête fraisée
винт с потайной головкой
vîdaya serkûrkirî

die **Zylinderschraube mit Innensechskant,**
umg die **Inbusschraube**
la vis à tête cylindrique à six pans creux
цилиндрический болт с внутренним шестигранником
vîdaya silindrî bi şeşgoşeya navxweyî

der **Schraubenkopf**
la tête de vis
головка винта (болта)
serê vîdayê

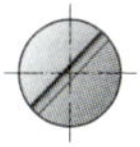

der **Schlitz**
la rainure
шлица
şeq

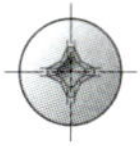

der **Kreuzschlitz H,**
umg der **Phillips PH**
la fente en croix H
крестовый шлиц H
şeqa xaçî H

der **Kreuzschlitz Z,**
umg der **Pozidriv PZ**
la fente en croix Z
крестовый шлиц Z
şeqa xaçî Z

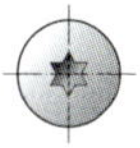

Torx
Torx
"звездочка"
Torx

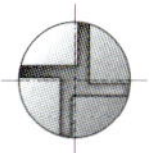

der **Torq-Set-Schraubenkopf**
la tête de vis du set torx
головка винта Torq-Set
serê vîdayê Torq-Set

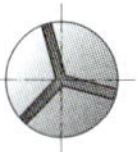

der **Tri-wings-Schraubenkopf**
la tête de vis tri-wings
головка винта Tri-wings
serê vîdayê Tri-wings

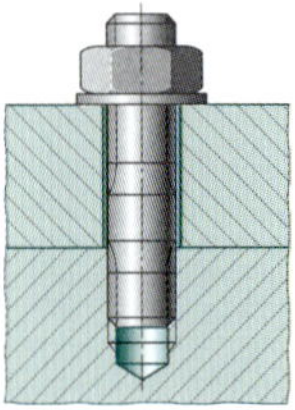

die **Stiftschraube**
le goujon
установочный штифт
vîdaya stilî

die **Stiftschraube ohne Kopf**
le goujon sans tête
установочный штифт без головки
vîdaya stilî bê ser

der **Gewindestift**
la vis sans tête
установочный винт
stila vîdayî

die **Passschraube**
la vis d'ajustement
пригнанный винт
vîdaya lihevhatî

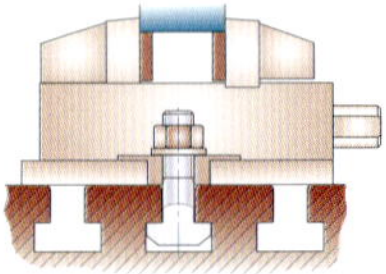

die **Hammerschraube**
la vis marteau
болт с Т-образной головкой
vîdaya çekûşî

die **Hammerkopfschraube**
la vis à tête marteau
болт с прямоугольной головкой
vîdaya serê çekûşî

die **Dehnschraube**
la vis de dilatation
податливый винт
vîdaya dirêjî

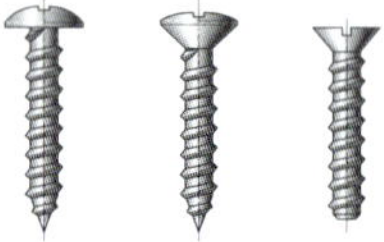

die **Blechschraube**
la vis à tôle
винт-саморез
vîdaya pelên hesinî

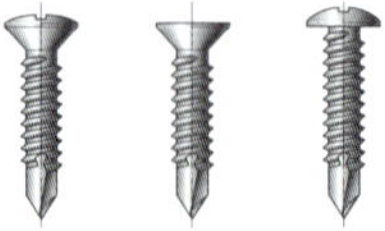

die **Bohrschraube**
la vis de forage
винт с буром
vîdaya qulkirinê

die **Holzschraube**
la vis à bois
винт по дереву
vîdaya darî

die **Spanplattenschraube,**
umg die **Spax-Schraube**
la vis pour panneaux d'aggloméré
шуруп для стружечной плиты
vîdaya texteya qirşikan

die **Stockschraube**
la vis à double filetage
шуруп-шпилька
vîdaya texteyî

Mutternformen – Formes des écrous - Формы гаек - Şikilên somûnan

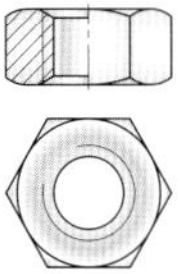

die **Sechskantmutter**
l'écrou hexagonal
шестиугольная гайка
somûna şeşgoşe

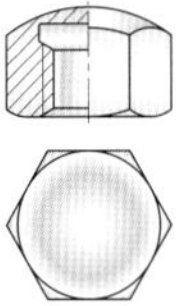

die **Hutmutter**
l'écrou borgne
гайка со сферической головкой
somûna kumikî

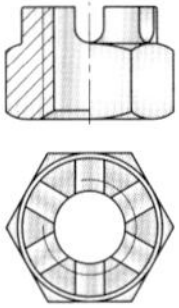

die **Kronenmutter**
l'écrou à créneaux
корончатая гайка
somûna tacî

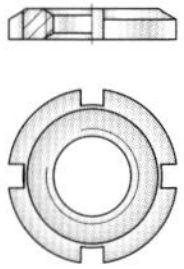

die **Nutmutter**
l'écrou à encoches
шлицевая гайка
somûna şivdar

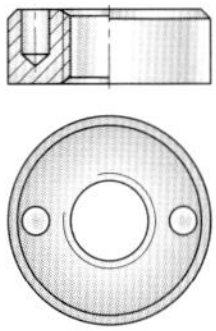

die **Zweilochmutter**
l'écrou à deux trous
гайка с двумя торцевыми отверстиями
somûna du-qulî

das **Linksgewinde LH**
le filetage à gauche LH
левая резьба LH
vîdaya çepê LH

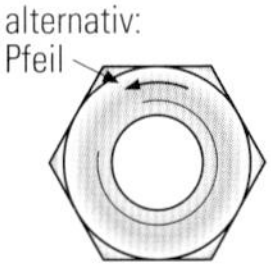
alternativ:
Pfeil

der **Pfeil**
la flèche
стрелка
tîr

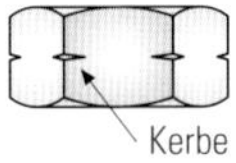
Kerbe

die **Kerbe**
l'encoche
насечка
qunesîr

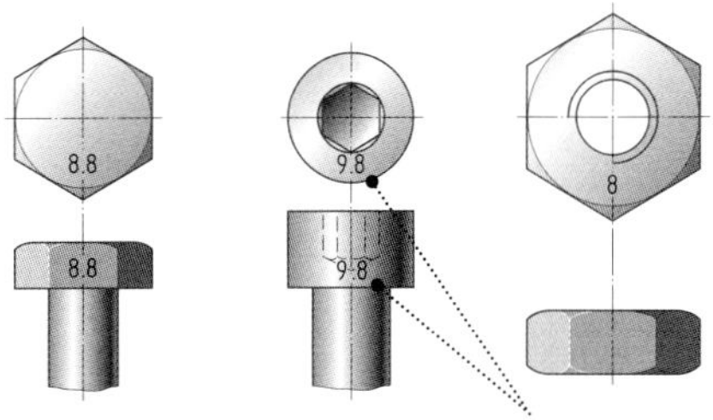
8.8
8.8
9.8
9.8
8

die **Festigkeitsklasse**
la classe de résistance
класс прочности
pola hêzê

Scheibenformen – Formes des disques - Формы шайб - Şikilên dîskan

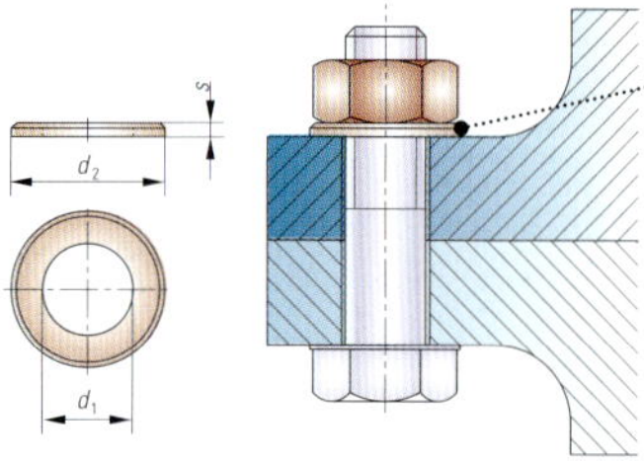

die **Unterlegscheibe**
la rondelle
подкладная шайба
dîska binvîdayê

Schraubensicherungen – Freins à vis - Стопорение - Ewlekariya vîdayan

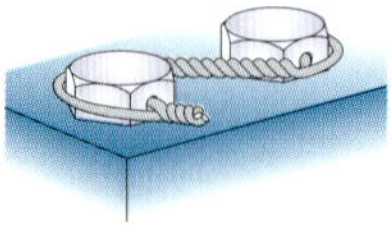

die **Drahtsicherung**
le fusible à fil
проволочный предохранитель
ewlekariya bi tel

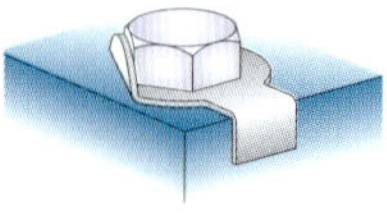

das **Sicherungsblech**
la tôle de sécurité
стопорная шайба
pelika ewlekariyê

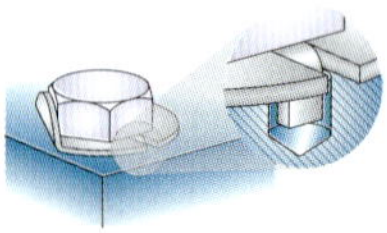

das **Sicherungsblech mit Innennase**
la tôle de sécurité avec ergot intérieur
стопорная шайба с внутренним носком
pelika ewlekariyê bi pozê navxweyî

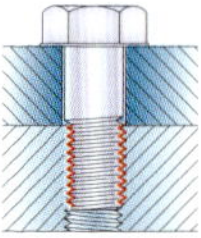

die **Klebstoffsicherung**
la fixation adhésive
посадка на клей
ewlekariya bi madeyê zeliqandinê

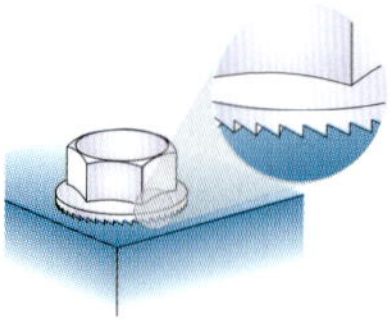

die **Sperrzahnschraube**
la vis à embase crantée
болт со стопорными зубцами
vîdaya didanên asê

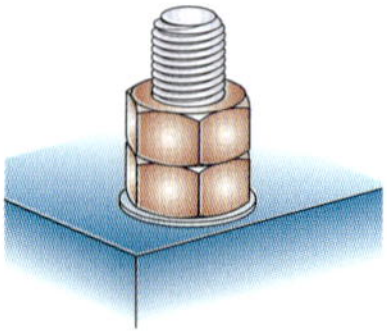

die **Kontermutter**
le contre-écrou
контргайка
somûna li dijî zivirandinê

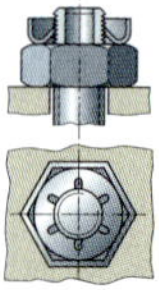

die **Sicherungsmutter,** *umg* die **Palmutter**
l'écrou de blocage
стопорная гайка
somûna ewlekariyê

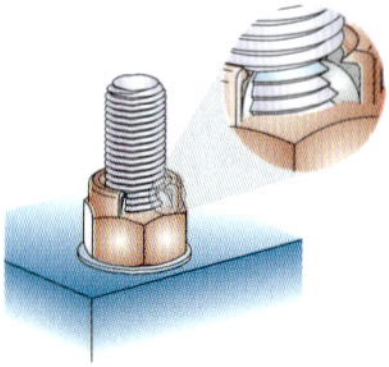

die **Mutter mit Klemmteil**
l'écrou avec pièce de serrage
гайка с фиксирующим элементом
somûna bi beşa şidandinê

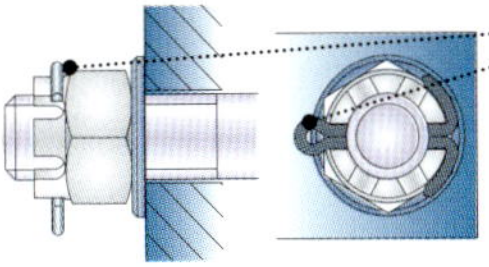

der **Splint**
la goupille fendue
шплинт
qorçe

die **Kronenmutter mit Splint**
l'écrou à créneaux avec goupille fendue
корончатая гайка со шплинтом
somûna tacî bi qorçeyê

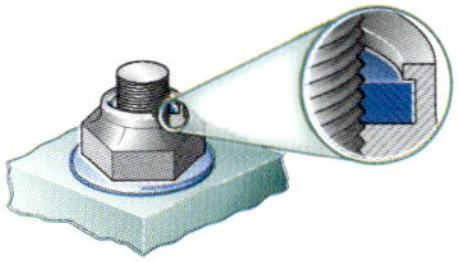

die **selbstsichernde Mutter mit Kunststoffeinsatz**
l'écrou autobloquant avec insert en plastique
самостопорящаяся гайка с пластиковой вставкой
somûna xwe-ewlekar bi têxistina plastîkê

der **Federring**
la rondelle élastique
пружинное кольцо
xeleka federeyî

die **Federscheibe**
la rondelle élastique
пружинная шайба
dîska federeyî

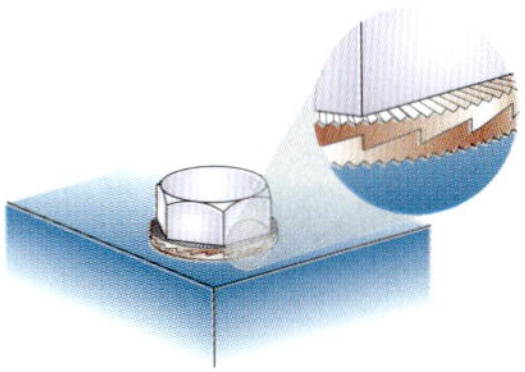

das **Sicherungsscheibenpaar**
la paire de rondelles de sécurité
пара стопорных шайб
cûta dîska ewlekariyê

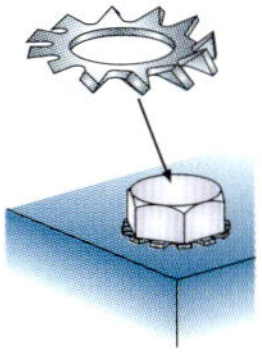

die **Fächerscheibe**
la rondelle éventail
стопорная шайба с упругими зубцами
dîska bêjenikî

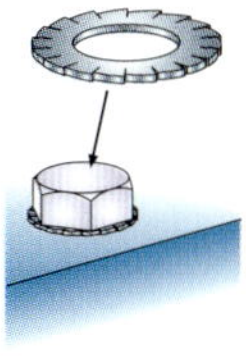

die **Zahnscheibe**
la rondelle dentée
зубчатая упругая шайба
dîska didankirî

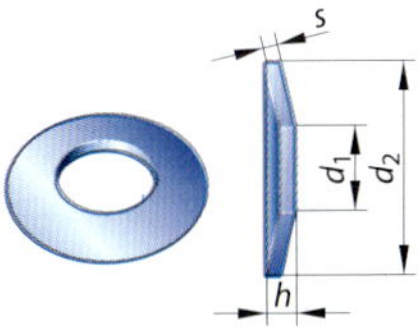
s
d1
d2
h

die **Spannscheibe**
la rondelle de tension
зажимный диск
dîska şidandinê

2.4 MONTIEREN – MONTAGE – МОНТАЖ – MONTAJKIRIN

2.4.1 Montagewerkzeug – Outil de montage – Монтажный инструмент – Amûrên montajê

① ② ③ ④

① die **Rohrzange**
la pince à tube
трубные клещи
gezika boriyê

② die **Eck-Rohrzange**
la pince à tube d'angle
трубный ключ
gezika boriyê ya goşeyî

③ die **Wasserpumpen-zange**
la pince à pompe à eau
сантехнические клещи
gezika pompaya avê

④ die **Kombizange**
la pince universelle
пассатижи универсальные
gezika komkirî

① ② ③ ④

① der **Holzhammer**
le maillet
деревянный молоток
çekûşê darî

② das **Fäustel**
la massette
кувалда
çekûşê destî

③ der **Schlosserhammer**
le marteau de serrurier
слесарный молоток
çekûşê hesinkerê

④ der **Schlosserhammer mit Schutzhülse**
le marteau de serrurier avec douille de protection
слесарный молоток с предохранительной оправой
çekûşê hesinkerê bi girka parastinê

① ②

① der **Flachmeißel mit Handschutz**
le burin plat avec protection de la main
плоское долото с защитой для рук
mîtika pan bi parastina destan

② der **Spitzmeißel**
le burin pointu
пикообразное долото
mîtika tûj

2.4.2 Befestigungsgründe – Supports de fixation - Крепежные основания - Sedemên pêvekirin

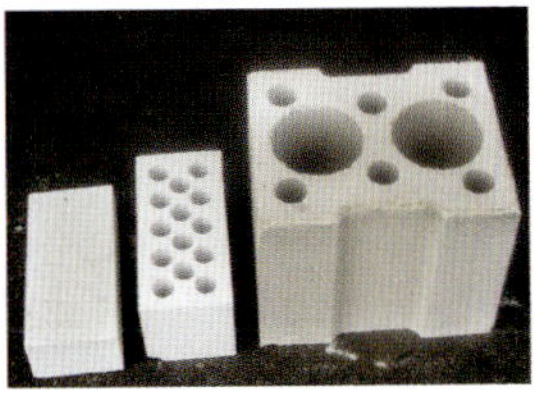

der **Kalksandstein**
la brique silico-calcaire
известково-песчаный кирпич
kevirê xîz û kîlsê

der **Lochziegel**
la brique perforée
дырчатый кирпич
kelpîça qulan

der **Vollziegel**
la brique pleine
полнотелый кирпич
kelpîça tijî

die **Spanplatte**
le panneau de particules
древесно-стружечная плита
texteya qirşikan

der **Porenbetonstein**
la brique en béton cellulaire
блок из ячеистого бетона
kevirê betonê ya pordor

der **Normalbetonstein**
la brique en béton normal
блок из обыкновенного бетона
kevirê betonê ya normal

die **Gipsplatte für Feuchträume**
la plaque de plâtre pour pièces humides
пипсовая плита для влажных помещений
texteya gipsê ji bo qadên şiliyê

die **faserverstärkte Gipsplatte**
la plaque de plâtre renforcée de fibres
гипсовая плита на волокнистой основе
texteya gipsê ya xurtkirî bi rîşalan

die **Gipsplatte**
la plaque de plâtre
гипсовая плита
texteya gipsê

2.4.3 Befestigung von Rohren – Fixation de tubes – Крепление труб – Pêvekirina boriyan

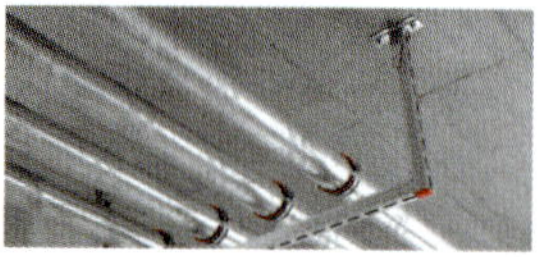

die **Rohrbefestigung als Unterstützung**
la fixation de tube comme support
крепление трубы в качестве опоры
pêvekirina boriyê wek piştgiriyê

die **Aufhängung**
la suspension
подвесная опора
daleqandin

die **Wandbefestigung**
la fixation murale
укрепление стены
pêvekirina dîwarî

2.4.4 Dübel, Anker und Schellen – Chevilles, ancres et colliers de serrage - Дюбели, анкеры и хомуты - Dubel, hevsar û kelepçe

Kunststoff – Plastique - Синтетический материал- -Plastîk

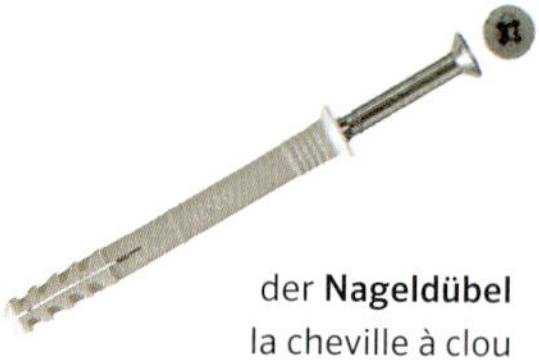

der **Nageldübel**
la cheville à clou
дюбель-гвоздь
dubelê bizmarê

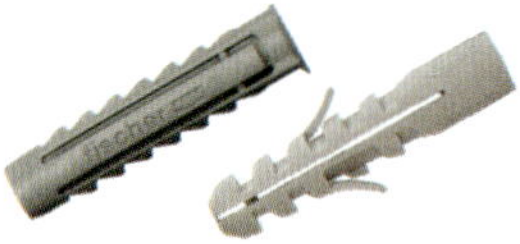

der **Spreizdübel**
la cheville à expansion
распорный дюбель
dubelê vekirinê

der **Universaldübel**
la cheville universelle
универсальный дюбель
dubelê gerdûnî

der **Dübel für Gipsplatten**
la cheville pour plaque de plâtre
дюбель для гипсовых плит
dubelê ji bo texteyên gipsê

Metall – Métal - Металл - Metal

der **Metalldübel**
la cheville métallique
металлический дюбель
dubelê metalê

der **Metalldübel für Gipskarton**
la cheville métallique pour placoplâtre
металлический дюбель для гипсокартона
dubelê metalê ji bo texteyên gipsê

Kunststoff – Plastique - Синтетический материал- -Plastîk

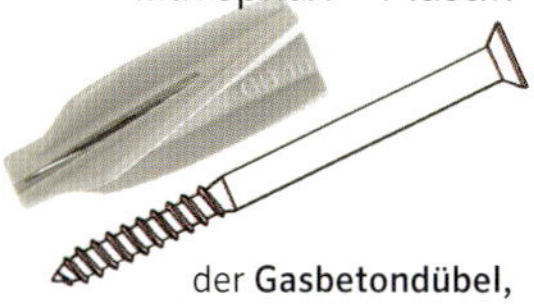

der **Gasbetondübel,**
umg der **Porenbetondübel**
la cheville pour béton cellulaire
дюбель для газобетона
dubelê betonê gazê

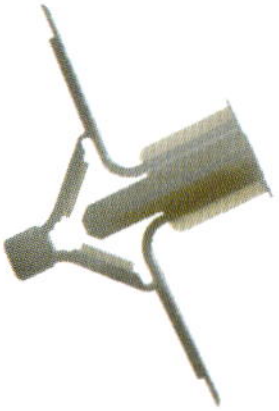

der **Hohlraumdübel**
la cheville pour matériaux creux
дюбель для пустотелых конструкций
dubelê valahiyê

Metall – Métal - Металл - Metal

der **Metall-Gasbetondübel**
la cheville métallique pour béton cellulaire
металлический дюбель для пористого бетона
dubelê betonê pordorî yê metalê

der **Messingdübel**
la cheville en laiton
латунный дюбель
dubelê birincê

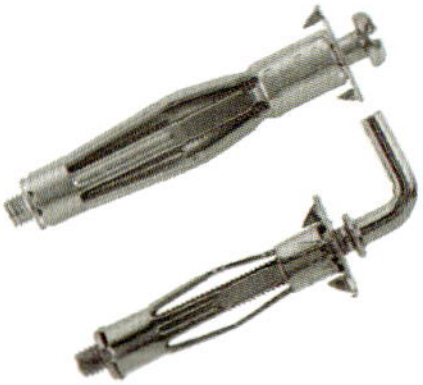

der **Metall-Hohlraumdübel**
la cheville pour cavités métalliques
металлический дюбель для пустотелых конструкций
dubelê valahiyê yê metalê

der **Federklappdübel**
la cheville à ressort
складной пружинный дюбель
dubelê qata federe

der **Deckennagel**
le clou de plafond
потолочный гвоздь
bizmarê banî

der **Spreizkeil**
la cale d'écartement
распорный клин
bizotka vekirinê

der **Stift**
la goupille
штифт
stîl

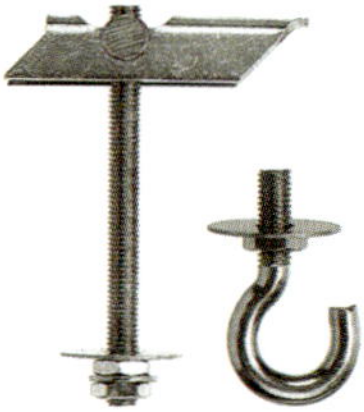

der **Kippdübel**
la cheville à bascule
складной дюбель
dubelê alqevedanê

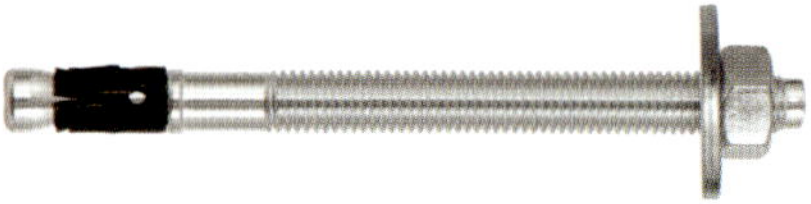

der **Ankerbolzen**
le boulon d'ancrage
анкерный болт
stila lenger

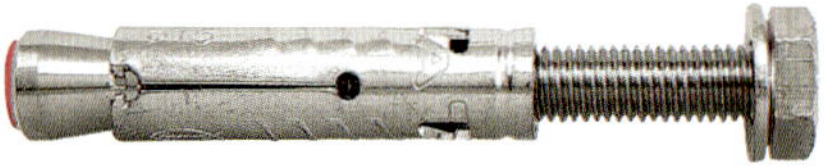

der **Schwerlastanker**
la cheville d'ancrage pour charges lourdes
анкер для высоких нагрузок
lengerê giraniyê

der **Einschlaganker**
la cheville d'ancrage à enfoncer
забивной анкер
lengerê lêdanê

der **Zykonanker**
la cheville d'ancrage zyconien
анкер Zykon
lengerê zîkonê

der **Reaktionsanker,**
umg der **Verbundanker**
la cheville d'ancrage de réaction
химический дюбель
lengerê bertekê

RM 12

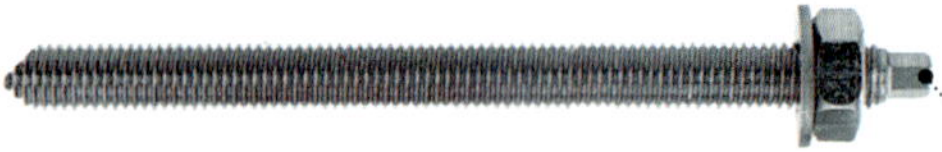

die **Glaspatrone mit Verbundmörtel**
la cartouche de verre avec mortier composite
Стеклянный патрон с вяжущим раствором
şûşika bi şerbeta pêvekirinê

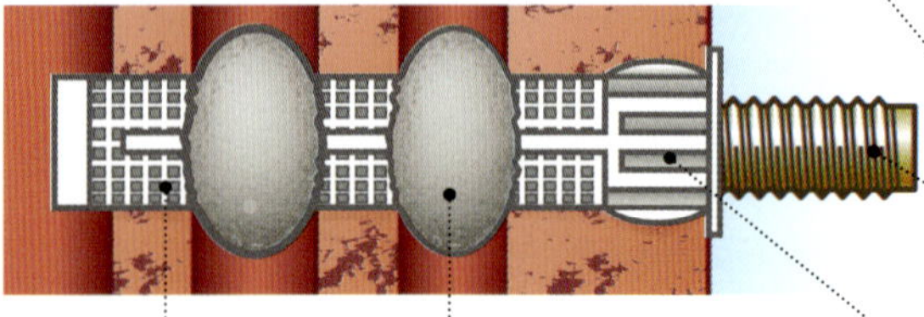

die **Siebhülse**
la douille de tamisage
перфорированная втулка
giloveya kevçî

der **Injektionsmörtel**
le mortier d'injection
инъекционный раствор
şerbeta şiringeyê

der **Injektionsanker**
l'ancrage à injection
инъекционный анкер
lengerê şiringeyê

die **Gewindestange**
la tige filetée
резьбовой стержень
stila vîdayî

Wirkungsweise von Dübeln und Ankern – Fonctionnement des chevilles et des ancres - Принцип действия дюбелей и анкеров - Awayê karkirina dubel û hevsaran

der **Stoffschluss**
la fermeture de matière
связка материалом
têkeliya madeyî

der **Formschluss**
la fermeture de forme
геометрическое замыкание
têkeliya formê

der **Kraftschluss**
la fermeture par force
силовое сцепление
têkeliya hêzê

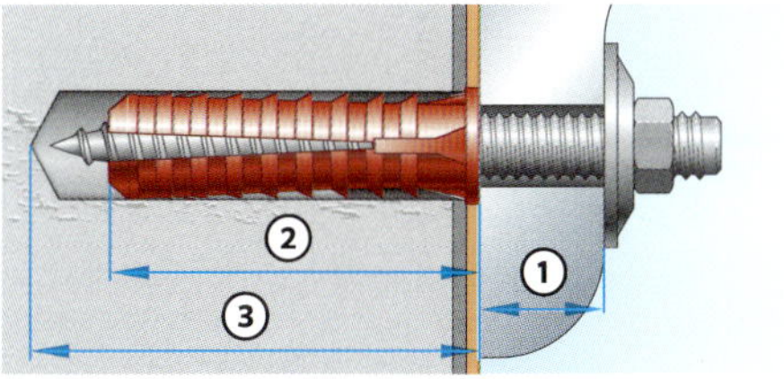
2
1
3

① die **Nutzlänge**
la longueur utile
полезная длина
dirêjahiya sûdwergirtinê

② die **Verankerungstiefe**
la profondeur d'ancrage
глубина анкеровки
kûrahiya lengerkirinê

③ die **Bohrtiefe**
la profondeur de forage
глубина сверления
kûrahiya qulê

Montagearten – Types de montage - Виды монтажа - Cureyên montajê

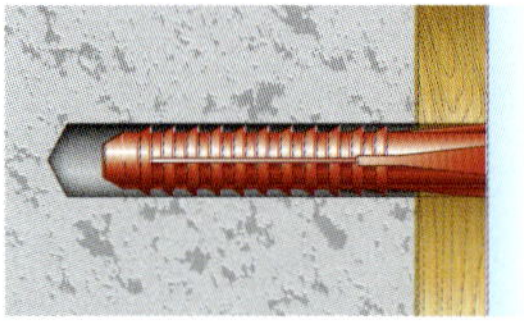

die **Durchsteckmontage**
le montage traversant
сквозной монтаж
montaja têderbasbûyî

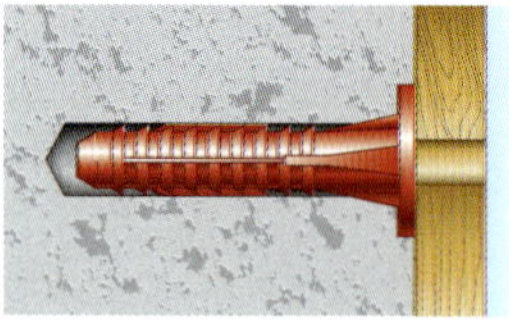

die **Vorsteckmontage**
le montage à fleur
предварительный монтаж
önceden konumlandırarak montaja pêşderbasbûyî

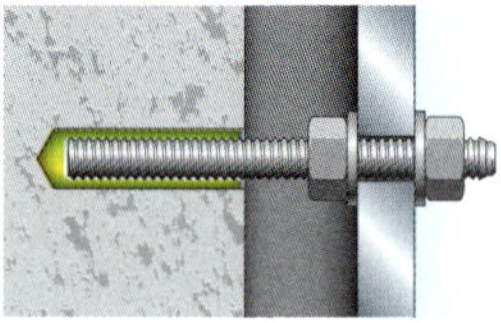

die **Abstandsmontage**
le montage à distance
монтаж с помощью распорных деталей
montaja bi navberê

Schellen, Schienen und Konsolen – Colliers de serrage, rails et consoles - Хомуты, направляющие и кронштейны - Kelepçe, rêl û konsolên dîwarî

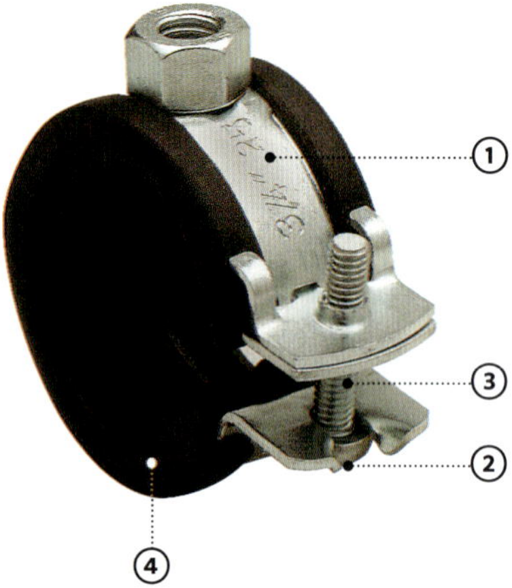
①
③
②
④

① die **Rohrschelle, einteilig**
le collier de serrage, en une pièce
трубный хомут, однокомпонентный
kelepçeya boriyê, yek-parçe

② der **Schnellverschluss**
la fermeture rapide
быстроразъемное соединение
girtina lezgîn

③ die **Spannschraube**
la vis de serrage
зажимной винт
vîdaya şidandinê

④ die **Schalldämmeinlage**
l'insert d'isolation phonique
звукоизолирующая вставка
navgîniya dengkêmkirî

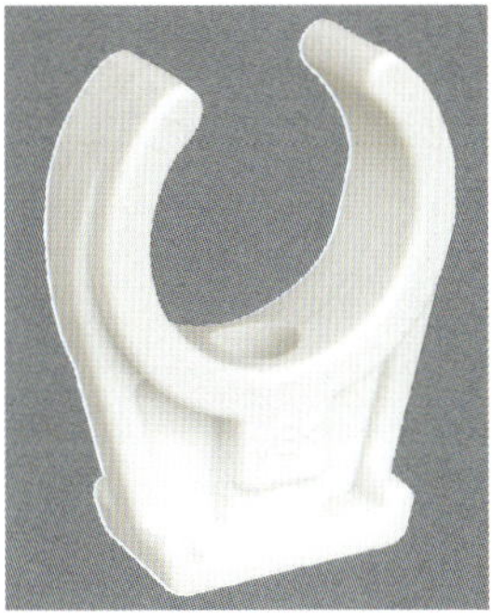

die **Kunststoffschelle**
le collier de serrrage en plastique
пластмассовый хомут
kelepçeya plastîkê

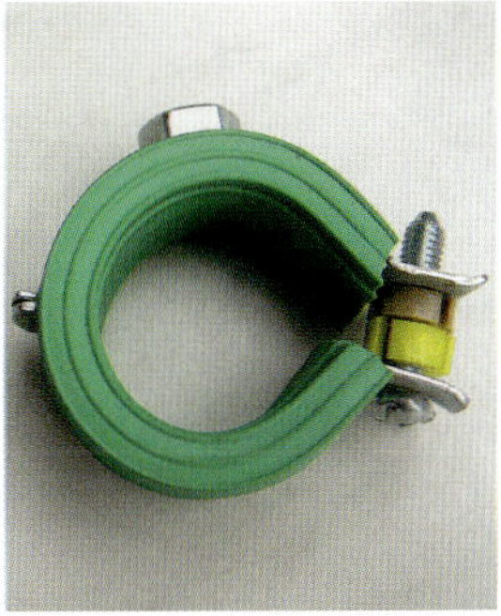

die **Schelle für Kunststoffrohre mit Distanzhalter**
le collier pour tubes en plastique avec entretoise
хомут для пластиковых труб с распоркой
kelepçe ji bo boriyên plastîkî bi ragirê navberê

die **Rohrschelle mit Druckverschluss**
le collier de serrage avec fermeture à pression
трубный хомут с быстродействующим замком
kelepçeya boriyê bi girtina pestînê

die **Massivrohrschelle**
le collier de serrage pour tubes massifs
усиленный трубный хомут
kelepçeya boriyê ya giran

die **Rohrschelle mit Mehrfach-Gewindeanschluss**
le collier de serrage à raccord à filetage multiple
трубный хомут с комбинированным резьбовым соединением
kelepçeya boriyê bi girêdana vîdayî ya pircarî

die **Rohrschelle, zweiteilig**
le collier de serrage, en deux pièces
трубный хомут, двухкомпонентный
kelepçeya boriyê, du-parçe

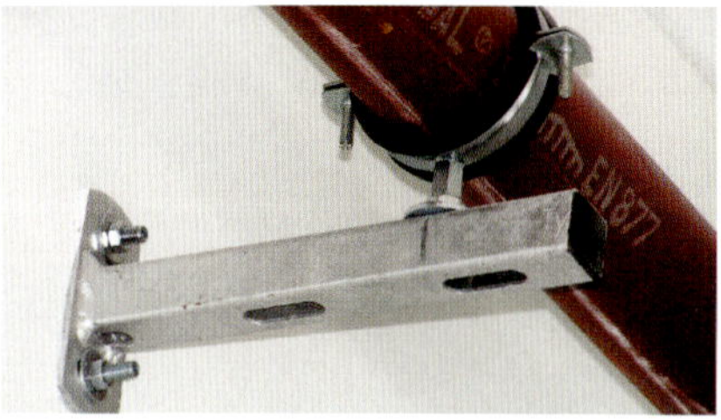
EN 877

die **Auslegerkonsole**
la console en porte-à-faux
монтажный кронштейн
konsola kantîlîverê

die **Montageschiene**
le rail de montage
монтажный профиль
rêla montajê

die **Aufhängung mit Lochband**
la suspension avec bande perforée
подвесная опора с перфорированной монтажной лентой
daleqandin bi pîvaza qulan

die **Winkelkonsole**
la console d'angle
угловая консоль
konsola goşeyî

das **Setzeisen**
le fer de pose
насадка для вбивания
hesinê danînê

der **Einschlagnagel**
le clou à enfoncer
нагель
bizmarê lêdanê

die **Fußbodenbefestigung mit Lochband**
la fixation au sol avec bande perforée
напольное крепление с перфорированной монтажной лентой
pêvekirina erdê bi pîvaza qulan

2.5 PRÜFEN – VÉRIFICATION - ИСПЫТАНИЕ - KONTROLKIRIN

2.5.1 **Prüfmittel** – Équipemenets de test - Испытательная среда и испытательные приборы - Amûrên kontrolê

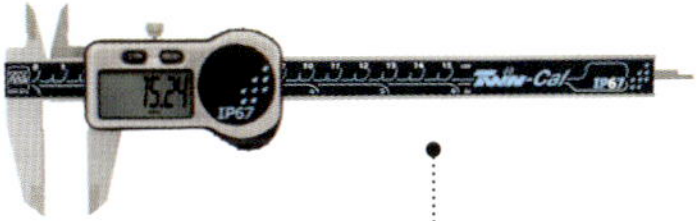
IP67

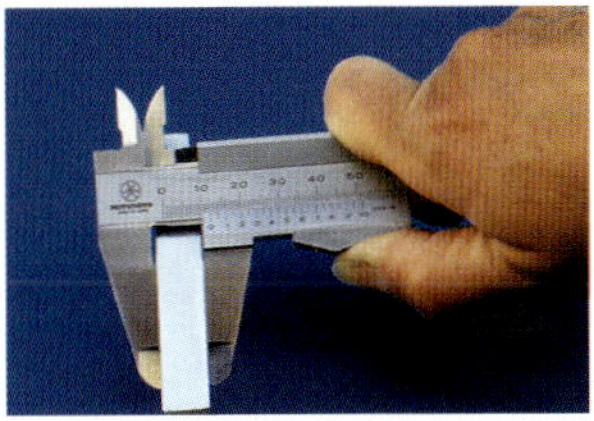

messen
mesurer
измерение
pîvandin

die **Messgeräte** *Pl*
les appareils de mesure
измерительные приборы
amûrên pîvandinê

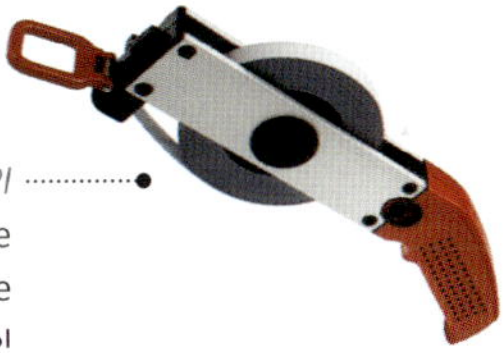

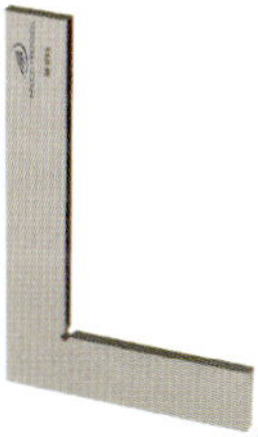

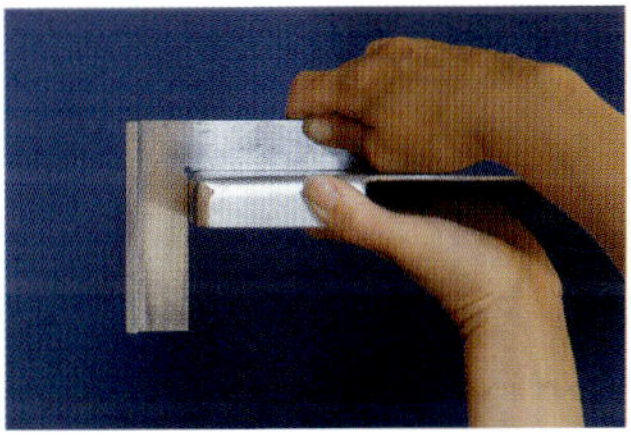

lehren
enseigner
обучение
şablonên pîvanê

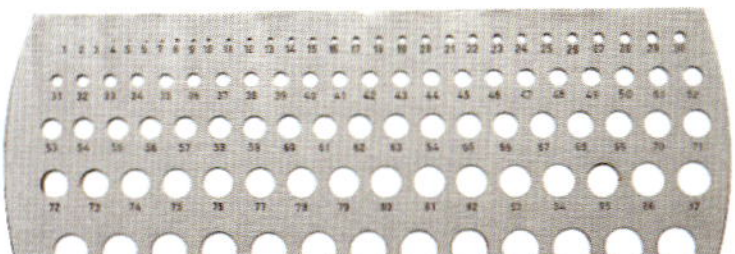

die **Lehren** *Pl*
les gabarits
обучение
şablonên pîvanê

M30-6H

2.5.2 Prüfen von Längen - Vérification des longueurs - Контроль длины - Kontrolkirina dirêjahiyan

Maßverkörperungen – Mesures matérialisées - Меры физической величины - Pêkanîna pîvanan

mm 1 2 3 4 5 6

der **Stahlmaßstab,**
umg das **Stahllineal**
la règle en acier
стальная измерительная линейка
xeta pîvanê ya polayî

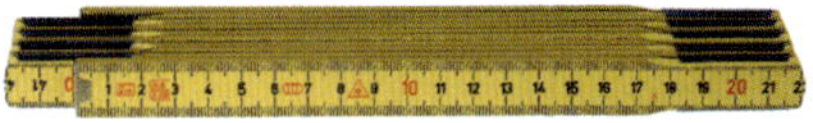

der **Gliedermaßstab,**
umg der **Zollstock**
le mètre pliant
складной метр
xeta pîvanê ya çendbeşî

das **Rollbandmaß**
le mètre-ruban
мерная лента
pîvana şerîtê ya rola

Anzeigende Längenmessmittel – Instruments de mesure de longueur indicatifs - Средства измерения длины - Amûrên nîşandana pîvana dirêjahiyê

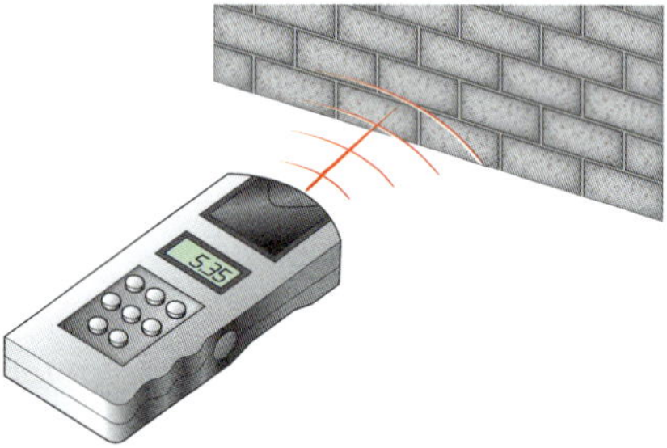
5.35

die **Ultraschall-Entfernungsmessung**
la mesure de distance par ultrasons
ультразвуковое измерение расстояния
pîvana navberê ya ultrasonî

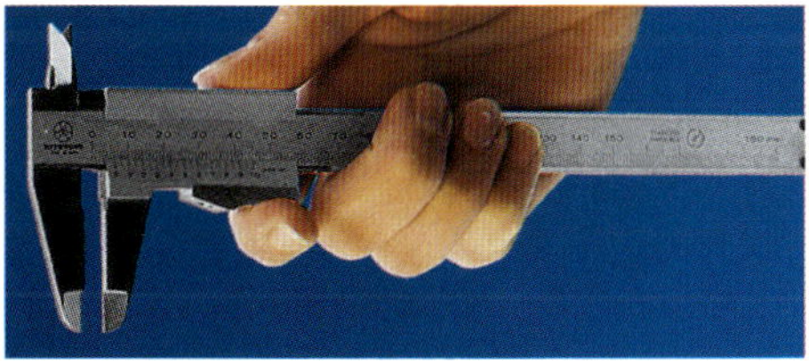

der **Messschieber**
le pied à coulisse
штангенциркуль с нониусом
mohra pîvanê

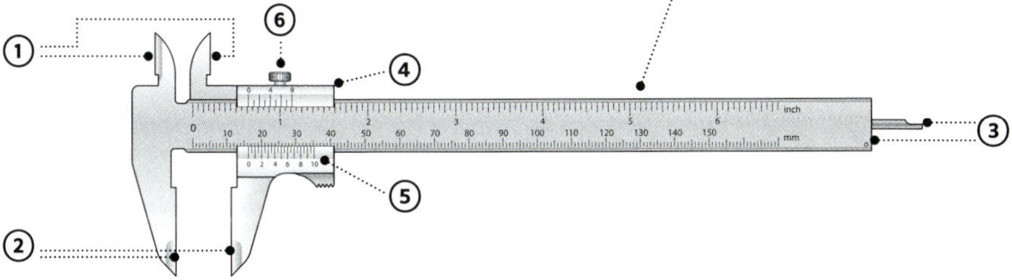
1
2
3
4
5
6
inch
mm

① die **Messflächen für Innenmessung** *Pl*
les surfaces de mesure pour la mesure intérieure
поверхности для измерения внутренних размеров
rûberên pîvanê ji bo pîvana navxweyî

② die **Messflächen für Außenmessung** *Pl*
les surfaces de mesure pour la mesure extérieure
поверхности для измерения наружных размеров
rûberên pîvanê ji bo pîvana derve

③ die **Messflächen für Tiefenmessung** *Pl*
les surfaces de mesure pour la mesure de la profondeur
Поверхности для измерения глубины
rûberên pîvanê ji bo pîvana kûrahiyê

④ der **Schieber**
le curseur
задвижка
mohr

⑤ der **Nonius**
le vernier
нониус
nonyûs

⑥ die **Feststelleinrichtung**
le dispositif de blocage
замковое устройство
pergala sabîtkirinê

die **Ableseübung des 1/20-Nonius**
l'exercise de lecture du vernier 1/20
значение отсчета по нониусу 1/20
rahênana xwendinê ya nonyûsa 1/20

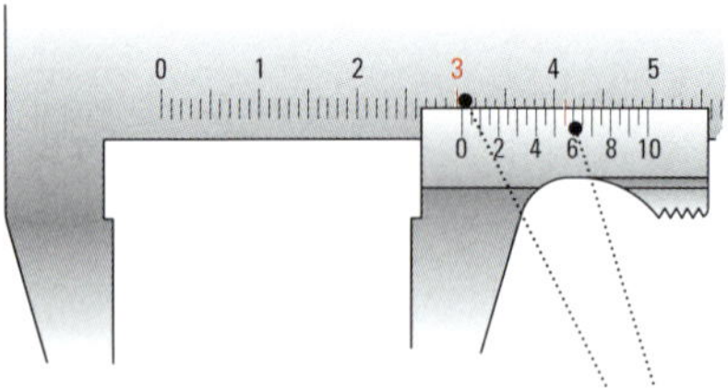
0 1 2 3 4 5
0 2 4 6 8 10

der **Ablesewert 30,55 mm**
la valeur de lecture 30,55 mm
считываемое значение 30,55 мм
nirxa xwendinê 30,55 mm

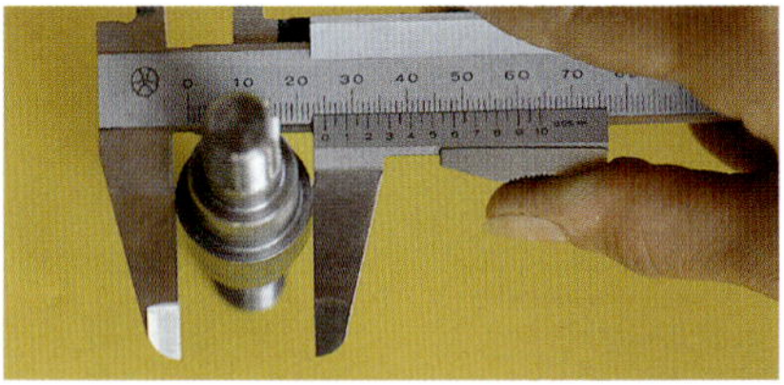

die **Außenmessung mit dem Messschieber**
la mesure extérieure avec le pied à coulisse
наружное измерение штангенциркулем
pîvana derve bi mohra pîvanê

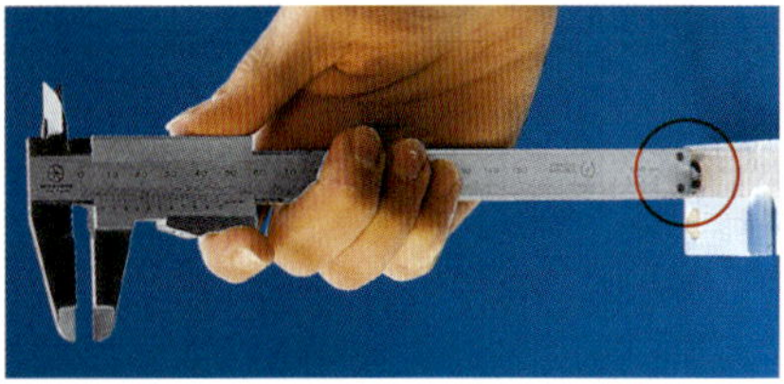

die **Tiefenmessung mit dem Messschieber**
la mesure de la profondeur avec le pied à coulisse
измерение глубины штангенциркулем
pîvana kûrahiyê bi mohra pîvanê

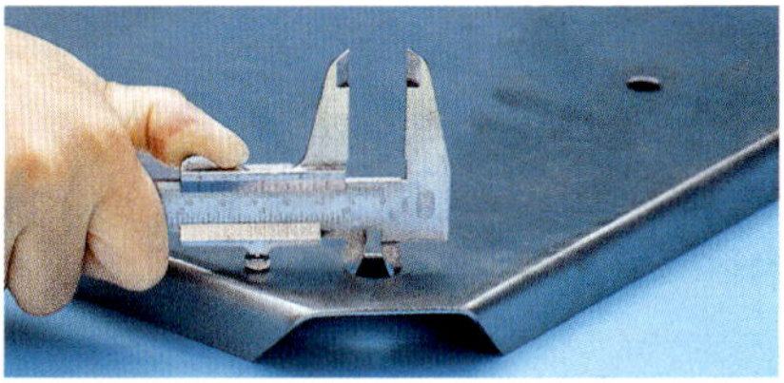

die **Innenmessung mit dem Messschieber**
la mesure intérieure avec le pied à coulisse
внутреннее измерение штангенциркулем
pîvana navxweyî bi mohra pîvanê

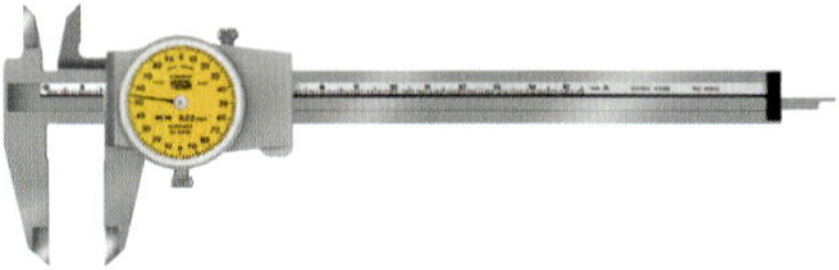

der **Messschieber mit Rundskala und Zeiger**
le pied à coulisse avec échelle circulaire et aiguille
штангенциркуль с круговой шкалой и указателем
mohra pîvanê bi skalaya bazinî û nîşanker

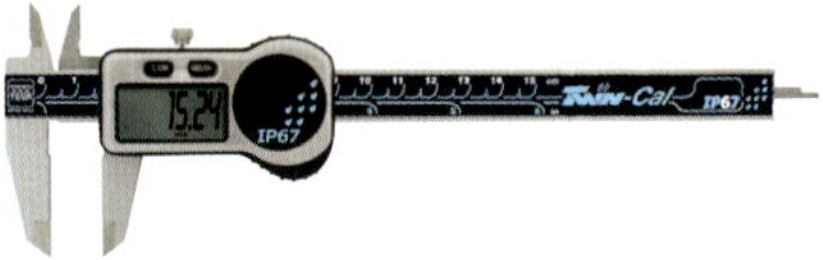
15.24
IP67

der **Messschieber mit Digitalanzeige**
le pied à coulisse avec affichage numérique
цифровой штангенциркуль
mohra pîvanê bi ekrana dîjîtal

Messfehler – Erreur de mesure - Погрешность - Şaşitiyên pîvanê

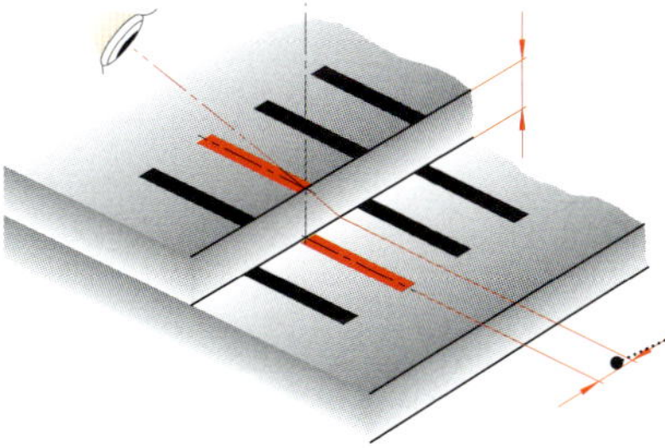

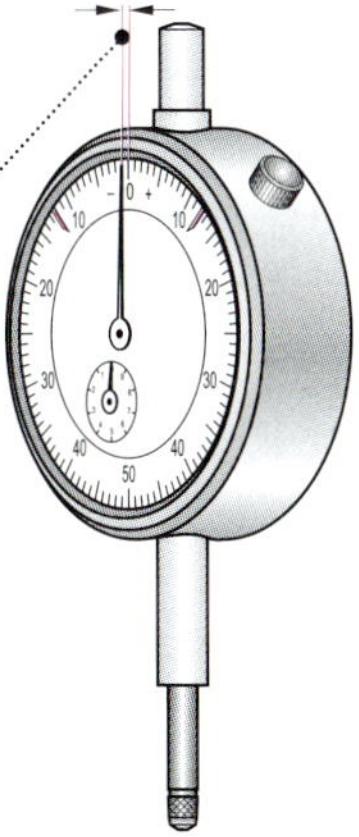
0
10
10
20
20
30
30
40
40
50

die **Parallaxe**
le parallaxe
параллакс
paralaks

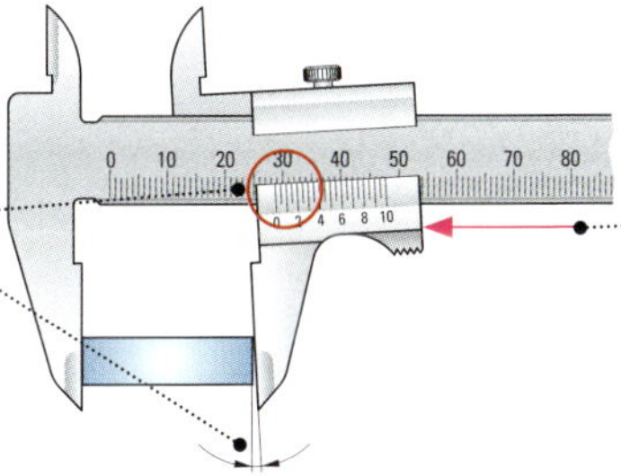
0 10 20 30 40 50 60 70 80
0 2 4 6 8 10

der **Kippfehler**
l'erreur de basculement
погрешность из-за перекоса
şaşitiya alqevedanê

die **Messkraft**
la force de mesure
измерительное усилие
hêza pîvanê

die **Maßbezugstemperatur**
la température de référence
эталонная температура
germahiya referansê

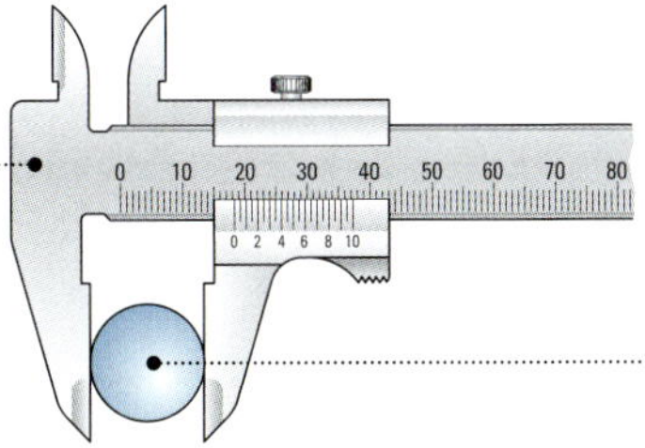
0 10 20 30 40 50 60 70 80
0 2 4 6 8 10

die **Messschieber-temperatur: 20 °C**
la température de pied à coulisse : 20°C
температура штангенциркуля: 20 °C
germahiya mohra pîvanê: 20°C

die **Werkstück-temperatur: 45 °C**
la température de la pièce à usiner : 45°C
температура детали: 45 °C
germahiya parçeya xebatê: 45°C

Indirekte Prüfgeräte – Appareils de contrôle indirects - Приборы для косвенных измерений - Amûrên kontrolê yên ne rasterast

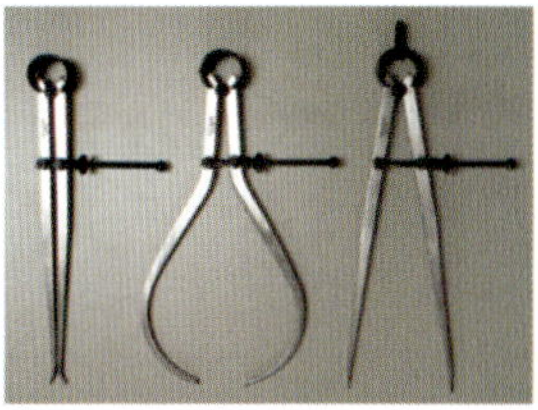

das **Set Taster**
le bouton-poussoir Set
кронциркуль в наборе
koma peyk

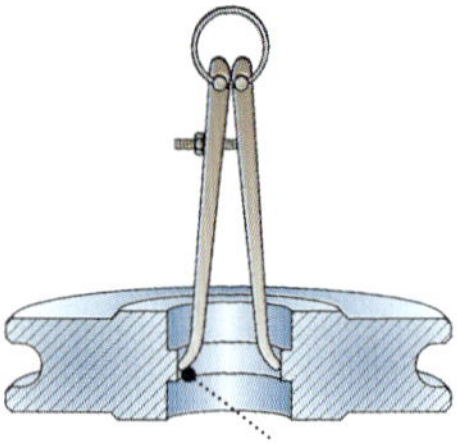

der **Innentaster**
bouton-poussoir intérieur
нутромер
peykê navxweyî

2.5.3 Prüfen von Winkeln – Vérification des angles - Контроль уголков - Kontrolkirina goşeyan

Messen von Winkeln – Mesure des angles - Измерение углов - Pîvana goşeyan

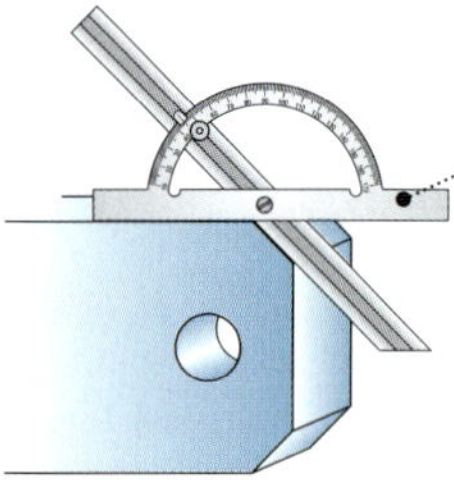

der **einfache Winkelmesser**
le rapporteur d'angle simple
простой наугольник
pîvana goşeyan a sade

der **Winkelmesser mit digitaler Anzeige**
le rapporteur d'angle à affichage numérique
цифровой угломер
pîvana goşeyan bi ekrana dîjîtal

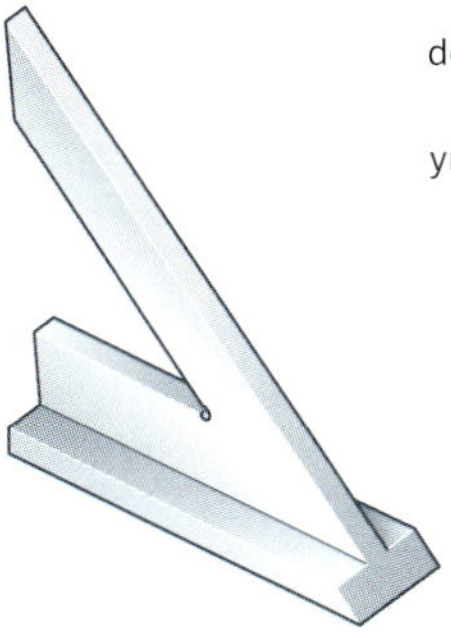

der **Anschlagwinkel 45°**
l'angle de butée 45°
упорный угольник 45 °
goşeyê astengê 45°

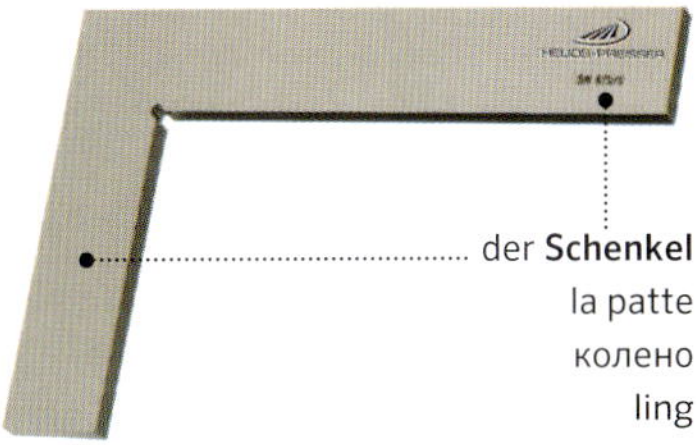
HELIOS-PREISSER

der **Schenkel**
la patte
колено
ling

die **Winkellehre 90°**, *umg* der **Flachwinkel**
le gabarit d'angle 90°
угловой калибр 90 °
şablona goşeyan 90°

2.5.4 Prüfen von Formen – Vérification des formes - Контроль форм - Kontrolkirina şikilan

Kalibrieren – Calibrage - Калибровка - Kalibrasyon

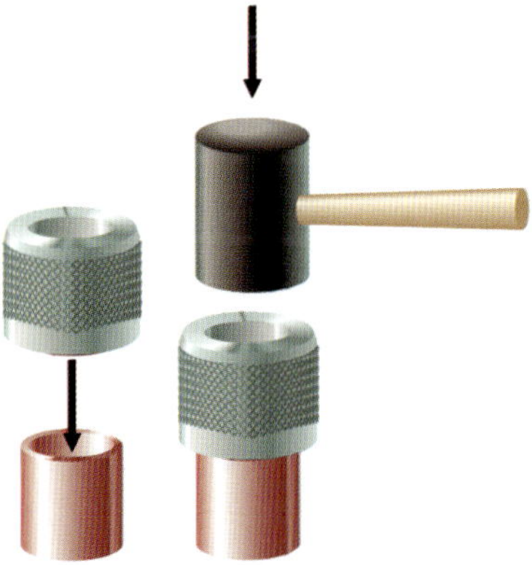

den **Kalibrierring auf das Rohrende treiben**
enfoncer la bague de calibrage sur l'extrémité du tube
использование калибровочного кольца на конце трубы
ajotina xeleka kalibrasyonê li ser serê boriyê

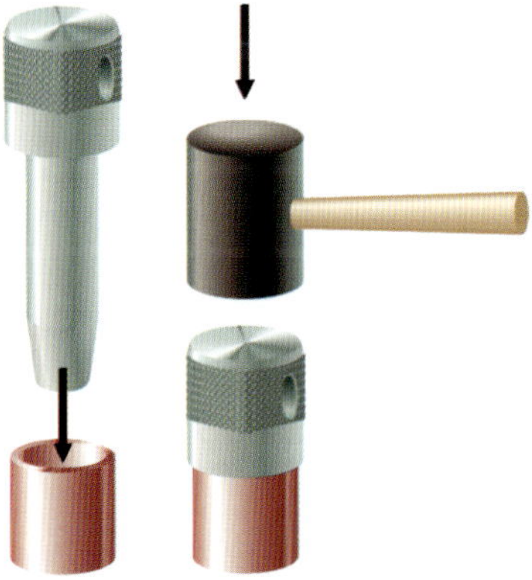

den **Kalibrierdorn in das Rohrende treiben**
enfoncer le mandrin de calibrage dans l'extrémité du tube
использование калибровочного дорна в конце трубы
ajotina milê kalibrasyonê nav serê boriyê

2.5.5 Prüfen von Richtungen und Lagen – Vérification des directions et des positions - Контроль направлений и местоположений - Kontrolkirina aliyan û pozisyonan

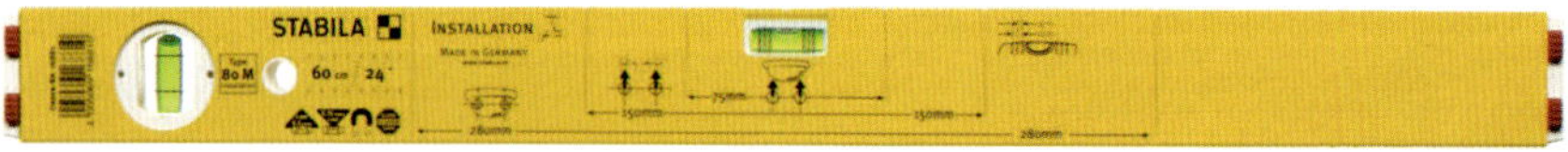
STABILA
INSTALLATION
60 cm

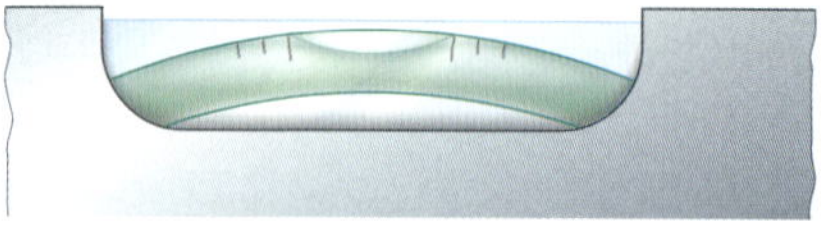

die **Libelle**
le niveau à bulle
нивелир
lîbel

die **Wasserwaage**
le niveau à bulle
ватерпас
asta avê

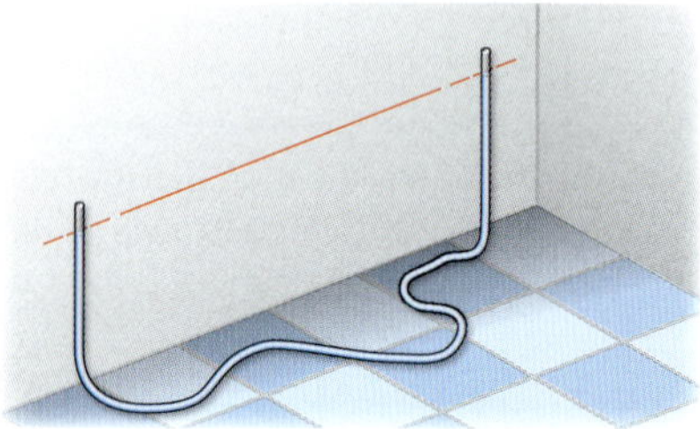

die **Schlauchwasserwaage**
le niveau à bulle tubulaire
шланговый уровень
asta avê ya şilangî

die **Gefällewasserwaage**
le niveau à bulle à pente intégrée
уклономер
asta avê ya xilarekê

das **Lot**
le fil à plomb
отвес
sut

der **Laser**
le laser
лазер
lazer

2.5.6 Vérification de la pression et de la température - Контроль давления и температуры - Kontrolkirina pestîn û germahiyê

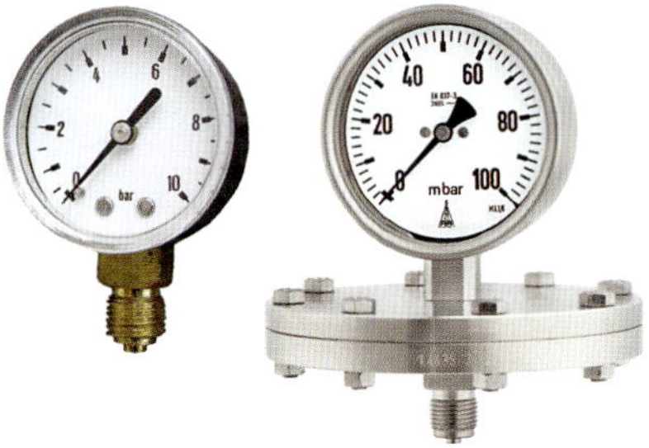
bar
mbar

das **Manometer**
le manomètre
манометр
manometre

das **Luftdruckmessgerät**
le manomètre
барометр
amûra pîvana pestîna hewayê

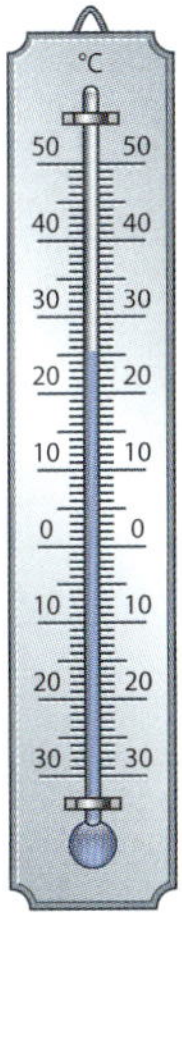
°C

°C

das **Temperaturmessgerät,**
umg das **Thermometer**
le thermomètre
прибор для измерения температуры
amûra pîvana germahiyê

WERKSTOFF-TECHNIK

TECHNIQUE DES MATÉRIAUX

МАТЕРИАЛОВЕДЕНИЕ

TEKNÎKA MADEYAN

3 **WERKSTOFFTECHNIK – TECHNIQUE DES MATÉRIAUX – МАТЕРИАЛОВЕДЕНИЕ – TEKNÎKA MADEYAN** 121

Werkstoffeigenschaften – Propriétés des matériaux - Свойства материалов - Taybetmendiyên madeyan 125

Aggregatzustand – l'état de la matière - Агрегат состояния - Rewşa komkirinê 127

Werkstoffbeanspruchung – Sollicitation des matériaux - Напряжение материала - Berxwedana madeyan 128

3.1 **METALLE – MÉTAUX - МЕТАЛЛЫ - METAL** 129

3.1.1 **Eisenwerkstoffe – Matériaux ferreux - Продукция чёрной металлургии - Madeyên hesinî** 129

Unlegierte Stähle – Aciers non alliés - Нелегированные стали - Polayên bêpêkhate 129

Legierte Stähle – Aciers alliés - Легированные стали - Polayên pêkhate 129

Nicht rostende Stähle – Aciers inoxydables - Нержавеющие стали - Polayên bêzeng 131

Edelstähle – Aciers inox - Специальные стали - Polayên hêja 131

Stahlguss – Acier moulé - Стальная отливка - Rijandina polayî 132

Gusseisenwerkstoffe – Matériaux en fonte - Чугун - Madeyên hesinê rijandî 132

3.1.2 **Nichteisenmetalle – Métaux non ferreux - Цветные металлы - Metalên nahesinî** 133

Leichtmetalle – Métaux légers - Легкие металлы - Metalên sivik 133

Schwermetalle – Métaux lourds - Тяжелые металлы - Metalên giran 136

3.2 **NICHTMETALLE – NON-MÉTAUX - НЕМЕТАЛЛЫ - NAMETAL** 140

3.2.1 **Kunststoffe – Plastiques - Полимерные материалы - Plastîk** 140

Thermoplaste – Thermoplastiques - Термопластики - Termoplastîk 140

Duroplaste – Résines thermodurcissables - Реактопласты - Dûroplastîk 144

Elaste – Élastomères - Эластомеры - Elast 146

3.2.2 **Keramische Werkstoffe – Matériaux céramiques – Керамические материалы – Madeyên keramîkî** 148

3.2.3 **Holz – Bois - Древесина - Dar** 149

3.2.4 **Glas – Verre – Стекло – Cam** 149

3.3 **VERBUNDWERKSTOFFE – MATÉRIAUX COMPOSITES - КОМПОЗИЦИОННЫЕ МАТЕРИАЛЫ - MADEYÊN PÊKHATÎ** 150

3.3.1 **Faserverbundwerkstoffe – Matériaux composites renforcés de fibres - Волокнистый композиционный материал - Madeyên pêkhatî yên rîşalî** 150

3.3.2 **Sinterverbundwerkstoffe – Matériaux composites frittés - Композиты из спеченных сплавов - Madeyên pêkhatî yên sinterbûyî** 151

3.3.3 **Schichtverbundwerkstoffe – Matériaux composites stratifiés - Композиты с многослойной структурой - Madeyên pêkhatî yên qatbiqat** 152

3.3.4 **Durchdringungsverbundwerkstoffe – Matériaux composites de pénétration - Композиты из тугоплавкой пористой матрицы - Madeyên pêkhatî yên pêkveniguhaztî** 152

3.4 HILFSSTOFFE - EXCIPIENTS - ВСПОМОГАТЕЛЬНЫЕ МАТЕРИАЛЫ - MADEYÊN ALÎKAR 153
3.4.1 Kühl- und Schmierstoffe - Réfrigérants et lubrifiants - Охлаждающие и смазочные вещества - Madeyên hênikker û rûnker 153
3.4.2 Klebstoffe - Adhésifs - Клеящие вещества - Madeyên zeliqandinê 153

3.5 HALBZEUGE - PRODUITS SEMI-FINIS - ПОЛУФАБРИКАТЫ - NÎVPARÇE 154
3.5.1 Profile - Profilés - Профили - Profîl 154
Stahlprofile - En acier Profilés - Профили Стальные - Polayî Profîl 154
Stäbe - Tiges - Прутки - Şiva 157
Nichteisenmetallprofile - Profilés en métal non ferreux - Профили из цветных металлов - Profîlên metalên nahesinî 157
3.5.2 Rohre - Tubes - Трубы - Borî 158
Kupferrohre - Tubes en cuivre - Медные трубы - Boriyên misî 158
Stahlrohre - Tubes en acier - Стальные трубы - Boriyên polayî 159
Gussrohre - Tubes en fonte - Литые трубы - Boriyên rijandî 160
Blechrohre - Tubes en tôle - Трубы из листа - Boriyên pelên hesinî 160
Metallverbundrohre - Tubes composites métalliques - Металлопластиковые трубы - Boriyên pêkhatî yên metalê 161
Kunststoffrohre - Tubes en plastique - Пластиковые трубы - Boriyên plastîkî 162
Steinzeugrohre - Tubes en grès - Керамические трубы - Boriyên caxî 163
Glasrohre - Tubes en verre - Стеклянные трубы - Boriyên camê 163
3.5.3 Bleche - Tôles - Листовой металл - Pelên hesinî 164
3.5.4 Bänder - Bandes - Полосы - Pîvaz 165
3.5.5 Drähte - Fils - Проволока - Tel 166

3.6 KORROSION - CORROSION - КОРРОЗИЯ - ZENGARBÛN 167
3.6.1 Elektrochemische Korrosion - Corrosion électrochimique - Электрохимическая коррозия - Zengarbûna elektrîkîkîmyewî 167
3.6.2 Chemische Korrosion - Corrosion chimique - Химическая коррозия - Zengarbûna kîmyewî 169
3.6.3 Korrosionsprodukte - Produits de corrosion - Продукты коррозии - Berhemên zengarbûnê 169
Unerwünschte Korrosion - Corrosion indésirable - Нежелательная коррозия - Zengarbûna nexwestî 169
Erwünschte Korrosion - Corrosion souhaitée - Преднамеренное разрушение металла - Zengarbûna xwestî 170

3.6.4 Korrosionsformen – Formes de corrosion - Коррозионные формы - Formên zengarbûnê 170

Flächenkorrosion – Corrosion de surface - Поверхностная коррозия - Zengarbûna rûberê 171

Lokal begrenzte Korrosion – Corrosion localisée - Локализуемая коррозия - Zengarbûna sînorkirî ya herêmî 172

Korrosion mit mechanischer Belastung – Corrosion avec charge mécanique - Коррозия с механической нагрузкой - Zengarbûn bi bardariya mekanîkî 173

3.6.5 Korrosionsschutz – Protection contre la corrosion - Защита от коррозии - Parastina zengarbûnê 174

Aktiver Korrosionsschutz – Protection active contre la corrosion - Активная защита от коррозии - Parastina çalak a zengarbûnê 174

Passiver Korrosionsschutz – Protection passive contre la corrosion - Пассивная защита от коррозии - Parastina pasîf a zengarbûnê 176

der **Werkstoff Stahl**
le matériaux acier
стальной материал
madeya polayî

Werkstoffeigenschaften – Propriétés des matériaux - Свойства материалов - Taybetmendiyên madeyan

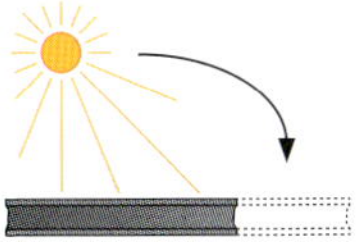

die **Wärmeausdehnung**
la dilatation thermique
тепловое расширение
firehavêtina germiyê

die **Giftigkeit**
la toxicité
токсичность
jehrînî

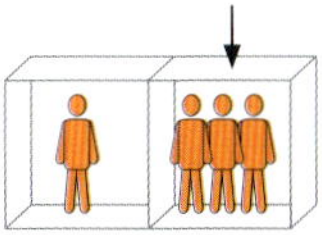

die **Dichte**
l'épaisseur
плотность
çirî

die **Elastizität**
l'élasticité
эластичность
elastîkiyet

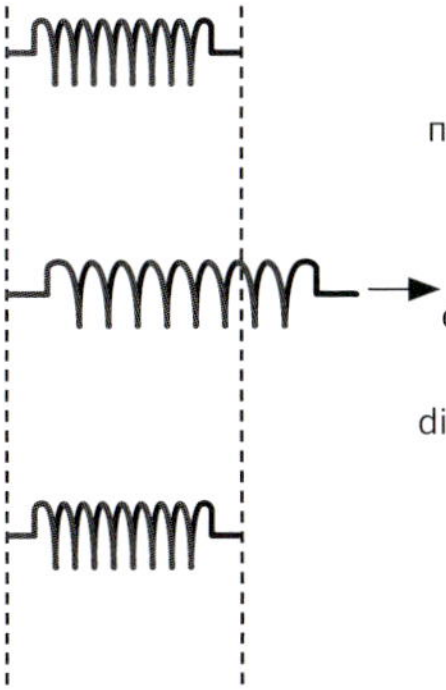

vor Belastung
avant la charge
перед нагрузкой
berî bardariyê

bei Belastung
en cas de charge
при нагрузке
di dema bardariyê

nach Belastung
après la charge
после нагрузки
piştî bardariyê

die **Plastizität**
la plasticité
пластичность
plastîkiyet

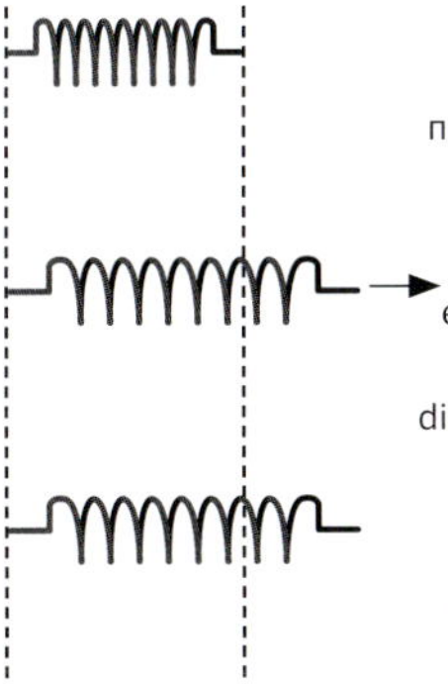

vor Belastung
avant la charge
перед нагрузкой
berî bardariyê

bei Belastung
en cas de charge
при нагрузке
di dema bardariyê

nach Belastung
après la charge
после нагрузки
piştî bardariyê

die **Härte**
la dureté
твердость
siftiyet

die **Wärmeleitfähigkeit**
la conductivité thermique
проводимость тепла
şiyanê veguhastina germiyê

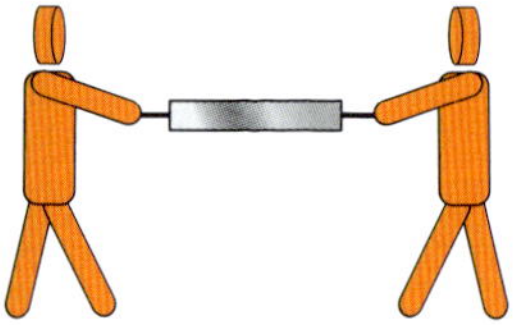

die **Zugfestigkeit**
la résistance à la traction
предел прочности при разрыве
berxwedana kişandinê

die **Gießbarkeit**
la coulabilité
текучесть
şiyana rijandinê

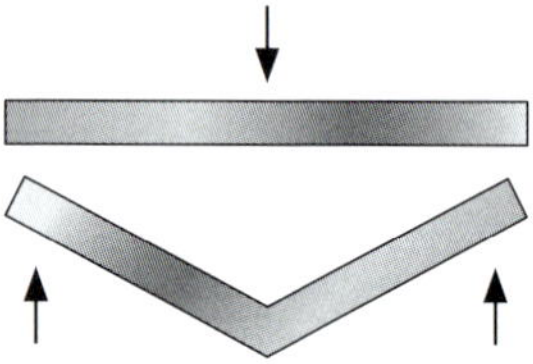

die **Umformbarkeit**
la formabilité
формуемость
şiyana guherîna şikilê

die **Zerspanbarkeit**
l'usinabilité
обрабатываемость
şiyana qisandina parçeyan

die **Korrosionsbeständigkeit**
la résistance à la corrosion
коррозионная стойкость
berxwedana zengarbûnê

Aggregatzustand – l'état de la matière - Состояние вещества - Rewşa komkirinê

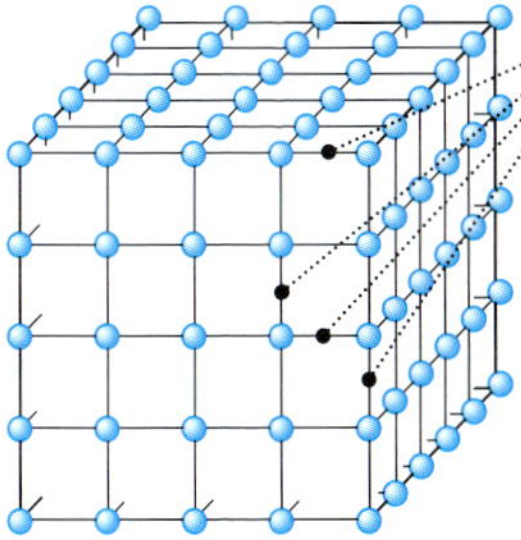

die **großen Bindungskräfte** *Pl*
les grandes forces de liaison
большие силы сцепления
hêzên girêdanê yên mezin

fest
solide
твердый
req

das **Molekülgitter**
la grille moléculaire
молекулярная решетка
tora molekulan

das **Metall**
le métal
металл
metal

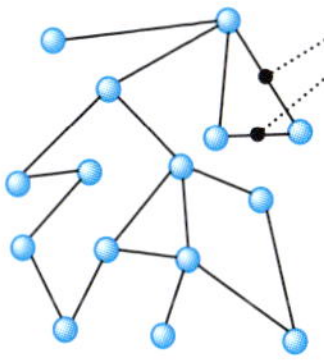

die **geringen Bindungskräfte** *Pl*
les forces de liaison faibles
небольшие силы сцепления
hêzên girêdanê yên hindik

flüssig
liquide
жидкий
şil

kein Molekülgitter
pas de grille moléculaire
без молекулярной решетки
tora molekulan tune

das **Wasser**
l'eau
вода
av

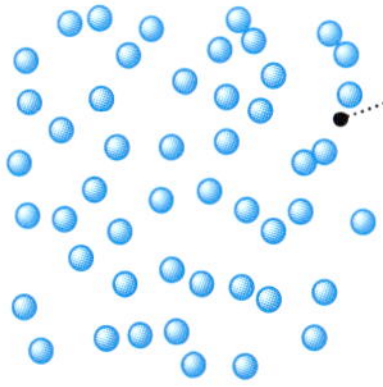

keine Bindungskräfte *Pl*
aucune force de liaison
без сил сцепления
hêzên girêdanê tune

gasförmig
gazeux
газообразное
gazî

freie Molekülbewegung
mouvement libre des molécules
свободное движение молекулы
tevgerên azad ên molekulan

der **Sauerstoff**
l'oxygène
кислород
oksîjen

Werkstoffbeanspruchung – Sollicitation des matériaux - Напряжение материала - Berxwedana madeyan

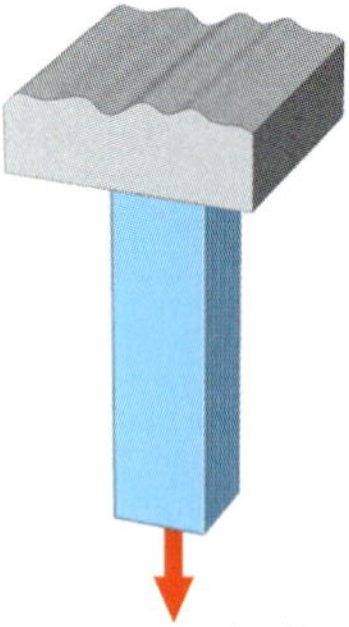

der **Zug**
la traction
растяжение
kişandin

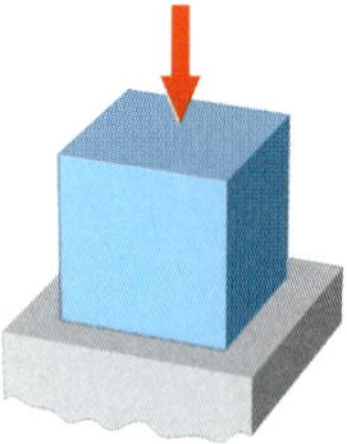

der **Druck**
la pression
давление
pest

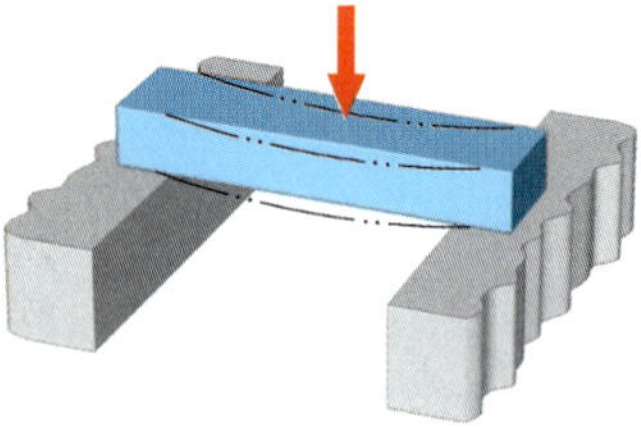

die **Biegung**
la courbure
изгиб
tewandin

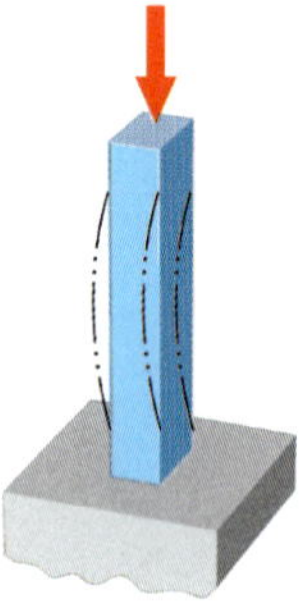

die **Knickung**
le flambage
перегиб
çemandin

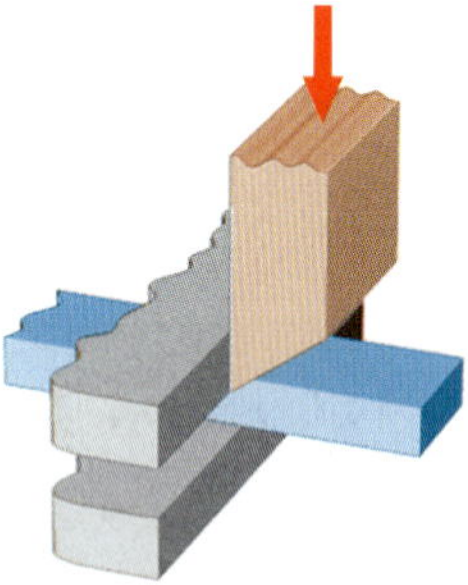

die **Abscherung**
le cisaillement
сдвиг
jêkirin

der **Schub**
la poussée
толчок
dehf

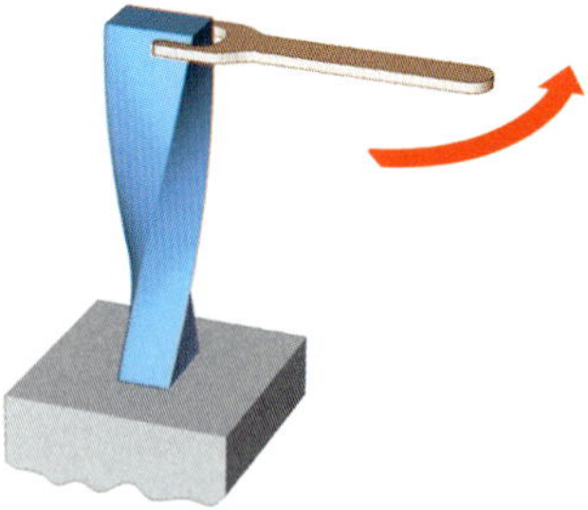

Torsion,
umg die **Verdrehung**
la torsion
скручивание
wergêrandin

3.1 METALLE - MÉTAUX - МЕТАЛЛЫ - METAL

3.1.1 Eisenwerkstoffe - Matériaux ferreux - Продукция чёрной металлургии - Madeyên hesinî

Unlegierte Stähle - Aciers non alliés - Нелегированные стали - Polayên bêpêkhate

der **allgemeine Baustahl**
l'acier de construction général
общая конструкционная сталь
polayê giştî yê avahiyê

die **Betonstahlmatte**
le treillis d'armature en acier
армирующая стальная сетка
tora pola ya xurtkirî

Beispiel Baustahl:
- weniger als 5 % Legierungselemente
- bis zu 2,06 % Kohlenstoffgehalt
- normalgeglüht

das **Herstellungsmerkmal** *meist Pl*
la caractéristique de fabrication
особенность изготовления
taybetmendiya çêkirinê

die **Nachbehandlung**
le traitement ultérieur
последующая обработка
dermankirina piştî avêtinê

der **Kohlenstoffgehalt**
la teneur en carbone
содержание углерода
asta karbonê

der **Legierungsbestandteil**
le composant d'alliage
легирующий компонент
beşê pêkhateyê

das **Zahnrad**
la roue dentée
шестерня
çerxa didanan

der **Einsatzstahl**
l'acier de cémentation
науглероженная сталь
polayê çespandinê

Legierte Stähle – Aciers alliés - Легированные стали - Polayên pêkhate

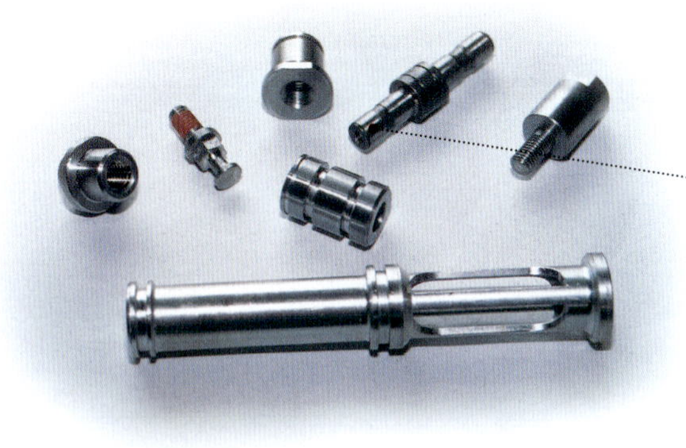

der **Automatenstahl**
l'acier de décolletage
легкообрабатываемая сталь
polayê otomatîkî

die **Welle**
l'arbre
вал
mil

die **Schraubenfeder**
le ressort hélicoïdal
винтовая пружина
federeya vîdayê

der **Federstahl**
l'acier à ressort
пружинная сталь
polayê federe

die **Kurbelwelle**
le vilebrequin
коленчатый вал
mila wergerê

der **Vergütungsstahl**
l'acier de traitement
термически улучшенная сталь
polayê başkirî

die **Nockenwelle**
l'arbre à cames
кулачковый вал
mila kamê

der **Nitrierstahl**
l'acier de nitruration
азотированная сталь
polayê nîtrasyonê

Nicht rostende Stähle – Aciers inoxydables - Нержавеющие стали - Polayên bêzeng

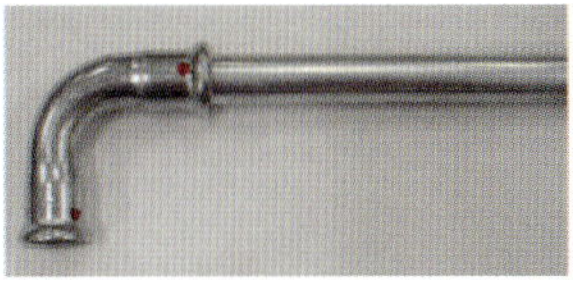

das **Trinkwasserrohr**
le tube d'eau potable
труба для питьевой воды
boriya ava vexwarinê

der **hochlegierte nichtrostende Stahl,** *umg* der **Nirosta**
l'acier inoxydable fortement allié
высоколегированная нержавеющая сталь
polayê pêkhate-bilind yê bêzeng

Edelstähle – Aciers inox - Специальные стали - Polayên hêja

der **Hammerkopf**
la tête de marteau
головка молотка
serê çekûşê

der **unlegierte Werkzeugstahl,** *umg* der **Kaltarbeitsstahl**
l'acier à outils non allié
нелегированная инструментальная сталь
polayê amûrî yê bêpêkhate

der **Gewindebohrer**
le taraudage
метчик
birêrê vîdayan

der **niedriglegierte Werkzeugstahl,** *umg* der **Warmarbeitsstahl**
l'acier à outils faiblement allié
низколегированная инструментальная сталь
polayê amûrî yê pêkhate-nizm

der **Fräser**
la fraiseuse
фреза
amûra frezê

der **hochlegierte Werkzeugstahl,** *umg* der **Schnellarbeitsstahl**
l'acier à outils fortement allié
высоколегированная инструментальная сталь
polayê amûrî yê pêkhate-bilind

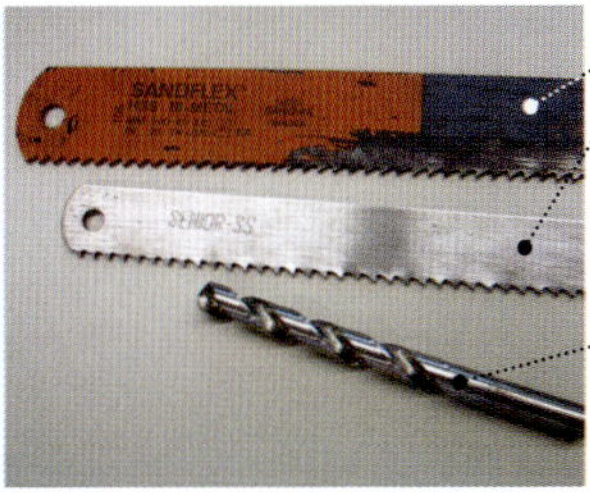
SANDFLEX

das **Metallsägeblatt**
la lame de scie à métaux
ножовочное полотно
pelika miştara metalê

der **Metallbohrer**
le forêt à métaux
металлическое сверло
burşiya metalê

der **Schnellarbeitsstahl,** *umg* der **HSS**
l'acier rapide
быстрорежущая сталь
polayê karê-lezgîn

Stahlguss – Acier moulé - Стальная отливка - Rijandina polayî

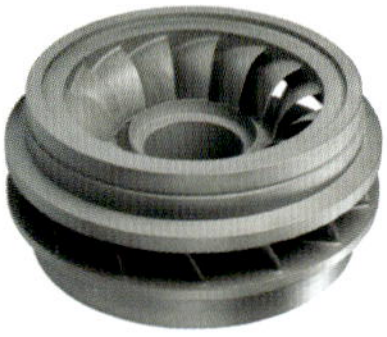

das **Turbinenrad**
la roue de turbine
турбинное колесо
çerxa turbînan

die **Antriebsnabe**
le moyeu d'entraînement
ступица привода
nava ajokerê

der **Mahlkegel**
le cône de broyage
конус конической мельницы
hevîra hêrandî

der **Stahlguss**
l'acier moulé
стальная отливка
rijandina polayî

Gusseisenwerkstoffe – Matériaux en fonte - Чугун - Madeyên hesinê rijandî

das **Gewindepassstück,** *umg* das **Fitting**
l'adaptateur fileté
резьбовая посадочная деталь
parçeya lihevhatî ya vîdeyî

der **Temperguss**
la fonte malléable
ковкий чугун
rijandina dermankirî

das **Pumpengehäuse**
le boîtier de pompe
корпус насоса
qaba pompayê

das **Gussrohr**
le tube en fonte
чугунная труба
boriya rijandî

das **Gusseisen mit Lamellengrafit,** *umg* der **Grauguss**
la fonte avec graphite lamellaire
чугун с пластинчатым графитом
hesinê rijandî bi grafîta lamelî

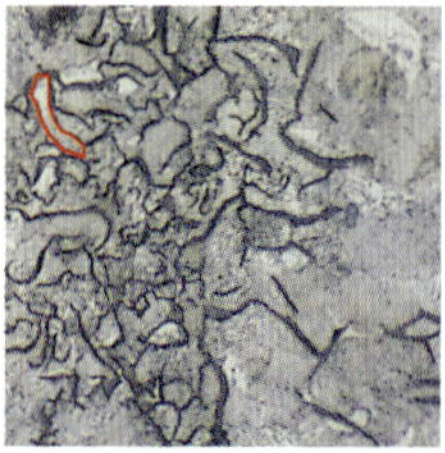

der **Lamellengrafit**
la graphite lamellaire
пластинчатый графит
grafîta lamelî

das **Gusseisen mit Kugelgrafit,**
umg der **Kugelgrafitguss**
la fonte avec graphite sphéroïdal
чугун с шаровидным графитом
hesinê rijandî bi grafîta xelekî

die **Ölpumpe**
la pompe à huile
масляный насос
pompaya rûnê

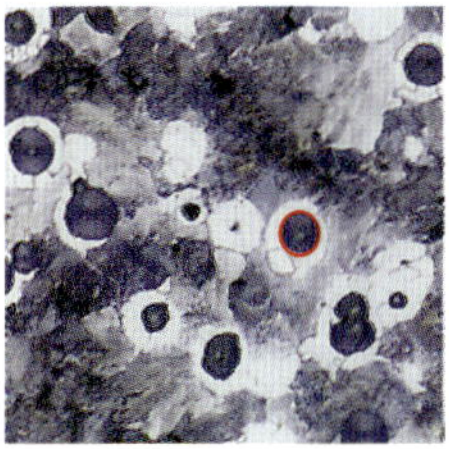

der **Kugelgrafit**
le graphite sphéroïdal
шаровидный графит
grafîta xelekî

3.1.2 Nichteisenmetalle – Métaux non ferreux - Цветные металлы - Metalên nahesinî

Leichtmetalle – Métaux légers - Легкие металлы - Metalên sivik

das **Aluminium**
l'aluminium
алюминий
alûmînyûm

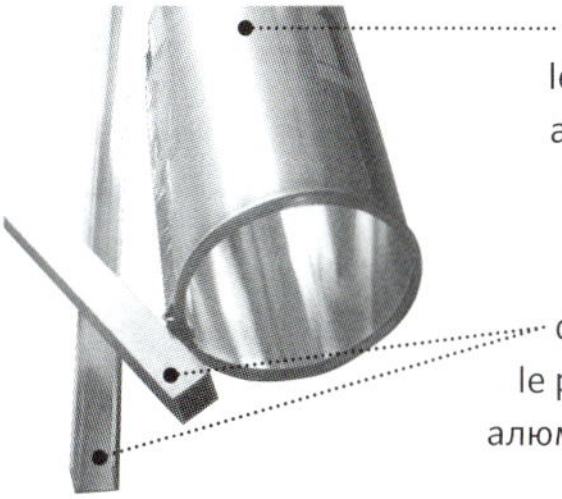

das **Aluminiumrohr**
le tube en aluminium
алюминиевая труба
boriya alûmînyûmê

das **Aluminiumprofil**
le profilé en aluminium
алюминиевый профиль
profîla alûmînyûmê

die **Aluminiumknetlegierung**
l'alliage d'aluminium corroyé
алюминиевый деформируемый сплав
pêkhateya alûmînyûmê ya lêxistinê

der **Kraftfahrzeugmotorblock**
le bloc moteur de véhicule automobile
блок цилиндров двигателя автомобиля
bloka motora otomobîlê

die **Aluminium-Silizium-Gusslegierung**
l'alliage de fonderie aluminium-silicium
алюминиево-кремниевый литейный сплав
pêkhateya alûmînyûm-silîsyûm ya rijandî

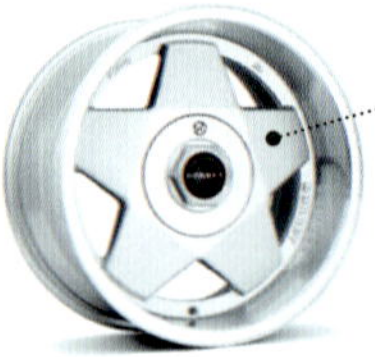

die **Kraftfahrzeugfelge**
la jante de véhicule à moteur
колесный диск автомобиля
qelûna otomobîlê

die **Aluminium-Magnesium-Gusslegierung**
l'alliage de fonderie aluminium-magnésium
алюминиево-магниевый литейный сплав
pêkhateya alûmînyûm-manyezyûm ya rijandî

die **Aluminiumbeschichtung**
le revêtement en aluminium
алюминиевое покрытие
rûnişta alûmînyûmê

das **Aluminiumoxid**
l'oxyde d'aluminium
оксид алюминия
oksîda alûmînyûmê

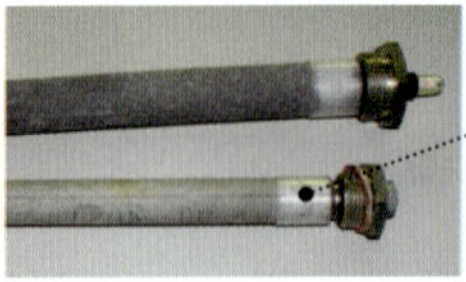

die **Opferanode im Warmwasserspeicher**
l'anode sacrificielle dans le réservoir d'eau chaude
жертвенный анод в емкостном водонагревателе
anoda qurbanî di depoya ava germ de

das **Magnesium**
le magnésium
магний
manyezyûm

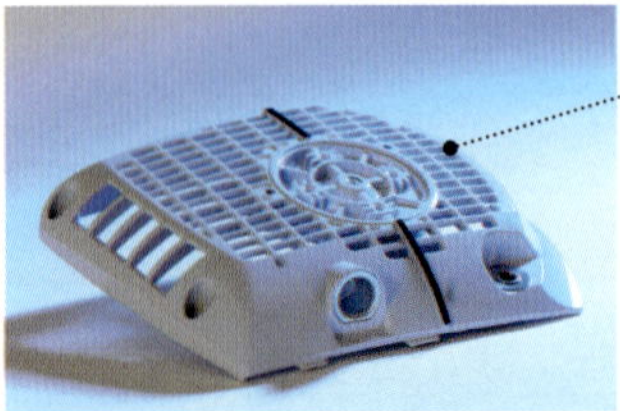

das **Gehäuse**
le boîtier
корпус
qab

die **Magnesiumgusslegierung**
l'alliage de magnésium coulé
магниевый литейный сплав
pêkhateya rijandî ya manyezyûmê

der **HSS-Stahlbohrer**
le forêt en acier HSS
сверло из высококачественной быстрорежущей стали
burşiya polayî ya HSS

die **Titanbeschichtung**
le revêtement en titane
титановое покрытие
rûnişta tîtanê

das **Titan**
le titane
титан
tîtan

das **Flugzeugteil**
la pièce d'avion
деталь самолета
parçeya balafirê

die **Titanlegierung**
l'alliage de titane
титановый сплав
pêkhateya tîtanê

das **Regenfallrohr**
le tube de descente d'eau pluviale
водосточная труба
boriya baranê

das **Titanzink**
le zinc-titane
титаново-цинковый сплав
zinka tîtanê

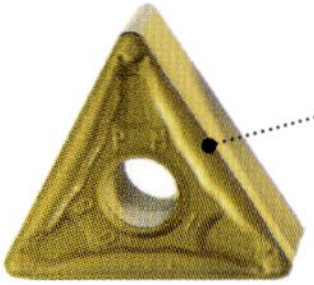

die **Titanbeschichtung**
le revêtement en titane
титановое покрытие
rûnişta tîtanê

das **Titannitrid**
le nitrure de titane
нитрид титана
nîtrîda tîtanê

Schwermetalle – Métaux lourds - Тяжелые металлы - Metalên giran

der **Zinnüberzug**
le revêtement d'étain
оловянное покрытие
qata qeleyê

das **Weißblech**
le fer blanc
белая жесть
hesinên spî

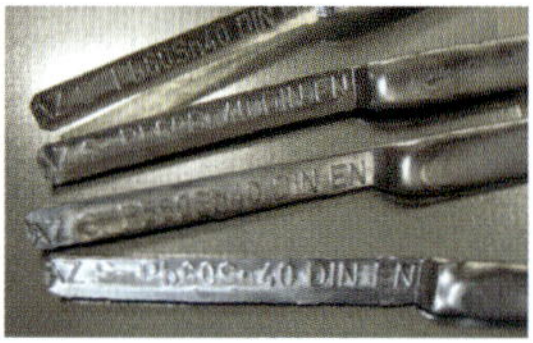

das **Zinn**
l'étain
олово
qeley

innen verzinnt
étamé à l'intérieur
облуженный внутри
hundirê qeleykirî

das **Kupferrohr**
le tube en cuivre
медная труба
boriya misî

das **Zinnlot**
la soudure d'étain
оловянный припой
lehîma qeleyê

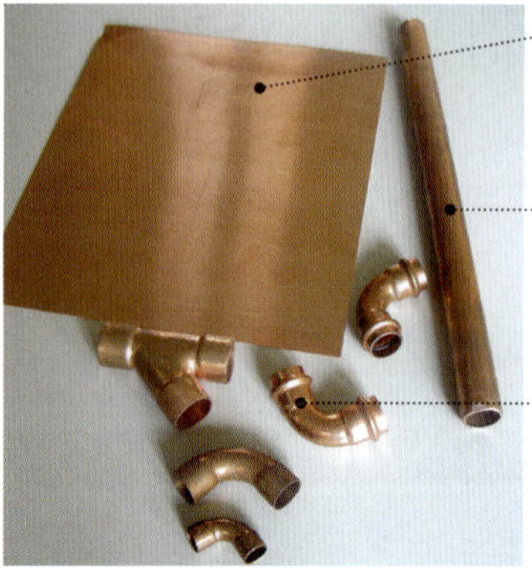

das **Kupferblech**
la tôle de cuivre
листовая медь
pelên hesinî yên misî

das **Kupferrohr**
le tube de cuivre
медная труба
boriya misî

das **Kupferpassstück,**
umg **das Kupferfitting**
l'adaptateur en cuivre
медная пригоночная
деталь
parçeya lihevhatî ya misî

das **Kupfer**
le cuivre
медь
mis

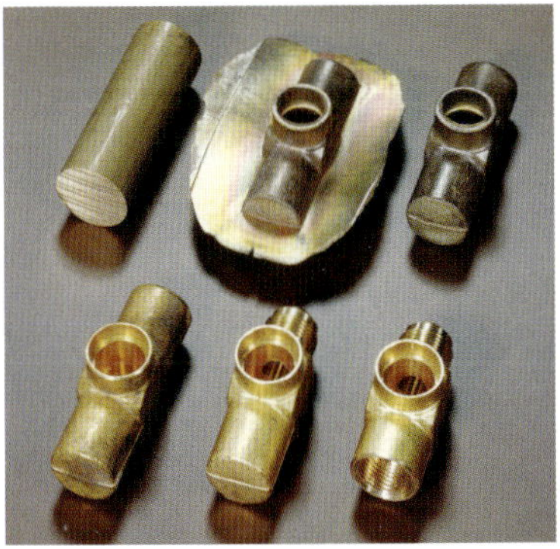

das **Armaturengehäuse**
le boîtier de robinetterie
корпус арматуры
qaba fîksturan

die **Kupfer-Knetlegierung**
l'alliage de cuivre corroyé
медный деформируемый сплав
pêkhateya lêxistinê ya misî

die **Kupfer-Gusslegierung**
l'alliage de cuivre coulé
медный литейный сплав
pêkhateya rijandî ya misî

die **Kupfer-Zinnlegierung**, *umg* die **Bronze**
l'alliage cuivre-étain
медно-оловянный сплав
pêkhateya mis-qeley

das **Schrägsitzventil**
la vanne à siège incliné
вентиль с наклонным шпинделем
vavê rûnişteya xilekî

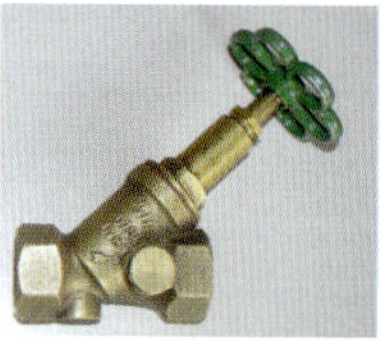

die **Kupfer-Zinklegierung,** *umg* das **Messing**
l'alliage cuivre-zinc
медно-цинковый сплав
pêkhateya mis-zink

die **Kupfer-Zinn-Zink-Legierung,** *umg* der **Rotguss**
l'alliage cuivre-étain-zinc
медно-оловянно-цинковый сплав
pêkhateya mis-qeley-zink

die **Gleitlagerbuchse**
le coussinet de palier lisse
втулка подшипника скольжения
pêjgeha rulmanên şimitandinê

das **Zinkbad**
le bain de zinc
цинковая ванна
banyoya zinkê

das **Zink**
le zinc
цинк
zink

der **verzinkte Stahl**
l'acier galvanisé
оцинкованная сталь
polayê zinkkirî

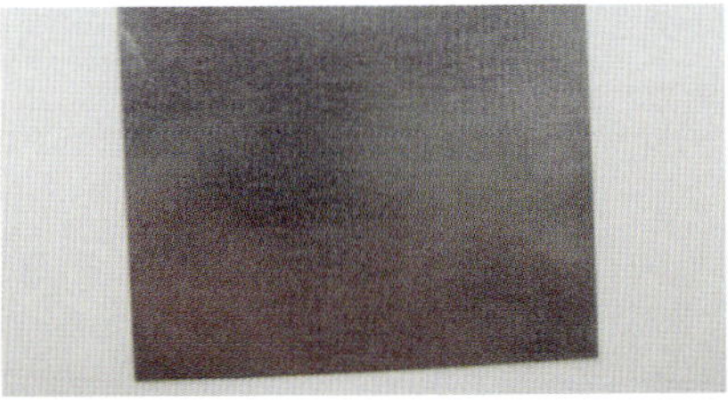

das **Titanzinkblech**
la tôle zink-titane
лист из титаново-цинкового сплава
pelên hesinî yên zinka tîtanê

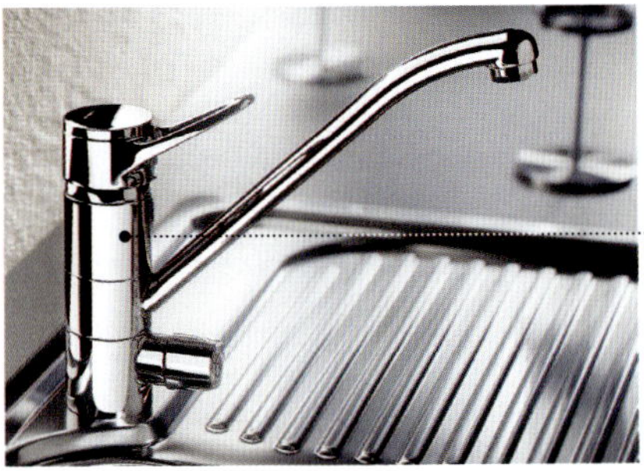

das **Chrom**
le chrome
хром
krom

die **Auslaufarmatur**
la robinetterie de sortie
выпускная арматура
fîkstura derketinê

die **Bleilegierung**
l'alliage de plomb
свинцовый сплав
pêkhateya qurquşûmê

der **Transportbehälter**
le conteneur de transport
контейнер для транспортировки
derzê guhaztinê

das **Blei**
le plomb
свинец
qurquşûm

3.2 NICHTMETALLE - NON-MÉTAUX - НЕМЕТАЛЛЫ - NAMETAL

3.2.1 Kunststoffe - Plastiques - Полимерные материалы - Plastîk

Thermoplaste - Thermoplastiques - Термопластики - Termoplastîk

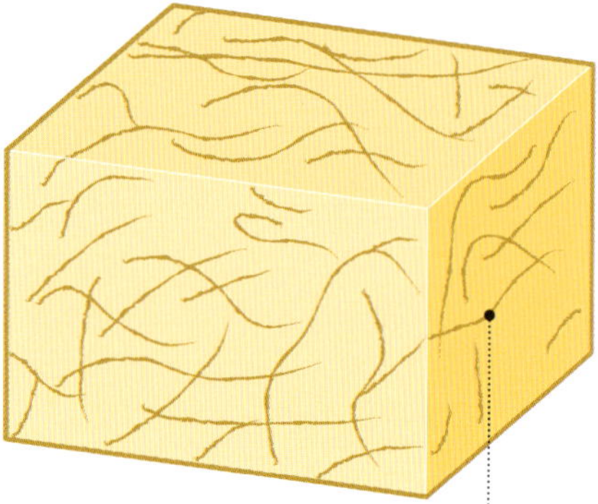

der **unvernetzte Molekülfaden**
le filament moléculaire non réticulé
молекулярная нить без сетчатой структуры
rêzeya molekulî ya bêtor

das **Thermoplast**
le thermoplastique
термопласт
termoplastîk

warm umformbar
déformable à chaud
горячей формовки
şiklê guherîna bi germiyê re

schweißbar
soudable
под сварку
tevşoyînbar

das **weichmacherfreie Polyvinylchlorid,**
umg das **PVC-U**
le chlorure de polyvinyle non plastifié
твердый поливинилхлорид
polivînîl klorîda bê nermker

das **PVC-U-Rohr**
le tube en U en PVC
труба из непластифицированного пвх
boriya PVC-U

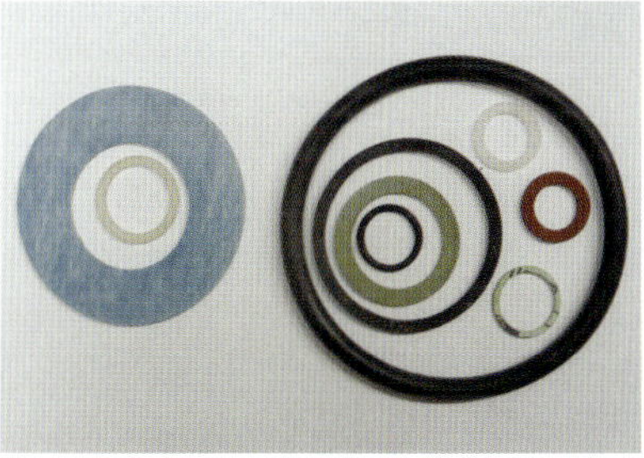

das **weichmacherhaltige Polyvinylchlorid,**
umg das **PVC-P**
le chlorure de polyvinyle plastifié
пластифицированный поливинилхлорид
polivînîl klorîda bi nermker

die **Dichtung**
le joint d'étanchéité
уплотнение
tamponkirin

das **nachchlorierte Polyvinylchlorid,**
umg das **PVC-C**
le chlorure de polyvinyle surchloré
перхлорвинил
polivînîl klorîda bi klorkirina piştî

das **PVC-C-Rohr**
le tube en C en PVC
труба из хлорированного пвх
boriya PVC-C

das **Polyethylen niederer Dichte,**
umg das **PE-LD**
le polyéthylène basse densité
полиэтилен низкой плотности
polietîlena çiriya nizm

das **PE-LD-Schutzband für Gasleitungen**
le ruban de protection PE-LD pour conduites de gaz
защитная лента из полиэтилена низкой плотности для газопроводов
pîvaza parastinê ya PE-LD ji bo boriyên gazê

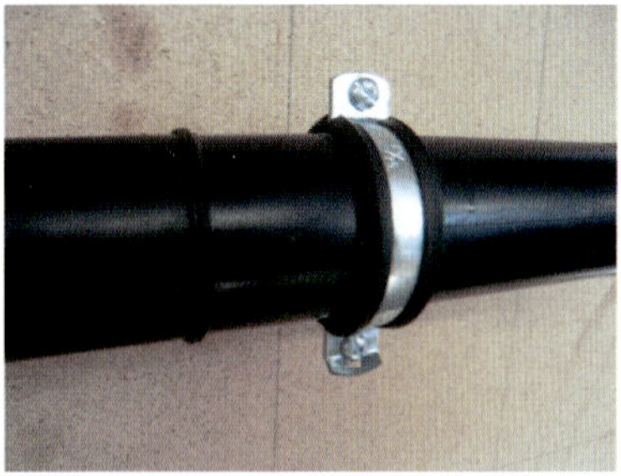

das **Polyethylen hoher Dichte,**
umg das **PE-HD**
le polyéthylène haute densité
полиэтилен высокой плотности
polietîlena çiriya bilind

das **PE-HD-Abflussrohr**
le tuyau d'évacuation en PE-HD
сточная труба из полиэтилена высокой плотности низкого давления
boriya avderê ya PE-HD

das **ultrahochmolekulare Polyethylen,**
umg das **PE-UHMW**
le polyéthylène à poids moléculaire ultra-élevé
сверхвысокомолекулярный полиэтилен
polietîlena molekula herî bilind

das **Laufrad einer Umwälzpumpe**
la roue d'une pompe de circulation
рабочее колесо циркуляционного насоса
çerxa pompaya gerînê

das **vernetzte Polyethylen,**
umg das **PE-X**
le polyéthylène réticulé
сшитый полиэтилен
polietîlena torkirî

das **Schutzrohr**
le tube de protection
защитная труба
boriya parastinê

das **PE-Xa-Fußbodenheizungsrohr**
le tube de chauffage par le sol PE-Xa
труба панельного отопления в полу из сшитого полиэтилена
boriya germkirina erdê ya PE-Xa

das **Polypropylen,**
umg das **PP**
le polypropylène
полипропилен
polipropîlen

das **PP-Abwasserrohr**
le tuyau d'évacuation en PP
канализационная труба из полипропилена
boriya avderê ya PP

das **Schutzrohr**
le tube de protection
защитная труба
boriya parastinê

das **Polybuten,**
umg das **PB**
le polybutène
полибутен
polibûten

das **PB-Heizungsrohr**
le tube de chauffage en PB
отопительная труба из полибутена
boriya germkirinê ya PB

das **Acrylnitril-Butadien-Styrol,**
umg das **ABS**
l'acrylonitrile-butadiène-styrène
акрилнитрилбутадиенстирол
akrilonitrîl-bûtadien-stîrol

das **ABS-Abwasserrohr**
le tube d'évacuation en ABS
канализационная труба из акрилнитрилбутадиенстирола
boriya avderê ya ABS

das **Polymethylmethacrylat,**
umg das **PMMA**
le polyméthacrylate de méthyle
полиметилметакрилат
polimetîlmetakrîlat

die **Acryl-Badewanne**
la baignoire en acrylique
акриловая ванна
banyoya akrîlîk

Duroplaste – Résines thermodurcissables - Реактопласты - Dûroplastîk

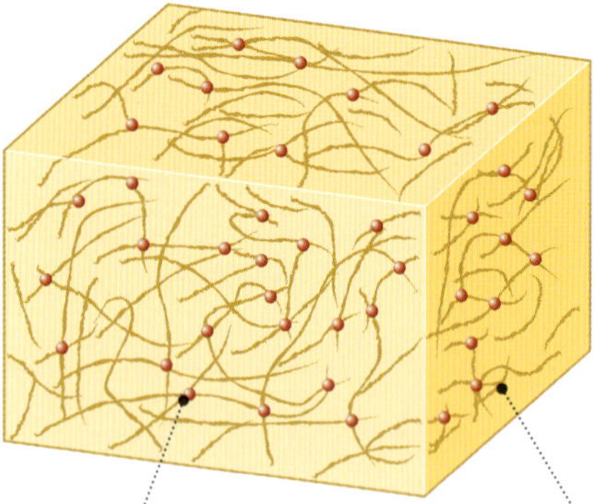

der **Duroplast,**
umg der **Duromer**
le plastique thermodurcissable
дюропласт
dûroplastîk

nicht umformbar
non déformable
неформующийся
şiklê naguherbar

nicht schweißbar
non soudable
несвариваемый
ne tevşoyînbar

die **Vernetzungsstelle**
le centre de mise en réseau
узел сшивки
cihê torkirinê

der **vernetzte Molekülfaden**
le filament moléculaire réticulé
молекулярная нить с сетчатой структурой
rêzeya molekulî ya torkirî

das **Phenol-Formaldehydharz,**
umg das **PF/ Bakelit**
la résine phénol-formaldéhyde
феноло-формальдегидная смола
rejîna fenol-formaldehîd

die **Leiterplatte** *(Mikroelektronik)*
le circuit imprimé
печатная плата
texteya têkiliyê

das **Harnstoff-Formaldehydharz,**
umg das **UF**
la résine urée-formaldéhyde
карбамидо-формальдегидная смола
rejîna ûre-formaldehîd

der **Toilettensitz**
le siège de toilette
сиденье унитаза
rûniştека tuwaletê

das **Melamin-Formaldehydharz,**
umg das **MF**
la résine mélamine-formaldéhyde
меламино-формальдегидная смола
rejîna melamîn-formaldehîd

die **Steckdose**
la prise de courant
штепсельная розетка
prizê elektrîkê

das **Polyurethan,**
umg das **PUR**
le polyuréthane
полиуретан
poliûretan

der **PUR-Wärmedämmstoff**
l'isolant thermique PUR
пенополиуретановый термоизоляционный материал
madeyê germîasitenînê ya PUR

Elaste – Élastomères - Эластомеры - Elast

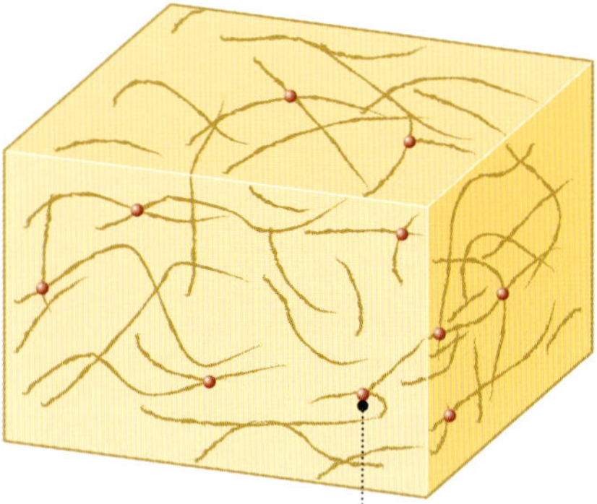

der **teilvernetzte Molekülfaden**
le filament moléculaire partiellement réticulé
нить молекулы с частичной сетчатой структурой
rêzeya molekulî ya torhevkirî

der **Elast,**
umg der **Elastomer**
l'élastomère
эластомер
elast

gummielastisch
élastique en caoutchouc
резино-эластический
elastîkiya lastîkî

nicht warm umformbar
non thermoformable
не поддается горячей формовке
şiklê naguherbar bi germiyê

nicht schweißbar
non soudable
не поддается привариванию
ne tevşoyînbar

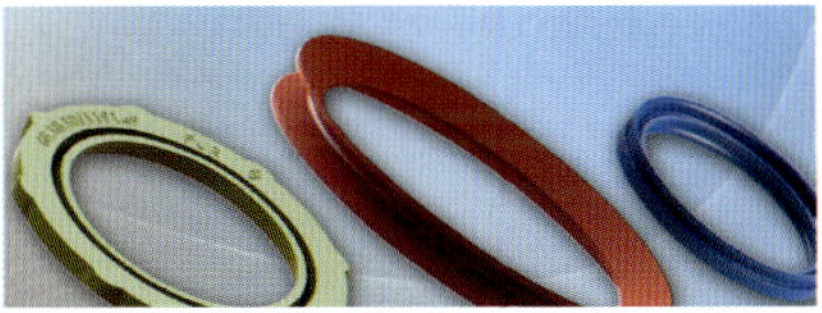

der **Elastomer-Dichtring**
la bague d'étanchéité en élastomère
эластомерное прокладочное кольцо
xeleka şidandinê ya elastomer

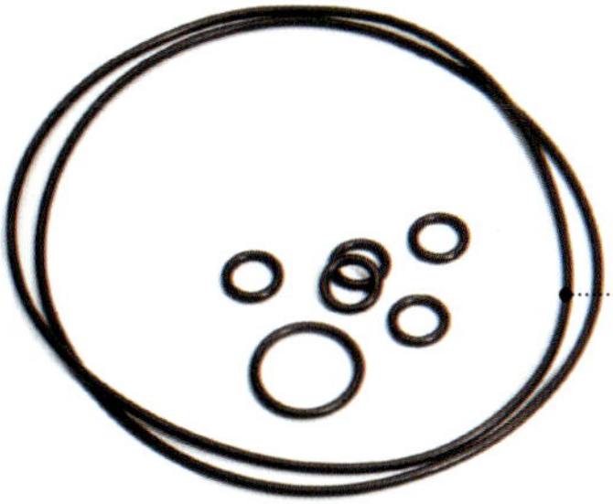

der **Acrylnitril-Butadien-Kautschuk,** *umg* der **NBR**
le caoutchouc acrylonitrile-butadiène
акрилнитрилбутадиеновый каучук
lastîka akrilonitrîl-bûtadien

der **NBR-O-Dichtring**
le joint torique en NBR
прокладочное кольцо из нитрильного каучука
xeleka şidandinê ya NBR-O

Gas

der **hydrierte Acrylnitril-Butadien-Kautschuk,** *umg* der **HNBR**
le caoutchouc acrylonitrile-butadiène hydrogéné
гидрированный бутадиенакрилонитрильный каучук
lastîka akrilonitrîl-bûtadien a hîdrojenkirî

der **HNBR-O-Dichtring**
le joint torique en HNBR
прокладочное кольцо из гидрогенизированного нитрилбутадиенового каучука
xeleka şidandinê ya HNBR-O

das **Pressfitting für Gasleitungen**
le raccord à sertir pour conduite de gaz
пресс-фитинг для газопроводов
fîtînga pêçandinê ji bo boriyên gazê

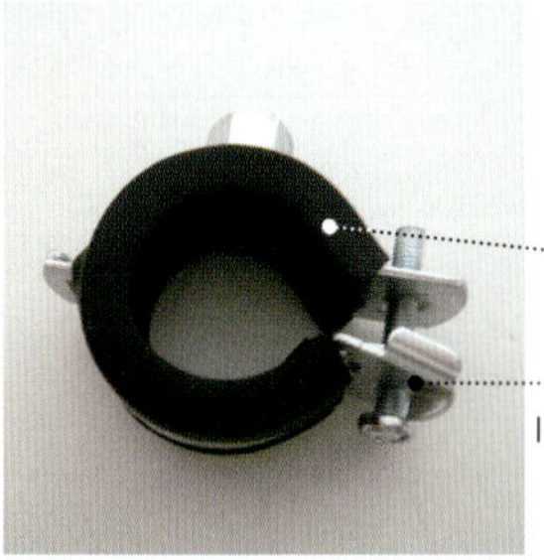

der **Ethylen-Propylen-Dien-Kautschuk,** *umg* der **EPDM**
le caoutchouc éthylène-propylène-diène
этилен-пропилен-диен-каучук
lastîka etîlen-propîlen-dîen

die **Rohrschelle**
le collier de serrage
трубный хомут
kelepçeya boriyê

die **EPDM-Schalldämmeinlage**
l'insert d'insonorisation en EPDM
звукоизолирующий слой из этилен-пропиленового диенового каучука
navgîniya dengkêmkirî ya EPDM

3.2.2 Keramische Werkstoffe – Matériaux céramiques - Керамические материалы - Madeyên keramîkî

das **Keramikbidet**
le bidet en céramique
керамическое биде
bîdeya keramîkî

die **Sanitärkeramik**
la céramique sanitaire
сантехническая керамика
keramîka tenduristiyê

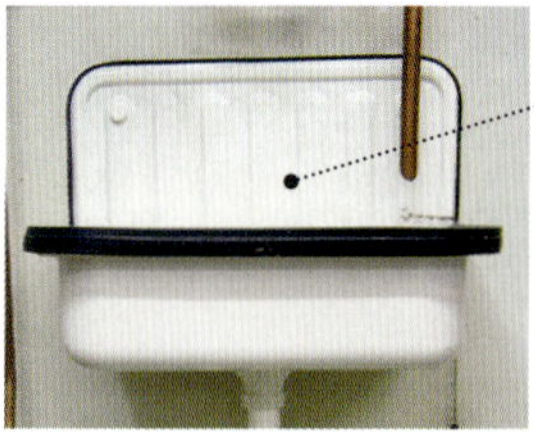

das **Ausgussbecken**
l'évier
раковина
bêjinga avê

das **Email**
l'émail
эмаль
emaye

die **Abwassermuffe** *(Schnitt)*
le manchon d'évacuation
муфта канализационной трубы
kumika avderê

das **glasierte Steinzeug,** *umg* das **STZ**
le grès émaillé
покрытое глазурью каменно-керамическое изделие
caxê glazûrkirî

3.2.3 Holz – Bois - Древесина - Dar

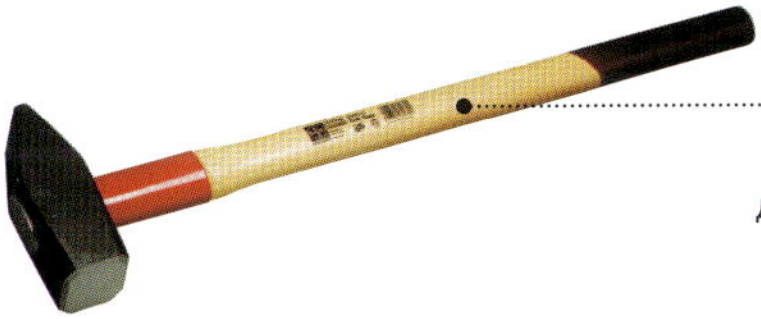

der **Holzstiel**
le manche en bois
деревянная ручка
destikê darî

das **Holz**
le bois
древесина
dar

3.2.4 Glas – Verre - Стекло - Cam

das **Fensterglas**
le verre à vitre
оконное стекло
camê paceyê

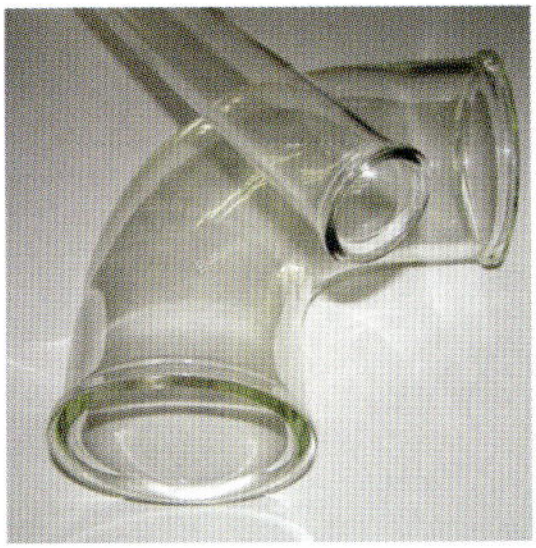

das **Borosilikatglas**
le verre en borosilicate
боросиликатное стекло
cama borosîlîkatê

das **Kristallglas**
le verre en cristal
хрусталь
cama kristalê

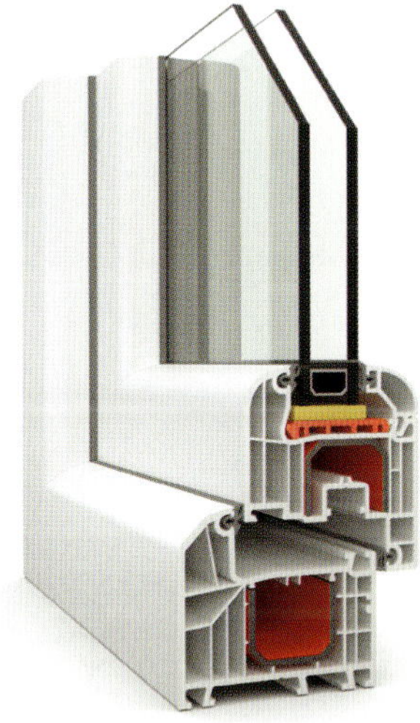

das **Verbundglas**
le verre feuilleté
многослойное безопасное стекло
cama pêkhatî

3.3 VERBUNDWERKSTOFFE - MATÉRIAUX COMPOSITES - КОМПОЗИЦИОННЫЕ МАТЕРИАЛЫ - MADEYÊN PÊKHATÎ

3.3.1 Faserverbundwerkstoffe - Matériaux composites renforcés de fibres - Волокнистый композиционный материал - Madeyên pêkhatî yên rîşalî

der **glasfaserverstärkte Kunststoff,**
umg das **GFK**
le plastique renforcé de fibres de verre
стеклопластик
plastîka xurtkirî bi rîşalên camê

der **Öllagerbehälter,**
umg der **Öltank**
le réservoir de stockage d'huile
складская ёмкость для хранения масла
depoya depokirina rûnê

der **metallverstärkte Kunststoff**
le plastique renforcé de métal
армированная металлом пластмасса
plastîka xurtkirî bi metalê

der **Druckluftschlauch**
le tuyau d'air comprimé
пневматический шланг
şilanga hewayê pêçandî

3.3.2 Sinterverbundwerkstoffe – Matériaux composites frittés - Композиты из спеченных сплавов - Madeyên pêkhatî yên sinterbûyî

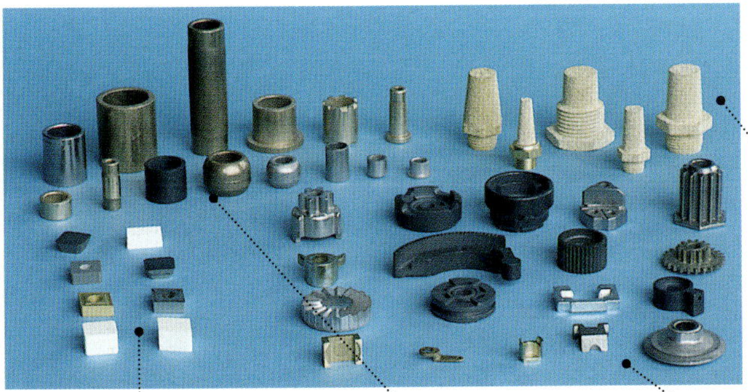

das **Sinterteil**
la pièce frittée
спеченная деталь
parçeya sinterbûyî

der **Schneidstoff**
le matériau de coupe
инструментальный материал
madeyê birînê

das **Gleitlager**
le palier lisse
подшипник скольжения
rulmana şimitandinê

das **Formteil**
la pièce moulée
фасонная деталь
parçeya şikilkirî

das **Filter**
le filtre
фильтр
parzûn

die **gesinterte Hartmetallschneide**
la lame en métal dur fritté
спеченная твердосплавная пластинка
devê birîna hesinê req ya sinterbûyî

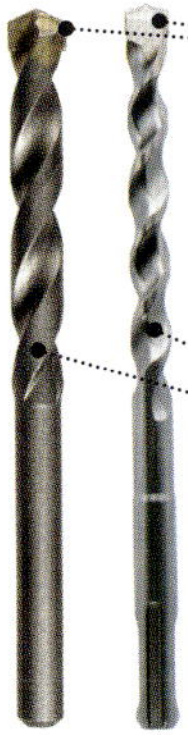

das **aufgelötete Hartmetallschneidplättchen**
la plaquette de coupe en métal dur brasée
напаиваемые твердосплавные пластинки
parçika birîna hesinê req ya bi lehîmê ve hatî

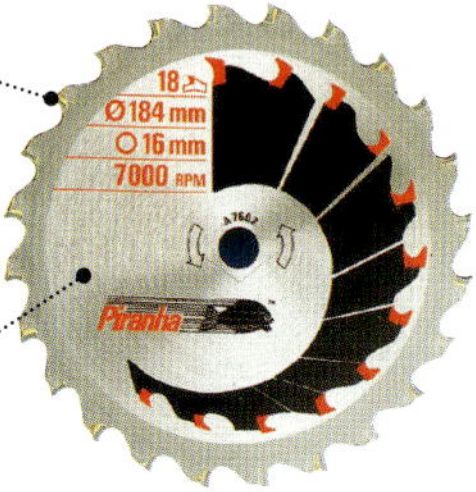
18
Ø184 mm
16 mm
7000 RPM
Piranha

der **elastische Trägerwerkstoff**
le matériau de support élastique
эластичный материал подложки
madeyê hilgirê elastîk

die **Hartmetall-Wendeschneidplatte**
la plaquette de coupe en métal dur
твердосплавная неперетачиваемая пластинка
parçika birîna zivirandî ya hesinê req

die **Keramikschneidplatte**
la plaquette de coupe en céramique
минераллокерамическая режущая пластинка
parçika birîna keramîkê

3.3.3 Schichtverbundwerkstoffe – Matériaux composites stratifiés - Композиты с многослойной структурой - Madeyên pêkhatî yên qatbiqat

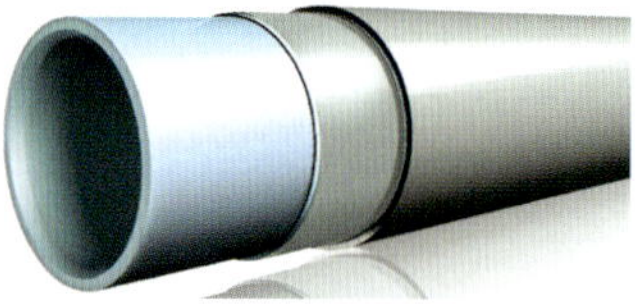

das **Metallverbundrohr**
le tube composite en métal
металлопластиковая труба
boriya pêkhata metalê

3.3.4 Durchdringungsverbundwerkstoffe – Matériaux composites de pénétration - Композиты из тугоплавкой пористой матрицы - Madeyên pêkhatî yên pêkveniguhaztî

das **Sinterbronze-Gleitlager**
le palier lisse en bronze fritté
скользящая опора из спеченной бронзы
rulmana şimitandinê ya sinter-birincê

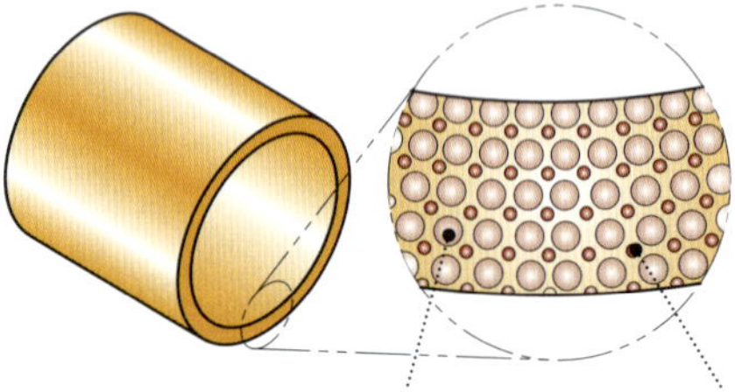

das **Sintermetall**
le métal fritté
металлокерамика
metala sinterbûyî

das **Schmiermittel**
le lubrifiant
смазка
madeyê rûnkirinê

3.4 HILFSSTOFFE – EXCIPIENTS - ВСПОМОГАТЕЛЬНЫЕ МАТЕРИАЛЫ - MADEYÊN ALÎKAR

3.4.1 Kühl- und Schmierstoffe – Réfrigérants et lubrifiants - Охлаждающие и смазочные вещества - Madeyên hênikker û rûnker

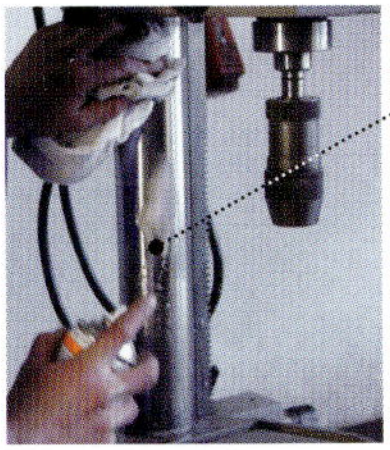

das **Ölspray**
le spray d'huile
смазочный спрей
spireya rûnê

das **Schmieröl**
la huile lubrifiante
смазочное масло
rûnê rûnkirinê

T.R.S
Plus

das **Sprühfett**
la graisse en spray
разбрызгиваемая смазка
bêjayê spire

das **Schmierfett**
la graisse lubrifiante
консистентная смазка
bêjayê rûnkirinê

3.4.2 Klebstoffe – Adhésifs - Клеящие вещества - Madeyên zeliqandinê

LOCTITE
243
Henkel

der **Kleber**, *umg* der **Klebstoff**
la colle
клей
madeyê zeliqandinê

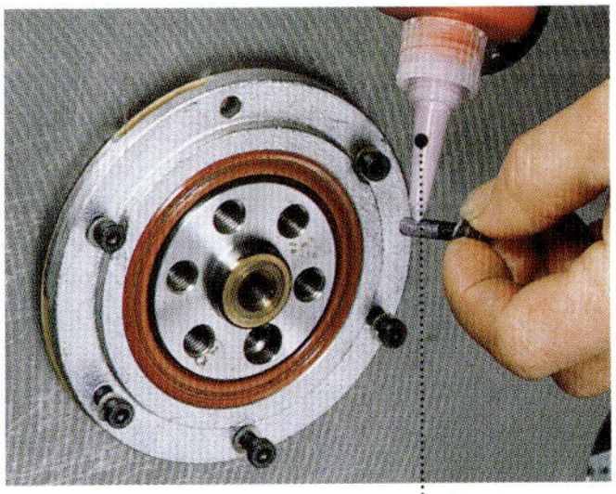

der **Schraubensicherungskleber**
colle de sécurité pour vis
клей для фиксации резьбы
madeyê zeliqandinê ya ewlekariya vîdayan

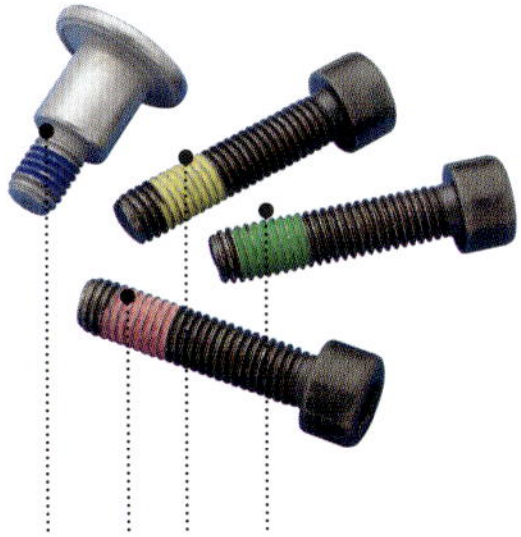

mit mikroverkapseltem Kleber
avec colle microencapsulée
с микрокапсулированным клеем
bi madeyê zeliqandinê yê mîkropsûlkirî

3.5 HALBZEUGE – PRODUITS SEMI-FINIS – ПОЛУФАБРИКАТЫ – NÎVPARÇE

3.5.1 Profile – Profilés – Профили – Profîl

Stahlprofile – Kształtowniki stalowe – Сталеві профілі – Çelik profiller

das **I-Profil,**
umg der **schmale I-Träger**
le profilé en I
профиль I
profîla-I

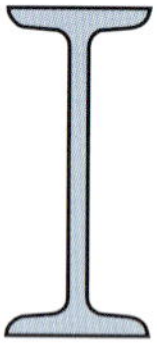

das **Profil**
le profilé
профиль
profîl

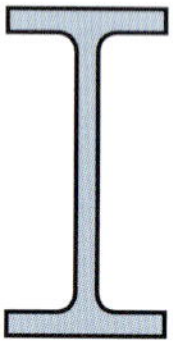

das **IPE-Profil,**
umg der **mittelbreite I-Träger**
le profilé en IPE
профиль IPE
profîla-IPE

das **IPB-Profil,**
umg der **breite I-Träger**
le profilé en IPB
профиль IPB
profîla-IPB

das **L-Profil,**
umg der **Winkelstahl**
le profilé en L
уголковый профиль
profîla-L

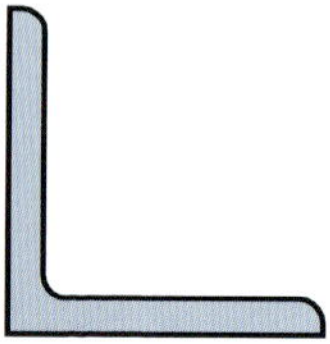

das **gleichschenkelige rundkantige L-Profil**
le profilé en L isocèle à bords ronds
ровнобокий уголковый профиль со скругленными кромками
profîla-L ya lingwekehevî rexzirover

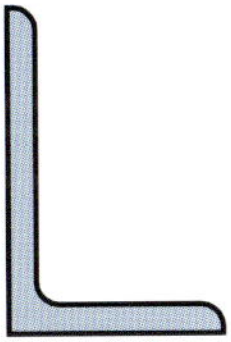

das **ungleichschenkelige rundkantige L-Profil**
le profilé en L à cotés inégaux et à bords ronds
неровнобокий уголковый профиль со скругленными кромками
profîla-L ya lingnewekhevî rexzirover

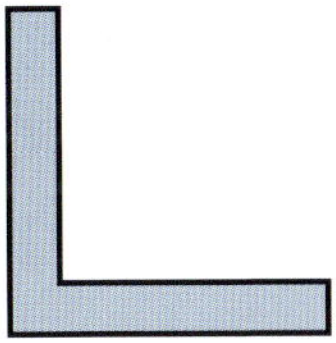

das **gleichschenkelige scharfkantige L-Profil**
le profilé en L isocèle à arêtes vives
ровнобокий уголковый профиль с острыми кромками
profîla-L ya lingwekehevî rextûj

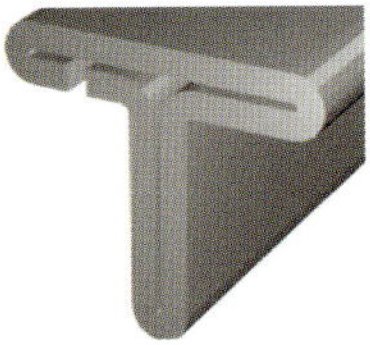

das **T-Profil**
le profilé en T
тавровый профиль
profîla-T

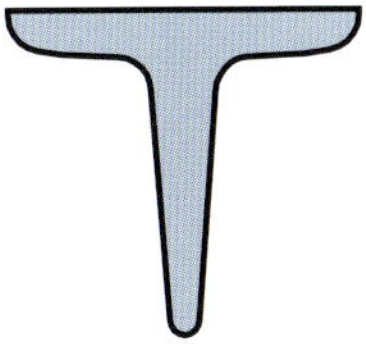

das **gleichschenkelige rundkantige T-Profil**
le profilé en T isocèle à bords ronds
ровнобокий тавровый профиль со скругленными кромками
profîla-T ya lingwekehevî rexzirover

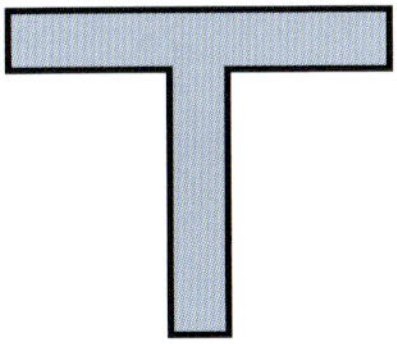

das **gleichschenkelige scharfkantige T-Profil**
le profilé en T isocèle à arêtes vives
ровнобокий тавровый профиль с острыми кромками
profîla-T ya lingwekehevî rextûj

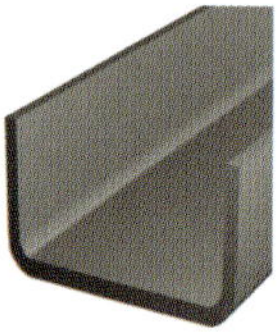

das **U-Profil**
le profilé en U
швеллер
profîla-U

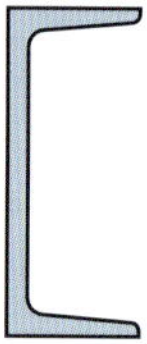

das **rundkantige U-Profil**
le profilé en U à bords ronds
швеллер со скругленными кромками
profîla-U ya rexzirover

das **Z-Profil**
le profilé en Z
z-образный профиль
profîla-Z

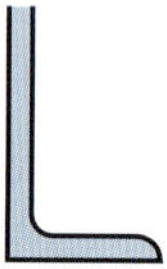

das **rundkantige Z-Profil**
le profilé en Z à bords ronds
z-образный профиль со скругленными кромками
profîla-Z ya rexzirover

das **Hohlprofil**
le profilé creux
полый профиль
profîla valahî

das **quadratische Hohlprofil**
le profilé creux carré
квадратный полый профиль
profîla valahî ya çargoşe

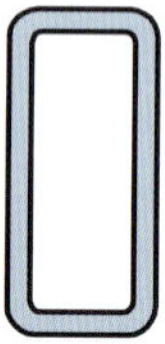

das **rechteckige Hohlprofil**
le profilé creux rectangulaire
прямоугольный полый профиль
profîla valahî ya goşedarê

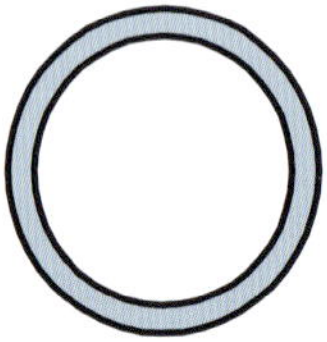

das **Rundhohlprofil**
le profilé creux rond
круглый полый профиль
profîla valahî ya bazinî

Stäbe – Tiges - Прутки - Şiva

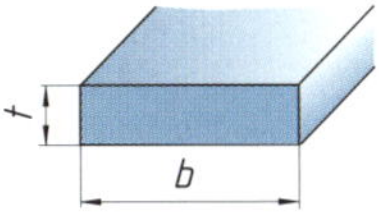
t
b

der **Flachstab,**
umg der **Flachstahl**
la barre plate
плоский пруток
şiva pan

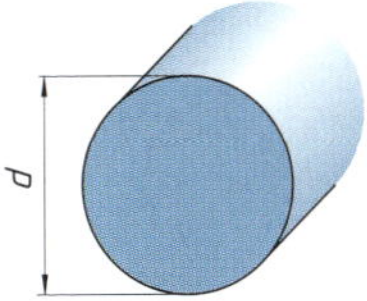
d

der **Rundstab**
la barre ronde
круглый пруток
şiva girover

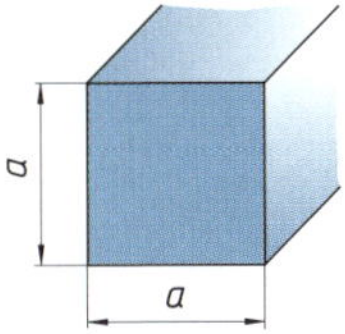
a
a

der **Vierkantstab**
la barre carrée
четырехгранный пруток
şiva çargoşe

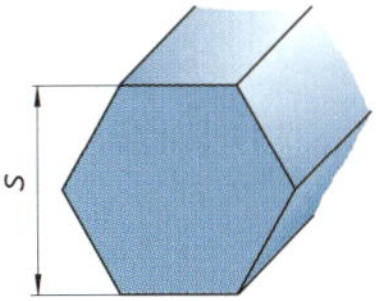
s

der **Sechskantstab**
la barre hexagonale
шестигранный пруток
şiva şeşgoşe

Nichteisenmetallprofile – Profilés en métal non ferreux - Профили из цветных металлов - Profîlên metalên nahesinî

das **Aluminiumprofil**
le profilé en aluminium
алюминиевый профиль
profîla alûmînyûmê

3.5.2 Rohre – Tubes - Трубы - Borî

das **Rohr**
le tube
труба
borî

Kupferrohre – Tubes en cuivre - Медные трубы - Boriyên misî

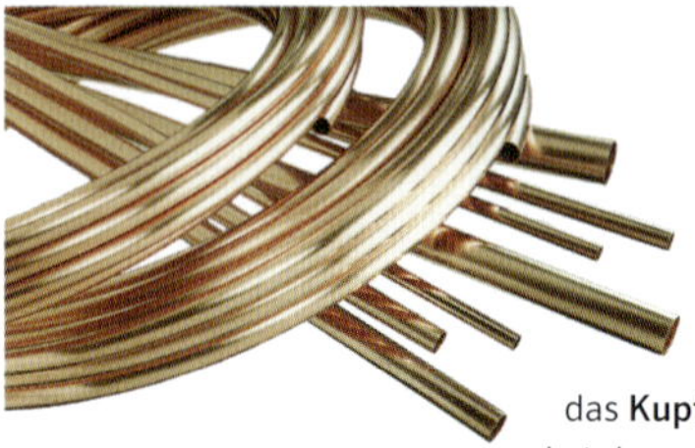

das **Kupferrohr**
le tube en cuivre
медная труба
boriya misî

das **innen verzinnte Kupferrohr**
le tube en cuivre étamé à l'intérieur
оцинкованная изнутри медная труба
boriya misî ya hundirê wê qeleykirî

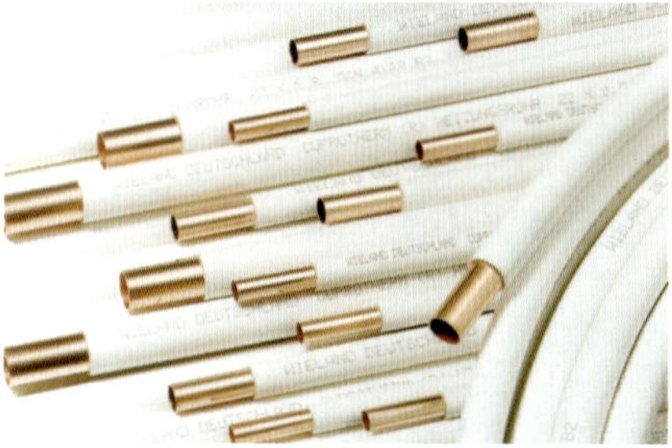

das **Kupferrohr mit PVC-Stegmantel**
le tube en cuivre avec gaine de protection en PVC
медная труба в пвх-оболочке
boriya misî bi qata pêşikdariya PVC

das **wärmegedämmte Kupferrohr**
le tube en cuivre isolé thermiquement
теплоизолированная медная труба
boriya misî ya bi germîgirtina

die **Wärmedämmung**
l'isolation thermique
теплоизоляция
germîgirtin

Stahlrohre – Tubes en acier - Стальные трубы - Boriyên polayî

das **Stahlrohr**
le tube en acier
стальная труба
boriya polayî

das **Präzisionsstahlrohr**
le tube en acier de précision
труба из прецизионной стали
boriya polayî ya bêkêmasî

GEBERIT Geberit Mapress 0602
GEBERIT Geberit Mapress 0602

die **Kunststoff-ummantelung**
la gaine en plastique
пластиковое покрытие
rûnişta plastîkî

das **kunststoffummantelte Präzisionsstahlrohr**
le tube en acier de précision gainé de plastique
труба из прецизионной стали в пластмассовой оболочке
boriya polayî ya bêkêmasî ya bi rûnişta plastîkî

das **Gewinderohr**
le tube fileté
труба с резьбой
boriya vîdayî

das **nichtrostende Stahlrohr**
le tube en acier inoxydable
нержавеющая стальная труба
boriya polayî ya bêzeng

das **nichtrostende LORO-X-Rohr**
le tube inoxydable LORO-X
нержавеющая труба LORO-X
boriya bêzeng ya LORO-X

das **verzinkte LORO-X-Rohr**
le tube galanisé LORO-X
оцинкованная труба LORO-X
boriya LORO-X ya zinkkirî

Gussrohre – Tubes en fonte - Литые трубы - Boriyên rijandî

das **Gusseisenrohr**
le tube en fonte
чугунная труба
boriya hesinê rijandî

PAM-GLOBAL® S EN 877

die **gelbe Innenbeschichtung**
le revêtement intérieur jaune
желтое внутреннее покрытие
rûnişta hundir a zer

das **S-Rohr**, *umg* das **SML-Rohr**
le tube en S
s-образная труба
boriya-S

Blechrohre – Tubes en tôle - Трубы из листа - Boriyên pelên hesinî

das **Blechrohr**
le tube en tôle
труба из листа
boriya pelên hesinî

das **runde Titanzink-Blechrohr**
le tube rond en tôle de zinc-titane
круглая шовная труба из титаново-цинкового сплава
boriya pelên hesinî ya bazinî ya zinka tîtanê

das **kastenförmige Kupfer-Blechrohr**
le tube en tôle de cuivre en forme de caisson
коробчатая медная труба из листа
boriya pelên hesinî ya sandiqî ya misî

Metallverbundrohre – Tubes composites métalliques - Металлопластиковые трубы - Boriyên pêkhatî yên metalê

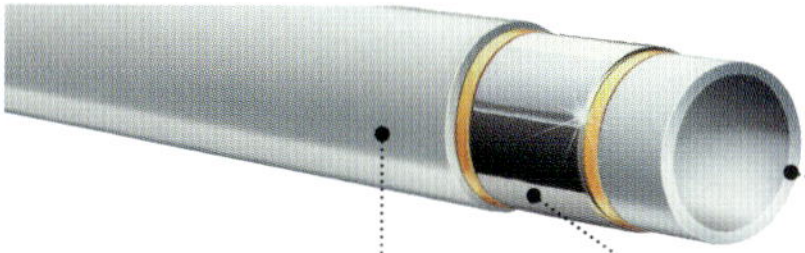

das **Aluminiumverbundrohr**
le tube composite en aluminium
труба из алюминиевого композита
boriya pêkhata alûmînyûmê

die **PE-HD-Schutzschicht**
la couche de protection PE-HD
защитный слой полиэтилена высокой плотности
qata parastinê ya PE-HD

das **Aluminium-Trägerrohr**
le tube de support en aluminium
алюминиевая несущая труба
boriya hilgir ya alûmînyûmê

das **PE-X-Innenrohr**
le tube intérieur PE-X
внутренняя труба из сшитого полиэтилена
boriya hundir ya PE-X

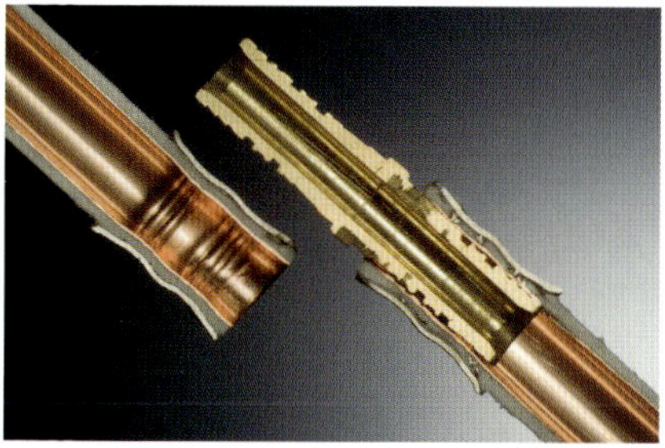

das **Kupferverbundrohr**
le tube composite en cuivre
труба из медного композита
boriya pêkhata misî

Kunststoffrohre – Tubes en plastique - Пластиковые трубы - Boriyên plastîkî

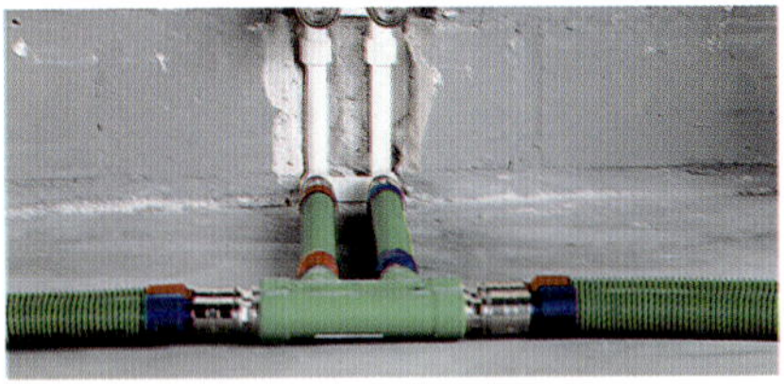

das **Kunststoffrohr**
le tube en plastique
пластмассовая труба
boriya plastîkî

das **PVC-Rohr**
le tube en PVC
пвх-труба
boriya PVC

das **PE-Rohr**
le tube en PE
пэ-труба
boriya PE

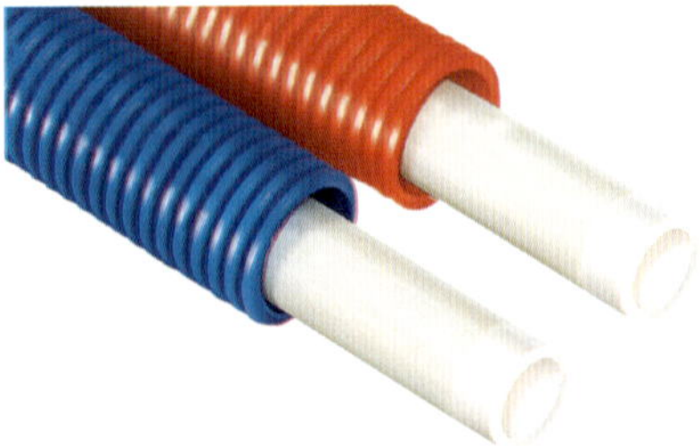

das **Rohr-im-Rohr-System**
le système de tube en tube
система "труба в трубе"
pergala borî-nav-boriyê

das **PB-Rohr**
le tube en PB
полибутиленовая труба
boriya PB

das **hoch temperaturbeständige PP-Rohr** *(HT)*,
umg das **KG-Rohr**
le tube en PP résistant aux hautes températures
труба из высокотермостойкого полипропилена
boriya PP ya berxwedana germiya bilind

das **mineralverstärkte PP-Rohr**
le tube en PP renforcé de minéraux
труба из упрочненного минералами полипропилена
boriya PP ya xurtkirî bi mîneralan

Steinzeugrohre – Tubes en grès - Керамические трубы - Boriyên caxî

das **Steinzeugrohr**
le tube en grès
керамическая труба
boriya caxî

Glasrohre – Tubes en verre - Стеклянные трубы - Boriyên camê

das **Glasrohr**
le tube en verre
стеклянная труба
boriya camê

3.5.3 Bleche – Tôles - Листовой металл - Pelên hesinî

das **Feinblech**
la tôle fine
тонколистовой металл
pelên hesinî yên tenik

das **Kupferblech**
la tôle en cuivre
медная жесть
pelên hesinî yên misî

das **(verzinkte) Stahlblech**
la tôle en acier (galvanisée)
листовая сталь (оцинкованная)
pelika polayî (ya zinkkirî)

das **Titanzinkblech**
la tôle en titane-zinc
лист из титаново-цинкового сплава
pelên hesinî yên zinka tîtanê

das **Aluminiumblech**
la tôle en aluminium
листовой алюминий
pelên hesinî yên alûmînyûmê

das **strukturierte Blech**
la tôle structurée
текстурированный лист
pelên hesinî yên binyatî

das **Lochblech**
la tôle perforée
перфорированный лист
pelika qulkirî

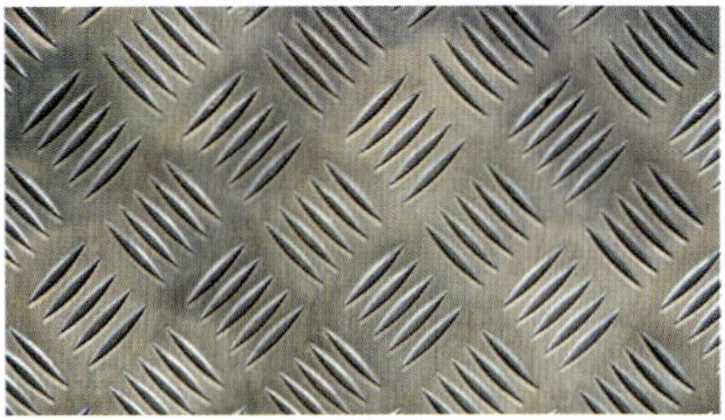

das **Riffelblech**
la tôle ondulée
гофрированный лист
pelên hesinî yên pêçayî

3.5.4 Bänder - Bandes - Полосы - Pîvaz

das **Stahlband**
la bande d'acier
стальная лента
pîvaza polayî

3.5.5 Drähte – Fils - Проволока - Tel

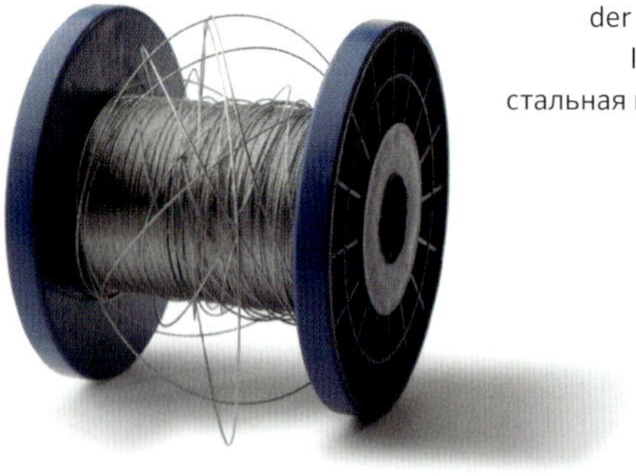

der **Stahldraht**
le fil d'acier
стальная проволока
tela polayî

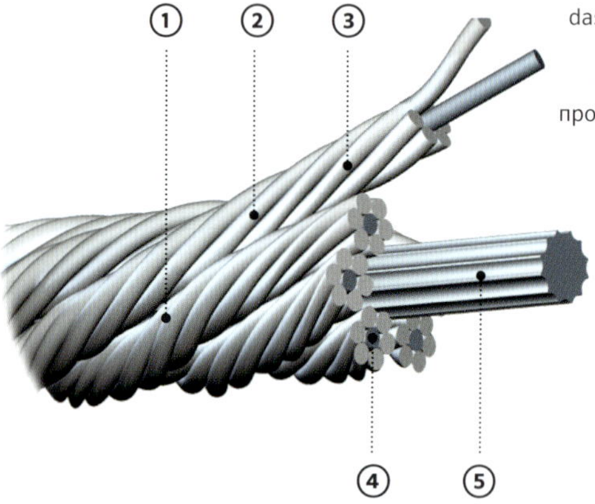
1
2
3
4
5

das **Drahtseil**
le câble métallique
проволочный канат
werîsa telî

① das **Seil**
la câble
канат
werîs

② die **Litze**
le toron
тесьма
xav

③ der **Draht**
le fil de fer
проволока
tel

④ die **Litzeneinlage**
l'âme de torons
слой тесьмы
tênijîna xavê

⑤ die **Seileinlage**
l'âme de câble
сердечник каната
tênijîna werîsê

3.6 KORROSION – CORROSION - КОРРОЗИЯ - ZENGARBÛN

das **korrodierte Stahlrohr**
le tube en acier corrodé
корродированная
стальная труба
boriya polayî ya zengarbûyî

3.6.1 Elektrochemische Korrosion – Corrosion électrochimique - Электрохимическая коррозия - Zengarbûna elektrîkîkîmyewî

die **verzinkte Stahlschelle**
le collier en acier galvanisé
оцинкованный стальной хомут
kelepçeya polayî ya zinkkirî

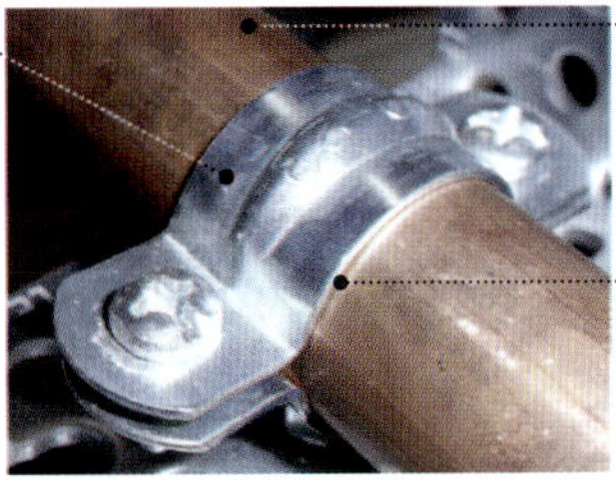

das **Kupferrohr**
le tube en cuivre
медная труба
boriya misî

die **Kontaktstelle**
le point de contact
место контакта
cihê têkiliyê

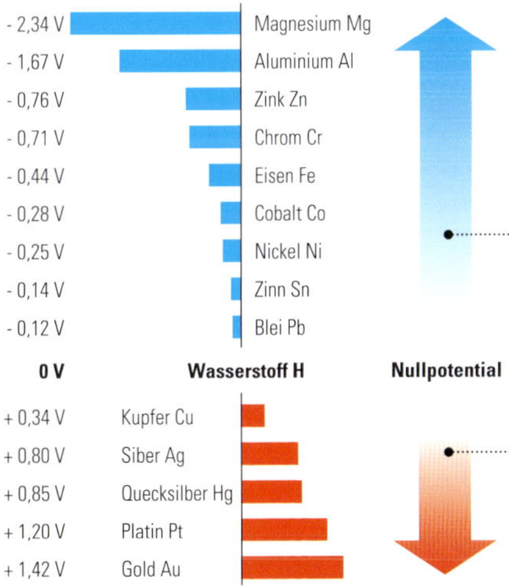
- 2,34 V Magnesium Mg
- 1,67 V Aluminium Al
- 0,76 V Zink Zn
- 0,71 V Chrom Cr
- 0,44 V Eisen Fe
- 0,28 V Cobalt Co
- 0,25 V Nickel Ni
- 0,14 V Zinn Sn
- 0,12 V Blei Pb
0 V Wasserstoff H Nullpotential
+ 0,34 V Kupfer Cu
+ 0,80 V Siber Ag
+ 0,85 V Quecksilber Hg
+ 1,20 V Platin Pt
+ 1,42 V Gold Au

die **elektrochemische Spannungsreihe der Metalle**
la série de tensions électrochimiques des métaux
электрохимический ряд напряжений металлов
rêza pestîna elektrîkîkîmyewî ya metalan

zunehmend unedel
de moins en moins noble
неблагородный
(в сторону увеличения)
zêdebûna naxas

zunehmend edel
de plus en plus noble
благородный
(в сторону увеличения)
zêdebûna xas

das **galvanische Element**
l'élément galvanique
гальванический элемент
rêzeya galvanîkî

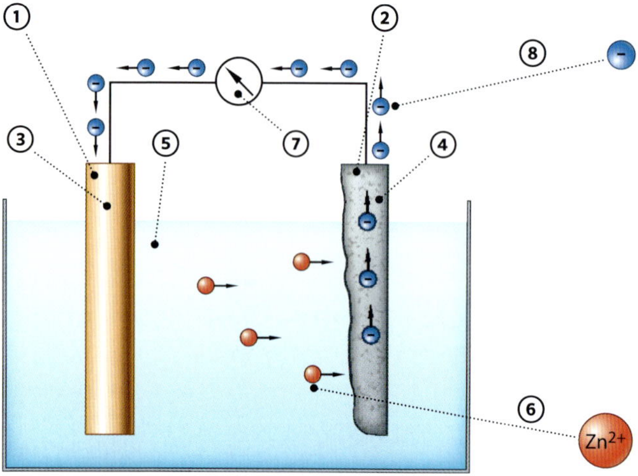

①
②
③
④
⑤
⑥
⑦
⑧
Zn2+

① das **Kupfer**
le cuivre
медь
mis

edel *(wird geschützt)*
noble
благородный
xas

② das **Zink**
le zinc
цинк
zink

unedel *(wird zerstört)*
non noble
неблагородный
naxas

③ die **Katode**
la cathode
катод
katod

④ die **Anode**
l'anode
анод
anod

⑤ der **Elektrolyt**
l'électrolyte
электролит
elektrolît

⑥ das **Zink-Ion**
le zinc-ion
цинк-ионный
îyonê zinkê

⑦ das **Spannungsmessgerät**
l'voltmètre
прибор для измерения
напряжения
amûra pîvana pestînê

⑧ das **Elektron**
l'électron
электрон
elektron

3.6.2 Chemische Korrosion – Corrosion chimique - Химическая коррозия - Zengarbûna kîmyewî

der **Luftsauerstoff**
l'oxygène de l'air
атмосферный кислород
oksîjena hewayê

die **Wärmezufuhr**
l'apport de chaleur
приток тепла
daxilbûna germiyê

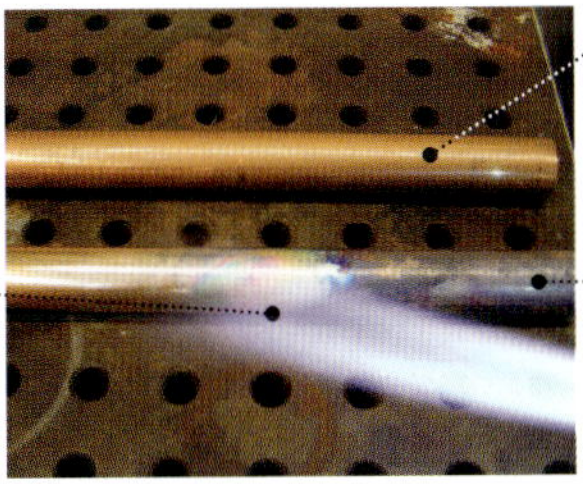

der **Werkstoff ohne Oxidschicht**
le matériau sans couche d'oxyde
материал без оксидного слоя
madeya bê qata oksîdê

der **Werkstoff mit Oxidschicht**
le matériau avec couche d'oxyde
материал с оксидным слоем
madeya bi qata oksîdê

3.6.3 Korrosionsprodukte – Produits de corrosion - Продукты коррозии - Berhemên zengarbûnê

Unerwünschte Korrosion – Corrosion indésirable - Нежелательная коррозия - Zengarbûna nexwestî

das **Eisenoxid,**
umg der **Rost**
l'oxyde de fer
окись железа
oksîda hesinî

die **Oberflächenkorrosion**
la corrosion de surface
поверхностная коррозия
zengarbûna rûber

Erwünschte Korrosion – Corrosion souhaitée - Преднамеренное разрушение металла - Zengarbûna xwestî

die **Schutzschicht**
la couche de protection
защитный слой
qata parastinê

das **Kupferoxid**,
umg die **Kupferpatina**
l'oxyde de cuivre
оксид меди
oksîda misî

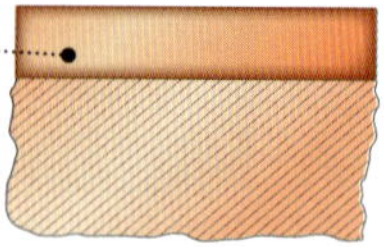

das **Zinkoxid**,
umg die **Zinkpatina**
l'oxyde de zinc
оксид цинка
oksîda zinkê

das **Aluminiumoxid**,
umg der **Elektrokorund**
l'oxyde d'aluminium
оксид алюминия
oksîda alûmînyûmê

3.6.4 Korrosionsformen – Formes de corrosion - Коррозионные формы - Formên zengarbûnê

der **Korrosionsschaden**
le dommages causés par la corrosion
повреждение от коррозии
zirarên zengarbûnê

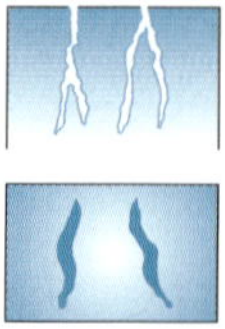

der **Riss**
la fissure
трещина
qelişî

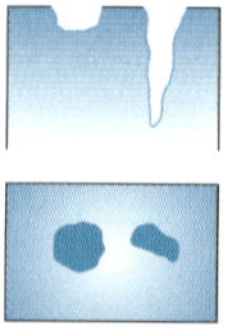

das **Loch**
le trou
отверстие
qul

die **Mulde**
la cuvette
точечная коррозия
çal

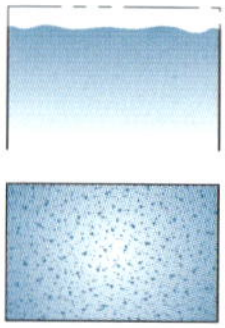

die **Fläche**
la surface
поверхность
rûber

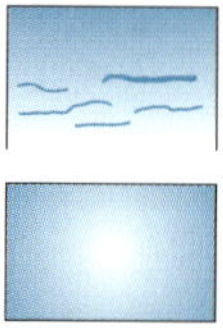

innen
intérieur
внутри
hundir

Flächenkorrosion – Corrosion de surface - Поверхностная коррозия - Zengarbûna rûberê

der **gleichmäßige Abtrag**
l'enlèvement uniforme
равномерное изнашивание
rakirina wekhevî

die **gleichmäßige Flächenkorrosion**
la corrosion uniforme de la surface
равномерная коррозия поверхности
zengarbûna rûberê ya wekhevî

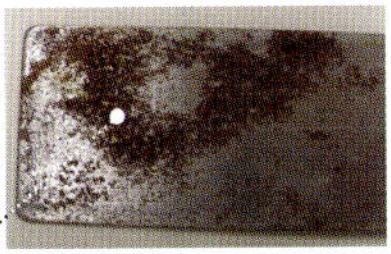

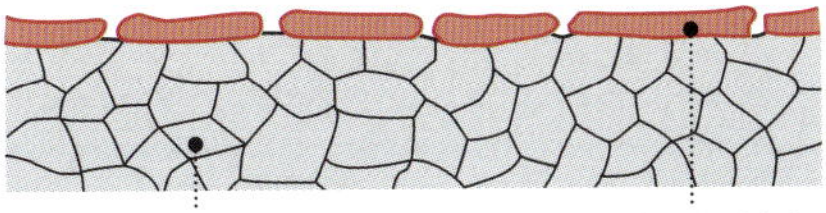

die **poröse Schicht**
la couche poreuse
пористый слой
qata porî

durchlässig
perméable
с проницаемостью
derbasbûnî

das **Werkstoffgefüge**
la structure des matériaux
структура материала
bafta madeyê

die **Oxidschicht**
la couche d'oxyde
оксидный слой
qata oksîdê

das **korrodierte Stahlrohr**
le tube en acier corrodé
корродированная стальная труба
boriya polayî ya zengarbûyî

die **ungleichmäßige Muldenkorrosion**
la corrosion irrégulière de la cuvette
неравномерная точечная коррозия
zengarbûna çalkirî ya newekhevî

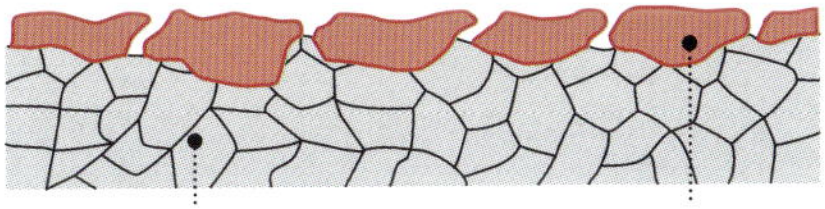

das **Werkstoffgefüge**
la structure des matériaux
структура материала
bafta madeyê

die **Oxidschicht**
la couche d'oxyde
оксидный слой
qata oksîdê

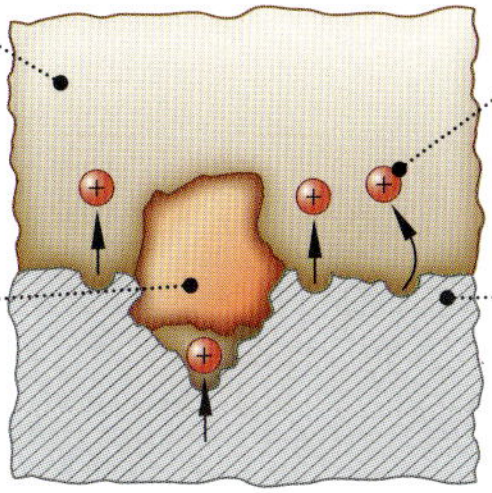

der **Elektrolyt**
l'électrolyte
электролит
elektrolît

das **Eisen-Ion**
l'ion ferrique
железо-ионный
îyonê hesinî

das **Kupfer**
le cuivre
медь
mis

der **Stahl**
l'acier
сталь
pola

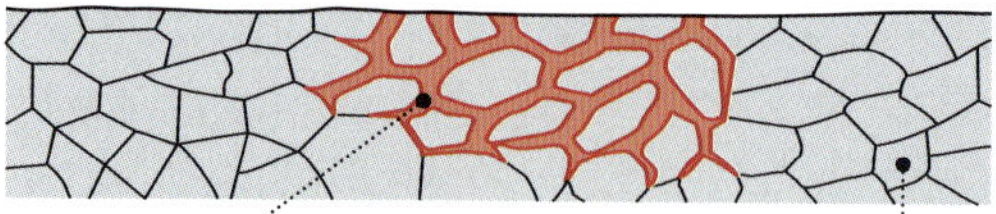

die **Entzinkung**
la dézincification
обесцинкование
derxistina zinkê

das **poröse Cu-Gefüge**
la structure poreuse en Cu
пористая структура меди
bafta Cu-porî

das **CuZn-Gefüge**
la structure CuZn
структура cuzn
bafta CuZn

Lokal begrenzte Korrosion – Corrosion localisée - Локализуемая коррозия - Zengarbûna sînorkirî ya herêmî

die **Spalt- und Belüftungskorrosion**
la corrosion par fissure et aération
коррозия в зазорах и при неравномерной аэрации
zengarbûna derz û hewagirtinê

der **erhöhte Korrosionsangriff**
l'attaque accrue de la corrosion
сильное коррозионное воздействие
êrîşa zengarbûnê ya zêde

der **Elektrolyt** *(Wasser)*
l'électrolyte
электролит
elektrolît

die **Kontaktkorrosion**, *umg* die **Berührungskorrosion**
la corrosion de contact
контактная коррозия
zengarbûna têkiliyê

der **Al-Niet**
le rivet en aluminium
алюминиевая заклепка
mîxa Al

das **Oxid**
l'oxyde
оксид
oksîd

das **Messing**
le laiton
латунь
biring

der **Stahl**
l'acier
сталь
pola

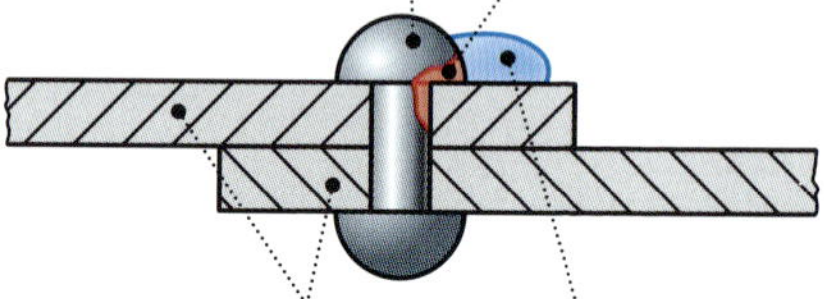

das **Cu-Blech**
la tôle de cuivre
медный лист
pelika Cu

der **Elektrolyt** *(Wasser)*
l'électrolyte
электролит
elektrolît

die **Lochkorrosion**,
umg der **Lochfraß**
la corrosion par piqûres
питтинговая коррозия
zengarbûna qulî

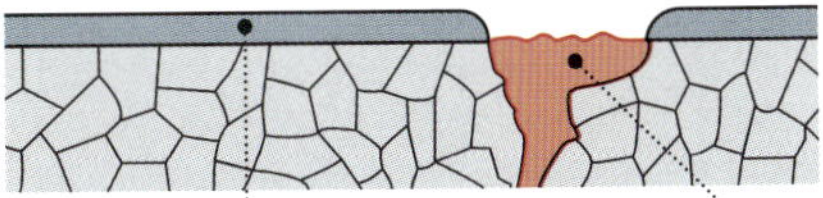

die **Schutzschicht**
la couche de protection
защитный слой
qata parastinê

das **Oxid**
l'oxyde
оксид
oksîd

die **Korrosionsmulde**
la cuvette de corrosion
точечная коррозия
çala zengarbûnê

das **Korrosionsloch**
le trou de corrosion
коррозионное отверстие
qula zengarbûnê

Korrosion mit mechanischer Belastung – Corrosion avec charge mécanique - Коррозия с механической нагрузкой - Zengarbûn bi bardariya mekanîkî

der **Korrosionsverlauf**
le processus de corrosion
развитие процесса коррозии
pêvajoya zengarbûnê

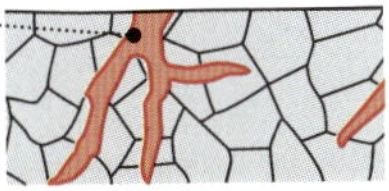

die **Spannungs- und Schwingungsrisskorrosion**
la corrosion sous contrainte et fatigue par corrosion
коррозия под напряжением и коррозионное растрескивание при вибрации
zengarbûna qelişîna pestîn û hejînê

der **Spannungsriss im Kupferrohr**
la rupture par corrosion sous tension dans le tube de cuivre
трещина от внутренних напряжений в медной трубе
qelişîna pestînî di boriya misî de

die **Erosionskorrosion**
la corrosion par érosion
коррозионная эрозия
zengarbûna sertkirinê

nicht entgratet
non ébarbé
заусенцы не сняты
nehatiye paqijkirin ji qirêjan

3.6.5 Korrosionsschutz – Protection contre la corrosion – Защита от коррозии – Parastina zengarbûnê

Aktiver Korrosionsschutz – Protection active contre la corrosion - Активная защита от коррозии - Parastina çalak a zengarbûnê

die **fachgerechte Leitungsverlegung**
la pose de conduites dans les règles de l'art
технически правильная прокладка трубопровода
danîna boriyên şarezayî

die **Trinkwasserleitung unter Gasleitung**
la conduite d'eau potable sous une conduite de gaz
питьевой водопровод под газопроводом
boriya ava vexwarinê di bin boriya gazê

die **Gasleitung über Trinkwasserleitung**
la conduite de gaz au-dessus de la conduite d'eau potable
газопровод над питьевым водопроводом
boriya gazê li ser boriya ava vexwarinê

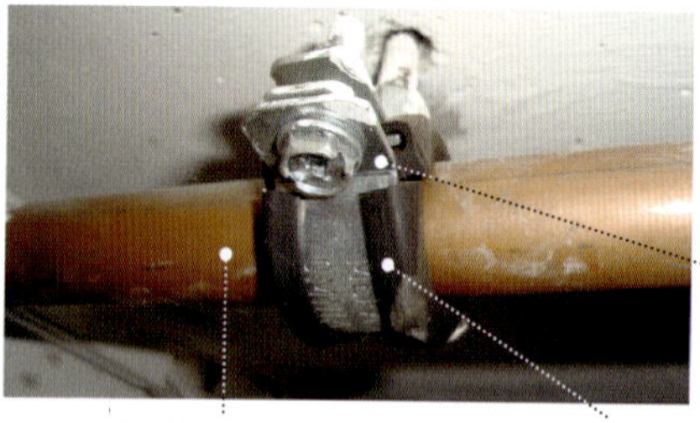

die **fachgerechte Rohrbefestigung**
la fixation des tubes dans les règles de l'art
технически правильное закрепление трубы
pêvekirina boriyê ya şarezayî

das **Kupferrohr**
le tube en cuivre
медная труба
boriya misî

die **Kunststoff- oder Gummieinlage**
l'insert en plastique ou en caoutchouc
пластиковая или резиновая вставка
tênijîna plastîkî an lastîkî

die **verzinkte Stahlschelle**
le collier en acier galvanisé
оцинкованный стальной хомут
kelepçeya polayî ya zinkkirî

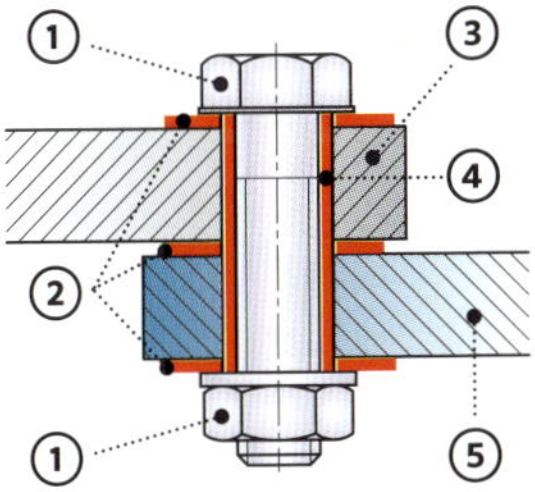
1
2
3
4
5
1

① der **verzinkte Stahl**
l'acier galvanisé
оцинкованная сталь
polayê zinkkirî

② die **Kunststoffscheibe**
la rondelle en plastique
пластмассовое прокладочное кольцо
dîska plastîkî

③ das **Aluminium**
l'aluminium
алюминий
alûmînyûm

④ die **Kunststoffhülse**
la douille en plastique
пластмассовая оболочка
giloveya plastîkî

⑤ der **Stahl**
l'acier
сталь
pola

das **Stahl-Brunnenrohr**
le tube de puits en acier
стальная обсадная труба
boriya bîra polayî

die **Opferanode**
l'anode sacrificielle
жертвенный анод
anoda qurbanî

Passiver Korrosionsschutz – Protection passive contre la corrosion - Пассивная защита от коррозии - Parastina pasîf a zengarbûnê

das **Einölen**
das **Einfetten**
l'huilage
смазка маслом
rûnkirin

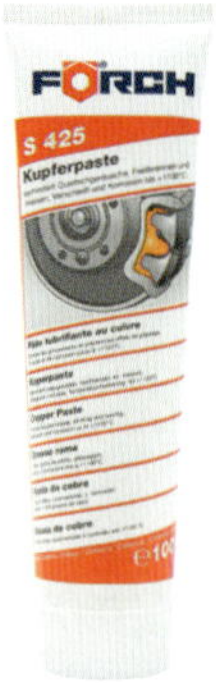
FÖRCH
S 425
Kupferpaste

CRC
3-36

das **Korrosionsschutzöl**
l'huile anticorrosion
коррозионнозащитное масло
rûnê parastina zengarbûnê

die **Kupferpaste**
la pâte de cuivre
медная паста
xemîra misî

die **chemische Oberflächenbehandlung**
le traitement chimique de la surface
химическая обработка поверхности
dermankirina rûberê ya kîmyewî

das **eloxierte Aluminium**
l'aluminium anodisé
анодированный алюминий
alûmînyûma eloksîdkirî

proline
PRO 102 TA
ALUMINIUMPASTE
-40°C BIS +1200°C

die **Aluminiumpaste**
la pâte d'aluminium
алюминиевая паста
xemîra alûmînyûmê

der **Korrosionsschutzanstrich**
la peinture anticorrosion
антикоррозионная окраска
boyaxa parastina zengarbûnê

HAMMERITE
DIREKT AUF ROST
METALL-SCHUTZLACK
MATT
SCHWARZ
ULTIMATIVER METALLSCHUTZ

der **Metallschutzlack**
le vernis de protection pour métal
лак для защиты металла
lakeya parastina metalê

der **Farbanstrich**
la peinture
окрашивание
boyaxa rengê

die **Kunststoffauskleidung**
le revêtement en plastique
пластмассовая облицовка
astirkirin bi plastîkê

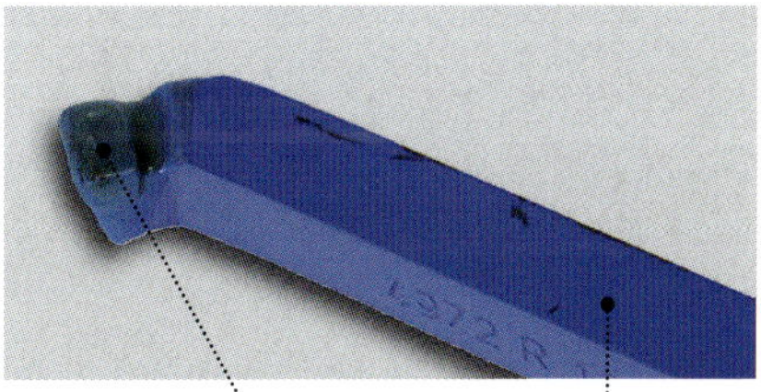

der **Drehmeißel**
le burin de tournage
токарный резец
mîtika wergerê

der **Kunststoffüberzug**
le revêtement en plastique
пластмассовое покрытие
qata plastîkî

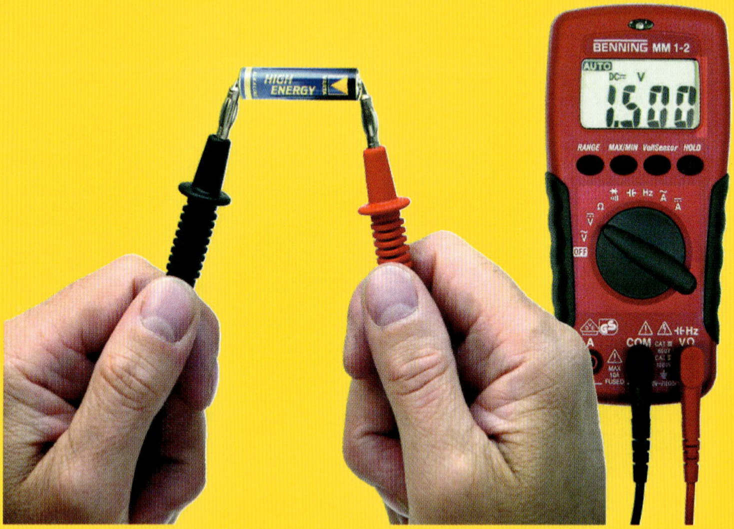
HIGH ENERGY
BENNING MM 1-2
AUTO
DC V
1.500
RANGE MAX/MIN VoltSensor HOLD
OFF
COM

ELEKTRO-TECHNIK

GÉNIE ÉLECTRIQUE

ЭЛЕКТРОТЕХНИКА

TEKNÎKA ELEKTRÎKÊ

4 ELEKTROTECHNIK – GÉNIE ÉLECTRIQUE - ЭЛЕКТРОТЕХНИКА - TEKNÎKA ELEKTRÎKÊ

4.1 WERKZEUGE – OUTILS - ИНСТРУМЕНТЫ - AMÛR 182

4.2 GRUNDLAGEN – PRINCIPES DE BASE - ОСНОВЫ - BINGEHÎN 184

4.2.1 Atomaufbau – Structure de l'atome - Строение атома - Struktura atomê 184

4.2.2 Wirkungen der Elektrizität – Effets de l'électricité - Воздействие электричества - Bandorên elektrîkê 185

4.2.3 Elektrische Spannung – Tension électrique - Электрическое напряжение - Voltaja elektrîkî 187

4.2.4 Stromstärke – Intensité du courant - Сила тока - Hêza ceyranê 188

4.2.5 Elektrischer Widerstand – Résistance électrique - Электрическое сопротивление - Berxwedana elektrîkî 190

4.2.6 Elektrische Leistung – Puissance électrique - Электрическая мощность - Hêza elektrîkî 194

4.2.7 Elektrische Arbeit – Travail électrique - Работа по переносу электрического заряда - Xebata elektrîkî 195

4.2.8 Steckerverbindungen – Connexions des fiches - Штекерные разъемы - Girêdanên fîşan 196

CEE-Steckvorrichtungen – Prises de courant CEE - Штекерные разъемы стандарта CEE - Amûrên fîşkirinê yên CEE 198

4.2.9 Elektrische Leitungen – Câbles électriques - Электропровода - Rêderên elektrîkî 199

4.3 SPANNUNGSERZEUGUNG – GÉNÉRATION DE TENSION - ФОРМИРОВАНИЕ НАПРЯЖЕНИЯ - ÇÊKIRINA VOLTAJÊ 200

4.4 SPANNUNGSUNTERBRECHUNG - COUPURE DE TENSION - ПРЕРЫВАНИЕ НАПРЯЖЕНИЯ - QUTKIRINA VOLTAJÊ **202**

4.4.1 Schalterarten - Types d'interrupteurs - Типы переключателей - Cureyên bişkokan 202

4.4.2 Sicherungen - Fusibles - Предохранители - Ewlekarî 202

4.5 MESSEN - MESURER - ИЗМЕРЕНИЕ - PÎVANDIN **205**

4.5.1 Messgeräte - Instruments de mesure - Измерительные приборы - Amûrên pîvanê 205

4.5.2 Messungen - Mesures - Измерения - Pîvan 208

4.6 ELEKTROANSCHLÜSSE IN SANITÄRRÄUMEN - RACCORDEMENTS ÉLECTRIQUES DANS LES LOCAUX SANITAIRES - ЭЛЕКТРИЧЕСКИЕ СОЕДИНЕНИЯ В САНИТАРНО-БЫТОВЫХ ПОМЕЩЕНИЯХ - GIRÊDANÊN ELEKTRÎKÎ DI ODEYÊN SANITARÊ DE **210**

Schutzbereiche - Zones protégées - Защищенные зоны - Herêmên parastinê 210

4.7 ELEKTRISCHE SCHUTZEINRICHTUNGEN - DISPOSITIFS DE PROTECTION ÉLECTRIQUE - ЗАЩИТНЫЕ ЭЛЕКТРИЧЕСКИЕ УСТРОЙСТВА - AMÛRÊN PARASTINA ELEKTRÎKÎ **212**

Hausanschluss mit Hauptpotenzialausgleich - Branchement domestique avec liaison équipotentielle principale - Домовое присоединение с главным выравниванием потенциалов - Girêdana malê bi hevsengiya potansiyel a sereke 212

4.8 SCHALTZEICHEN - SIGNES DE COMMUTATION - СХЕМНОЕ ОБОЗНАЧЕНИЕ - NÎŞANÊN ŞEMATÎKÊ **213**

4.1 WERKZEUGE – OUTILS - ИНСТРУМЕНТЫ - AMÛR

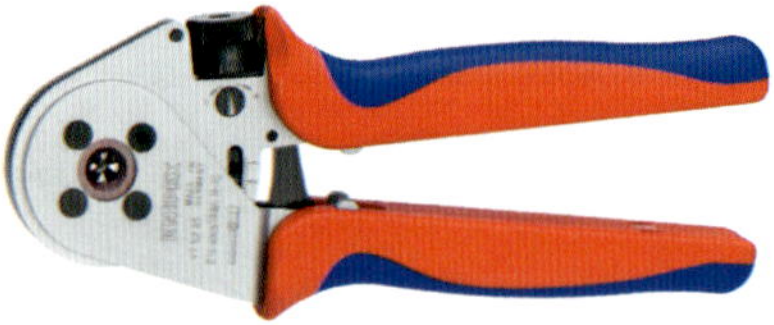

das **Presswerkzeug**
l'outil de pressage
прессовый штамп
amûra pêçandinê

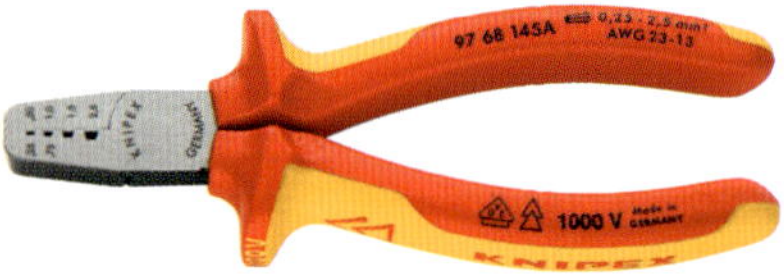
97 68 145A
AWG 23-13
1000 V
KNIPEX

die **Crimpzange**
la pince à sertir
опрессовочные клещи
gezika krimperê

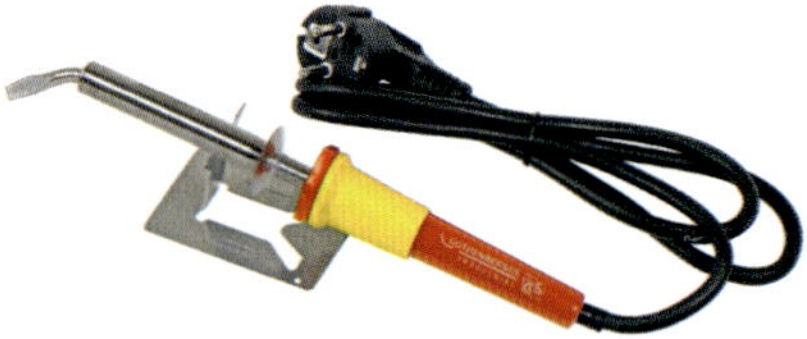

der **Lötkolben**
le fer à souder
электропаяльник
lehîmkerê

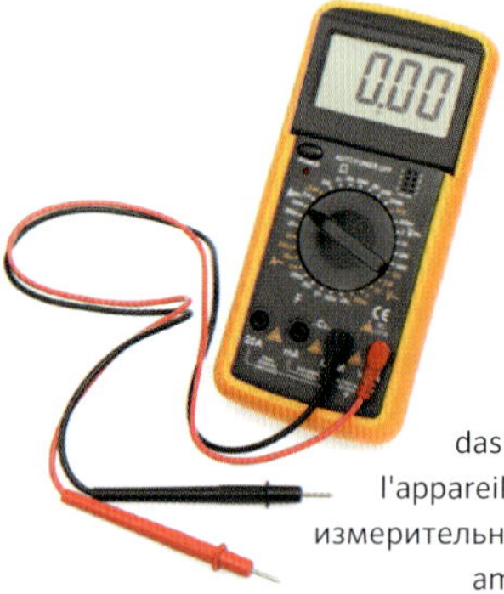
0.00

das **Messgerät**
l'appareil de mesure
измерительный прибор
amûra pîvanê

KNIPEX 98 90

die **Taschensäge**,
umg die **PUK-Säge**
la scie de poche
карманная пила
miştara berîkê

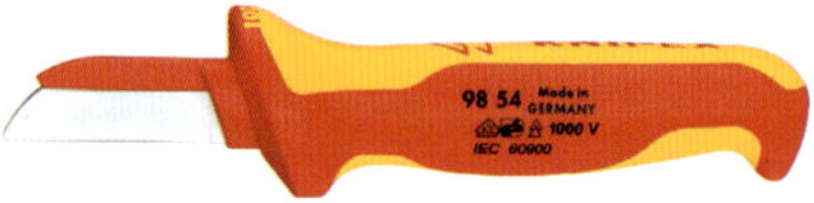
98 54
1000 V
IEC 60900

das **Kabelmesser**
le couteau pour câbles
кабельный нож
kêrê kablo

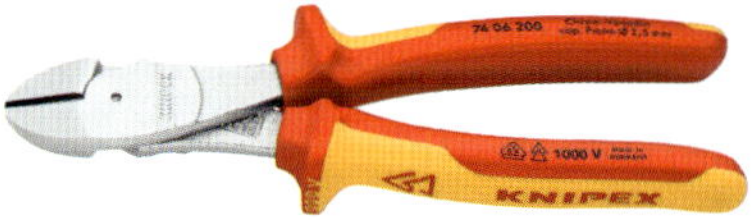
1000 V
KNIPEX

der **Kraft-Seitenschneider**
la pince coupante de côté
усиленные кусачки
zikurkerê kêlekî yê bi hêz

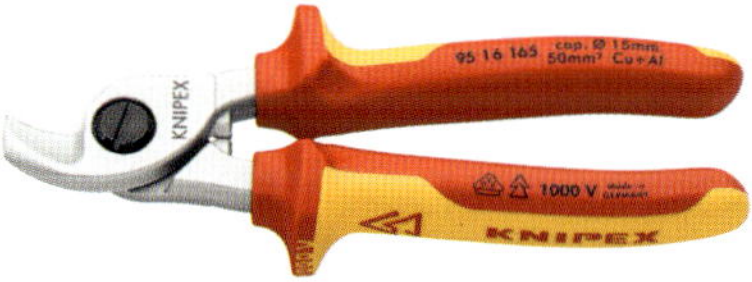
KNIPEX
1000 V
KNIPEX

die **Kabelschere**
le coupe-câbles
кабельные кусачки
meqesa kabloyê

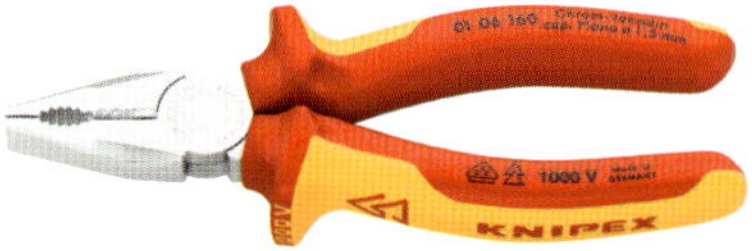
1000 V
KNIPEX

die **Kombizange**
la pince universelle
пассатижи универсальные
gezika komkirî

25 06 160
1000 V
KNIPEX

die **Spitzzange**
la pince à bec
острогубцы
gezika serî-tûj

1000 V
KNIPEX

der **Seitenschneider**
la pince coupante de côté
кусачки-бокорезы
zikurkerê kêlekî

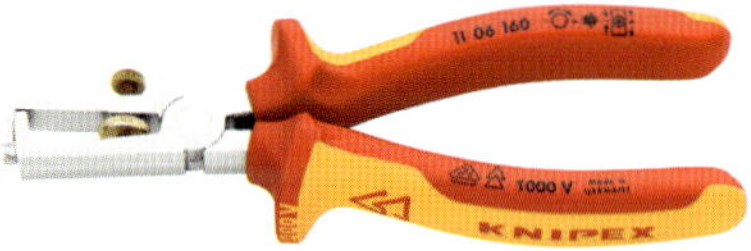
11 06 160
1000 V
KNIPEX

die **Abisolierzange**
la pince à dénuder
клещи для зачистки изоляции
gezika îzoleyê

der **Phasenprüfer**
le testeur de phase
индикатор фазы
taqîkerê fazan

KNIPEX

der **Schraubendreher mit Isolierung,**
umg der **Schraubenzieher**
le tournevis avec isolation
отвертка с изоляцией
vîdakerê îzolekirî

4.2 GRUNDLAGEN - PRINCIPES DE BASE - ОСНОВЫ - BINGEHÎN

4.2.1 Atomaufbau - Structure de l'atome - Строение атома - Struktura atomê

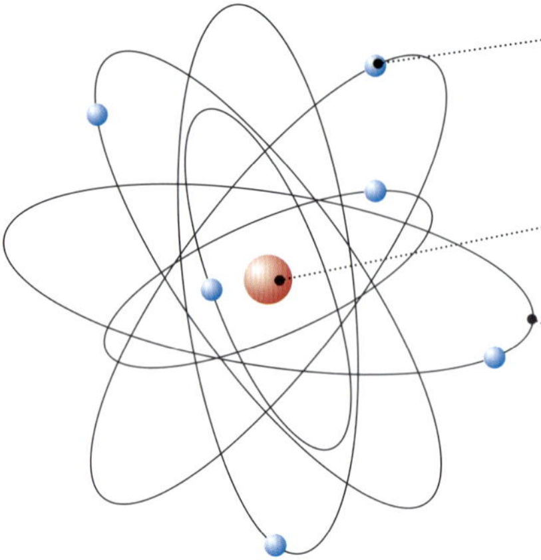

das **Elektron**
l'électron
электрон
elektron

das **Atom**
l'atome
атом
atom

der **Atomkern**
le noyau de l'atome
ядро атома
dendika atomê

die **Atomhülle**
l'enveloppe de l'atome
оболочка атома
siya atomê

das **Ion**
l'ion
ион
îyon

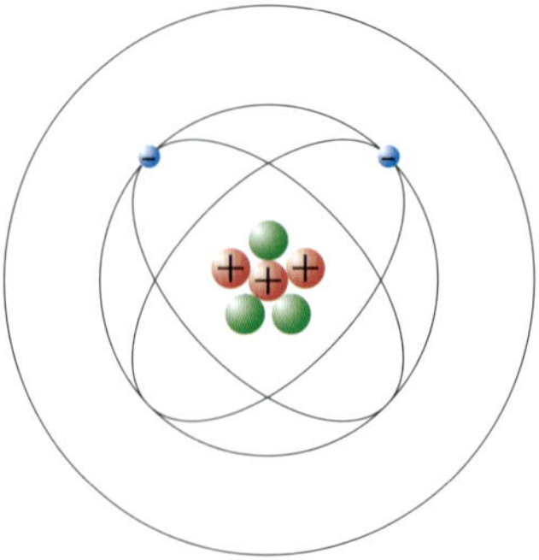

das **1-fach positiv geladene Ion**
l'ion chargé 1 fois positivement
однозарядный положительный ион
îyona 1-carî erênî barkirî

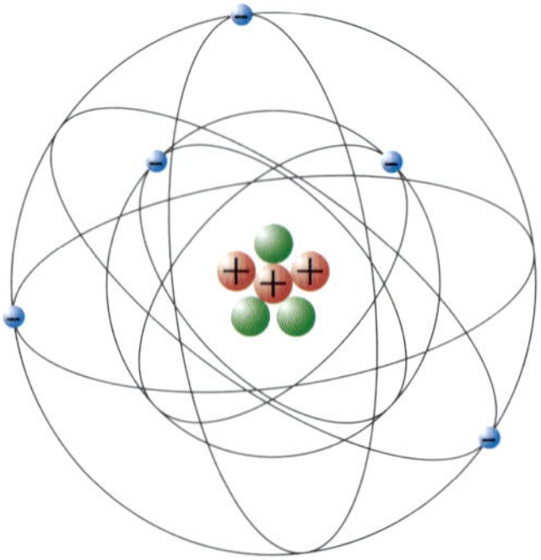

das **2-fach negativ geladene Ion**
l'ion chargé 2 fois négativement
двухзарядный отрицательный ион
îyona 2-carî neyînî barkirî

das **Proton**
le proton
протон
proton

das **Neutron**
le neutron
нейтрон
nûtron

das **Elektron**
l'électron
электрон
elektron

4.2.2 Wirkungen der Elektrizität - Effets de l'électricité - Воздействие электричества - Bandorên elektrîkê

die **magnetische Wirkung**
l'effet magnétique
воздействие магнитного поля
bandora magnetîkî

die **Magnetschwebebahn**
le train à sustentation magnétique
дорога на магнитной подвеске
trêna magnetîkî ya hilawîstî

die **optische Wirkung**
l'effet visuel
оптическая сила
bandora optîkî

das **Licht**
la lumière
свет
ronahî

die **thermische Wirkung**
l'effet thermique
тепловое воздействие
bandora germiyê

die **Wärme**
la chaleur
тепловой эффект
germî

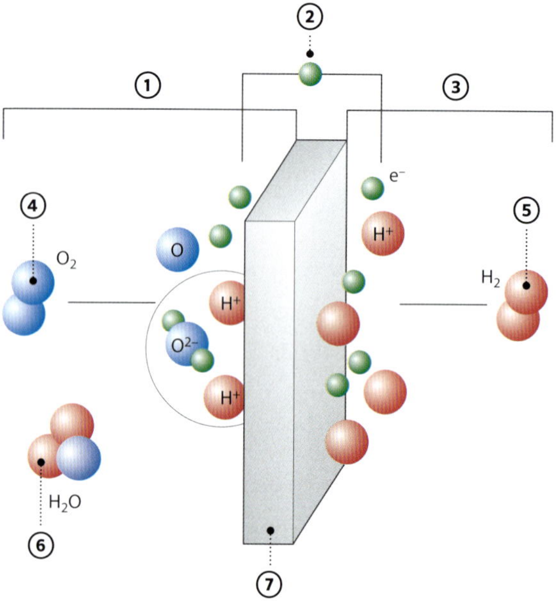

2
1
3
e⁻
4
5
O_2
O
H⁺
H_2
O^{2-}
H⁺
H_2O
6
7

die **chemische Wirkung**
l'effet chimique
химическое воздействие
bandora kîmyewî

die **Elektrolyse**
l'électrolyse
электролиз
elektrolîz

① die **Katode**
la cathode
катод
katod

② der **Gleichstrom**
le courant continu
постоянный ток
ceyrana rasteder

③ die **Anode**
l'anode
анод
anod

④ der **Sauerstoff**
l'oxygène
кислород
oksîjen

⑤ der **Wasserstoff**
l'hydrogène
водород
hîdrojen

⑥ das **Wasser**
l'eau
вода
av

⑦ die **Elektrolyt-Membran**
la membrane électrolytique
электролитическая мембрана
membrana elektrolîtê

die **Warnung vor elektrischer Spannung**
l'avertissement relatif à la tension électrique
предупреждение об опасном электрическом напряжении
hişyarî li ser voltaja elektrîkî

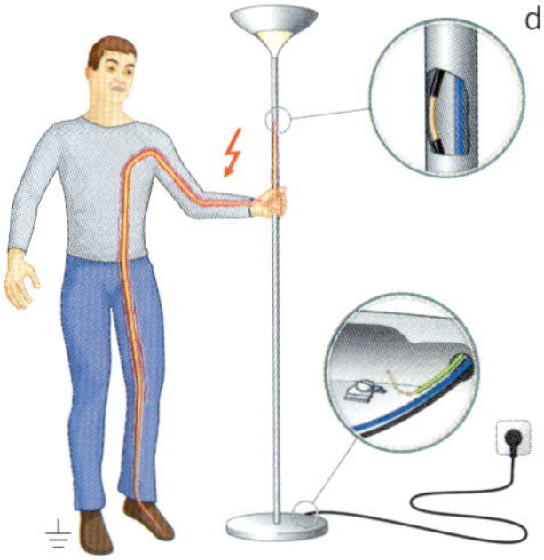

die **physiologische Wirkung**
l'effet physiologique
физиологическое действие
bandora fîzyolojîk

4.2.3 Elektrische Spannung – Tension électrique - Электрическое напряжение - Voltaja elektrîkî

der **Elektronenüberschuss**
l'excès d'électrons
избыток электронов
zêdehiya elektronan

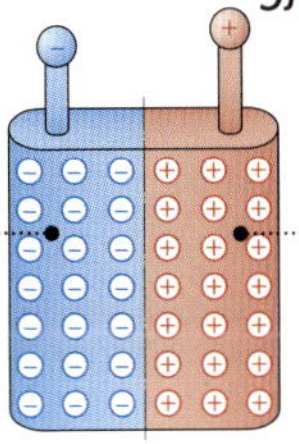

der **Elektronenmangel**
le manque d'électrons
недостаток электронов
kêmasiya elektronan

die **elektrische Spannung**
la tension électrique
электрическое напряжение
voltaja elektrîkî

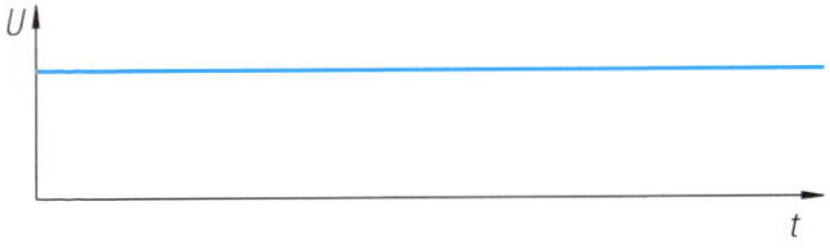
U
t

die **Gleichspannung**
la tension continue
постоянное напряжение
voltaja rasteder

die **Spannung U in Volt**
la tension U en volts
напряжение u в вольтах
voltaj U bi Voltê

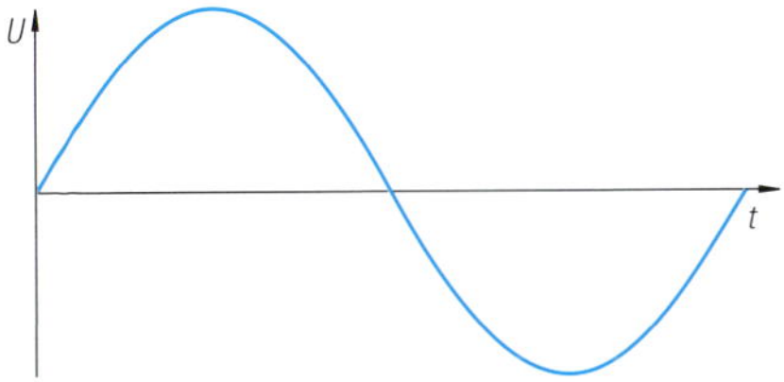
U
t

die **Wechselspannung**
la tension alternative
переменное напряжение
voltaja guherbar

die **Zeit t in Sekunden**
le temps t en secondes
время t в секундах
dem t bi saniyeyan

4.2.4 Stromstärke – Intensité du courant - Сила тока - Hêza ceyranê

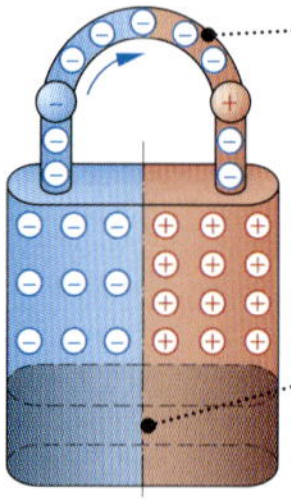

der **Stromfluss**
le flux de courant
прохождение тока
herîna ceyranê

der **Ladungsausgleich**
l'équilibre des charges
компенсация заряда
hevsengiya barê

die **elektrische Stromstärke,**
umg der **Strom**
l'intensité du courant électrique
сила электрического тока
hêza ceyrana elektrîkî

-
+

der **Elektronenfluss von – nach +**
le flux d'électrons de - vers +
поток электронов от "-" к "+"
herîna elektronan ji - ber bi +

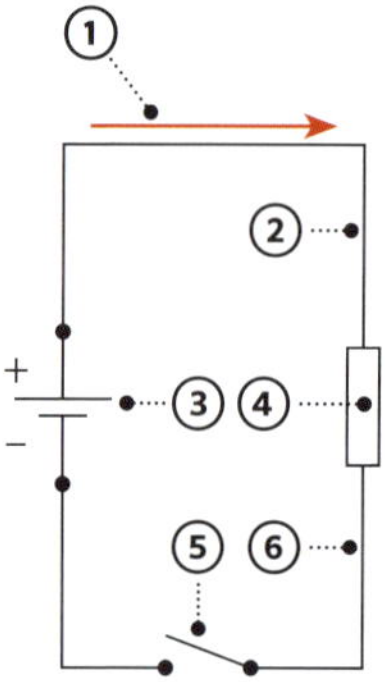

1
2
+
−
3
4
5
6

① die **technische Stromrichtung**
le sens du courant
техническое направление тока
aliyê teknîkî yê ceyranê

② der **Hinleiter**
la conduite d'amenée
прямой провод
rêya çûyînê

③ die **Spannungsquelle**
la source de tension
источник напряжения
çavkaniya voltajê

④ das **elektrische Betriebsmittel,**
umg der **Verbraucher**
le matériel électrique
электрооборудование
amûrê kariya elektrîkî

⑤ der **Schalter**
l'interrupteur
переключатель
bişkok

⑥ **der Rückleiter**
le conducteur de retour
обратный провод
rêya vegerê

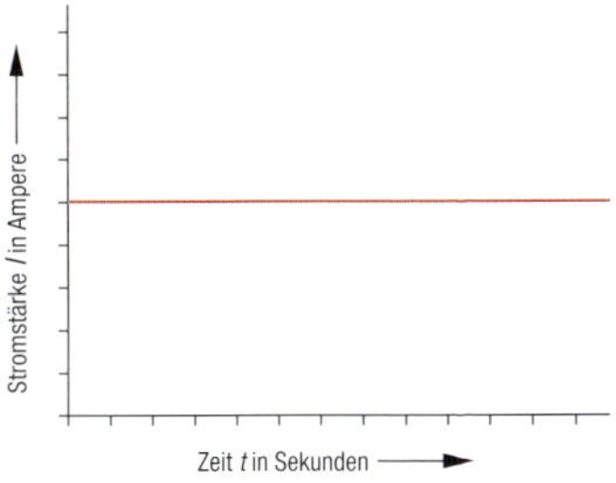
Stromstärke I in Ampere
Zeit t in Sekunden

die **Stromstärke I in Ampere**
l'intensité du courant I en ampères
сила тока I в амперах
hêza ceyranê I bi Ampêrê

der **Gleichstrom**
le courant continu
постоянный ток
ceyrana rasteder

die **Zeit t in Sekunden**
le temps t en secondes
время t в секундах
dem t bi saniyeyan

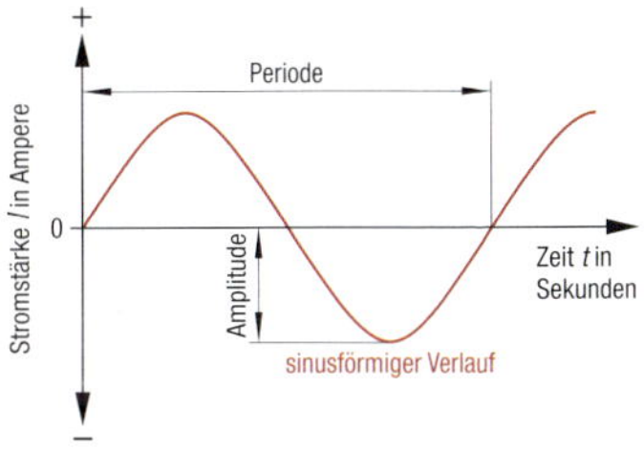
+
Periode
0
Stromstärke I in Ampere
Amplitude
Zeit t in Sekunden
sinusförmiger Verlauf
–

die **Stromstärke I in Ampere**
l'intensité du courant I en ampères
сила тока I в амперах
hêza ceyranê I bi Ampêrê

der **Wechselstrom**
le courant alternatif
переменный ток
ceyrana guherbar

die **Zeit t in Sekunden**
le temps t en secondes
время t в секундах
dem t bi saniyeyan

die **Amplitude**
l'amplitude
амплитуда
amplitude

die **Periode**
la période
период
heyam

der **sinusförmige Verlauf**
l'évolution sinusoïdale
синусоидальная кривая
rêveçûna sînusî

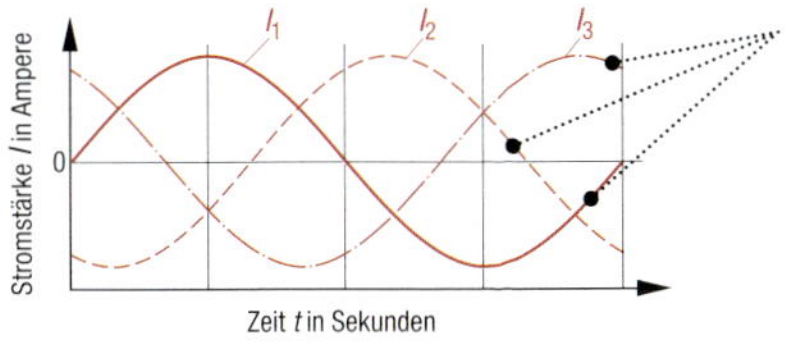
I_1
I_2
I_3
Stromstärke I in Ampere
0
Zeit t in Sekunden

die **Phase**
la phase
фаза
faz

der **Dreiphasen-Wechselstrom,** *umg* der **Drehstrom**
le courant alternatif triphasé
трехфазный переменный ток
ceyrana guherbar a sê-fazî

4.2.5 Elektrischer Widerstand – Résistance électrique - Электрическое сопротивление - Berxwedana elektrîkî

der **elektrische Widerstand**
la résistance électrique
электрическое сопротивление
berxwedana elektrîkî

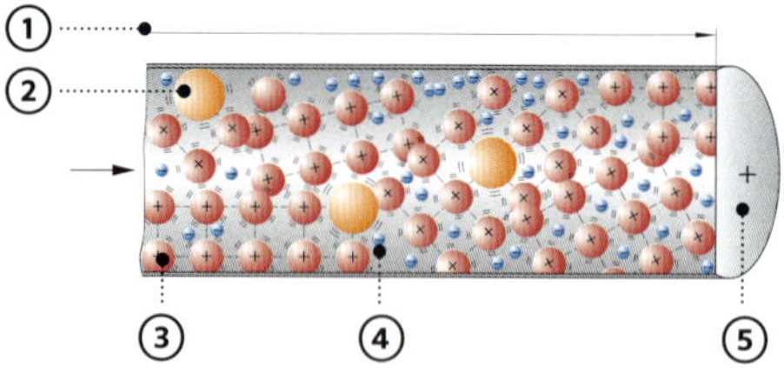

①
②
③
④
⑤
+

① die **Leiterlänge**
la longueur du conducteur
длина проводника
dirêjahiya rêderî

② das **Fremdatom**
l'atome étranger
примесный атом
atoma biyanî

③ das **Metall-Ion**
le métal-ion
ион металла
îyona metalê

④ das **frei bewegliche Elektron**
l'électron libre
свободный электрон
elektrona bi azadî livok

⑤ der **Leiterquerschnitt**
la section du conducteur
поперечное сечение проводника
navbirra rêderî

Merke:

$$I = \frac{U}{R} \qquad U = R \cdot I \qquad R = \frac{U}{I}$$

das **Ohmsche Gesetz**
la loi d'Ohm
закон Ома
yasaya Ohmê

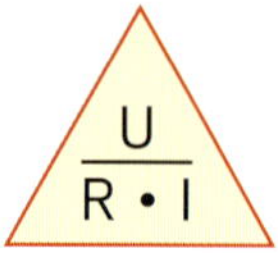

U
R • I

das **U-R-I-Dreieck**
le triangle U-R-I
треугольник Ома
sêgoşeya U-R-I

die **Widerstandskennlinie**
la courbe de résistance
характеристика сопротивления
rêza taybetmendiya berxwedanê

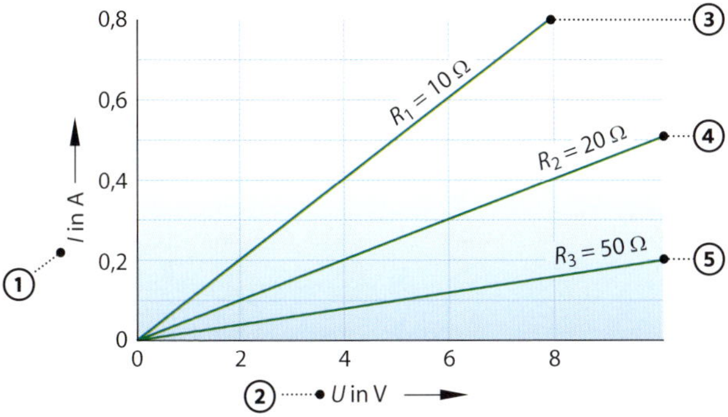
0,8
0,6
0,4
0,2
0
I in A
0
2
4
6
8
U in V
R1 = 10 Ω
R2 = 20 Ω
R3 = 50 Ω
1
2
3
4
5

① die **Stromstärke I in Ampere**
l'intensité du courant I en ampères
сила тока I в амперах
hêza ceyranê I bi Ampêrê

② die **Spannung U in Volt**
la tension U en volts
напряжение U в вольтах
voltaj U bi Voltê

③ der **Widerstand R_1 = 10 Ohm**
la résistance R_1 = 10 Ohm
сопротивление R_1 = 10 Ом
berxwedan R_1 = 10 Ohm

④ der **Widerstand R_2 = 20 Ohm**
la résistance R_2 = 20 Ohm
сопротивление R_2 = 20 Ом
berxwedan R_2 = 20 Ohm

⑤ der **Widerstand R_3 = 50 Ohm**
la résistance R_3 = 50 Ohm
сопротивление R_3 = 50 Ом
berxwedan R_3 = 50 Ohm

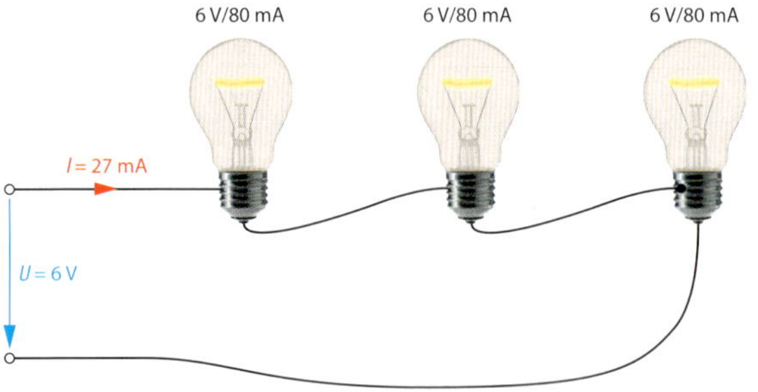
6 V/80 mA
6 V/80 mA
6 V/80 mA
I = 27 mA
U = 6 V

die **Reihenschaltung**
le montage en série
последовательное соединение
girêdana rêzokî

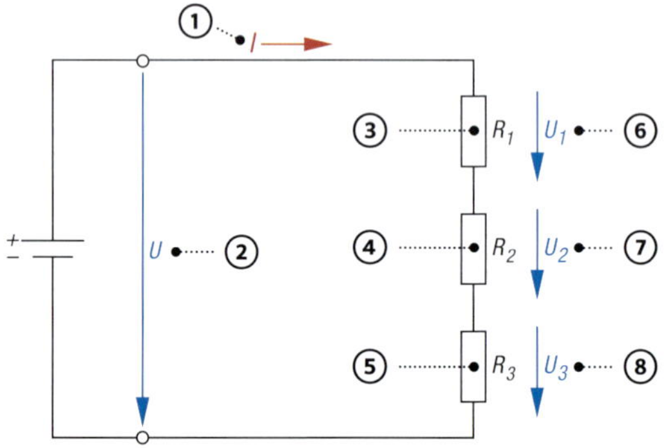
1
I
2
U
3
R1
U1
6
4
R2
U2
7
5
R3
U3
8
+
–

① die **Gesamtstromstärke I**
l'intensité totale du courant I
общая сила тока I
hêza ceyranê ya giştî I

② die **Gesamtspannung U**
la tension totale U
полное напряжение U
voltaja giştî U

③ der **Widerstand R_1**
la résistance R_1
сопротивление R_1
berxwedan R_1

④ der **Widerstand R_2**
la résistance R_2
сопротивление R_2
berxwedan R_2

⑤ der **Widerstand R_3**
la résistance R_3
сопротивление R_3
berxwedan R_3

⑥ die **Teilspannung U_1**
la tension partielle U_1
частичное напряжение U_1
voltaja beşî U_1

⑦ die **Teilspannung U_2**
la tension partielle U_2
частичное напряжение U_2
voltaja beşî U_2

⑧ die **Teilspannung U_3**
la tension partielle U_3
частичное напряжение U_3
voltaja beşî U_3

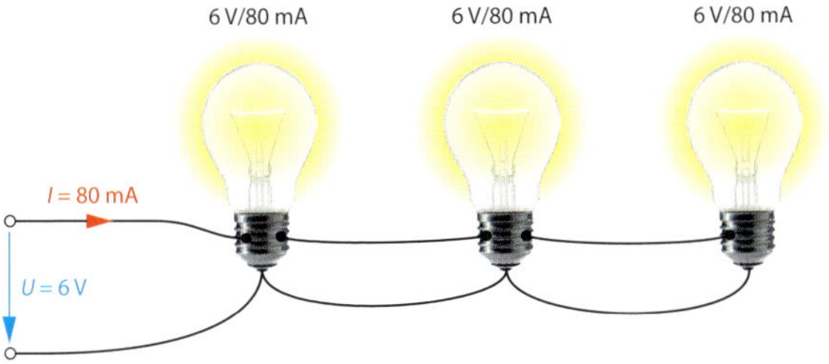

6 V/80 mA
6 V/80 mA
6 V/80 mA
I = 80 mA
U = 6 V

die **Parallelschaltung**
le montage en parallèle
параллельное соединение
girêdana hevdemî

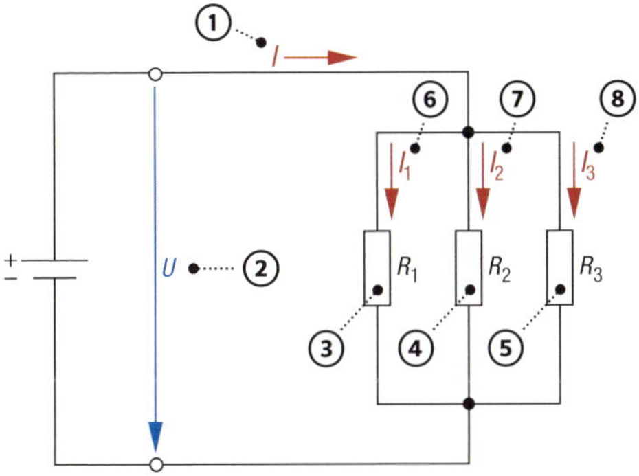

1
I
2
U
6
7
8
I1
I2
I3
R1
R2
R3
3
4
5
+
–

① die **Gesamtstromstärke I**
l'intensité totale du courant I
общая сила тока I
hêza ceyranê ya giştî I

② die **Gesamtspannung U**
la tension totale U
полное напряжение U
voltaja giştî U

③ der **Widerstand R_1**
la résistance R_1
сопротивление R_1
berxwedan R_1

④ der **Widerstand R_2**
la résistance R_2
сопротивление R_2
berxwedan R_2

⑤ der **Widerstand R_3**
la résistance R_3
сопротивление R_3
berxwedan R_3

⑥ die **Teilstromstärke I_1**
l'intensité partielle du courant I_1
сила частичного тока I_1
hêza ceyranê ya beşî I_1

⑦ die **Teilstromstärke I_2**
l'intensité partielle du courant I_2
сила частичного тока I_2
hêza ceyranê ya beşî I_2

⑧ die **Teilstromstärke I_3**
l'intensité partielle du courant I_3
сила частичного тока I_3
hêza ceyranê ya beşî I_3

die **Kabeltrommel**
le tambour de câble
кабельный барабан
makarayê kabloyê

der **Verbraucher**
le consommateur
потребитель
bikaranînerê

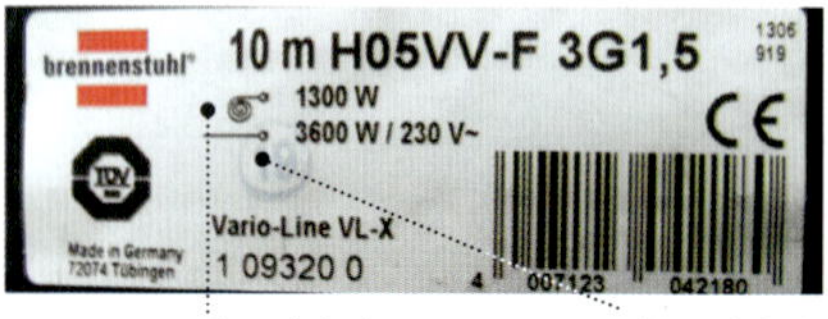
brennenstuhl
10 m H05VV-F 3G1,5
1306
919
1300 W
3600 W / 230 V~
Vario-Line VL-X
1 09320 0
Made in Germany
72074 Tübingen

das **Typenschild einer Kabeltrommel**
la plaque signalétique d'un tambour de câble
фирменная табличка кабельного барабана
plaka taybetmendiya makarayê kabloyê

aufgewickelt
enroulé
намотан
pêçayî

abgewickelt
déroulé
размотан
vekirî

4.2.6 Elektrische Leistung – Puissance électrique - Электрическая мощность - Hêza elektrîkî

GBM 1600 RE 3 601 AB0 0K0
220-240 V~ 50/60 Hz 850 W
n₀ 0-630 /min ø max. 16 mm
16 40
Made in China 7K1
603001190 2016
Robert Bosch GmbH
70764 Leinfelden-Echterdingen
GERMANY

das **Typenschild einer Handbohrmaschine**
la plaque signalétique d'une perceuse à main
фирменная табличка ручной дрели
plaka taybetmendiya makîneya qulkirinê ya destî

die **Einheit Watt** *(W)*
l'unité watt
ватт, ед. измерения
yekeya Watt

die **elektrische Leistung** *(P)*
la puissance électrique
электрическая мощность
hêza elektrîkî

4.2.7 Elektrische Arbeit - Travail électrique - Работа по переносу электрического заряда - Xebata elektrîkî

FUJITSU
kWh
0.231
ESPRIMO

die **Einheit Kilowattstunde** *(kWh)*
l'unité kilowattheure
квт-ч, ед. измерения
yekeya kîlowatsaet

die **elektrische Arbeit** *(W)*
le travail électrique
работа по переносу электрического заряда
xebata elektrîkî

Elektrozähler - Vertrieb
000013
kWh
AEG Wechselstromzähler
Nr 35 307 245
1975

der **Stromzähler**
le compteur d'électricité
счетчик электроэнергии
pîverê ceyranê

die **Einheit Kilowattstunde** *(kWh)*
l'unité kilowattheure
квт-ч, ед. измерения
yekeya kîlowatsaet

die **elektrische Arbeit** *(W)*
le travail électrique
работа по переносу электрического заряда
xebata elektrîkî

4.2.8 Steckerverbindungen - Connexions des fiches - Штекерные разъемы - Girêdanên fîşan

der **Schutzkontakt**
le contact de protection
защитный контакт
kontakta parastinê

der **Schuko-Stecker**
la prise Schuko
разъем Schuko
fîşa Schuko

die **Schutzklasse 1**
la classe de protection 1
класс защиты 1
pola parastinê 1

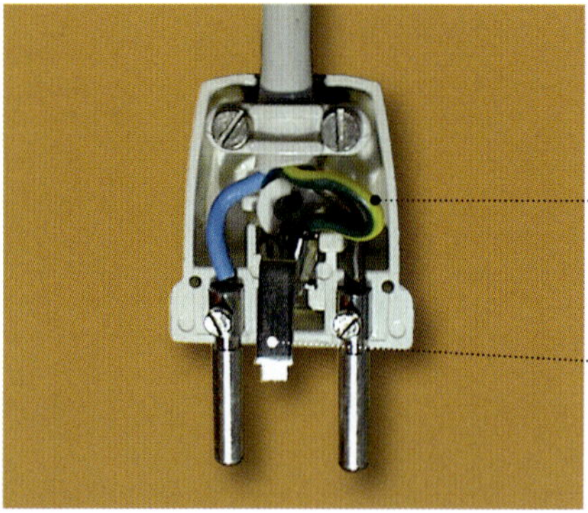

der **Schuko-Stecker**
la prise Schuko
разъем Schuko
fîşa Schuko

der **Schutzleiter**
le conducteur de protection
защитный проводник
rêderê parastinê

der **Schutzkontakt**
le contact de protection
защитный контакт
kontakta parastinê

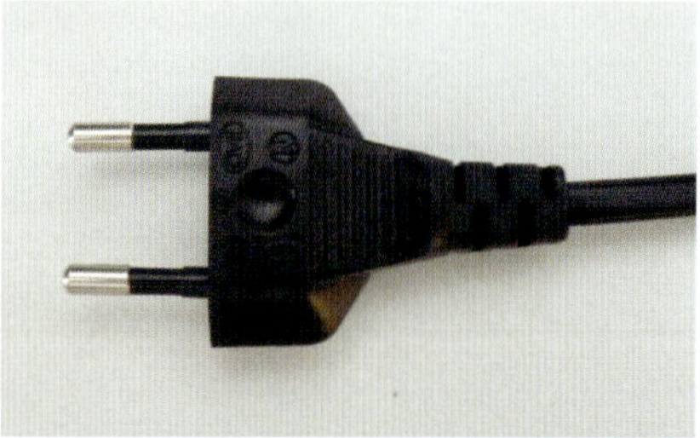

der **Flachstecker**
la fiche plate
разъем с плоским контактом
fîşa pan

die **Schutzklasse 2**
la classe de protection 2
класс защиты 2
pola parastinê 2

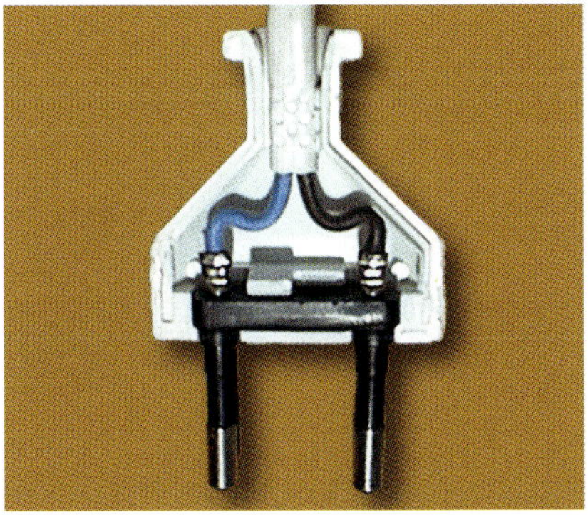

der Stecker
la fiche
разъем
fîş

ohne Schutzleiter
sans conduteur de protection
без защитного провода
bê rêderê parastinê

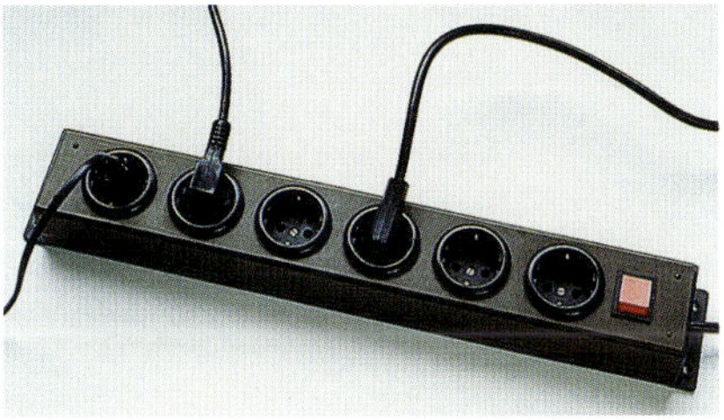

die **Schuko-Steckdosenleiste**
la prise multiple Schuko
сетевой разветвитель (разъемы Schuko)
şerîta prizê ya Schuko

die **Steckdose**
la prise de courant
гнездовая колодка
prizê elektrîkê

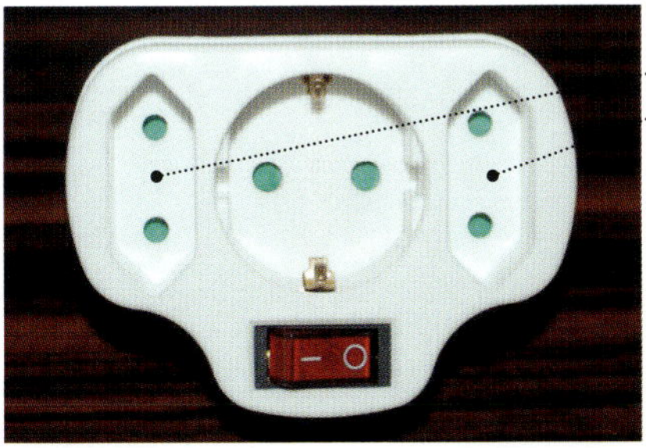

die **Steckdose für Flachstecker**
la prise pour fiche plate
гнездовая колодка
(разъем с плоским контактом)
prizê elektrîkê ji bo fîşa pan

ohne Schutzkontakt
sans contact de protection
без защитного контакта
bê kontakta parastinê

CEE-Steckvorrichtungen – Prises de courant CEE - Штекерные разъемы стандарта CEE - Amûrên fîşkirinê yên CEE

RECHTS

die **Einphasen-Wechselspannung**
la tension alternative monophasé
однофазное переменное напряжение
voltaja guherbar a yekfazî

3-polig
3 pôles
3 контакта
3-pol

das **230-V-Netz**
le réseau 230 V
сеть напряжением 230 В
tora 230-V

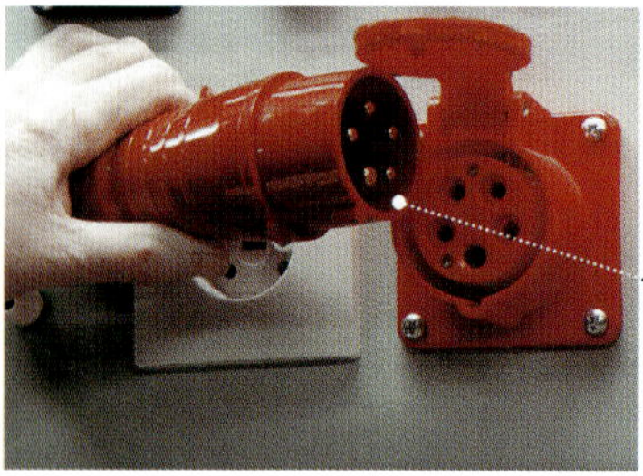

die **Dreiphasen-Wechselspannung,**
umg der **Starkstrom**
la tension alternative triphasée
трехфазное переменное напряжение
voltaja guherbar a sêfazî

der **5-polige CEE-Stecker**
la fiche CEE à 5 pôles
5-контактный разъем стандарта CEE
fîşa CEE ya 5-pol

das **400-V-Netz**
le réseau 400 V
сеть напряжением 400 В
tora 400-V

die **Schuko-Steckdose**
la prise Schuko
гнездовая колодка Schuko
prizê Schuko

die **CEE-Steckdose**
la prise
гнездовая колодка стандарта CEE
prizê CEE

4.2.9 Elektrische Leitungen - Câbles électriques - Электропровода - Rêderên elektrîkî

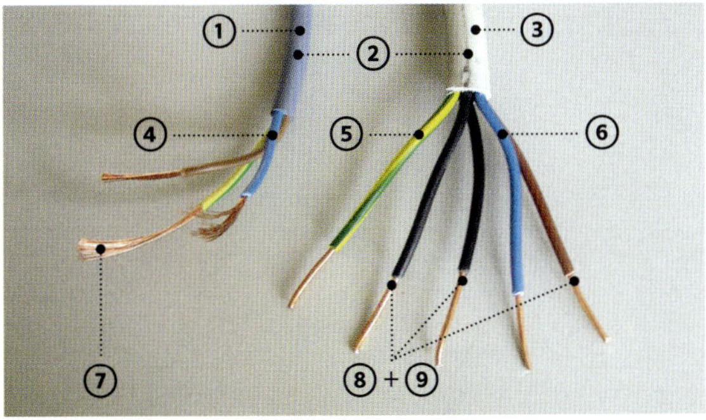

1
2
3
4
5
6
7
8 + 9

die **elektrische Leitung**
la ligne électrique
электрический провод
rêdera elektrîkî

① **3-adrig**
3 fils
трехжильный
3-damarî

② das **isolierte Kabel**
le câble isolé
изолированный кабель
kabloya îzolekirî

③ **5-adrig**
5 fils
пятижильный
5-damarî

④ die **Isolierhülle**
l'enveloppe isolante
изолирующая оболочка
qaşa îzoleyê

⑤ der **Schutzleiter**
le conducteur de protection
защитный проводник
rêderê parastinê

⑥ der **Neutralleiter,** *umg* der **Nullleiter**
le conducteur neutre
нейтральный проводник
rêderê nötralî

⑦ die **Kupferlitze**
le fil de cuivre
медная жила
xava misî

⑧ der **stromführende Leiter**
le conducteur sous tension
токоведущий провод
rêderê guhêzêrê ceyranê

⑨ die **Phase**
la phase
фаза
faz

die **Mantelleitung**
le câble sous gaine
провод с оболочкой
rêdera qalikan

4.3 SPANNUNGSERZEUGUNG - GÉNÉRATION DE TENSION - ФОРМИРОВАНИЕ НАПРЯЖЕНИЯ - ÇÊKIRINA VOLTAJÊ

VARTA

die **Batterie**
la batterie
батарея
pîl

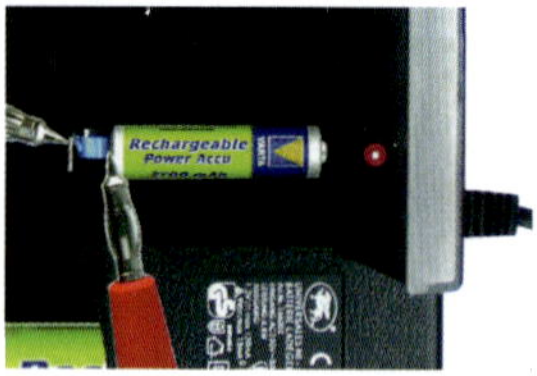
Rechargeable
Power Accu

der **Akkumulator,**
umg der **Akku**
l'accumulateur
аккумулятор
akumulator

die **Akku-Bohrmaschine**
la perceuse sans fil
аккумуляторная дрель
makîneya qulkirinê ya bateriyî

BOSCH
36Volt

der **Akkumulator,**
umg der **Akku**
l'accumulateur
аккумулятор
akumulator

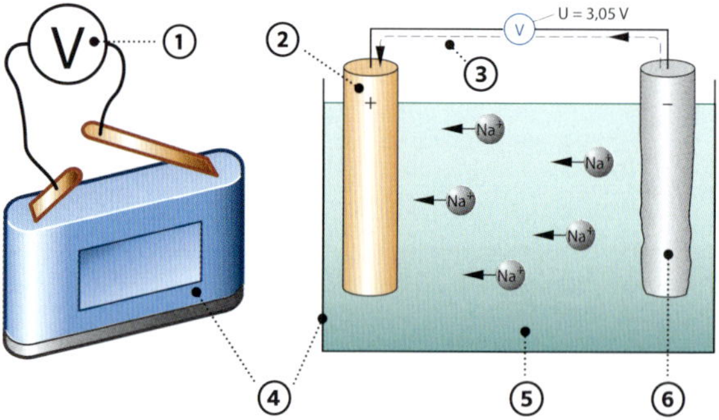
V
1
2
U = 3,05 V
V
3
+
−
Na+
Na+
Na+
Na+
Na+
4
5
6

① das **Spannungsmessgerät**
le voltmètre
измеритель напряжения
amûra pîvana voltajê

② das **Kupfer**
le cuivre
медь
mis

③ der **Elektronenfluss**
le flux d'électrons
поток электронов
herîna elektronan

④ das **galvanische Element**
l'élément galvanique
гальванический элемент
rêzeya galvanîkî

⑤ der **Elektrolyt**
l'électrolyte
электролит
elektrolît

⑥ das **Natrium**
le sodium
натрий
sodyûm

die **Solarzelle**
la cellule solaire
солнечный элемент
şaneya rojê

DYMOTEC
b:m

der **Dynamo**
la dynamo
генератор постоянного тока
dînamo

MITSUBISHI

der **mobile Generator**
le générateur mobile
мобильный генератор
jeneratora mobîl

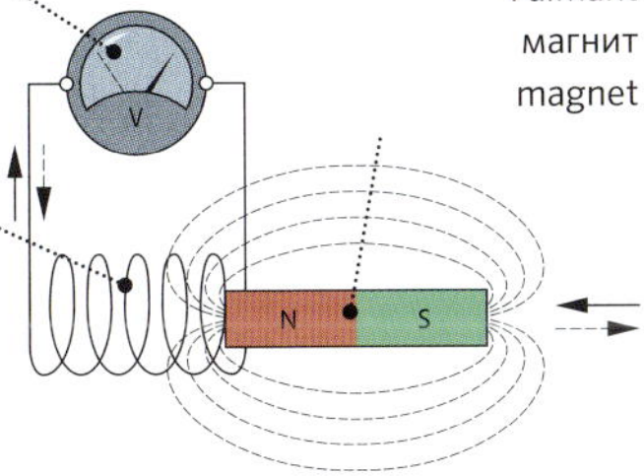
V
N
S

das **Spannungsmessgerät**
le voltmètre
измеритель напряжения
amûra pîvana voltajê

die **Spule**
la bobine
катушка
pêç

der **Magnet**
l'aimant
магнит
magnet

das **Generatorprinzip**
le principe du générateur
принцип работы генератора
prensîpa jeneratorê

das **Transformatorprinzip**
le principe du tranformateur
принцип работы трансформатора
prensîpa transformatorê

YARD SV 263
CEMONT
ELMAG

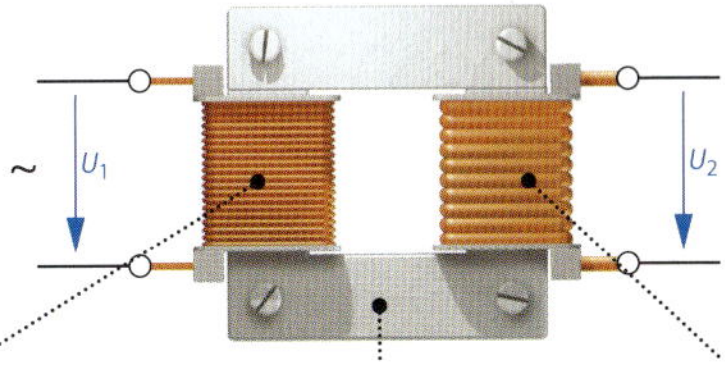
~
U_1
U_2
~

der **Schweißtransformator**
le transformateur de soudage
сварочный трансформатор
tranformatorê tevşoyê

die **Primärspule**
la bobine primaire
первичная катушка
pêça avil

der **Eisenkern**
le noyau de fer
ферромагнитный сердечник
dendika hesinî

die **Sekundärspule**
la bobine secondaire
вторичная катушка
pêça duyemîn

4.4 SPANNUNGSUNTERBRECHUNG - COUPURE DE TENSION - ПРЕРЫВАНИЕ НАПРЯЖЕНИЯ - QUTKIRINA VOLTAJÊ

4.4.1 Schalterarten - Types d'interrupteurs - Типы переключателей - Cureyên bişkokan

der **Drehschalter**
le commutateur rotatif
поворотный переключатель
bişkoka wergerê

der **Kippschalter**
l'interrupteur à bascule
тумблер
bişkoka alqevedan

der **Wippschalter**
l'interrupteur à bascule
выключатель с шатунным приводом
bişkoka hejmêrê

4.4.2 Sicherungen - Fusibles - Предохранители - Ewlekarî

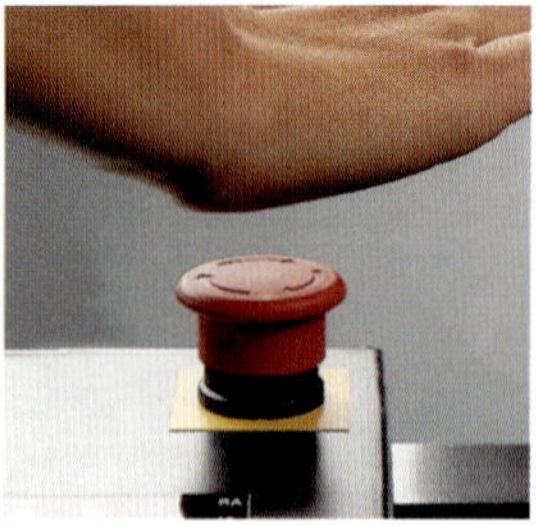

der **Not-Aus-Schalter**
le bouton d'arrêt d'urgence
аварийный выключатель
bişkoka rawestana-acîl

der **Motorschutzschalter**
le disjoncteur de protection du moteur
защитный автомат электродвигателя
bişkoka parastina motorê

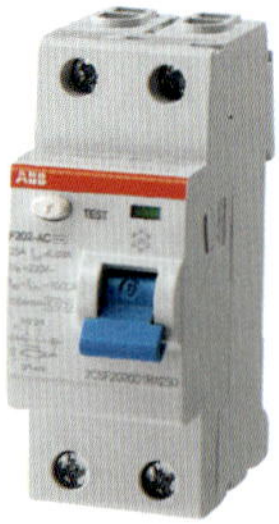

der **Fehlerstromschutzschalter**, *umg* der **FI-Schutzschalter**
le disjoncteur différentiel
дифференциальное защитное устройство
bişkoka parastina şaşitiyê ya ceyranê

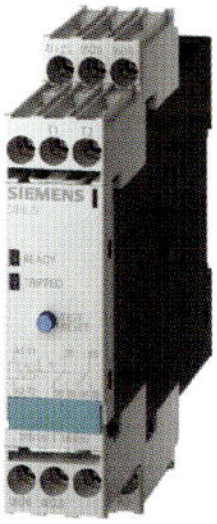
SIEMENS

das **Schutzrelais**
le relais de protection
защитное реле
rîleyê parastinê

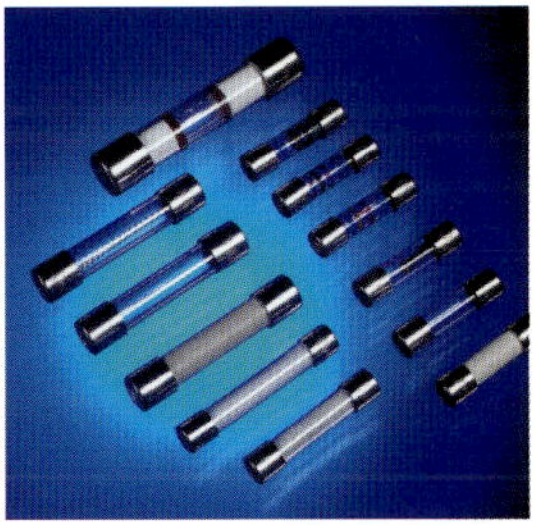

die **Feinsicherung**
le fusible de précision
предохранитель на малую силу тока
ewlekariya hurnik

der **Sicherungsautomat**
le disjoncteur automatique
автоматический выключатель
otomata ewlekariyê

der **Stromzähler**
le compteur électrique
счетчик электроэнергии
pîverê ceyranê

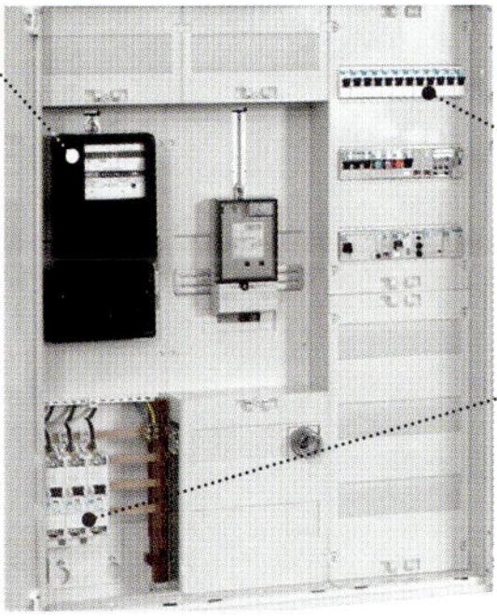

die **Hausabnehmeranlage**
l'installation de prélèvement domestique
домовая потребительская установка
dezgeha malbatê

die **Sicherung**
le fusible
предохранитель
ewlekarî

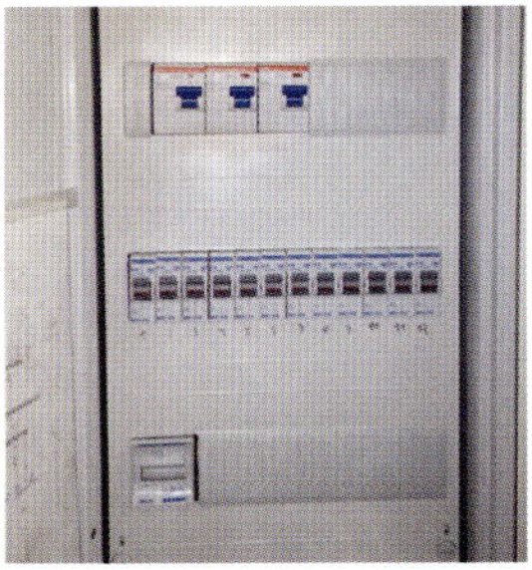

der **Unterverteiler,**
umg der **Sicherungskasten**
le sous-distributeur
распределительный шкаф
beşkera jêrîn

die **RCD-Fehlerstromschutzeinrichtung,**
umg der **FI-Schutzschalter**
le dispositif de protection contre les courants de défaut RCD
устройство дифференциальной защиты
pergala parastina şaşitiyê ya ceyranê ya RCD

der **Netzanschluss**
le raccordement au réseau
питание от сети
girêdana torê

der **Schalter**
l'interrupteur
переключатель
bişkok

der **Verbraucheranschluss**
le raccordement
des consommateurs
присоединение потребителя
girêdana bikaranînerê

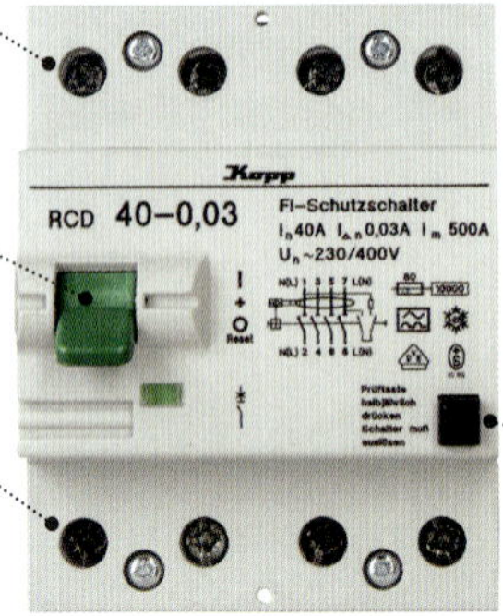
Kopp
RCD 40–0,03
FI-Schutzschalter
I_n 40A $I_{\Delta n}$ 0,03A I_m 500A
U_n ~230/400V
Reset

die **Prüftaste**
le bouton de contrôle
пробная кнопка
bişkoka taqîkirinê

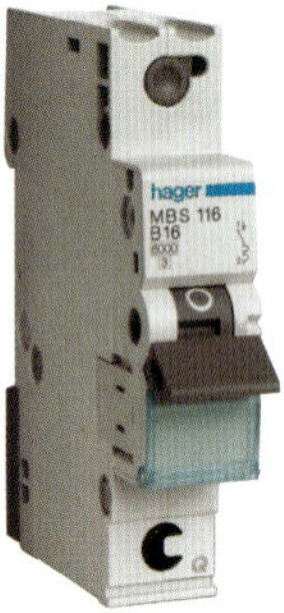
hager
MBS 116
B16
6000

der **Leitungsschutzschalter**
le disjoncteur de protection
de ligne
линейный защитный автомат
bişkoka parastina rêderê

DIN
6A
gF
Sicherung
20A
380V~
250V

die **Schmelzsicherung**
le fusible de protection
плавкий предохранитель
ewlekariya heliyayî

4.5 MESSEN - MESURER - ИЗМЕРЕНИЕ - PÎVANDIN

4.5.1 Messgeräte - Instruments de mesure - Измерительные приборы - Amûrên pîvanê

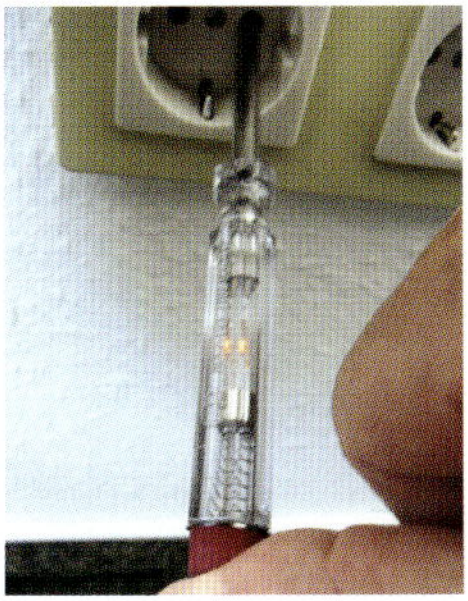

der **einpolige Spannungsprüfer,**
umg der **Phasenprüfer**
le testeur de tension unipolaire
однополюсный индикатор напряжения
taqîkerê voltajê yê yekpol

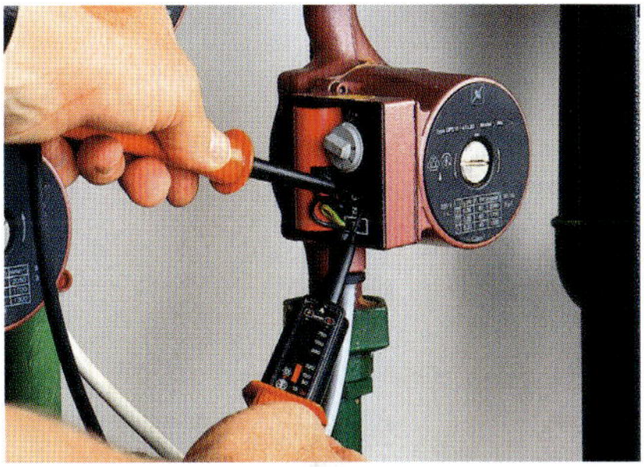

der **zweipolige Spannungsprüfer,**
umg der **Dipol**
le testeur de tension bipolaire
двухполюсный индикатор напряжения
taqîkerê voltajê yê dupol

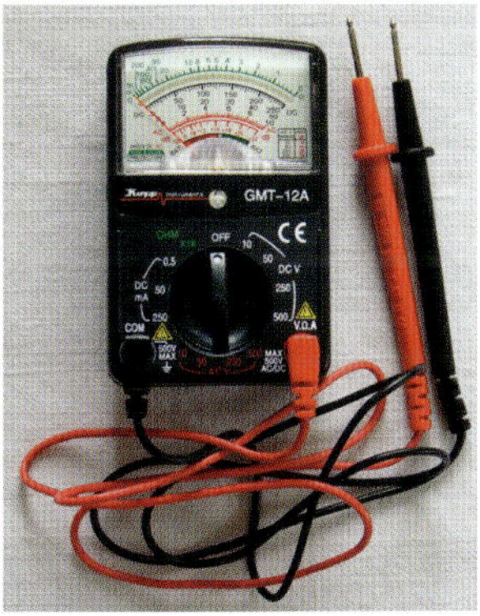
GMT-12A

das **analoge Vielfachmessgerät,**
umg das **Multimeter**
le multimètre analogique
аналоговый универсальный измерительный прибор
amûra pîvanê ya pirfunksiyon a analogî

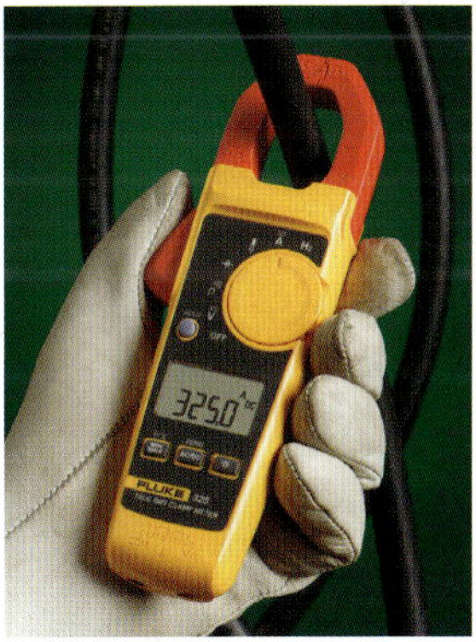

das **Zangenstrommessgerät,**
umg die **Strommesszange**
la pince ampèremétrique
токоизмерительные клещи
amûra pîvana ceyranê ya gezikî

digital
numérique
цифровой
dîjîtal

das **Vielfachmessgerät,**
umg das **Multimeter**
le multimètre
Универсальный измерительный прибор
amûra pîvana pirfunksiyon

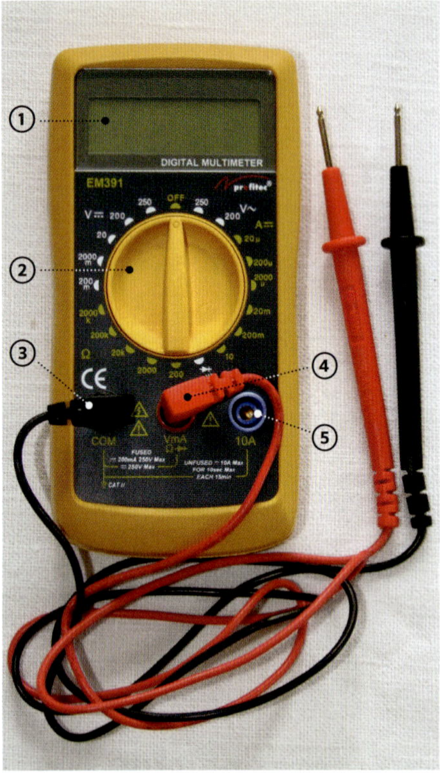
①
②
③
④
⑤
DIGITAL MULTIMETER
EM391
OFF
COM
10A

① das **Display**
l'écran
дисплей
dîsplay

② der **Funktions- und Messbereichswählschalter**
le sélecteur de fonction et de plage de mesure
переключатель функций и областей измерения
bişkoka hilbijêrê ya fonksiyon û qada pîvanê

③ die **Minuspol-Buchse**
la prise pôle négatif
разъем с минусовым полюсом
fîşa qutba neyînî

④ die **Pluspol-Buchse bis max. 200 Milliampere**
la prise pôle positif jusqu'à 200 milliampères max.
разъем с плюсовым полюсом, макс. 200 миллиампер
fîşa qutba erênî heta max. 200 mîlîampêr

⑤ die **Pluspol-Buchse bis 10 Ampere**
la prise pôle positif jusqu'à 10 ampères
разъем с плюсовым полюсом, до 10 ампер
fîşa qutba erênî heta 10 ampêr

das **Zählwerk**
le compteur
счетный механизм
pîver

die **Zählscheibe**
le disque de comptage
диск-счетчик
dîska pîvanê

Elektrozähler - Vertrieb
kWh
AEG Wechselstromzähler
Form A41G1
Nr 35 307 245
1975

der **Wechselstromzähler**
le compteur de courant alternatif
однофазный счетчик переменного тока
pîverê ceyrana guherbar

kWh
AEG
Drehstromzähler

der **Drehstromzähler**
le compteur de courant triphasé
счетчик трехфазного тока
pîverê ceyrana sêfazî

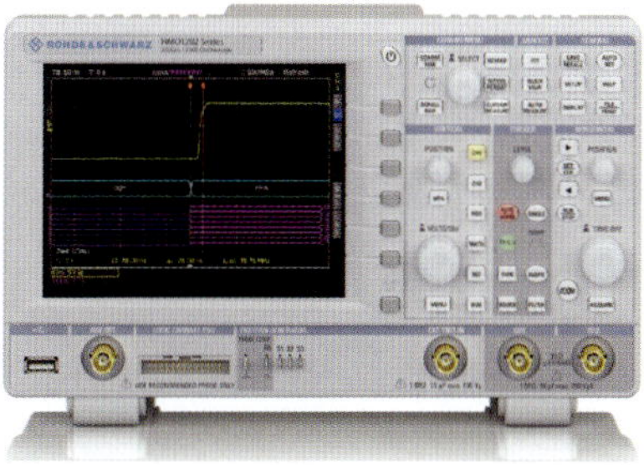
ROHDE&SCHWARZ

das **Oszilloskop**
l'oscilloscope
осциллограф
osîloskop

4.5.2 Messungen - Mesures - Измерения - Pîvan

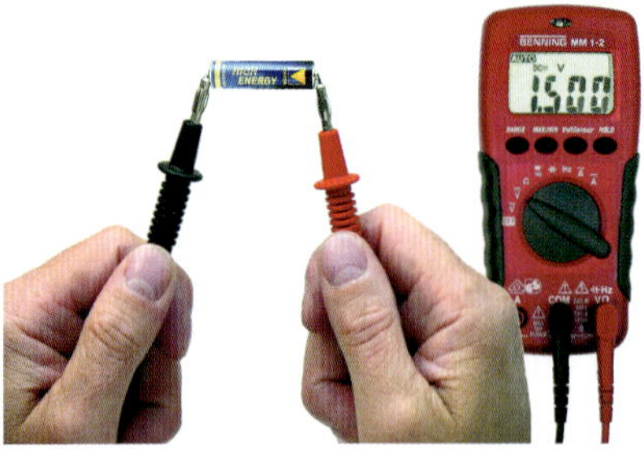
BENNING MM 1-2
AUTO
RANGE
HOLD
COM

die **Spannungsmessung**
la mesure de la tension
измерение напряжения
pîvana voltajê

die **Parallelschaltung**
le montage en parallèle
параллельное соединение
girêdana hevdemî

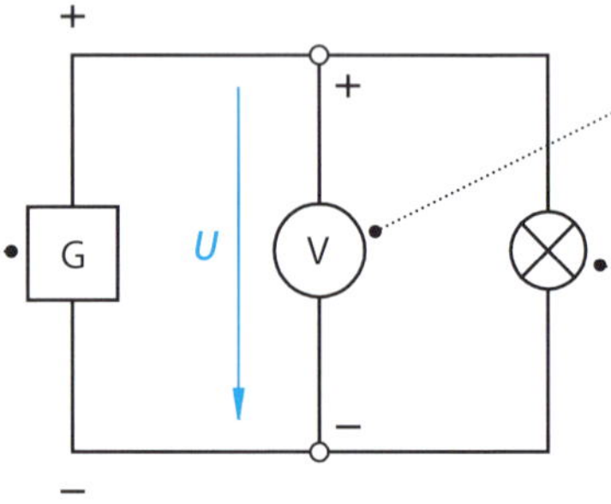
+
+
G
U
V
−
−

die **Stromquelle**
la source de courant
источник тока
çavkaniya ceyranê

das **Messgerät**
l'appareil de mesure
измерительный прибор
amûra pîvanê

der **Verbraucher**
le consommateur
потребитель
bikaranîner

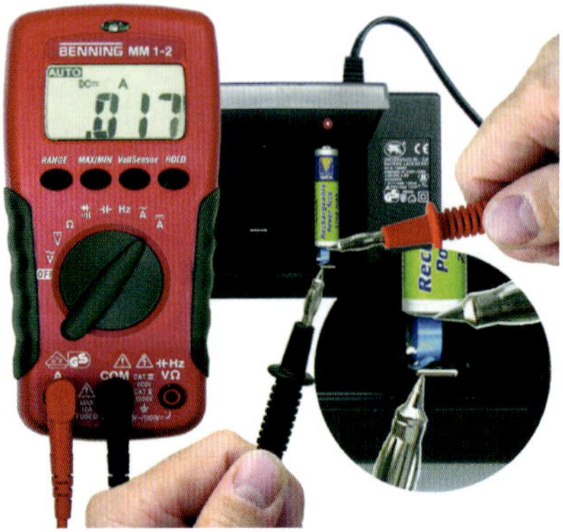
BENNING MM 1-2
AUTO
RANGE MAX/MIN VoltSensor HOLD
OFF
COM
VΩ

die **Stromstärkemessung,**
umg die **Strommessung**
la mesure de l'intensité du courant
измерение силы тока
pîvana hêza ceyranê

die **Reihenschaltung**
le montage en série
последовательное соединение
girêdana rêzokî

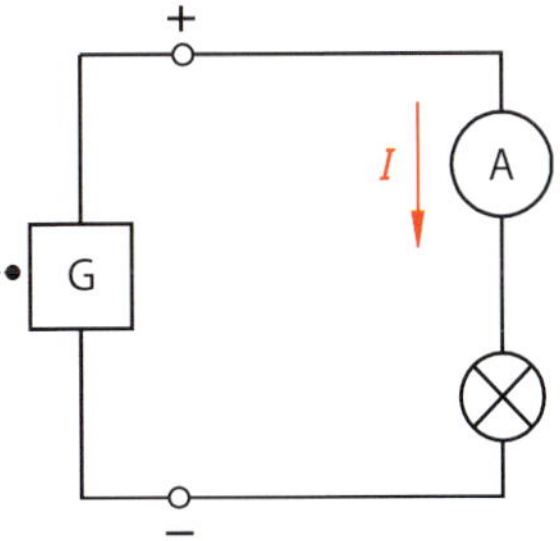

+
I
A
G
−

die **Stromquelle**
la source de courant
источник тока
çavkaniya ceyranê

das **Messgerät**
l'appareil de mesure
измерительный прибор
amûra pîvanê

der **Verbraucher**
le consommateur
потребитель
bikaranîner

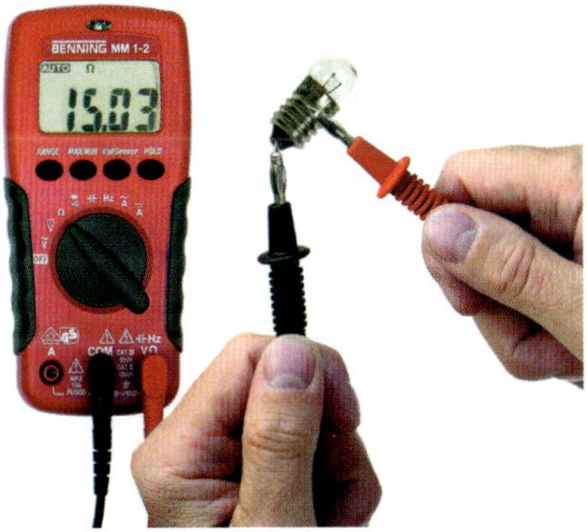

BENNING MM 1-2
AUTO
Ω
15.03
RANGE
HOLD
OFF
COM

die **Widerstandsmessung**
la mesure de la résistance
измерение сопротивления
pîvana berxwedanê

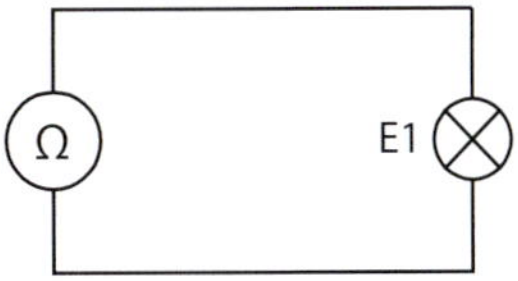

Ω
E1

das **Messgerät**
l'appareil de mesure
измерительный прибор
amûra pîvanê

der **Verbraucher**
le consommateur
потребитель
bikaranîner

4.6 ELEKTROANSCHLÜSSE IN SANITÄRRÄUMEN – RACCORDEMENTS ÉLECTRIQUES DANS LES LOCAUX SANITAIRES - ЭЛЕКТРИЧЕСКИЕ СОЕДИНЕНИЯ В САНИТАРНО - БЫТОВЫХ ПОМЕЩЕНИЯХ - GIRÊDANÊN ELEKTRÎKÎ DI ODEYÊN SANITARÊ DE

Schutzbereiche – Zones protégées - Защищенные зоны - Herêmên parastinê

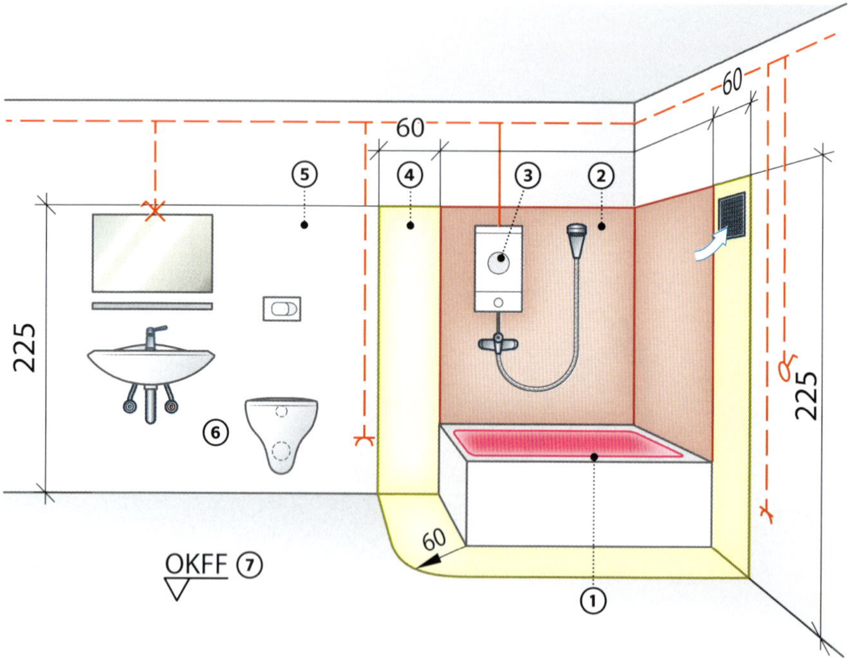

60
60
60
60
225
225
① ② ③ ④ ⑤ ⑥
OKFF ⑦

Maße in cm ⑧

① der **Schutzbereich 0, keine Schalt- und Steuergeräte**
la zone de protection 0, pas d'appareils de commutation et de commande
защищенная зона 0, приборы для переключения и управления отсутствуют
herêma parastinê 0, tu amûrên guhêrîn û kontrolê

② der **Schutzbereich 1, nur Verbrauchsmittel Schutzklasse IPX4 mit SELV- oder PELV Kleinspannungsschutz, Stromquelle außerhalb**
la zone de protection 1, consommables uniquement classe de protection IPX4 avec protection contre les très basses tensions SELV ou PELV, source de courant à l'extérieur
защищенная зона 1, только средство потребления электроэнергии класса защиты ipx4 с защитой от малого напряжения (безопасного сверхнизкого или в заземленной цепи системы бснн), источник тока снаружи
herêma parastinê 1, tenê amûrên bikaranînê yên pola parastinê IPX4 bi SELV- an PELV parastina voltaja biçûk, çavkaniya ceyranê li derve

③ **z. B. elektrischer Wassererwärmer**
par ex. chauffe-eau électrique
например, электрический водоподогреватель
wek mînak germkerê avê yê elektrîkî

④ der **Schutzbereich 2, außer Steckdosen, alle Verbrauchsmittel der Schutzklasse IPX4**
la zone de protection 2, hors prises de courant, tous les consommables de la classe de protection IPX4
защищенная зона 2, кроме гнездовых колодок, все средства потребления электроэнергии класса защиты ipx4
herêma parastinê 2, ji bilî prizên elektrîkê, hemû amûrên bikaranînê yên pola parastinê IPX4

⑤ **außerhalb der Schutzzonen alle Verbrauchsmittel erlaubt**
en dehors des zones de protection, tous les consommables sont autorisés
кроме защищенных зон допускаются все средства потребления электроэнергии
li derveyî herêmên parastinê hemî amûrên bikaranînê destûrdar in

⑥ **kein Schutzbereich für WC's und Waschtische**
pas de zone de protection pour les WC et les lavabos
небольшая защищенная зона для санузлов и рукомойников
ti herêma parastinê ji bo tuwaletê û destşokê

⑦ die **Oberkante Fertig-Fußboden**
le bord supérieur du sol fini
уровень чистого пола
devê jorîn a erdê-temamkirî

⑧ **Maße in cm**
dimensions en cm
величина в см
pîvan bi cm

4.7 ELEKTRISCHE SCHUTZEINRICHTUNGEN – DISPOSITIFS DE PROTECTION ÉLECTRIQUE - ЗАЩИТНЫЕ ЭЛЕКТРИЧЕСКИЕ УСТРОЙСТВА - AMÛRÊN PARASTINA ELEKTRÎKÎ

Hausanschluss mit Hauptpotenzialausgleich – Branchement domestique avec liaison équipotentielle principale - Домовое присоединение с главным выравниванием потенциалов - Girêdana malê bi hevsengiya potansiyel a sereke

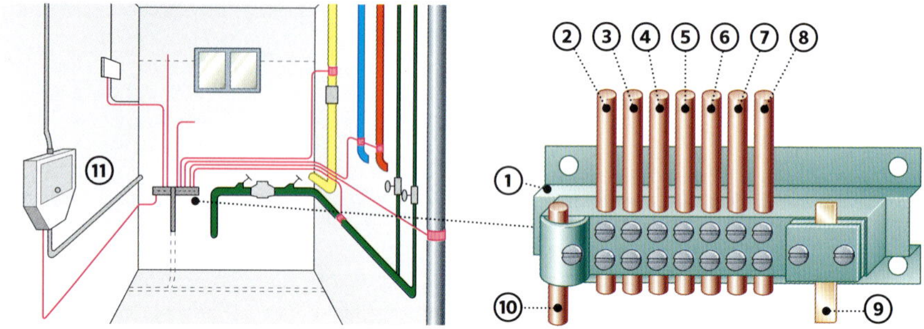
11
1
2
3
4
5
6
7
8
9
10

① die **Haupterdungsschiene**
le raccord de circuit de terre
главный заземляющий рельс
şîna bingehîn a erdkirinê

② **zu Heizungsrohren**
vers les tuyaux de chauffage
к трубам отопления
ber bi boriyên germkirinê

③ **zum Schutzleiter**
vers le conducteur de protection
к защитному проводнику
ber bi rêderê parastinê

④ **zu Überspannungsableitern**
vers les parafoudres
к ограничителям перенапряжений
ber bi derxerên zêdevoltajê

⑤ **zur Fernmeldeanlage**
vers le système de télécommunication
к устройству телесигнализации
ber bi pergala ragihandinê ya dûr

⑥ **zur Antenne**
vers l'antenne
к антенне
ber bi antenê

⑦ **zu Gasrohren**
vers les tuyaux de gaz
к газопроводам
ber bi boriyên gazê

⑧ **zu Wasserrohren**
vers les tuyaux d'eau
к водопроводу
ber bi boriyên avê

⑨ **zum Fundament**
vers les fondations
к фундаменту
ber bi bingeh

⑩ **zum Blitzschutz**
vers la protection contre la foudre
к грозовому разряднику
ber bi parastina birûskê

⑪ der **Potentialausgleichsleiter**
le conducteur d'équipotentialité
провод для уравнивания потенциалов
rêderê hevsengiya potansiyel

4.8 SCHALTZEICHEN - SIGNES DE COMMUTATION - СХЕМНОЕ ОБОЗНАЧЕНИЕ - NÎŞANÊN ŞEMATÎKÊ

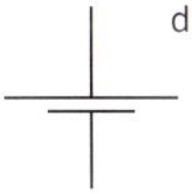

die **Spannungsquelle** *(allgemein)*
la source de courant
источник тока
çavkaniya voltajê

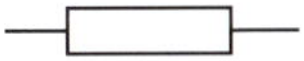

der **Widerstand**
la résistance
сопротивление
berxwedan

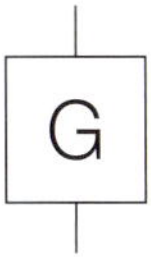
G

der **Generator**
le générateur
генератор
jenerator

der **veränderbare Widerstand,**
umg das **Potenziometer**
la résistance variable
переменное сопротивление
berxwedana guherbar

der **Gleichrichter**
le redresseur de courant
выпрямитель
rasteder

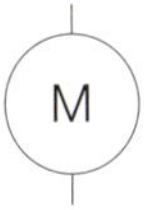
M

der **Elektromotor**
le moteur électrique
электродвигатель
motora elektrîkî

das **Netzanschlussgerät**
l'appareil de raccordement au réseau
сетевой блок питания
amûra girêdana torê

die **Lampe**
la lampe
лампа
lambe

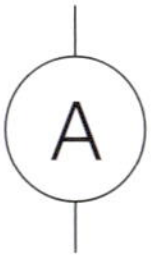
A

das **anzeigende Strommessgerät**
l'ampèremètre à affichage
прибор для измерения тока
amûra pîvana ceyranê ya nîşanker

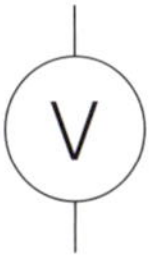
V

das **anzeigende Spannungsmessgerät**
le voltmètre à affichage
прибор для измерения напряжения
amûra pîvana voltajê ya nîşanker

der **Schalter**
l'interrupteur
переключатель
bişkok

der **Leiter**
le conducteur
проводник
rêder

die **Sicherung** *(allgemein)*
le fusible
предохранитель
ewlekarî

GR

DN
25

SANITÄR-
TECHNIK

LA TECHNIQUE SANITAIRE
САНТЕХНИКА
TEKNOLOJIYA
PAQIJIYÊ

5 SANITÄRTECHNIK - LA TECHNIQUE SANITAIRE - САНТЕХНИКА - TEKNOLOJIYA PAQIJIYÊ

5.1 TRINKWASSERANLAGEN - INSTALLATIONS D'EAU POTABLE - СИСТЕМЫ ПИТЬЕВОЙ ВОДЫ - PERGALÊN AVA VEXWARINÊ 218

5.1.1 Öffentliche Trinkwasserversorgung - Réseau public d'eau potable - Государственные системы обеспечения питьевой водой - Dabînkirina ava vexwarinê ya giştî 218

Hydrant - Hydrant - Гидрант - Hîdrant 219

Abzweig - Dérivation - Тройник - Liq 220

5.1.2 Trinkwasserverteilung in Gebäuden - Distribution d'eau potable dans des bâtiments - Распределение питьевой воды в зданиях - Belavkirina ava vexwarinê di avahiyan de 221

Hausanschluss - Raccordement domestique - Домовой ввод - Girêdana malê 221

Druckminderer - Réducteurs de pression - Редукционный клапан - Kêmkerê pestînê 223

Filter - Filtres - Фильтр - Parzûn 223

Verbrauchsleitungen - Conduites d'alimentation - Внутренний водопровод - Boriyên xerîdariyê 224

5.1.3 Verlegetechniken von Trinkwasserversorgungssystemen - Techniques de pose de systèmes d'alimentation d'eau potable - Технологии прокладки систем обеспечения питьевой водой - Teknîkên raxistina pergalên dabînkirina ava vexwarinê 225

5.2 ARMATUREN - ROBINETTERIE - АРМАТУРА - FÎKSTUR 227

5.2.1 Absperrarmaturen - Robinets d'arrêt - Запорная арматура - Fîksturên astengkirinê 227

5.2.2 Sicherungsarmaturen - Systèmes de protection - Предохранительная арматура - Fîksturên ewlekariyê 228

5.2.3 Auslaufarmaturen - Robinetterie d'écoulement - Выпускные вентили - Fîksturên derxistinê 231

Auslaufventile - Robinets de sortie - Сливные клапаны - Vavên derxistinê 231

Mischbatterien - Mitigeurs - Краны-смесители - Bateriyên tevlihevkirinê 232

5.2.4 Ablaufarmaturen - Robinetterie d'évacuation - Спускные клапаны - Fîksturên avderê 233

5.2.5 Spüleinrichtungen - Dispositifs de chasse d'eau - Смывные устройства - Amûrên şûştinê 234

Druckspüler - Chasses à pression - Кран смывной полуавтоматический - Şûştêrên bi pestînê 234

Spülkasten - Réservoirs de chasse - Смывной бачок - Qutiya şûştinê 235

5.3 ANLAGEN ZUR TRINKWASSERERWÄRMUNG - INSTALLATIONS DE PRODUCTION D'EAU POTABLE CHAUDE - УСТАНОВКИ ДЛЯ ПОДОГРЕВА ПИТЬЕВОЙ ВОДЫ - DEZGEHÊN GERMKIRINA AVA VEXWARINÊ 236

5.3.1 Offene Trinkwassererwärmer - Chauffe-eau d'eau potable - Открытый подогреватель питьевой воды - Germkerên ava vexwarinê yên vekirî 238

5.3.2. Geschlossene Speicher-Trinkwassererwärmer - Réservoir-chauffe-eau d'eau potable fermé -. Закрытые емкостные подогреватели питьевой воды -. Germkerên ava vexwarinê yên depo-girtî 240

5.3.3 Durchfluss-Trinkwassererwärmer – Chauffe-eau d'eau potable à débit - Проточные подогреватели питьевой воды - Germkerên ava vexwarinê yên herikînê 241

5.3.4 Trinkwassererwärmung durch die zentrale Heizungsanlage – Chauffage d'eau potable via une installation de chauffage centrale - Подогрев питьевой воды с помощью центральной системы отопления - Germkirina ava vexwarinê bi rêya dezgeha germkirinê ya navendî 242

5.3.5 Trinkwassererwärmung durch solarthermische Anlagen – Chauffage d'eau potable via des installations solaires thermiques - Подогрев питьевой воды с помощью гелиотермических установок - Germkirina ava vexwarinê bi rêya dezgehên solartermîkî 243

5.4 SANITÄROBJEKTE – APPAREILS SANITAIRES - САНИТАРНО-ТЕХНИЧЕСКИЕ ПРИБОРЫ - HACETÊN SANITARÊ 244

5.4.1 Waschtische und Waschbecken – Éviers et lavabos - Рукомойники и моечные ванны - Maseyên destşok û beşikên şûştinê 244

Montage – Montage - Монтаж - Montaj 245

5.4.2 Spülen und Ausgussbecken – Rinçage et bassins de déversement - Смыв и сливные бачки - Şûştin û beşikên avêtinê 246

5.4.3 Klosettanlagen – Installations pour toilettes - Санузлы - Dezgehên tuwaletê 247

5.4.4 Urinale – Urinoirs - Писсуары - Pêşava 249

5.4.5 Bidets (Sitzwaschbecken) – Bidets - Биде - Bîdetan (beşikên şûştin-rûniştekî) 250

5.4.6 Badewannen – Baignoires - Ванны - Banyoyan 250

5.4.7 Duschen – Douches - Душевые кабины - Duşan 252

5.5 ENTWÄSSERUNG – DRAINAGE – ВОДООТВЕДЕНИЕ – AVDERÎ 254

Abwassersysteme – Systèmes d'évacuation des eaux usées - Канализационные сети - Pergalên avderê 254

Strangschema (Trennsystem) – Schéma de fils (système de séparation) - Схема с вертикальным изображением линий трубопровода (раздельная система канализации) - Şemaya rêyê (pergala veqetandinê) 255

5.5.1 Ablaufstellen und Geruchverschlüsse – Points d'écoulement et siphons - Приемники сточной жидкости и сифоны - Cihên avderê û tapên bîhnê 256

Geruchverschluss oder Siphon – Siphon - Гидравлический затвор или сифон - Tapa bîhnê an sîfon 256

Rohrreinigung – Nettoyage des tubes - Очистка труб - Paqijkirina boriyê 256

5.5.2 Leitungen und Abzweige – Conduites et dérivations - Трубопровода и ответвления - Borî û liq 258

Lüftungsleitung – Conduite de ventilation - Воздуховод - Boriya hewagirtinê 260

Belüftung einer Leitung – Aération d'une conduite - Проветривание трубопровода - Hewagirtina boriyekê 260

Sammelleitung und Grundleitung – conduite de collecte et conduite enterrée - Коллектор и система канализации - Boriya kombûnê û boriya bingehîn 260

5.5.3 Schutz vor Überschwemmung – Protection contre les débordements - Защита от затопления - Parastina li dijî lehîbûnê 261

5.5.4 Ableitung von Niederschlagwasser – Évacuation des eaux pluviales - Отвод конденсата - Derxistina ava baranê 262

5.1 TRINKWASSERANLAGEN - INSTALLATIONS D'EAU POTABLE - СИСТЕМЫ ПИТЬЕВОЙ ВОДЫ - PERGALÊN AVA VEXWARINÊ

5.1.1 Öffentliche Trinkwasserversorgung - Réseau public d'eau potable - Государственные системы обеспечения питьевой водой - Dabînkirina ava vexwarinê ya giştî

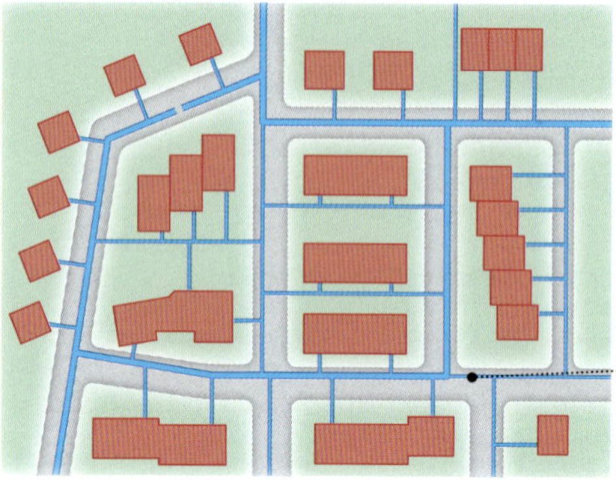

das **Versorgungsnetz, frostfrei verlegte Wasserleitungen**
le réseau de distribution, conduites d'eau posées protégées du gel
Инженерная сеть, проложенный водопровод не подвергается воздействию низких температур
tora dabînkirinê, boriyên avê yên li derveyî qeşayê raxistî

die **Ringleitung**
la conduite en circuit fermé
Закрытый трубопровод
boriya xelekî

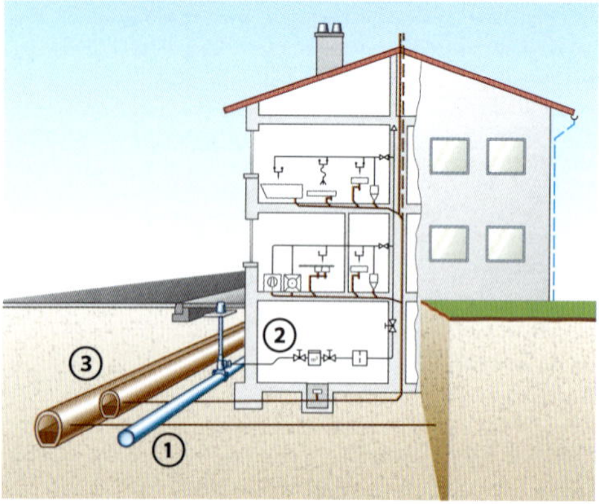

1
2
3

① die **Versorgungsleitung**
la conduite d'alimentation
Наружный водопровод
boriya dabînkirinê

② die **Hausanschlussleitung (HAL)**
la conduite domestique
домовой ввод
boriya girêdana malê (HAL)

③ der **Abwasserkanal**
l'égoût
канализационная труба
kanala avderê

Hydrant – Hydrant - Гидрант - Hîdrant

der **Unterflurhydrant**
la bouche d'incendie souterraine
подземный гидрант
hîdranta bin-erdê

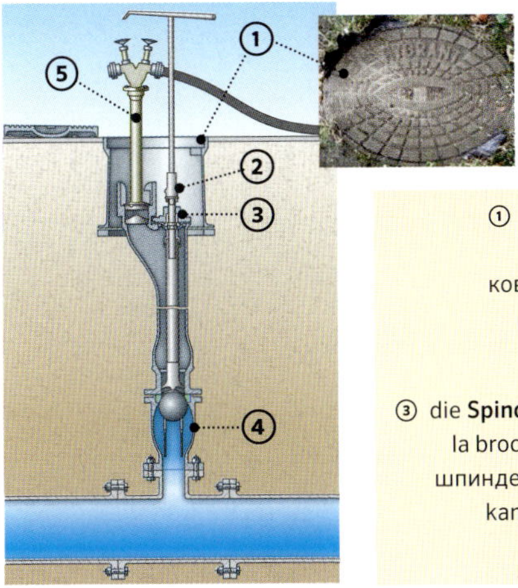
1
2
3
4
5

① die **Straßenkappe**
la bouche à clé
ковер для задвижек
kapê kolanê

② der **Vierkantschoner**
le chapeau carré
четырехгранный колпачок
parastina çargoşe

③ die **Spindel**
la broche
шпиндель
kamçî

④ das **Kugelgehäuse**
le dôme
корпус шарового крана
qaba xelekî

⑤ das **Standrohr**
tuyau vertical
Стояковая труба
boriya sekinandinê

die **Hinweisschilder**
le panneau indicateur
табличка с указаниями
tabêlayên nîşandanê

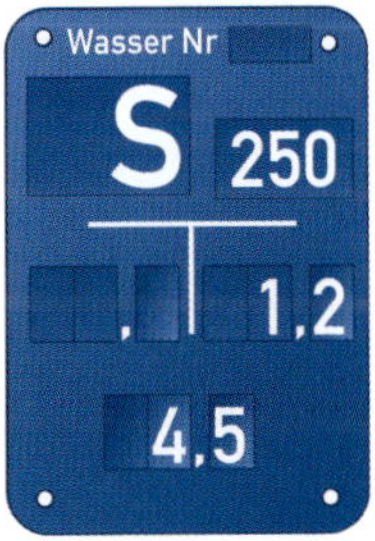
Wasser Nr
S 250
1,2
4,5

der **Schieber DN 250, 4,5 m zurück, 1,2 m nach rechts**
le curseur DN 250, 4,5 m vers l'arrière, 1,2 m vers la droite
задвижка dn 250, 4,5 м назад, 1,2 м вправо
şîbera DN 250, 4,5m paşve, 1,2m ber bi rastê

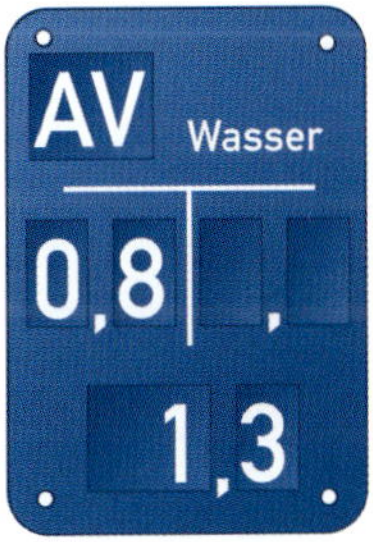
AV Wasser
0,8 ,
1,3

das **Absperrventil, 1,3 m zurück, 0,8 m nach links**
la vanne de blocage, 1,3 m vers l'arrière, 0,8 m vers la gauche
запорный вентиль, 1,3 м назад, 0,8 м влево
vavê astengkirinê, 1,3m paşve, 0,8m ber bi çepê

H 100
, 12,5
6,5

der **Hydrant DN 100, 6,5 m zurück, 12,5 m nach rechts**
l'hydrant DN 100, 6,5 m vers l'arrière, 12,5 m vers la droite
гидрант dn 100, 6,5 м назад, 12,5 м вправо
hîdranta DN 100, 6,5m paşve, 12,5m ber bi rastê

Abzweig – Dérivation - Тройник - Liq

die **Ventilanbohrschelle**
le collier de prise en charge pour vanne
врезной арматурный хомут
kelepçeya qulkirina vavê

die **Anschlussleitung**
la conduite de raccordement
соединительный трубопровод
boriya girêdanê

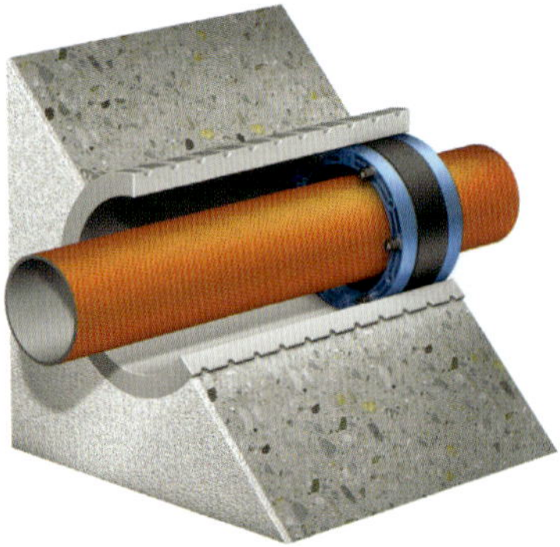

die **Hauseinführung**
l'entrée domestique
домовой ввод
têketina malê

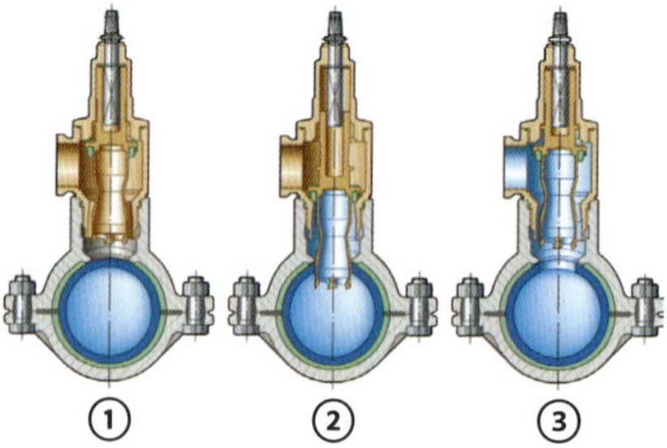
1
2
3

das **Anbohren, Herstellen eines Abzweigs**
le perçage et la création d'une dérivation
просверливание, обустройство ответвления
qulkirin, çêkirina liqek

5.1.2 Trinkwasserverteilung in Gebäuden – Distribution d'eau potable dans des bâtiments - Распределение питьевой воды в зданиях - Belavkirina ava vexwarinê di avahiyan de

Hausanschluss – Raccordement domestique - Домовой ввод - Girêdana malê

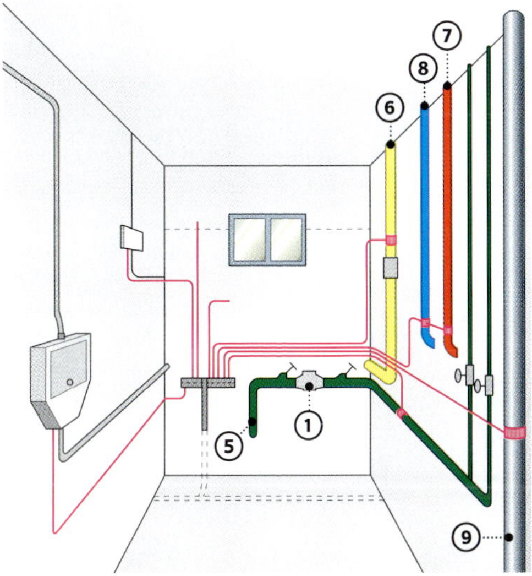

7
8
6
1
5
9

der **Hausanschlussraum**
le local technique de raccordement
пункт домового ввода
odeya girêdana malê

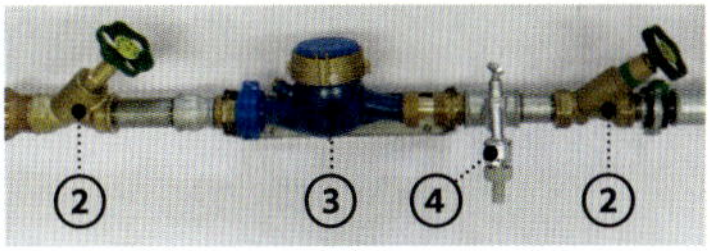

2
3
4
2

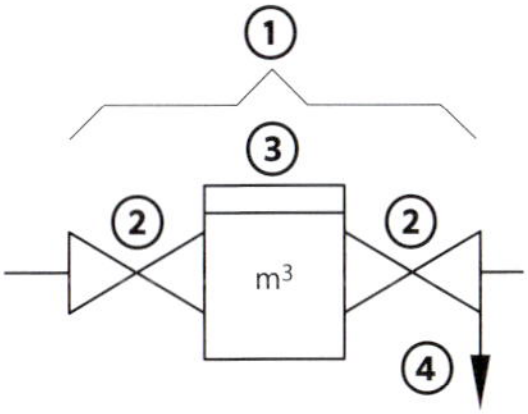

1
3
2
2
m3
4

① die **Wasserzählanlage**
l'installation de compteur d'eau
водомерный узел
dezgeha pîvera avê

② die **Absperrarmatur**
le robinet d'arrêt
запорная арматура
fîkstura astengkirinê

③ der **Hauswasserzähler,** *umg* die **Wasseruhr**
le compteur d'eau domestique
водомерный узел
pîvera avê ya malê

④ die **Entleerung/Prüföffnung**
la vidange/l'orifice de contrôle
отвод воды / смотровое отверстие
valakirin/dergeha kontrolê

⑤ die **Trinkwasserleitung**
la conduite d'eau potable
трубопровод для питьевой воды
boriya ava vexwarinê

⑥ die **Gasleitung**
la conduite de gaz
газопровод
boriya gazê

⑦ der **Heizungsvorlauf**
le départ de chauffage
подача тепла
pêşveçûna germkirinê

⑧ der **Heizungsrücklauf**
le retour de chauffage
рециркуляция подогрева
vegerîna germkirinê

⑨ die **Abwasserleitung**
la conduite d'eaux usées
канализационный трубопровод
boriya avderê

9 7 5 3 1 m³
SPX
1990
H Kl.B
PN 16
Qn 2,5

das **Zählwerk**
le compteur
счетный механизм
pîver

das **Ablesebeispiel: 97531,1264 m³**
l'exemple de relevé : 97531,1264 m³
пример показания: 97531.1264 m³
mînaka xwendinê: 97531,1264 m³

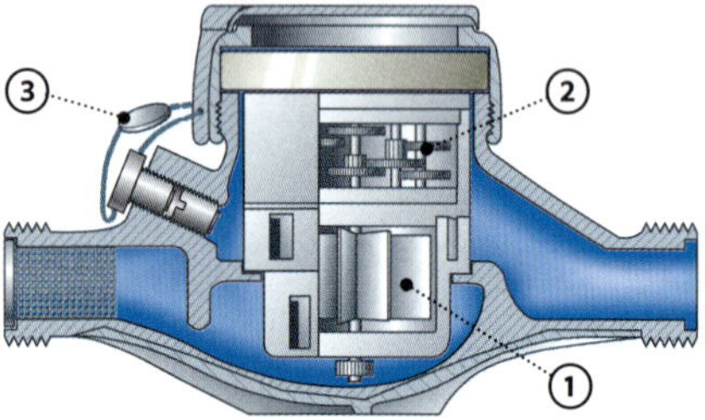
③
②
①

der **Flügelradzähler**
le compteur à turbine
расходомер с крыльчаткой
pîvera çerxa pera

① das **Flügelrad**
le rotor à ailettes
крыльчатка
çerxa pera

② das **Rollenzählwerk**
le compteur à rouleaux
роликовый счетный механизм
pîvera rolan

③ die **Eichplombe**
le plomb de vérification
пломба
mûhra kalîbrasyonê

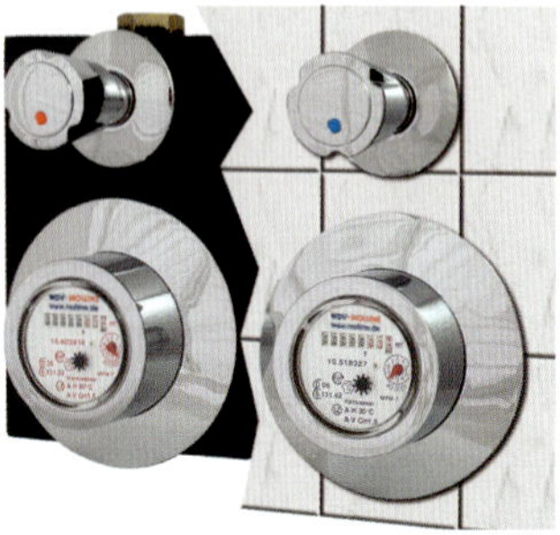

der **Wohnungswasserzähler**
le compteur d'eau d'appartement
счетчик воды для жилого помещения
pîvera avê ya malê

Druckminderer – Réducteurs de pression - Редукционный клапан - Kêmkerê pestînê

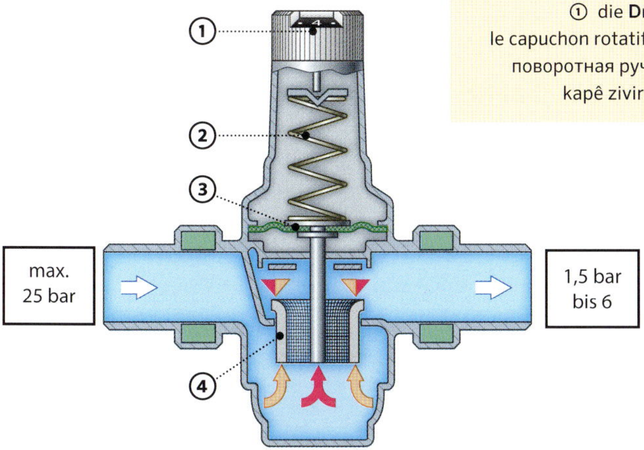
1
2
3
4
max.
25 bar
1,5 bar
bis 6

① die **Drehkappe mit Druckskala**
le capuchon rotatif avec échelle de pression
поворотная ручка со шкалой давления
kapê zivirandinê bi skalaya pestînê

② die **Druckfeder**
le ressort de pression
нажимная пружина
federeya pestînê

③ die **Membran**
la membrane
мембрана
diyafram

④ das **Regelventil**
la vanne de régulation
регулирующая арматура
vavê rêveberiyê

Filter – Filtres - Фильтр - Parzûn

der **rückspülbare Filter**
le filtre lavable
фильтр обратной промывки
parzûna pêveşûştinê

automatisch
automatique
автоматически
otomatîk

manuell
manuel
вручную
destî

der **nicht rückspülbare Filter**
le filtre non lavable
фильтр без обратной промывки
parzûna nepêveşûştinbar

Verbrauchsleitungen – Conduites d'alimentation - Внутренний водопровод - Boriyên xerîdariyê

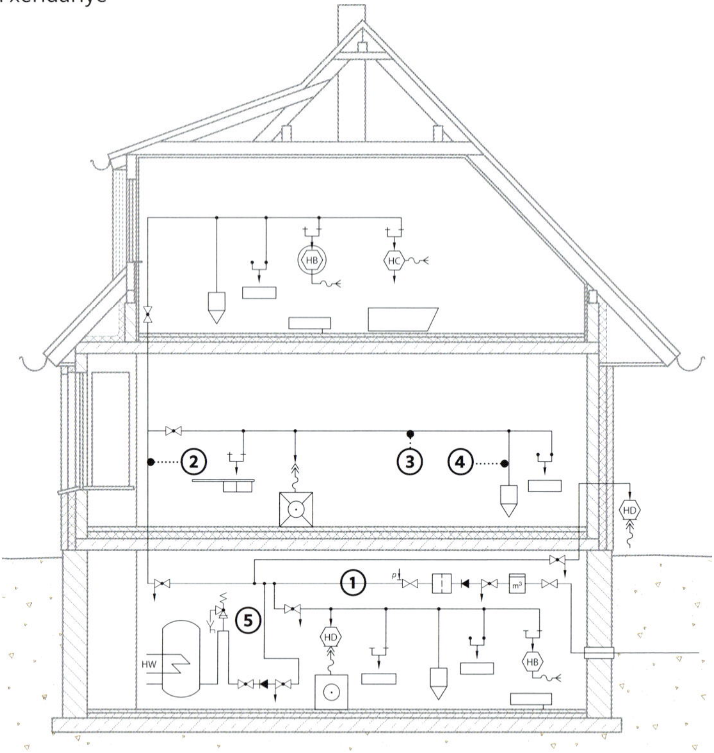

HB
HC
2
3
4
HD
1
m³
5
HW
HD
HB

① die **Sammelzuleitung**
la conduite collectrice
магистральный подводящий трубопровод
boriya kombûnê

② die **Steigleitung**
la colonne montante
подающий стояк
boriya bilindker

③ die **Stockwerksleitung**
la conduite d'étage
клапан обратного потока
boriya qatê

④ die **Einzelzuleitung**
la conduite individuelle
отдельный подводящий трубопровод
boriya têketina takekesî

⑤ die **Verteilungsleitung**
la conduite de distribution
распределительный трубопровод
boriya belavkirinê

5.1.3 Verlegetechniken von Trinkwasserversorgungssystemen – Techniques de pose de systèmes d'alimentation d'eau potable - Технологии прокладки систем обеспечения питьевой водой - Teknîkên raxistina pergalên dabînkirina ava vexwarinê

das **Rohrleitungssystem mit Stichleitungen**
le système de conduites avec piquages
Система трубопроводов с ответвлениями
pergala boriyan bi boriyên şaxî

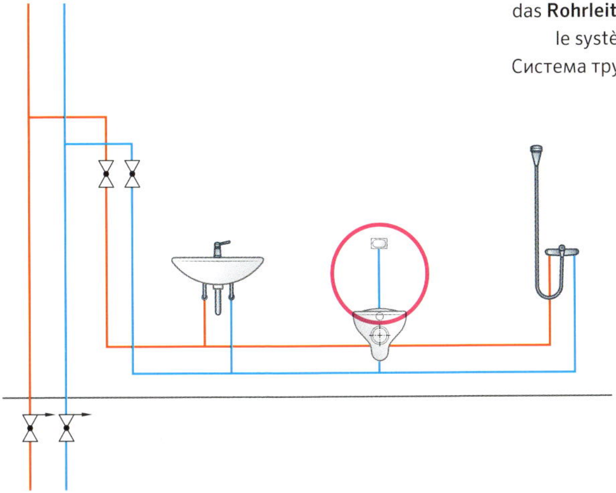

das **Strangleitungssystem mit eingeschleiften Anschlüssen**
le système de conduites en boucle avec raccords intégrés
система ответвлений с притертыми соединениями
pergala boriyên rê bi girêdanên pêçayî

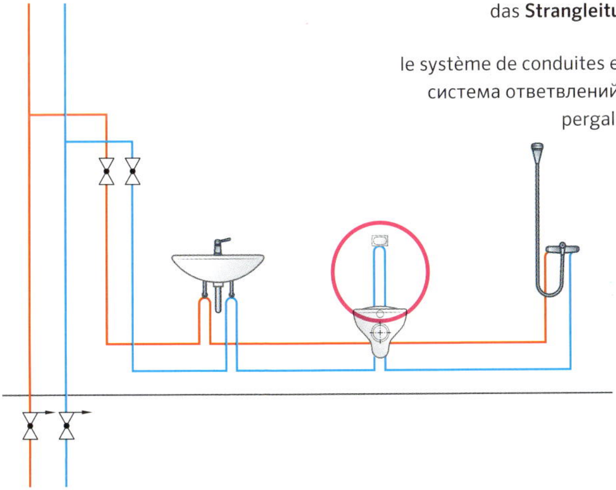

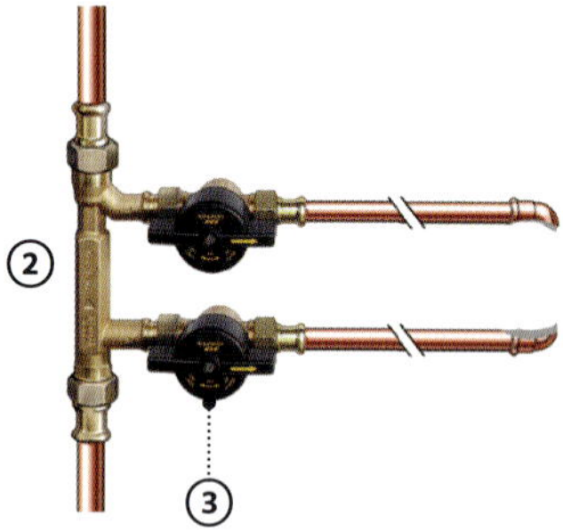

②
③

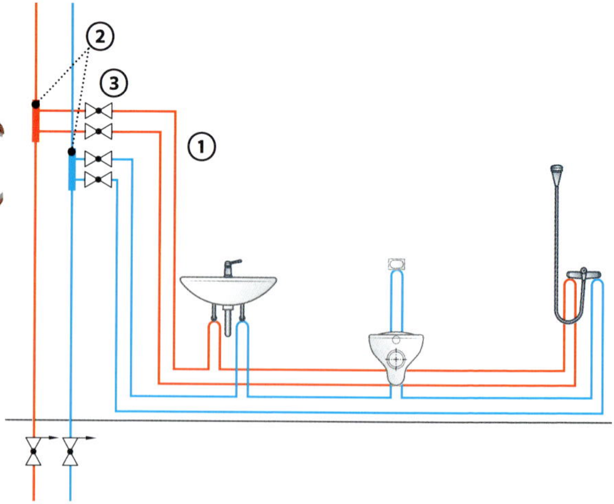

②
③
①

① das **Ringleitungssystem**
le système de conduites en anneau
кольцевая сеть
pergala boriya xelekî

② der **Venturi-Strömungsteiler (VSt)**
le diviseur de débit Venturi
растекатель вентури
dabeşkerê herikînê yê Ventûrî

③ das **Absperrventil**
la vanne d'arrêt
запорная арматура
vavê astengkirinê

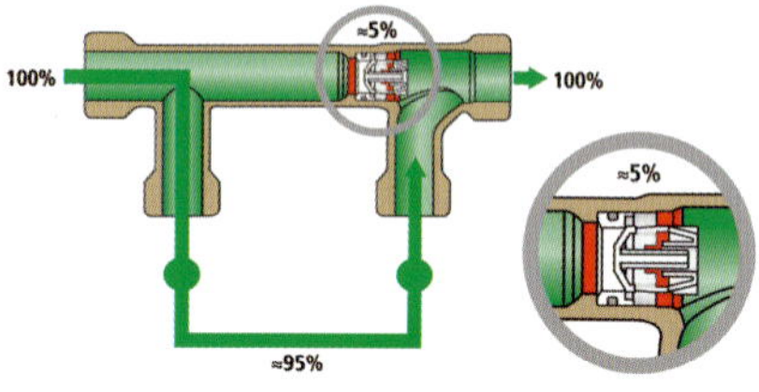

100%
≈5%
100%
≈5%
≈95%

der **dynamische Strömungsteiler**
le diviseur de débit dynamique
динамический растекатель
dabeşkerê herikînê yê dînamîkî

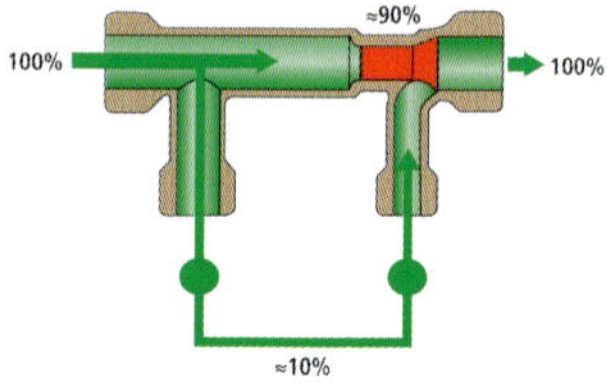

100%
≈90%
100%
≈10%

der **statische Strömungsteiler**
le diviseur de débit statique
статический растекатель
dabeşkerê herikînê yê statîkî

5.2 ARMATUREN - ROBINETTERIE - АРМАТУРА - FÎKSTUR

5.2.1 Absperrarmaturen - Robinets d'arrêt - Запорная арматура - Fîksturên astengkirinê

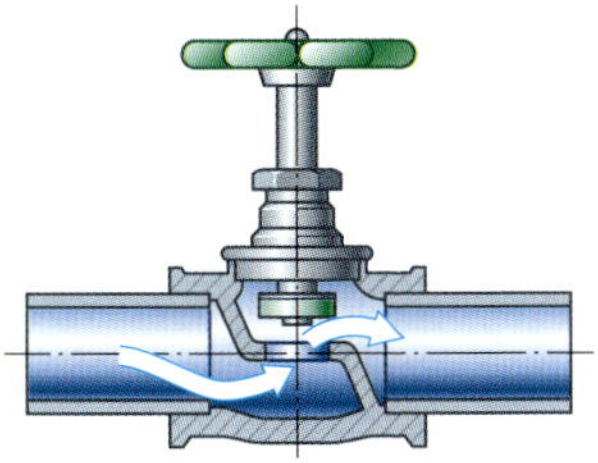

das **Geradsitzventil**
la anne à siège droit
вентиль с горизонтальной уплотнительной поверхностью
vavê rûnişteka rast

das **Freistromventil**,
das **Schrägsitzventil**
la vanne à passage intégral
проходной вентиль
vavê herikîna azad

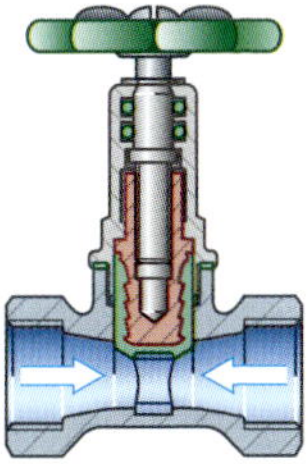

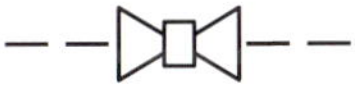

der **Kolbenschieber**
le robinet à soupape
игольчатый затвор
şîbera pîstonê

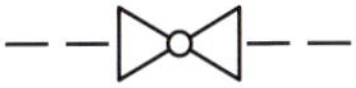

der **Kugelhahn**
le robinet à boisseau sphérique
шаровой кран
vavê xelekî

5.2.2 Sicherungsarmaturen – Systèmes de protection - Предохранительная арматура - Fîksturên ewlekariyê

das **allgemeine Symbol**
le symbole général
общий символ
nîşana giştî

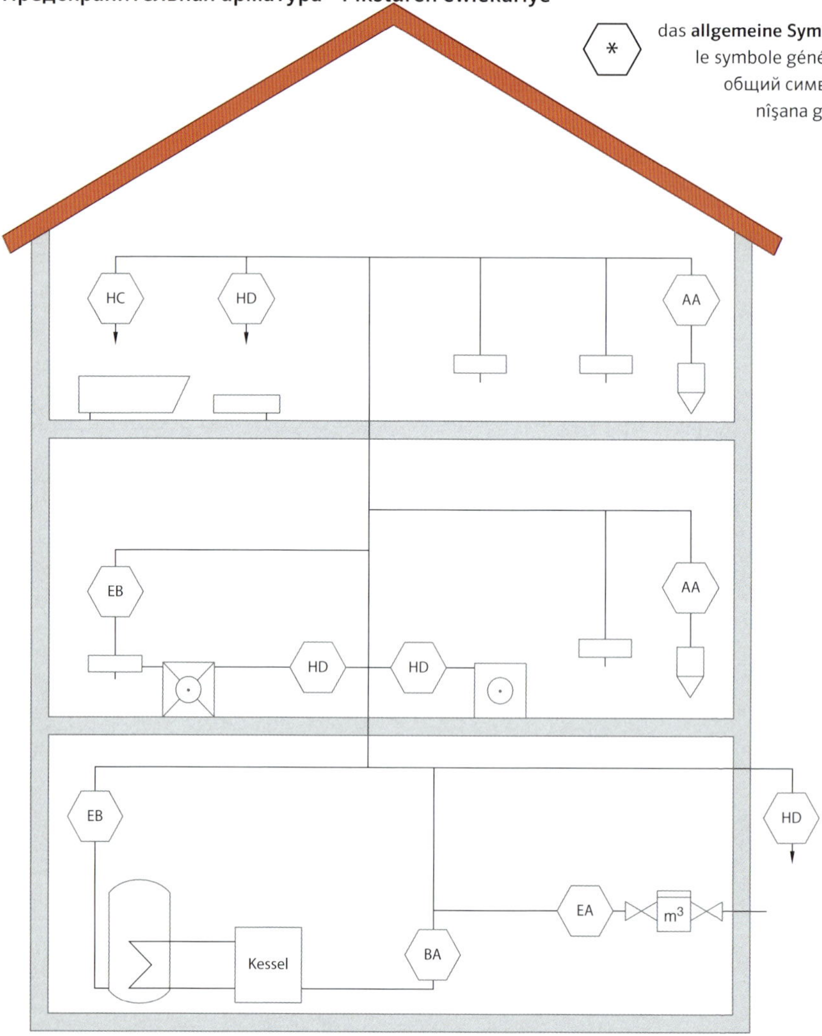

*
HC
HD
AA
EB
AA
HD
HD
EB
HD
EA
m3
BA
Kessel

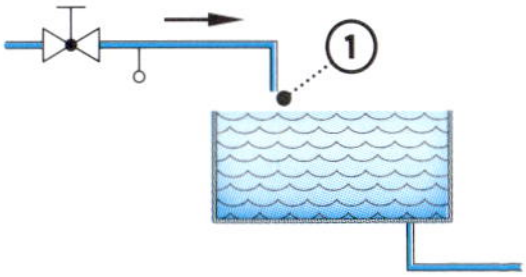
①

AA

① der **Mindestabstand 20 mm**
la distance minimale de 20 mm
мин. отступ 20 мм
navbera herî kêm 20 mm

der **Freie Auslauf**
l'écoulement libre
свободное истечение
derxistina azad

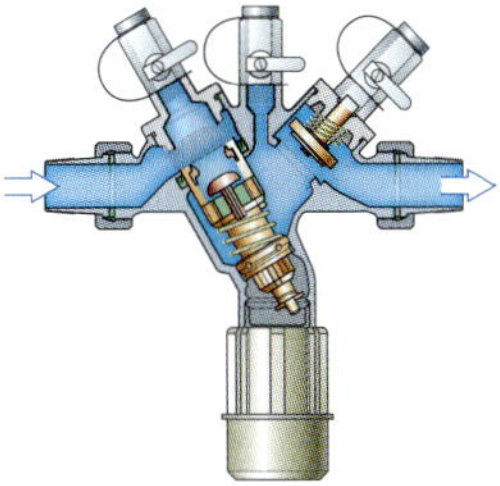

BA

der **Rohrtrenner mit kontrollierbarer Mitteldruckzone**
le séparateur de tube avec zone de pression intermédiaire contrôlable
прерыватель трубы с контролируемой зоной среднего давления
veqetînerê boriyê bi navenda nîvpestîna kontrolkirinbar

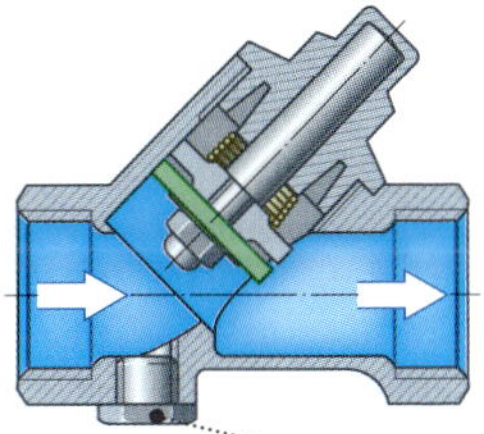

EA

der **kontrollierbare Rückflussverhinderer**
le clapet anti-retour contrôlable
управляемый клапан обратного течения
astengkerê paşveherîna kontrolkirinbar

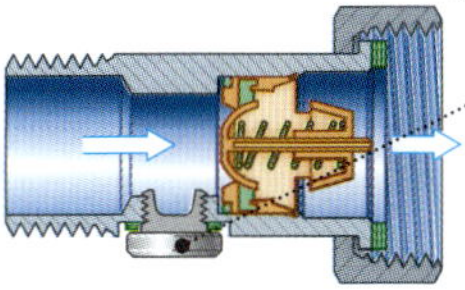

die **Kontrollöffnung**
l'orifice de contrôle
смотровой люк
dergeha kontrolê

der **kontrollierbare Rückflussverhinderer mit Einschubventil**
le clapet anti-retour contrôlable avec vanne à insert
управляемый клапан обратного течения с картриджным клапаном
astengkerê paşveherîna kontrolkirinbar bi vava têxistinê

EB

der **nicht kontrollierbare Rückflussverhinderer (ohne Kontrollöffnung)**
le clapet anti-retour non contrôlable (sans orifice de contrôle)
неуправляемый клапан обратного течения (без смотрового люка)
astengkerê paşveherîna nekontrolkirinbar (bê dergeha kontrolê)

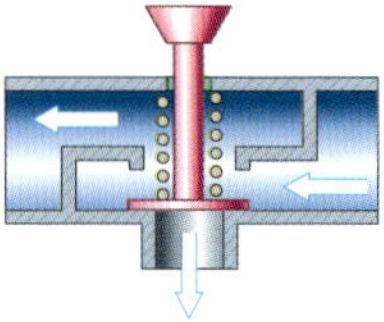

HC

der **automatische Umsteller**
l'inverseur automatique
автоматический переключатель ответвлений
guherînerê otomatîk

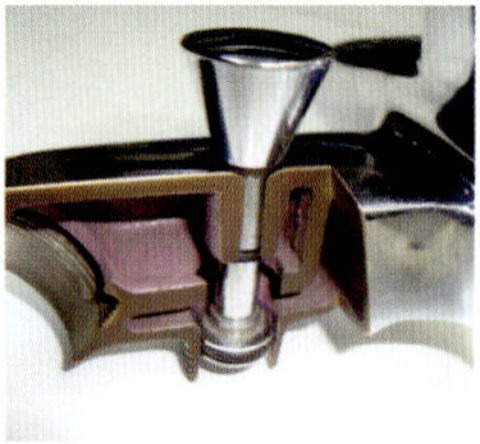

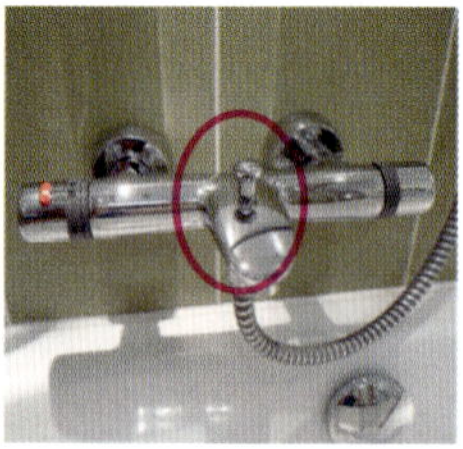

der **Umsteller an einer Wannenarmatur**
l'inverseur sur un robinet de baignoire
переключатель ответвлений на арматуре ванны
guherînerê li ser fîkstura banyoyê

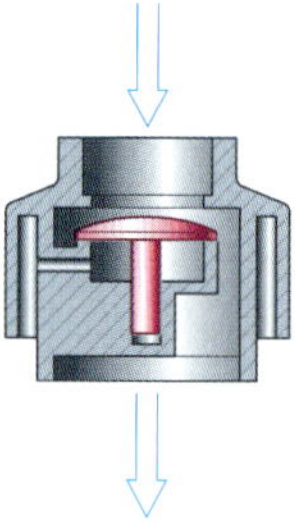

HB

der **Rohrbelüfter für Schlauchanschlüsse**
l'aérateur de tuyau pour raccords de flexible
вакуумный клапан для шланговых соединений
hewagirê boriyê ji bo girêdanên şilangê

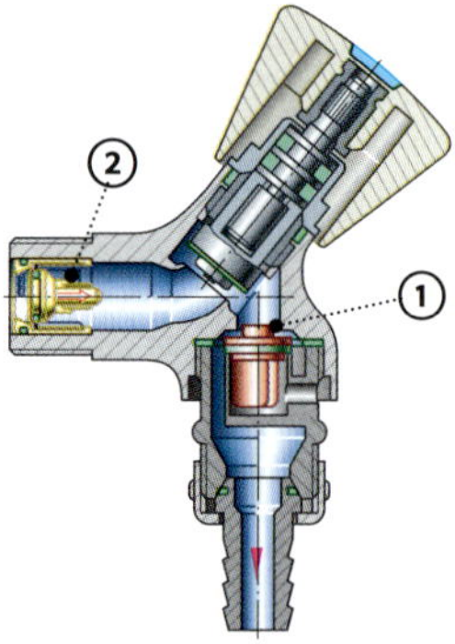
2
1

HD

① der **Rohrbelüfter für Schlauchanschlüsse mit ② Rückflussverhinderer (Sicherungskombination)**
l'aérateur de tube pour raccords de flexible avec clapet anti-retour (combinaison de sécurité)
вакуумный клапан для шланговых соединений с клапаном обратного течения (комбинация предохранительных устройств)
hewagirê boriyê ji bo girêdanên şilangê bi astengkerê paşveherînê (kombînasyona ewlekariyê)

5.2.3 Auslaufarmaturen – Robinetterie d'écoulement – Выпускные вентили – Fîksturên derxistinê

Auslaufventile, *umg* **Wasserhähne** – Robinets de sortie – Сливные клапаны – Vavên derxistinê

die **Dreilocharmatur**
la robinetterie à trois trous
арматура с тремя отверстиями
fîkstura sê-qulî

die **Zweilocharmatur**
la robinetterie à deux trous
арматура с двумя отверстиями
fîkstura du-qulî

die **Einlocharmatur**
la robinetterie à un trou
арматура с одним отверстием
fîkstura yek-qulî

das **Zapfventil für den Außenbereich**
le robinet de distribution extérieur
подающий кран для наружной области
vavê destgirtinê ji bo qada derve

das **Wandmodell**
le modèle mural
настенное исполнение
modela dîwarî

das **Standmodell**
le modèle sur pied
стоячее исполнение
modela sekinandî

Mischbatterien – Mitigeurs – Краны-смесители – Bateriyên tevlihevkirinê

die **Zweigriffmischbatterie**
le mitigeur à deux poignées
смеситель с двумя ручками
bateriya tevlihevkirinê ya du-destgir

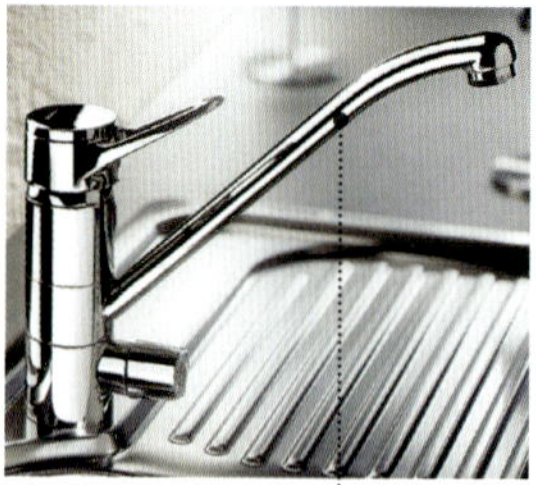

mit schwenkbarem Auslauf
avec bec orientable
с поворотным сливом
bi derxistina zivirandinbar

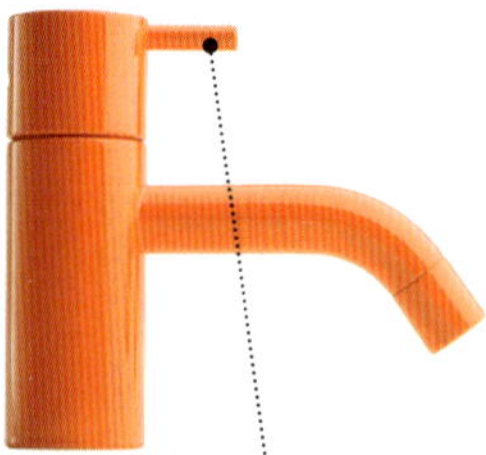

der **Einhebelmischer**
le mitigeur monocommande
однорычажный смеситель
tevlihevkera yek-leva

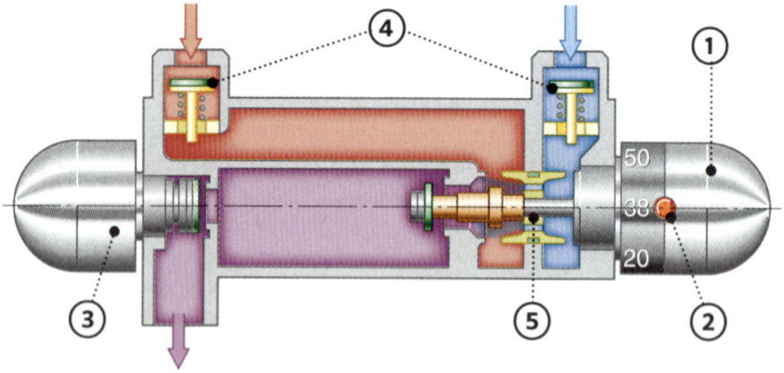
4
1
50
38
20
3
5
2

die **Thermostatmischbatterie**
le mitigeur thermostatique
термостатический смеситель
bateriya tevlihevkirinê ya termostatîk

① der **Temperaturwahlgriff**
la poignée de sélection de température
ручка выбора температуры
destgira hilbijartina germahiyê

② der **Sperrknopf**
le bouton de verrouillage
замыкающая ручка
bişkoka astengkirinê

③ das **Auslaufventil**
le robinet de sortie
сливная арматура
vavê derxistinê

④ der **Rückflussverhinderer**
le clapet anti-retour
клапан обратного течения
astengkerê paşveherînê

⑤ die **Regeleinrichtung,** *umg* der **Regler**
le dispositif de régulation
регулятор
pergala rêveberiyê

5.2.4 Ablaufarmaturen – Robinetterie d'évacuation – Спускные клапаны – Fîksturên avderê

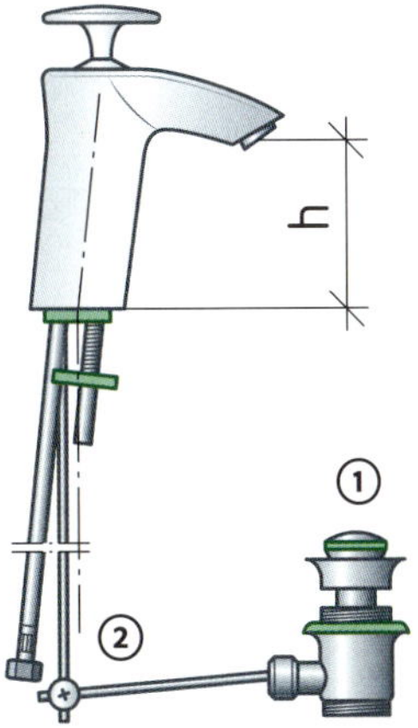
h
①
②

① das **Ablaufventil mit Betätigung durch** ② **Gestänge**
la bonde à commande par tringle
сливная арматура с рычажным управлением
vavê avderê bi çalakkirina ji rêya mekanîzma

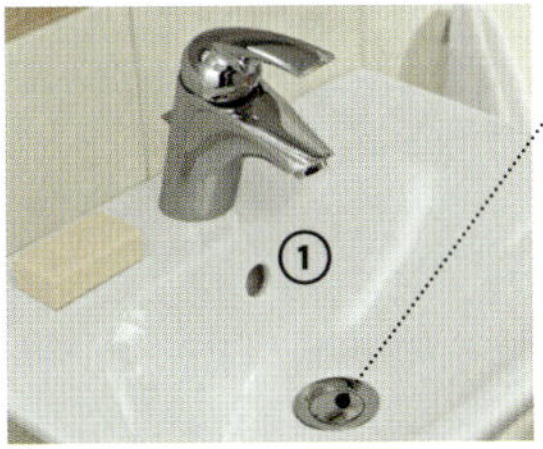
①

das **Ablaufventil, verschließbar**
la bonde verrouillable
сливная арматура, перекрываемая
vavê avderê, girtinbar

① der **Überlauf**
le trop-plein
перелив
serêj

das **Schaftablaufventil**
la bonde à tige
сливная арматура с толкателем
vavê avderê ya milî

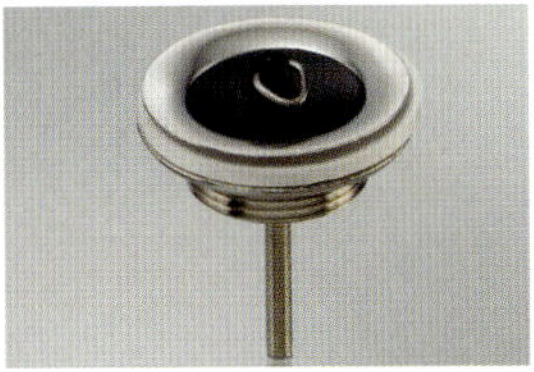

das **Universalablaufventil**
la bonde universelle
универсальный сливной клапан
vavê avderê ya gerdûnî

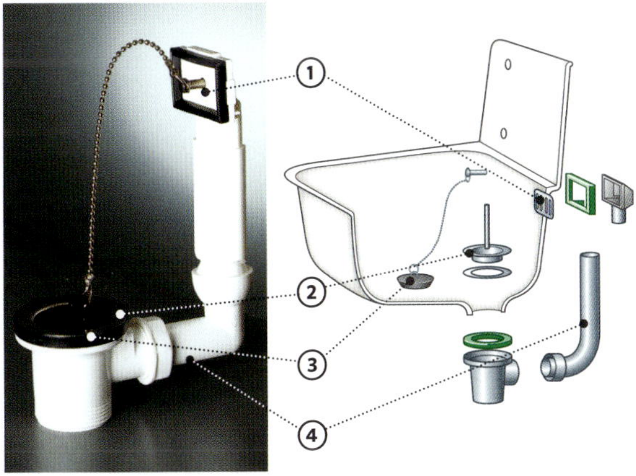
①
②
③
④

① der **Überlauf**
le trop-plein
перелив
serêj

② das **Sieb**
la grille
сито
kevçî

③ der **Stopfen**
le bouchon
заглушка
tixac

④ das **Überlaufrohr**
le tube de trop-plein
переливная труба
boriya serêjê

5.2.5 Spüleinrichtungen – Dispositifs de chasse d'eau – Смывные устройства – Amûrên şûştinê

Druckspüler – Chasses à pression – Кран смывной полуавтоматический – Şûştêrên bi pestînê

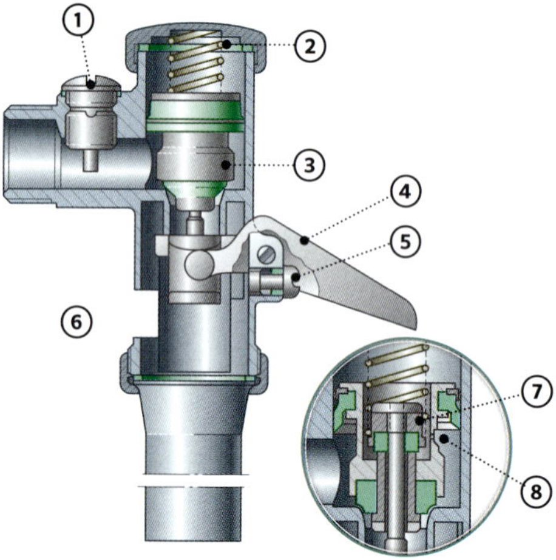
①
②
③
④
⑤
⑥
⑦
⑧

① die **Spülstromeinstellung**
le régulateur de débit de chasse
регулятор промывочного потока
rêveberê hêza şûştinê

② die **Kolbenfeder**
le ressort de piston
пружина плунжера
federeya pîstonê

③ der **Kolben**
le piston
плунжер
pîston

④ der **Hebel**
le levier
рычаг
leva

⑤ die **Spülmengeneinstellung**
le réglage du volume de chasse
регулировка расхода промывочной воды
sazkirina miqdarê şûştinê

⑥ der **Rohrunterbrecher**
le rupteur de tuyau
прерыватель обратного потока
qutkerê boriyê

⑦ das **Hilfsventil**
la vanne auxiliaire
вспомогательная арматура
vavê alîkar

⑧ die **Ausgleichsbohrung**
l'orifice de compensation
компенсационное отверстие
qula hevsengkirinê

Spülkasten – Réservoirs de chasse – Смывной бачок – Qutiya şûştinê

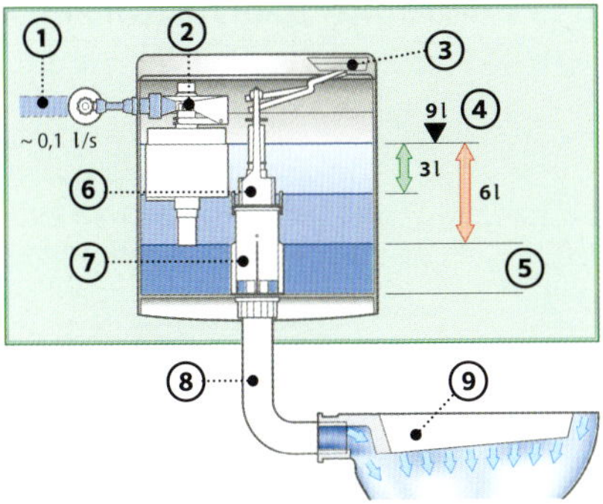
1
2
3
~ 0,1 l/s
9 l
4
3 l
6 l
6
7
5
8
9

der **Aufputzspülkasten**
le réservoir de chasse apparent
смывной бачок
qutiya şûştinê ya li ser dîwar

① der **Zufluss ca. 0,1 l/s**
le débit d'entrée d'environ 0,1 l/s
подвод воды около 0,1 л/с
dakêşîna nêzîkî 0,1 l/s

② das **Füllventil**
le robinet de remplissage
наполнительная арматура
vavê tijîkirinê

③ die **Auslösetaste**
le bouton de déclenchement
спусковая кнопка
bişkoka çalakkirinê

④ die **Füllmenge 9l**
le volume de remplissage de 9 litres
объем заполнения 9 л
miqdarê tijîkirinê 9l

⑤ das **Restwasser**
l'eau résiduelle
остаточная вода
ava mayî

⑥ die **Heberglocke**
la cloche de siphon
сифонный колпак
zengila hîdrolîkî

⑦ die **Ablaufgarnitur**
la garniture d'écoulement
отводная арматура
desteya avderê

⑧ das **Spülrohr**
le tube de chasse
смывная труба
boriya şûştinê

⑨ die **Spülwasserverteilung**
la distribution de l'eau de chasse
распределение воды для промывки
belavkirina ava şûştinê

GROHE

das **Unterputzspülsystem**
le système de chasse encastré
система смыва для встроенного монтажа
pergala şûştinê ya hundir-dîwar

5.3 ANLAGEN ZUR TRINKWASSERERWÄRMUNG – INSTALLATIONS DE PRODUCTION D'EAU POTABLE CHAUDE – УСТАНОВКИ ДЛЯ ПОДОГРЕВА ПИТЬЕВОЙ ВОДЫ – DEZGEHÊN GERMKIRINA AVA VEXWARINÊ

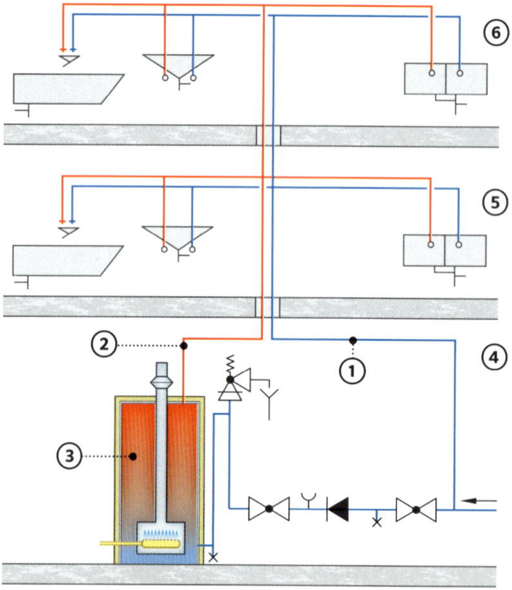
6
5
2
4
1
3

die **zentrale Versorgung**
l'alimentation centralisée
централизованное снабжение
dabînkirina navendî

3

① die **Trinkkaltwasserleitung (PWC)**, *umg* die **Kaltwasserleitung**
la conduite d'eau potable froide (PWC)
трубопровод для холодной питьевой воды (PWC)
boriya ava vexwarinê ya sar (PWC)

② die **Trinkwarmwasserleitung (PWH)**, *umg* die **Warmwasserleitung**
la conduite d'eau potable chaude (PWH)
трубопровод для подогретой питьевой воды (PWH)
boriya ava vexwarinê ya germ (PWH)

③ der **Speicher-Trinkwassererwärmer**
le chauffe-eau à accumulation
емкостный подогреватель питьевой воды
germkera ava vexwarinê ya depoyî

④ der **Keller**
le sous-sol
подвальное помещение
bodrum

⑤ das **Erdgeschoss**
le rez-de-chaussée
нижний этаж
qata erdê

⑥ das **erste Obergeschoss**, *umg* der **erste Stock**
le premier étage
первый этаж
qata yekem a jor

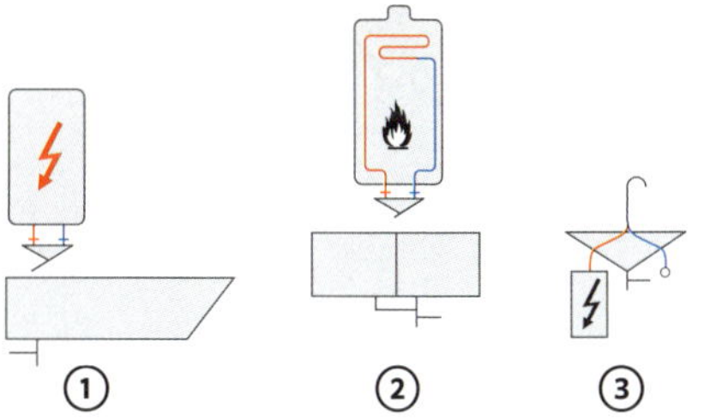
①
②
③

die **Einzelversorgung**
l'alimentation individuelle
отдельное снабжение
dabînkirina takekesî

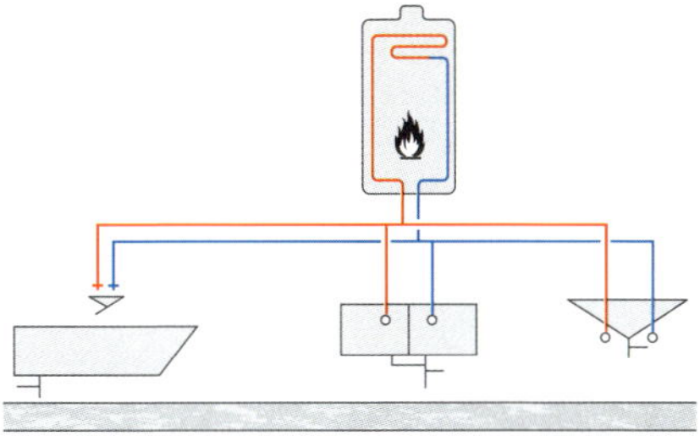

die **Gruppenversorgung**
l'alimentation collective
групповое снабжение
dabînkirina komî

①

der **Wandspeicher**
le chauffe-eau mural
настенный накопитель
depoya dîwarî

②

der **Durchflusserwärmer**
le chauffe-eau instantané
проточный подогреватель
germkera herikînê

③

der **Untertischspeicher,**
umg der **5-l-Speicher**
le chauffe-eau sous évier
открытый котел со встроенным водонагревателем
depoya bin-maseyê

5.3.1 Offene Trinkwassererwärmer – Chauffe-eau d'eau potable – Открытый подогреватель питьевой воды – Germkerên ava vexwarinê yên vekirî

das **Kochendwassergerät,**
umg der **Boiler**
l'appareil à eau bouillante
водонагреватель
amûra ava kelandî

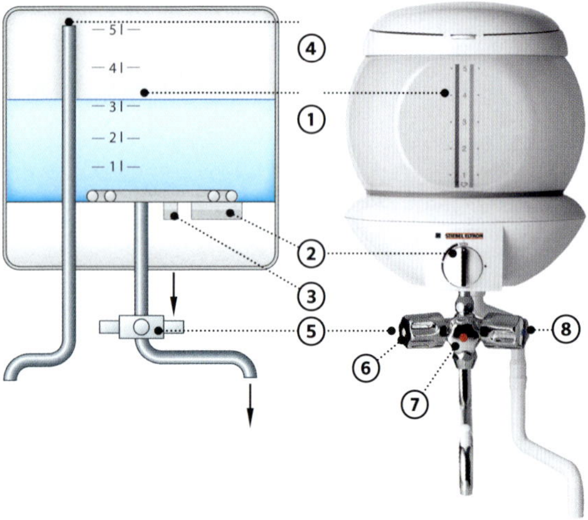

5 l
4 l
3 l
2 l
1 l
④
①
②
③
⑤
⑥
⑦
⑧

der **Rohrheizkörper, liegend**
le radiateur tubulaire horizontal
трубчатый нагревательный элемент, горизонтальный
germkera boriyî, ramedî

① das **Glasgehäuse mit Füllmengenanzeige**
le boîtier en verre avec indicateur de niveau de remplissage
стеклянный корпус с индикацией уровня заполнения
qaba camê bi nîşandeka miqdarê tijîkirinê

② der **Temperaturwahlschalter**
le sélecteur de température
переключатель температуры
bişkoka hilbijartina germahiyê

③ die **Übertemperatursicherung**
la protection contre la surchauffe
устройство, предохраняющее от перегрева
ewlekariya germahiya zêde

④ das **Überlaufrohr,**
umg das **Dampfrohr**
le tube de trop plein
переливная труба
boriya serêjê

⑤ die **Füll- und Ablaufarmatur**
le robinet de remplissage et de vidange
водозаборная и сливная арматура
fîkstura tijîkirin û valakirinê

⑥ **füllen**
remplir
заполнение
tijîkirin

⑦ **entleeren**
vider
опорожнение
valakirin

⑧ das **Kaltwasser**
l'eau froide
холодная вода
ava sar

der **Kleinspeicher**
Kleinspeicher
le petit chauffe-eau
малый накопительный водонагреватель
depoya piçûk

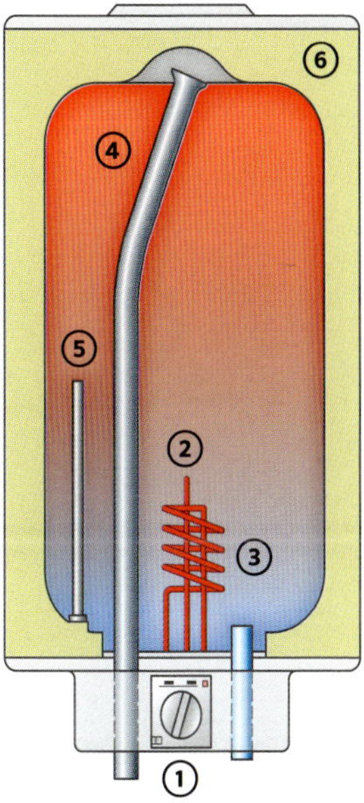
6
4
5
2
3
1

der **Untertisch-Kleinspeicher**
le petit chauffe-eau sous évier
открытый малый накопительный водонагреватель
depoya piçûk a bin-maseyê

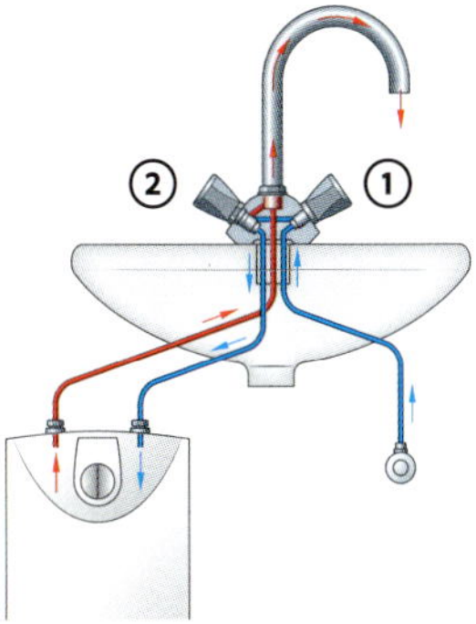
2
1

① das **Zapfventil**
le robinet de distribution
подающий кран
vavê destgirtinê

② das **Temperierventil**
la vanne de régulation de température
арматура линии поддержания температурного режима
vavê germahîrêveberiyê

der **Übertisch-Kleinspeicher**
le petit chauffe-eau sur évier
надстраиваемый малый накопительный водонагреватель
depoya piçûk a ser-maseyê

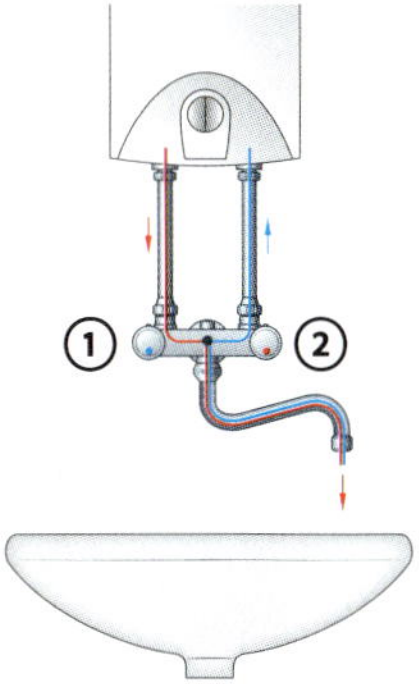
1
2

① **kalt**
froid
Холодная
sar

② **warm**
chaud
горячая
germ

① der **Temperaturwähler**
le sélecteur de température
переключатель температуры
hilbijêra germahiyê

② der **Temperaturfühler**
la sonde de température
датчик температуры
hestpêkerê germahiyê

③ der **Rohrheizkörper**
le radiateur tubulaire
трубчатый нагревательный элемент
germkera boriyî

④ das **Überlaufrohr**
le tube de trop plein
переливная труба
boriya serêjê

⑤ die **Schutzanode**
l'anode de protection
защитный анод
anoda parastinê

⑥ die **Wärmedämmung**
l'isolation thermique
теплоизоляция
germîgirtin

5.3.2. Geschlossene Speicher-Trinkwassererwärmer – Réservoir-chaufe-eau d'eau potable fermé – Закрытые емкостные подогреватели питьевой воды – Germkerên ava vexwarinê yên depo-girtî

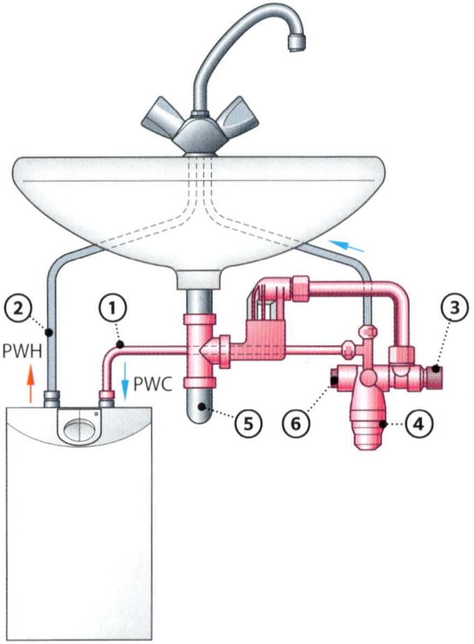

①
②
③
④
⑤
⑥
PWH
PWC

die **Sicherheitstechnische Ausrüstung**
les équipements de sécurité
защитно-техническое оборудование
amûrên teknîkî yên ewlekariyê

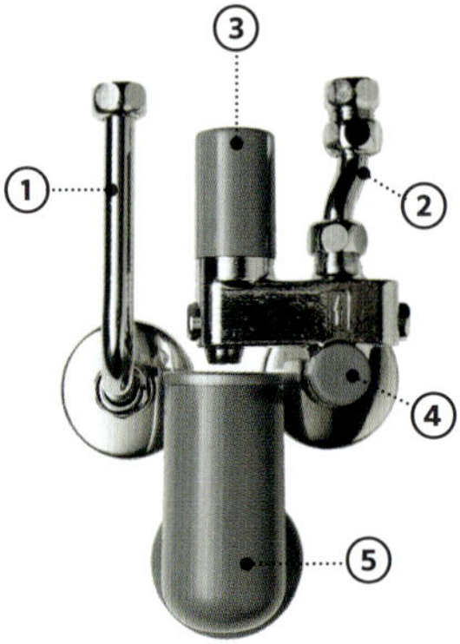

①
②
③
④
⑤

① der **PWC-Anschluss zum Speicher**
le raccordement d'eau froide au chauffe-eau
соединение pwc для накопительного водонагревателя
girêdana PWC ber bi depoyê

② der **PWH-Anschluss vom Speicher**
le raccordement d'eau chaude depuis le chauffe-eau
соединение pwh для накопительного водонагревателя
girêdana PWH ji depoyê

③ das **Sicherheitsventil**
la soupape de sécurité
предохранительный клапан
vavê ewlekariyê

④ der **Druckminderer**
le réducteur de pression
редуктор давления
kêmkerê pestînê

⑤ der **Geruchverschluss (Siphon)**
le siphon
гидравлический затвор (сифон)
tapa bîhnê (sîfon)

⑥ der **Rückflussverhinderer**
le clapet anti-retour
прерыватель обратного потока
astengkerê paşveherînê

5.3.3 Durchfluss-Trinkwassererwärmer – Chauffe-eau d'eau potable à débit – Проточные подогреватели питьевой воды – Germkerên ava vexwarinê yên herikînê

①
②
③
④
⑤

der **Durchfluss-TWE, elektrisch,**
umg der **Durchlauferhitzer**
le chauffe-eau instantané électrique
проточный нагреватель питьевой воды, электрический
germkera ava vexwarinê ya herikînê (herikîna-TWE), elektrîkî

① der **Kupferbehälter mit Heizsystem**
le réservoir en cuivre avec système de chauffage
медный бак с нагревателем
depoya misî bi pergala germkirinê

② die **Netzanschlussklemme**
le bornier de raccordement électrique
клемма для подключения к сети
termînala girêdana torê

③ die **Steuer-und Regeleinheit**
l'unité de commande et de régulation
управляющее и регулирующее устройство
yekeya kontrol û rêveberiyê

④ der **PWC-Zulauf**
l'arrivée d'eau froide
ввод трубопровода PWC
dakêşîna PWC

⑤ der **PWH-Ablauf**
la sortie d'eau chaude
отвод трубопровода PWH
avdana PWH

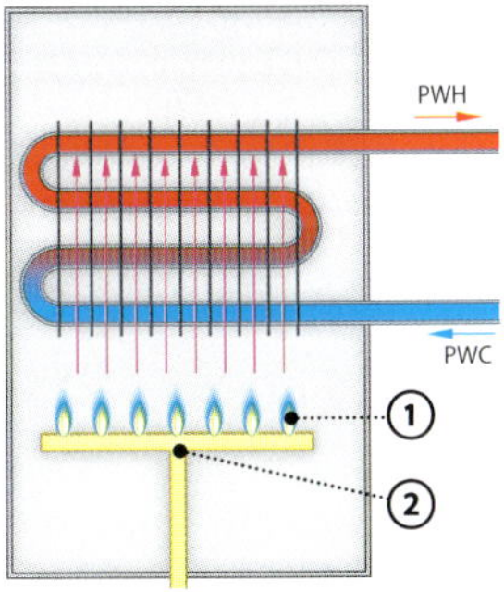

PWH
PWC
①
②

der **Durchlaufwasserheizer (DWH),**
umg der **Gas-Durchlauferhitzer**
le chauffe-eau instantané
проточный водонагреватель
germkera avê ya herikînê (DWH)

① die **Gasflamme**
la flamme de gaz
газовое пламя
pêta gazê

② der **Gasbrenner**
le brûleur à gaz
газовая горелка
şewatoka gazê

①

der **Piezozünder**
l'allumeur piézoélectrique
пьезо-поджиг
pêtdana pîzoyî

① die **Zündelektrode**
l'électrode d'allumage
электрод розжига
elektroda pêtdanê

5.3.4 Trinkwassererwärmung durch die zentrale Heizungsanlage – Chauffage d'eau potable via une installation de chauffage centrale – Подогрев питьевой воды с помощью центральной системы отопления – Germkirina ava vexwarinê bi rêya dezgeha germkirinê ya navendî

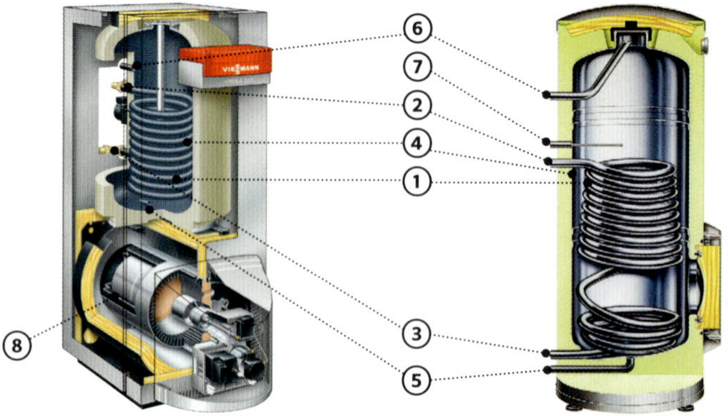
6
7
2
4
1
8
3
5

die **Kombination Heizkessel-Speicher-Trinkwassererwärmer**
la combinaison chaudière-chauffe-eau à accumulation
комбинация из отопительного котла и емкостного подогревателя питьевой воды
kombînasyona kazana germkirinê-depo-germkera ava vexwarinê

der **Speicher-Trinkwassererwärmer**
le chauffe-eau à accumulation
емкостный подогреватель питьевой воды
germkera ava vexwarinê ya depoyî

① die **Rohrschlange**
le serpentin
змеевик
boriya marpiçî

② der **Heizwasservorlauf**
le départ d'eau de chauffage
трубопровод для подачи горячей воды
pêşveçûna ava germkirinê

③ der **Heizwasserrücklauf**
le retour d'eau de chauffage
возврат горячей воды
vegerîna ava germkirinê

④ die **Trinkwassererwärmung**
la production d'eau chaude sanitaire
подогрев питьевой воды
germkirina ava vexwarinê

⑤ der **PWC-Anschluss**
le raccordement d'eau froide
соединение трубопровода PWC
girêdana PWC

⑥ der **PWH-Anschluss**
le raccordement d'eau chaude
соединение трубопровода PWH
girêdana PWH

⑦ der **Speicherfühler**
la sonde de chauffe-eau
емкостный датчик
hestpêkerê depoyê

⑧ der **Heizkessel**
la chaudière
отопительный котел
kazana germkirinê

5.3.5 Trinkwassererwärmung durch solarthermische Anlagen – Chauffage d'eau potable via des installations solaires thermiques – Подогрев питьевой воды с помощью гелиотермических установок – Germkirina ava vexwarinê bi rêya dezgehên solartermîkî

die **Solaranlage**
l'installation solaire
гелиоустановка
dezgeha solarê

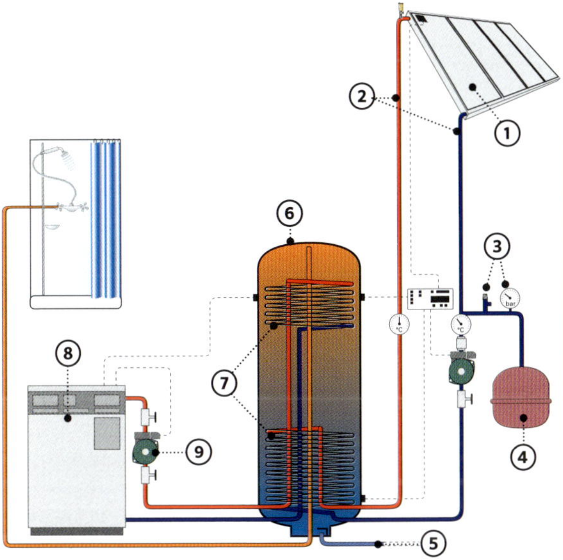
1
2
3
4
5
6
7
8
9
°C
bar

① der **Sonnenkollektor**
le capteur solaire
гелиоколлектор
kolektora rojê

② der **Solarkreis Vor- und Rücklauf**
le circuit solaire départ et retour
контур гелиоустановки с подводом и отводом
herikeya solarê ya pêşveçûn û vegerînê

③ die **Sicherheitseinrichtungen**
les dispositifs de sécurité
предохранительные устройства
amûrên ewlekariyê

④ das **Ausdehnungsgefäß**
le vase d'expansion
расширительный сосуд
depoya firehavêtinê

⑤ der **Trinkwasserzufluss**
l'arrivée d'eau potable
приток питьевой воды
temarkirina ava vexwarinê

⑥ der **bivalente Solarspeicher**
le chauffe-eau solaire bivalent
бивалентный бак-водонагреватель для солнечной системы
depoya solarê ya duvalent

⑦ der **Wärmetauscher**
l'échangeur de chaleur
теплообменник
guhêzerê germiyê

⑧ die **Nachheizung**
le chauffage d'appoint
дополнительный нагрев
piştgermkirin

⑨ die **Umwälzpumpe**
la pompe de circulation
циркуляционный насос
pompaya gerînê

5.4 SANITÄROBJEKTE - APPAREILS SANITAIRES - САНИТАРНО-ТЕХНИЧЕСКИЕ ПРИБОРЫ - HACETÊN SANITARÊ

5.4.1 Waschtische und Waschbecken - Éviers et lavabos - Рукомойники и моечные ванны - Maseyên destşok û beşikên şûştinê

①
②
③
④

das **Zubehör**
les accessoires
принадлежности
hacet

① der **Spiegel**
le miroir
зеркало
neynik

② der **Handtuchhaken**
le porte-serviettes
крючки для полотенец
çengelê havliyê

③ der **Zahnputzbecherhalter**
le porte-verre à dents
держатель стакана для полоскания рта
gireka tasa diran şûştinê

④ der **Seifenhalter**
le porte-savon
подвесная мыльница
gireka sabûnê

der **Waschtisch**
l'évier
умывальник
masa destşokê

das **Handwaschbecken**
le lavabo
рукомойник
beşika şûştina destan

Montage - Montage - Монтаж - Montaj

die **Montage der Armatur**
l'installation du robinet
монтаж арматуры
montaja fîksturê

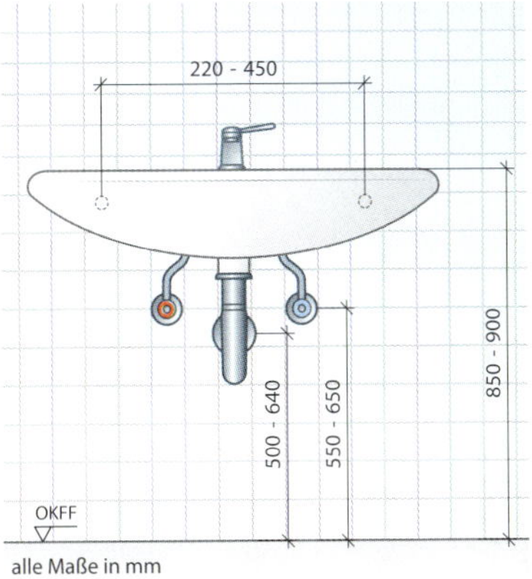
220 - 450
500 - 640
550 - 650
850 - 900
OKFF
alle Maße in mm

die **üblichen Montagemaße**
les dimensions de montage standards
распространенные монтажные размеры
pîvanên asayî yên montajê

der **Oberkante Fertig-Fußboden (OKFF)**
le bord supérieur du sol fini
уровень чистого пола (учп)
OKFF Devê jorîn ê Erdê-temamkirî

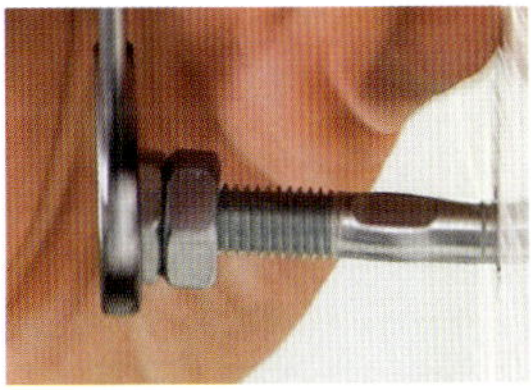

die **Stockschraube eindrehen mithilfe aufgeschraubter Muttern**
visser la vis de fixation à l'aide d'écrous vissés
ввинчивание сантехнической шпильки с помощью навинченных гаек
zivirkirin vîdaya texteyî bi alîkariya somûnên pêçayî

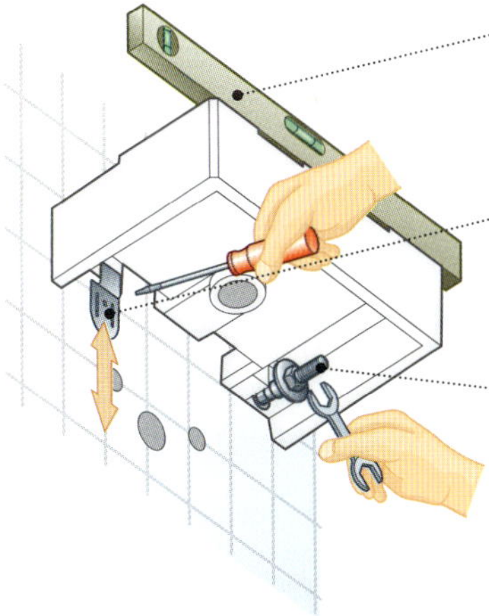

die **Wasserwaage**
le niveau à bulle
уровень
asta avê

die **Aufhängelasche**
la patte de suspension
навесная планка
qulika daleqandinê

die **Stockschraube**
la vis de fixation
сантехническая шпилька
vîdaya texteyî

5.4.2 Spülen und Ausgussbecken – Rinçage et bassins de déversement – Смыв и сливные бачки – Şûştin û beşikên avêtinê

①
②

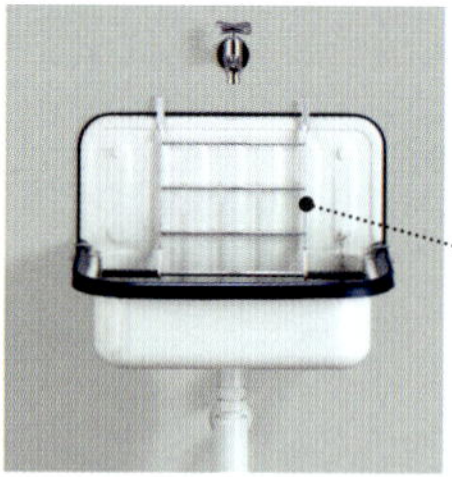

das **Ausgussbecken**
le bassin de déversement
кухонная раковина
beşika avêtinê

das **Klapprost**
la grille pliable
откидная решетка
şebekeya alqevedanê

die **Einzelspüle**
l'évier simple
отдельностоящая мойка
şûştina takekesî

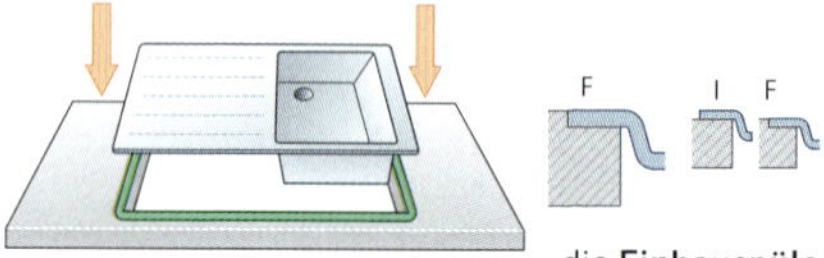
F
I
F

die **Einbauspüle**
l'évier encastré
встроенная мойка
şûştina hundir-bicihkirî

① die **Abtropffläche**
l'égouttoir
крыло мойки
qada zuhakirinê

② das **Spülbecken**
le bac d'évier
кухонная мойка
beşika şûştinê

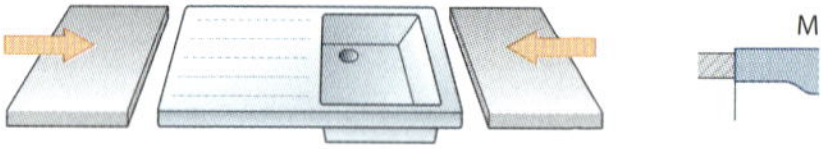
M

das **Spülmodul**
le module d'évier
моечный модуль
modula şûştinê

①
②
②

die **Doppelspüle**
l'évier double
двухсекционная мойка
şûştina ducarî

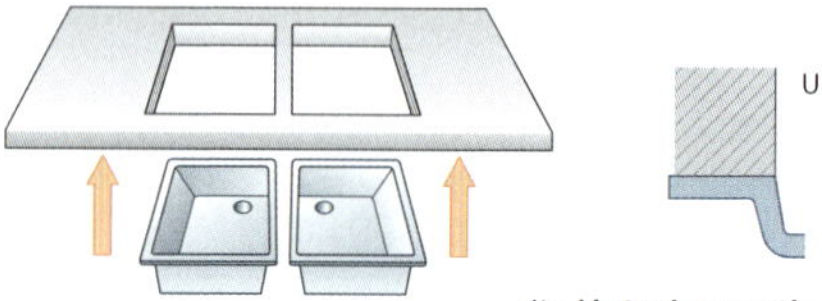
U

die **Unterbauspüle**
l'évier sous plan
мойка для скрытого монтажа
şûştina bin-bicihkirî

5.4.3 Klosettanlagen – Installations pour toilettes – Санузлы – Dezgehên tuwaletê

das **Sitzklosett**
le WC assis
уборная с сиденьем
tuwaleta rûniştekî

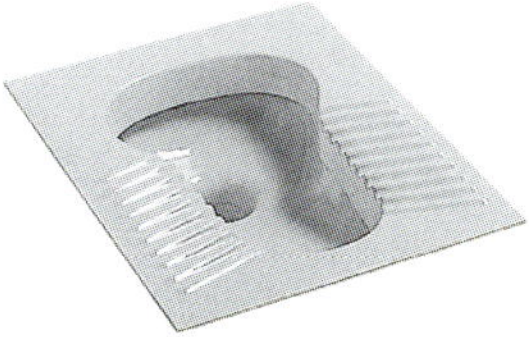

das **Hockklosett,**
umg das **Stehklo**
le WC à la turque
уборная без сиденья
tuwaleta çombûnî

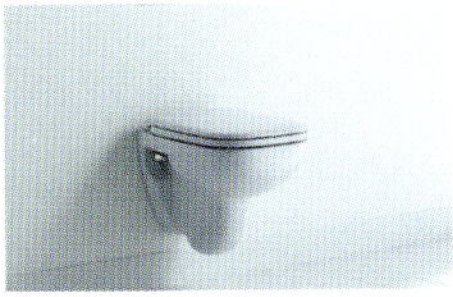

das **Wand-WC**
le WC suspendu
подвесной унитаз
tuwaleta-dîwar

das **Stand-WC**
le WC sur pied
напольный унитаз
tuwaleta-sekinandî

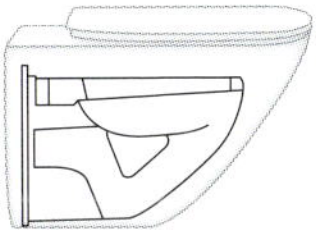

das **Flachspülklosett,**
umg der **Flachspüler**
le WC à chasse plate
тарельчатый унитаз
tuwaleta şûştina-pan

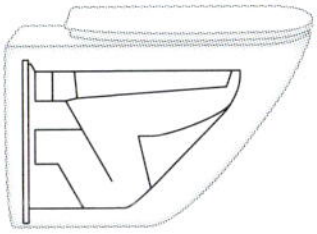

das **Kaskadenklosett**
le WC à chasse en cascade
унитаз с каскадным смывом
tuwaleta kaskadeyê

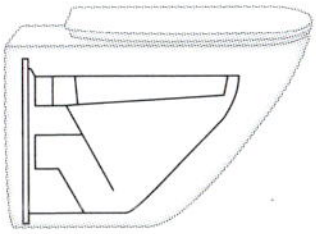

das **Tiefspülklosett,**
umg der **Tiefspüler**
le WC à chasse profonde
воронкообразный унитаз
tuwaleta şûştina-kûr

der **WC-Duscharm**
le WC avec douchette
унитаз с подмыванием
milê duşa-tuwaletê

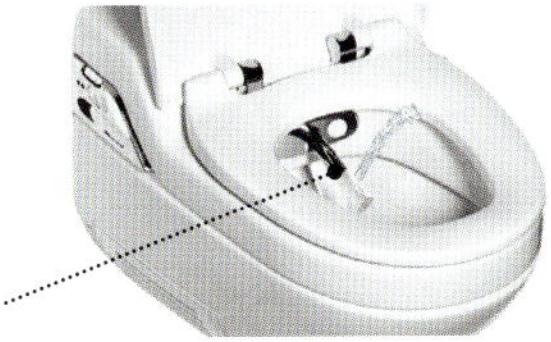

das **Dusch-WC**
le WC lavant
унитаз-биде
tuwaleta duşê

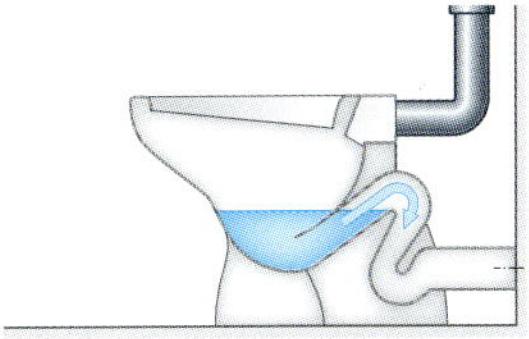

das **Absaugeklosett**
le WC à aspiration
сифонирующий унитаз
tuwaleta helmijînê

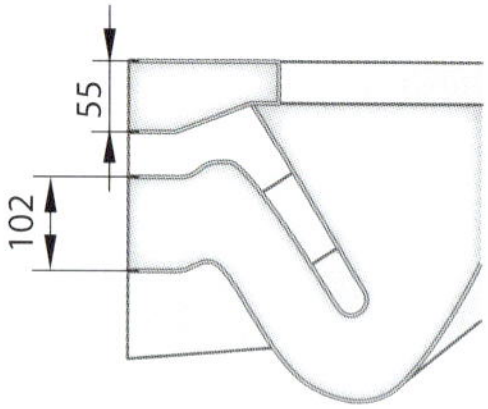
55
102

die **Anschlussmaße**
les dimensions de raccordement
присоединительный размер
pîvanên girêdanê

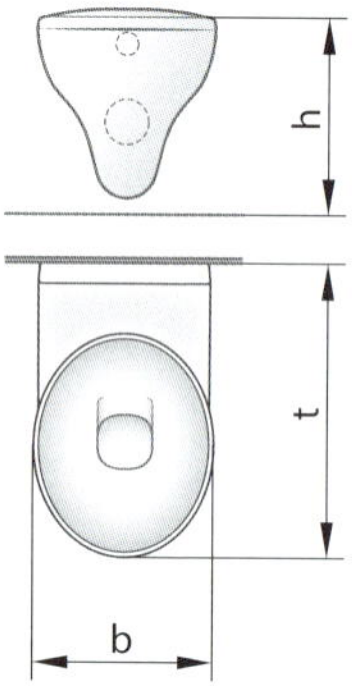
h
t
b

die **Montagemaße**
les dimensions de montage
монтажный размер
pîvanên montajê

die **h Höhe**
la hauteur h
h высота
h bilindahî

die **t Tiefe**
la profondeur p
t глубина
t kûrahî

die **b Breite**
la largeur l
b ширина
b firehî

die **Montagewand**
la paroi de montage
стенка для монтажа
dîwarê montajê

die **Vorwandinstallation**
l'installation en applique
пристенный монтаж
sazkirina pêş-dîwarî

5.4.4 Urinale – Urinoirs – Писсуары – Pêşava

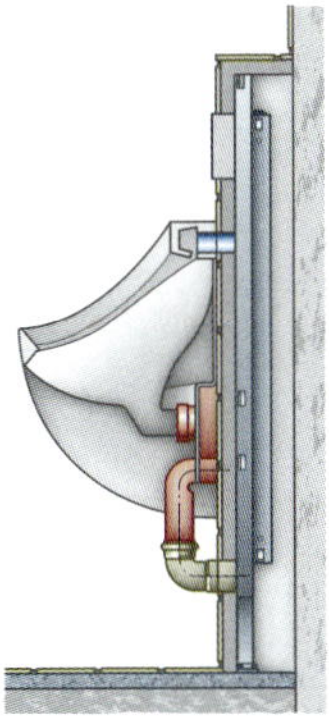

das **Urinal mit Absaugformstück**
l'urinoir avec raccord d'aspiration
писсуар с вытяжной соединительной деталью
pêşava bi parçeya şikilê helmijînê

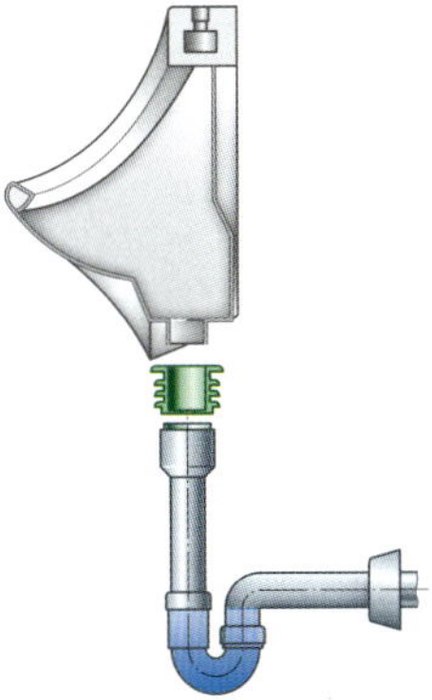

das **Urinal mit frei liegendem Geruchverschluss**
l'urinoir avec siphon apparent
писсуар со свободно размещенным сифоном
pêşava bi tapa bîhnê ya vekirî

das **Urinal, wassergespült**
l'urinoir à chasse d'eau
писсуар с промывкой водой
pêşava, bi avê şûştî

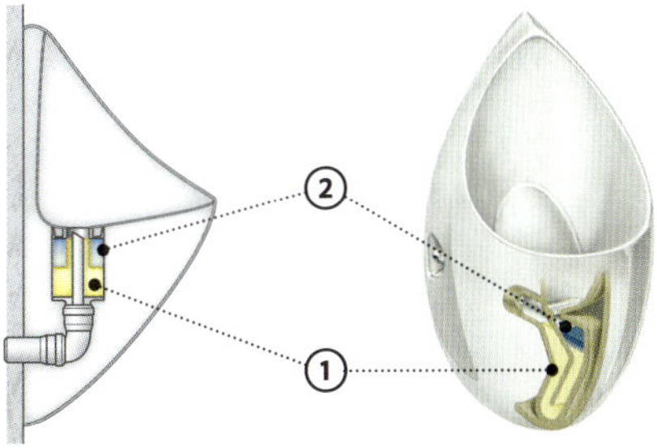
2
1

① der **Urin**
l'urine
моча
mîz

② die **Sperrflüssigkeit**
le liquide de blocage
жидкость гидравлического затвора
şilemeniya astengkirî

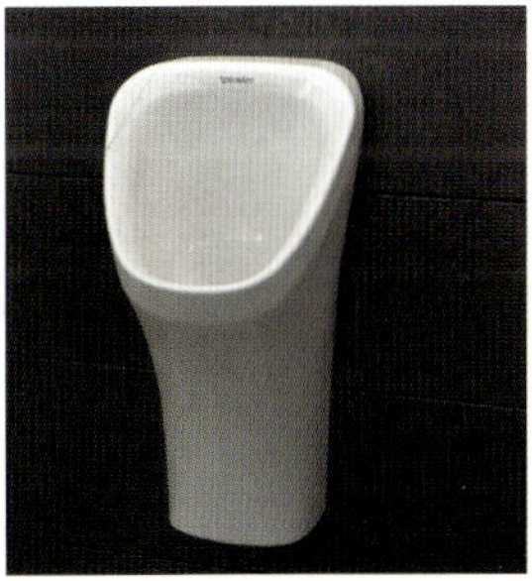

das **wasserlose Urinal**
l'urinoir sans eau
писсуар без воды
pêşava bê av

5.4.5 Bidets (Sitzwaschbecken) – Bidets – Биде – Bîdetan (beşikên şûştin-rûniştekî)

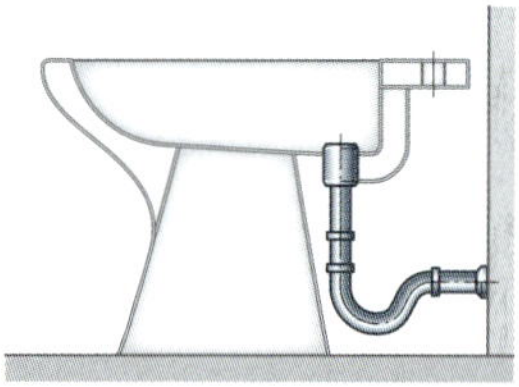

bodenstehend
posé au sol
напольный
rasekinandî

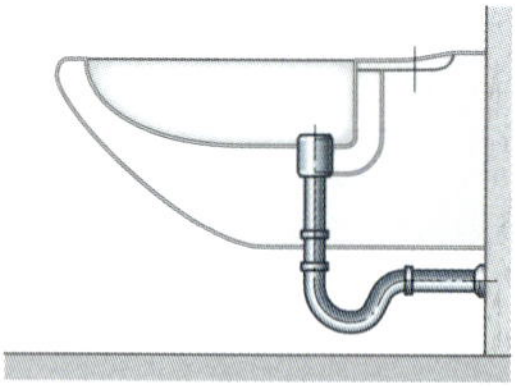

wandhängend
suspendu au mur
подвесной
li dîwar daleqandî

das **Sitzwaschbecken**
le bidet
биде
beşika şûştin-rûniştekî

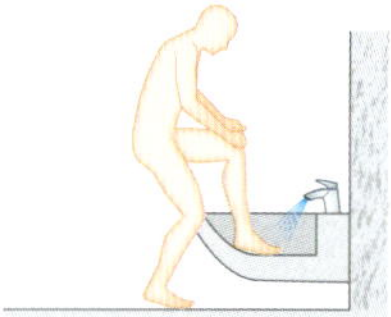

das **Fußbad**
le pédiluveain de pieds
ножная ванна
şûştina lingan

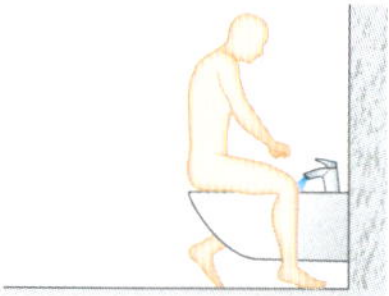

sitzen
s'asseoir
посадка
rûniştin

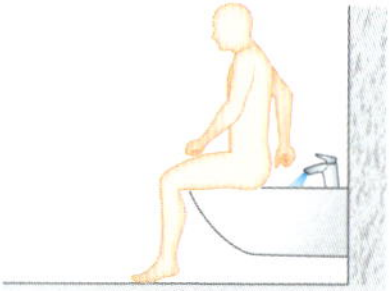

die **Waschpositionen**
les positions de de lavage
положения для мытья
pozisyonên şûştinê

5.4.6 Badewannen – Baignoires – Ванны – Banyoyan

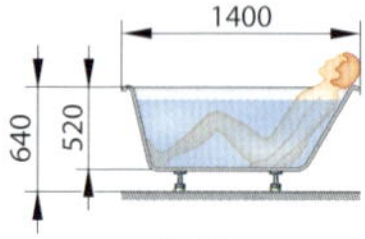
1400
640
520

die **Kurzwanne**
la baignoire courte
миниванна
banyoya kurt

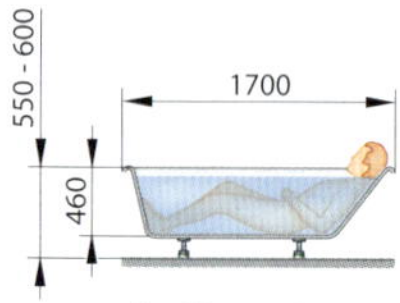
550 - 600
1700
460

die **Normalwanne**
la bainoire normale
ванна нормальных размеров
banyoya normal

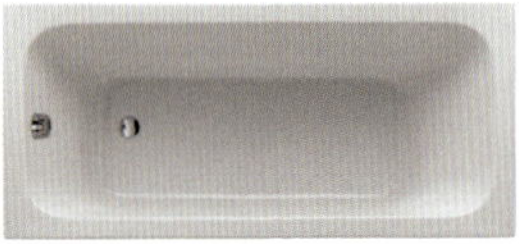

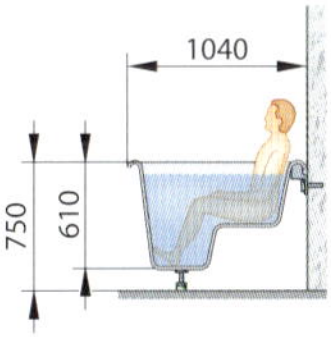
1040
750
610

die **Sitzwanne**
la baignoire sabot
сидячая ванна
banyoya rûniştekî

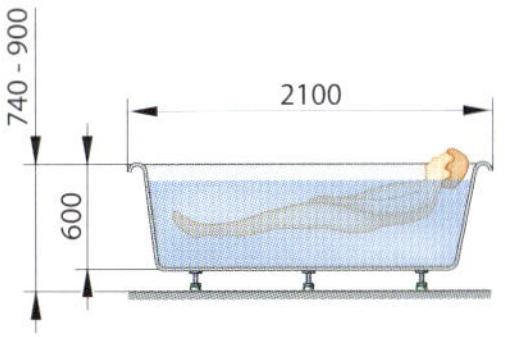
740 - 900
2100
600

die **Großwanne**
la baignoire grande taille
крупногабаритная ванна
banyoya mezin

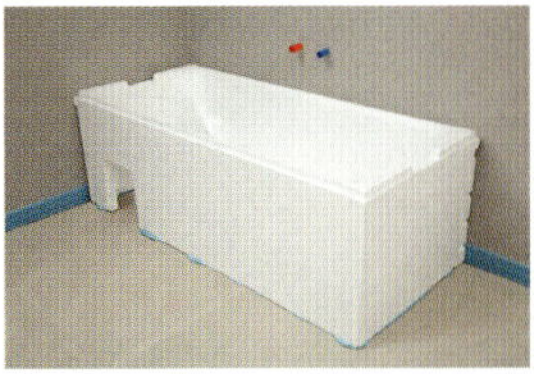

der **Wannenträger aus Hartschaum**
le support de baignoire en mousse rigide
держатель ванны из жесткого пенопласта
hilgira banyoyê ji kefa req

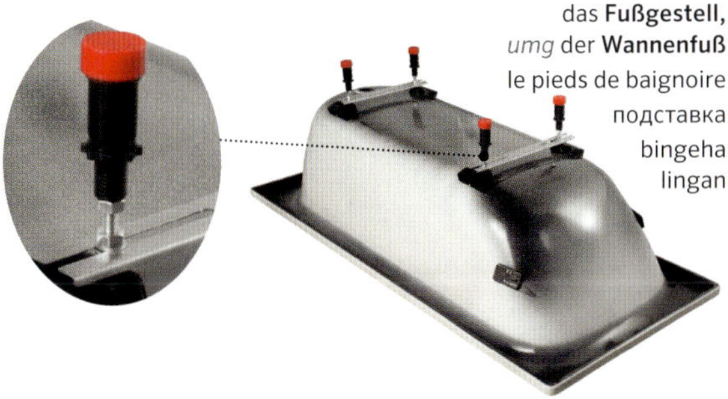

höhenverstellbar
réglable en hauteur
регулируется по высоте
bi bilindahiya-guherbar

körperschallgedämmt
insonorisé
с шумоизоляцией
bi dengkêmkirina dengsema-leşî

das **Fußgestell,**
umg der **Wannenfuß**
le pieds de baignoire
подставка
bingeha
lingan

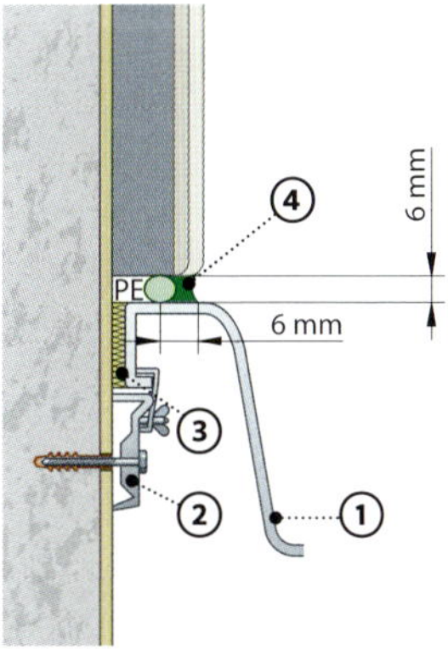
6 mm
PE
6 mm
4
3
2
1

die **Befestigung**
la fixation
крепление
pêvekirin

① die **Wanne**
la baignoire
ванна
banyo

② der **Wannenanker**
l'ancrage pour baignoire
анкер для крепления ванны
lengerê banyoyê

③ die **Schalldämmung**
l'isolation phonique
звукоизоляция
kêmkirina dengî

④ der **elastische Dichtstoff**
le mastic élastique
эластичная прокладка
madeyê elastîkî yê şidandinê

5.4.7 Duschen – Douches – Душевые кабины – Duşan

②
①

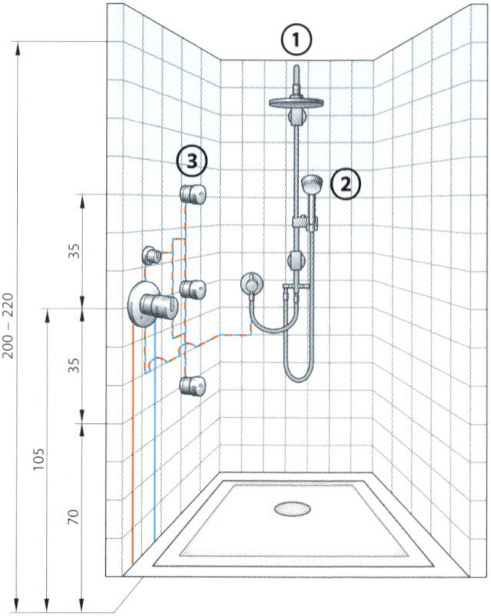

①
②
③
200 – 220
35
35
105
70

die **Dusche**
la douche
душ
duş

① die **Duschwanne,**
umg das **Duschbecken**
le bac de douche
душевой поддон
beşika duşê

② die **Duschtrennwand,**
umg die **Duschabtrennung**
la paroi de douche
душевая перегородка
dîwarê cudakirina duşê

① die **Kopfbrause**
le pommeau de douche fixe
верхний душ
serduşa serî

② die **Handbrause oder Schlauchbrause**
la douchette à main ou flexible de douche
душ с гибким шлангом или душевая сетка на гибком шланге
serduşa destî an serduşa şilangê

③ die **Seitenbrause**
le jet latéral
боковой душ
serduşa kêlekî

die **Wasserstrahlen**
les jets d'eau
струи воды
şirêna avê

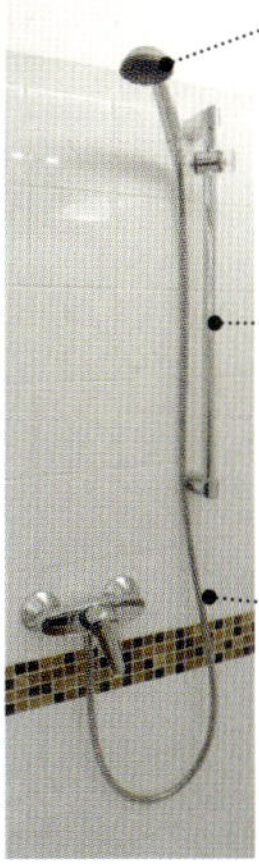

der **Duschkopf oder Brausekopf**
le pommeau de douche
душевая лейка или душевая сетка
serê duşê an serê serduşê

die **Wandstange**
la barre murale
душевая стойка
şiva dîwarî

der **Brauseschlauch**
le flexible de douche
душевой шланг
şilanga serduşê

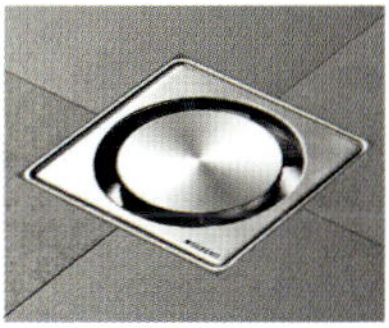

der **Bodenablauf**
la bonde de sol
донный слив
avdana erdê

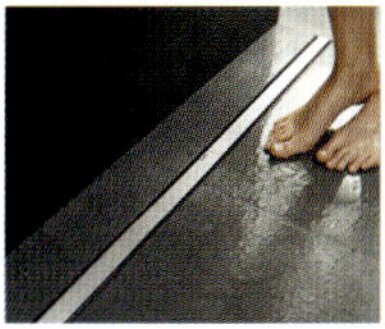

die **Duschrinne**
le caniveau de douche
душевой лоток
xizêka duşê

die **bodengleich gefliesste Duschanlage**
la douche à l'italienne carrelée
душевая без порожка, облицованная плиткой
dezgeha duşê ya kaşî-raxistî ya çeperast bi erdê

5.5 ENTWÄSSERUNG - DRAINAGE - ВОДООТВЕДЕНИЕ - AVDERÎ

Abwassersysteme – Systèmes d'évacuation des eaux usées – Канализационные сети – Pergalên avderê

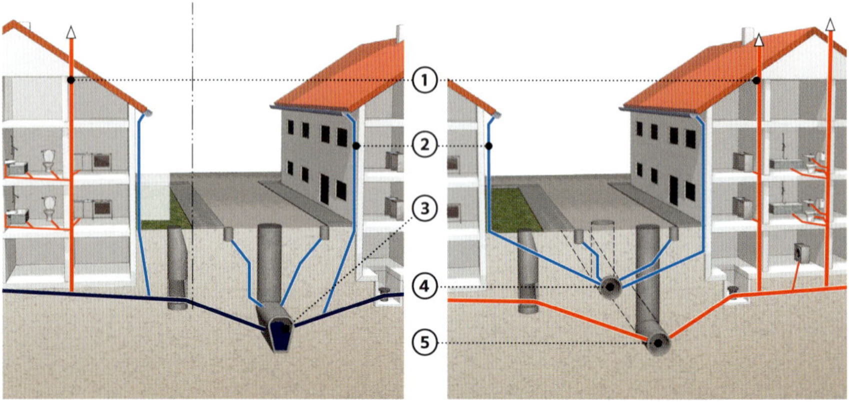
1
2
3
4
5

das **Mischsystem**
le système de mélange
комбинированная система
pergala tevlihevkirinê

das **Trennsystem**
le système de séparation
раздельная система
pergala veqetandinê

① die **Schmutzwasserfallleitung**
la conduite d'évacuation des eaux usées
трубопровод для сточных вод
boriya dakêşîna ava qirêj

② die **Regenwasserfallleitung**
la conduite d'évacuation des eaux pluviales
труба для ливневой канализации
boriya dakêşîna ava baranê

③ der **Mischwasserkanal**
la canalisation d'eaux mixtes
общесплавной коллектор
kanala ava tevlihevkirî

④ der **Regenwasserkanal**
la canalisation d'eaux pluviales
коллектор дождевой канализации
kanala ava baranê

⑤ der **Schmutzwasserkanal**
la canalisation d'eaux usées
коллектор бытовой канализации
kanala ava qirêj

Strangschema (Trennsystem) – Schéma de fils (système de séparation) – Схема с вертикальным изображением линий трубопровода (раздельная система канализации) – Şemaya rêyê (pergala veqetandinê)

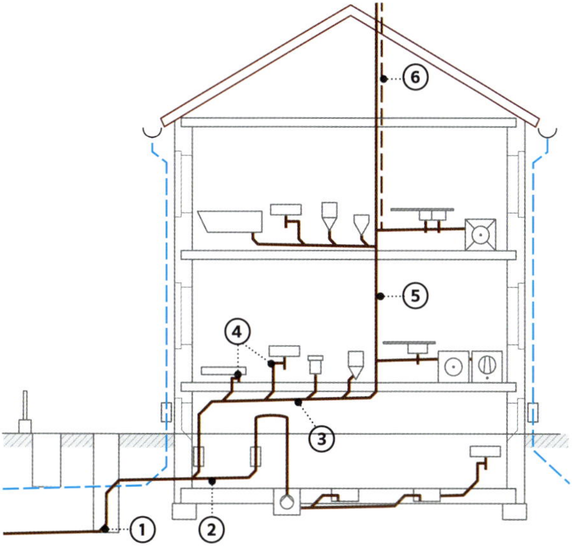
6
5
4
3
1
2

① die **Grundleitung**
la conduite enterrée
система канализации
boriya bingehîn

② die **Sammelleitung**
la conduite de collecte
коллектор
boriya kombûnê

③ die **Sammelanschlussleitung**
la conduite de raccordement collectif
коллекторный соединительный трубопровод
boriya girêdana kombûnê

④ die **Einzelanschlussleitung**
la conduite de raccordement individuel
отдельный соединительный трубопровод
boriya girêdana takekesî

⑤ die **Schmutzwasserfallleitung**
la conduite de descente pour les eaux usées
трубопровод для сточных вод
boriya dakêşîna ava qirêj

⑥ die **Lüftungsleitung**
la conduite de ventilation
вентиляционный короб
boriya hewagirtinê

5.5.1 Ablaufstellen und Geruchverschlüsse – Points d'écoulement et siphons – Приемники сточной жидкости и сифоны – Cihên avderê û tapên bîhnê

der **Bodenablauf mit Rückstauverschluss**
la bonde de sol avec clapet anti-refoulement
донный слив с обратным клапаном с затвором
avdana erdê bi girtina vegerasta

der **Kellerablauf**
l'évacuation au sous-sol
слив в подвальном помещении
avdana bodromê

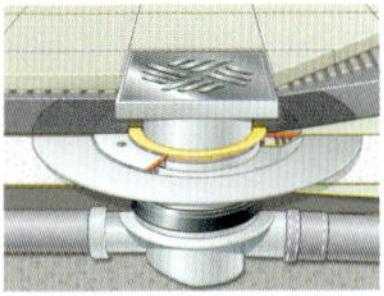

der **Badablauf**
la bonde de salle de bain
ванный спуск
avdana serşokê

Geruchverschluss oder Siphon – Siphon – Гидравлический затвор или сифон – Tapa bîhnê an sîfon

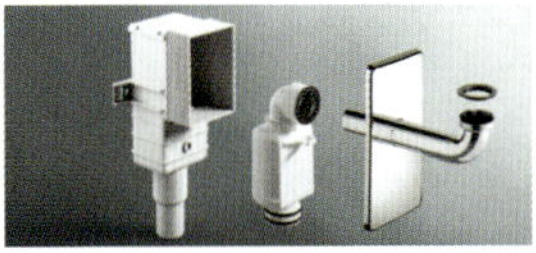

der **Unterputz-Geruchverschluss**
le siphon encastré
сифон для встроенного монтажа
tapa bîhnê ya hundir-dîwar

der **Flaschen-Geruchverschluss**
le siphon à bouteille
бутылочный сифон
tapa bîhnê ya şûşeyî

der **Röhren-Geruchverschluss**
le siphon tubulaire
трубчатый сифон
tapa bîhnê ya boriyî

Rohrreinigung – Nettoyage des tubes – Очистка труб – Paqijkirina boriyê

der **Rohrreinigungsschlauch**
le flexible de nettoyage de tube
трубоочистной шланг
şilanga paqijkirina boriyê

die **Rohrreinigungsspirale**
le furet
трубоочистная спираль
spirala paqijkirina boriyê

die **Saugglocke,**
umg der **Pömpel**
la ventouse
вантуз
kopa mijînê

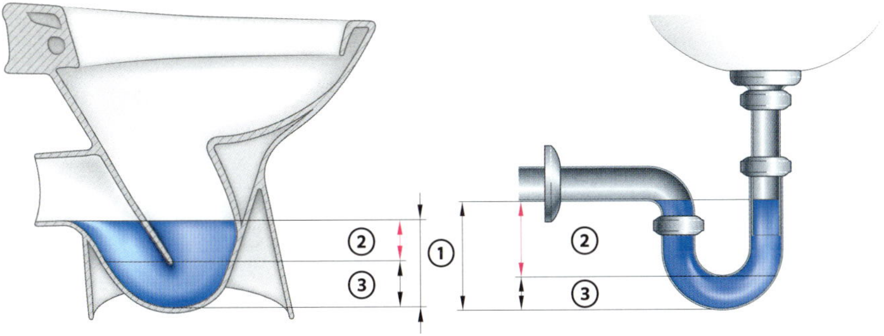
②
③
①
②
③

① die **Sperrwasservorlage**
la réserve d'eau de siphon
образец водяного затвора
pêşnûmaya ava astengkirinê

② das **Sperrwasser**
la garde d'eau
водяной затвор
ava astengkirinê

③ der **Wassersack**
la poche d'eau
скопление воды
torbika avê

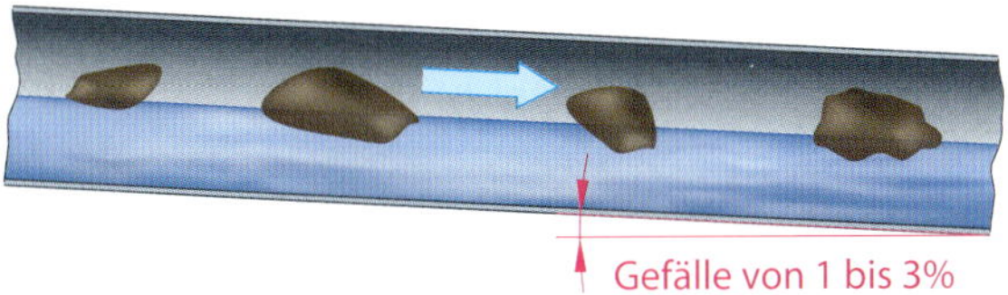
Gefälle von 1 bis 3%

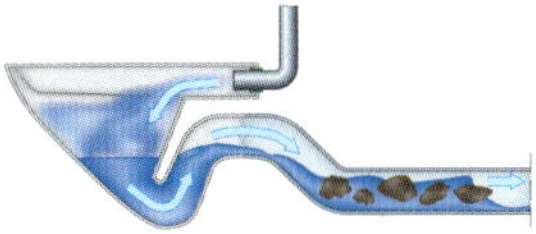

die **Schwemmwirkung**
l'effet de chasse
воздействие при помывке
bandora helgirtinê

das **Gefälle von 1 bis 3%**
la pente de 1 à 3 %
уклон от 1 до 3 %
xilarebûna ji 1 heta 3%

der **Spülvorgang,**
umg die **Spülung**
le processus de chasse
процесс промывки
pêvajoya şûştinê

5.5.2 Leitungen und Abzweige – Conduites et dérivations – Трубопровода и ответвления – Borî û liq

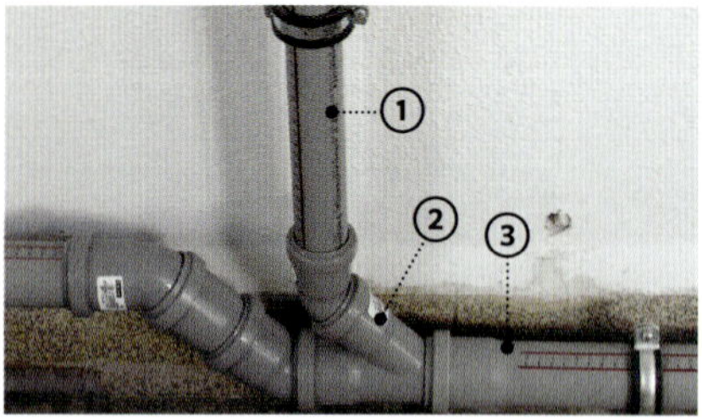
①
②
③

① die **senkrechte Leitung**
la conduite verticale
стояк
lûleya stûnî

② die **Richtungsänderung**
le changement de direction
изменение направления
guherîna alî

③ der **liegende Leitungsabschnitt**
le tronçon de conduite horizontal
горизонтальный участок трубопровода
beşa boriyê ya ramedî

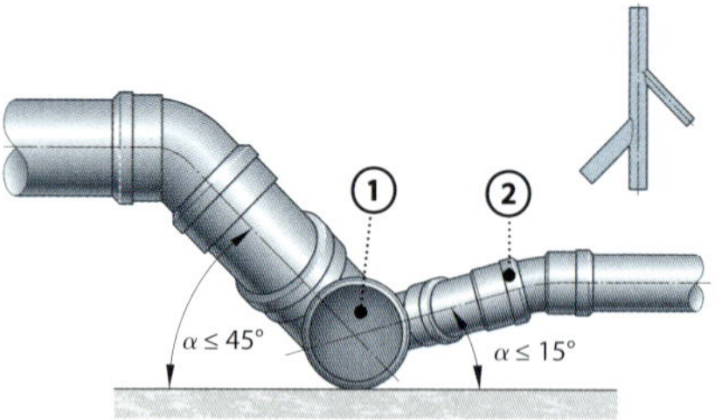
①
②
$\alpha \leq 45°$
$\alpha \leq 15°$

① die **Sammelanschlussleitung**
la conduite de raccordement collectif
коллекторный соединительный трубопровод
boriya girêdana kombûnê

② die **Einzelanschlussleitung (EAL)**
la conduite de raccordement individuel (EAL)
отдельный соединительный трубопровод
boriya girêdana takekesî (EAL)

der **Abzweig**
l'embranchement
отвод
liq

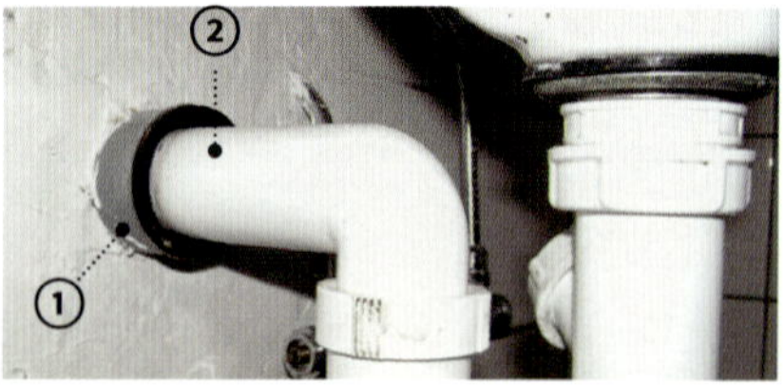
②
①

① das **Anschlussformstück**
le raccord de connexion
соединительная деталь
parçeya şiklê girêdanê

② das **Abgangsformstück**
le raccord de sortie
отводящая соединительная деталь
parçeya şiklê derketinê

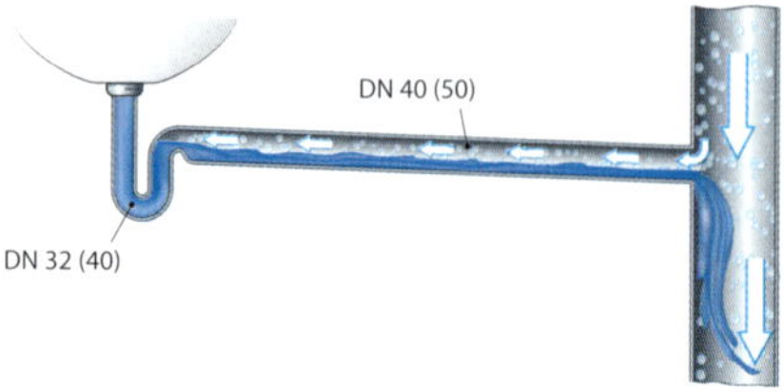
DN 40 (50)
DN 32 (40)

die **Nennweite (DN)**, *umg* der **Rohrdurchmesser**
le diamètre nominal (DN)
номинальный диаметр (DN)
firehiya navî (DN)

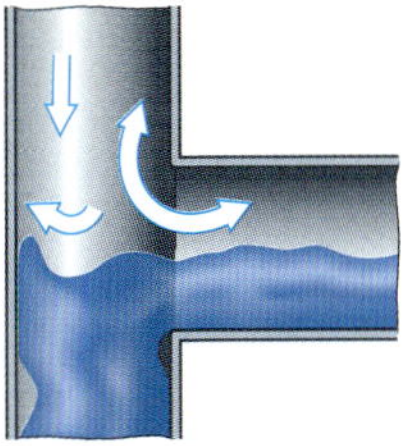

der **88,5°-Abzweig**
l'embranchement à 88,5°
отвод на 88,5°
liqa 88,5°

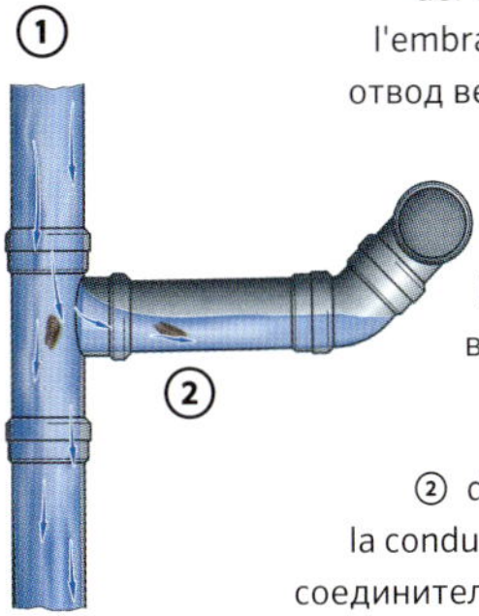
①
②

der **Fallleitungsabzweig**
l'embranchement de chute
отвод вертикальной трубы
liqa boriya dakêşînê

① die **Fallleitung**
la conduite de chute
вертикальная труба
boriya dakêşînê

② die **Anschlussleitung**
la conduite de raccordement
соединительный трубопровод
boriya girêdanê

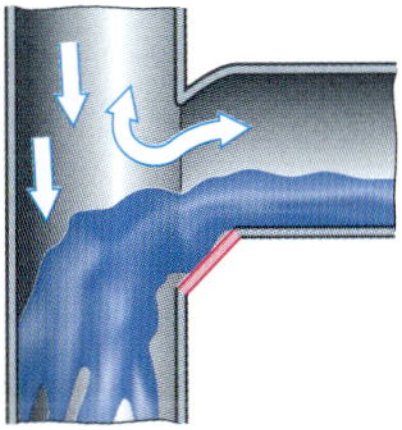

der **88,5°-Abzweig mit 45° Einlaufwinkel**
l'embranchement à 88,5° avec angle d'entrée de 45°
отвод на 88,5° с углом впуска 45°
liqa 88,5° bi goşeya têketinê ya 45°

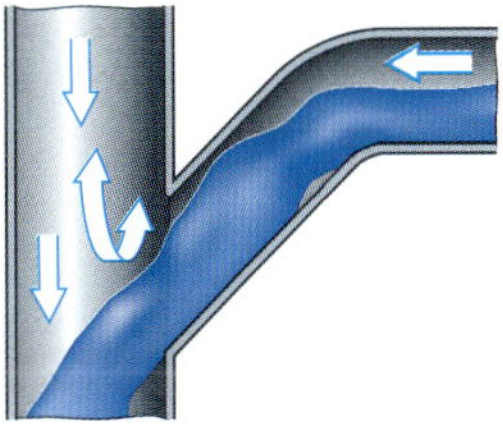

der **45°-Abzweig**
l'embranchement à 45°
отвод на 45°
liqa 45°

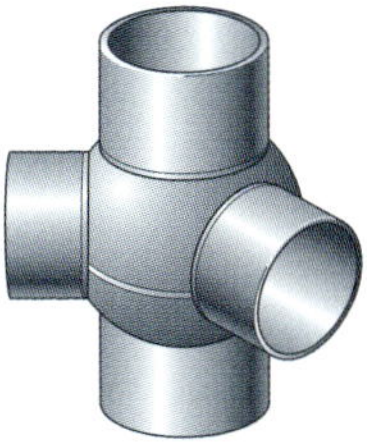

der **Kugeldoppelabzweig**
le double embranchement sphérique
шаровидная крестовина трубопровода
liqa ducarî ya xelekî

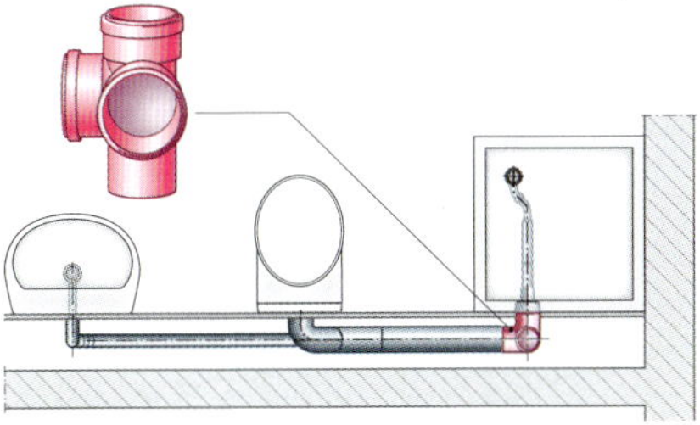

der **Doppelabzweig**
le double embranchement
крестовина трубопровода
liqa ducarî

Lüftungsleitung – Conduite de ventilation – Воздуховод – Boriya hewagirtinê

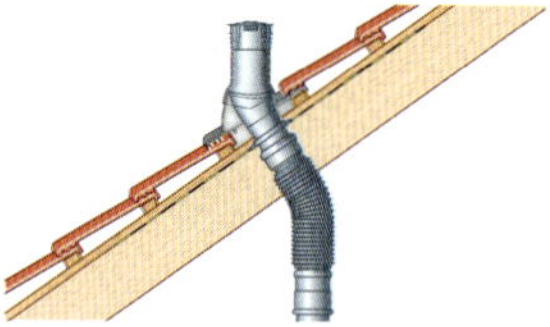

das **Lüftungsendrohr**
le tuyau de ventilation terminal
выпускная труба воздушного канала
boriya dawiyê ya hewagirtinê

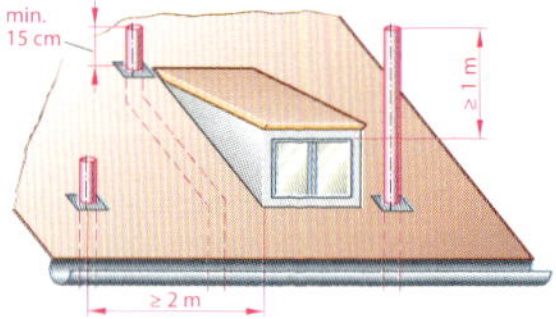
min.
15 cm
≥ 1 m
≥ 2 m

die **Entlüftung über Dach**
la ventilation par le toit
отвод воздуха над крышей
hewaderxistin li ser banî

Belüftung einer Leitung – Aération d'une conduite – Проветривание трубопровода – Hewagirtina boriyekê

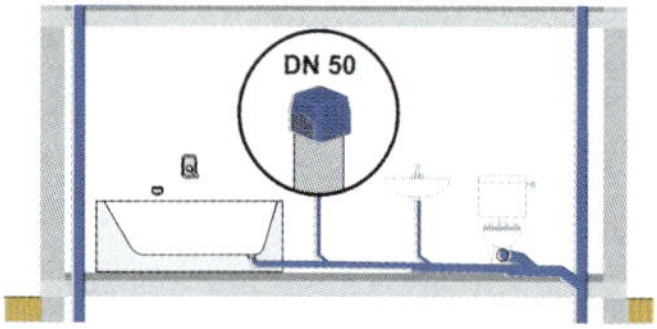
DN 50

der **Rohrbelüfter**
l'aérateur de tuyau
вакуумный клапан
hewagirê boriyê

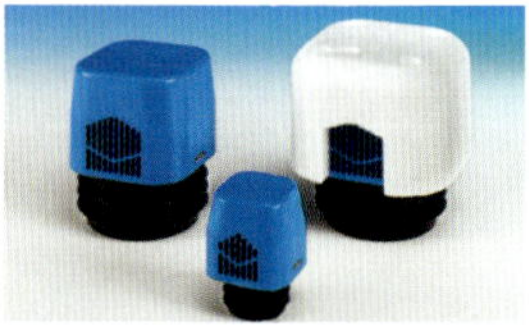

das **Belüftungsventil**
la vanne de ventilation
клапан вентиляции
vavê hewagirtinê

Sammelleitung und Grundleitung – Conduite de collecte et conduite enterrée – Коллектор и система канализации – Boriya kombûnê û boriya bingehîn

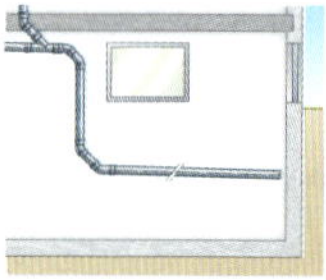

die **Sammelleitung, im Keller**
la conduite de collecte, au sous-sol
коллектор, в подвальном помещении
boriya kombûnê, di bodromê de

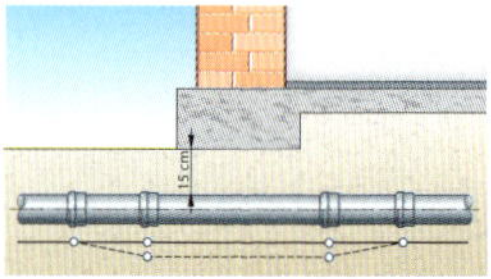
15 cm

die **Grundleitung, außerhalb des Gebäudes**
la conduite enterrée, à l'extérieur du bâtiment
система канализации, за пределами здания
boriya bingehîn, li derveyî avahiyê

5.5.3 Schutz vor Überschwemmung – Protection contre les débordements – Защита от затопления – Parastina li dijî lehîbûnê

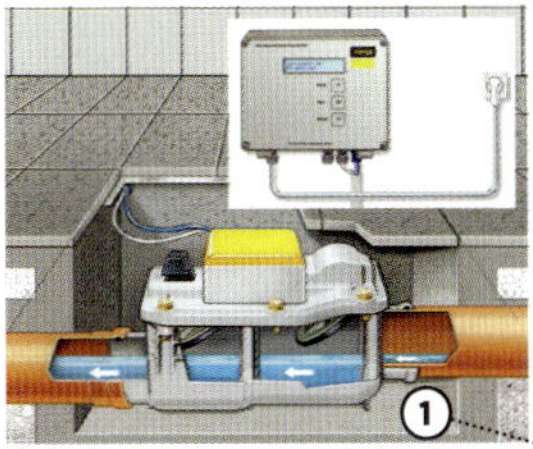
1

mit optischem und akustischen Signal
Avec signal optique et acoustique
с визуальной и звуковой сигнализацией
bi sîgnala dîtbarî û dengî

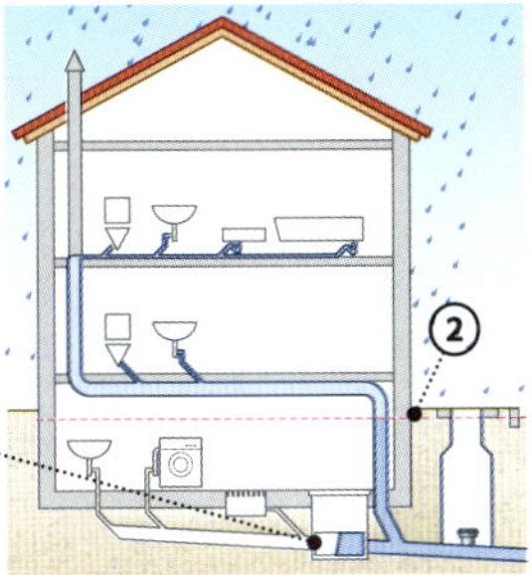
2

① der **Rückstauverschluss**
le clapet anti-refoulement
затвор обратного течения
girtina vegerastê

② die **Rückstauebene**
le niveau de refoulement
уровень обратного подпора
asta vegerastê

die **Abwasserhebeanlage**
la station de relevage des eaux usées
станция перекачки сточных вод
dezgeha rakêşa avderê

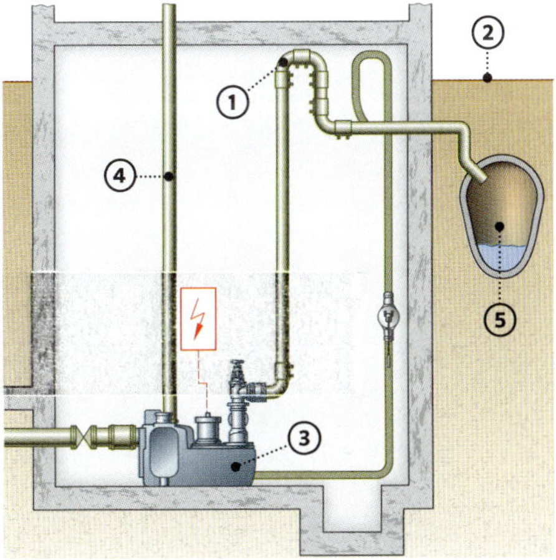
1
2
3
4
5

① die **Druckleitung mit Rückstauschleife**
la conduite de pression avec boucle anti-refoulement
напорный трубопровод с петлей обратного подпора
boriya pestîna bi xeleka vegerastê

② die **Rückstauebene**
le niveau de refoulement
уровень обратного подпора
asta vegerastê

③ der **Sammelbehälter**
le réservoir de collecte
сборный резервуар
depoya komkirinê

④ die **Lüftung**
la ventilation
вентиляция
hewagirtin

⑤ der **Kanal**
la canalisation
канал
kanal

5.5.4 Ableitung von Niederschlagwasser – Évacuation des eaux pluviales – Отвод конденсата – Derxistina ava baranê

die **Dachrinne**
la gouttière
кровельный желоб
xizêka banî

das **Giebeldach**
le toit à pignon
двускатная крыша
banê textaçartaqî

1
2

① die **Regenwasserklappe**
le clapet pour eaux pluviales
направляющий откидной элемент водосточной трубы
vavê ava baranê

② die **Regentonne**
le puisard
емкость для аккумулирования дождевой воды
tona baranê

das **Standrohr**
le tuyau vertical
стояковая труба
boriya sekinandinê

4
3
2
1

① das **Regenwasserfallrohr**
tube de descente pluviale
водосточная труба
boriya dakêşîna baranê

② die **Steckmuffe**
le manchon emboîtable
охватывающая муфта
kumikê têxistinê

③ die **Rohrschelle**
le collier de fixation
трубный хомут
kelepçeya boriyê

④ der **Wulst**
le bourrelet
закраина
gurmik

das **Flachdach**
le toit plat
горизонтальная крыша
banê pan

der **Flachdachablauf**
l'évacuation pour toit plat
сток в горизонтальной крыше
avdana banê pan

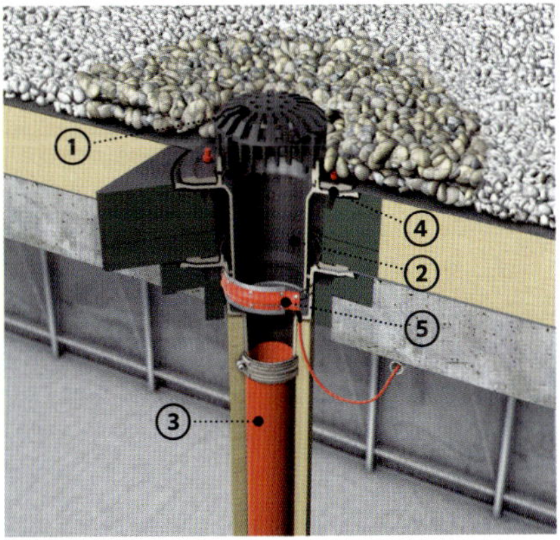

1
4
2
5
3

① der **Kugelrost**
la grille sphérique
полукруглая решетка
şebekeya xelekî

② der **Einlauf**
l'entrée
впуск
têketin

③ der **Ablauf**
l'évacuation
сток
avdan

④ der **Klemmflansch**
la bride de serrage
прижимный фланец
flanşa şidandinê

⑤ die **Rohrbegleitheizung**
le câble chauffant
сопровождающий обогрев труб
germkirina li rêderê boriyê

Heimeier

HEIZUNGS-TECHNIK

TECHNIQUE DE CHAUFFAGE

ТЕПЛОТЕХНИЧЕСКОЕ ОБОРУДОВАНИЕ

TEKNOLOJIYA GERMKIRINÊ

6 **HEIZUNGSTECHNIK - TECHNIQUE DE CHAUFFAGE - ТЕПЛОТЕХНИЧЕСКОЕ ОБОРУДОВАНИЕ - TEKNOLOJIYA GERMKIRINÊ**

6.1 **WÄRMEERZEUGUNG - PRODUCTION DE CHALEUR - ПРОИЗВОДСТВО ТЕПЛА - ÇÊKIRINA GERMIYÊ** 267

6.1.1 **Brennstoffe und Brennstoffversorgungsanlagen - Combustibles et installations d'approvisionnement en combustible - Топливные материалы и системы подачи жидкого топлива - Sotemenî û pergalên dabînkirina sotemeniyê** 267

Feste Brennstoffe - Combustibles solides - Твердое топливо - Sotemeniyên req 267

Flüssige Brennstoffe - Combustibles liquides - Жидкое топливо - Sotemeniyên şil 268

Gasförmige Brennstoffe - Combustibles gazeux - Газообразное топливо - Sotemeniyên gazî 269

6.1.2 **Brenner - Brûleur - Горелки - Şewatok** 271

Gasbrenner - Brûleur à gaz - Газовые горелки - Şewatokên gazê 271

Ölbrenner - Brûleur à fioul - Горелки на жидком топливе - Şewatokên rûnê 274

6.1.3 **Heizkessel - Chaudière - Нагревательные баки - Kazanên germkirinê** 277

Festbrennstoffheizkessel - Chaudière à combustible solide - Отопительные котлы, работающие на твердом топливе - Kazanên germkirinê yên sotemeniya-req 277

Gasheizkessel - Chaudière à gaz - Газовые отопительные котлы - Kazanên germkirinê yên gazê 278

6.2 **WÄRMEVERTEILUNG - DISTRIBUTION DE LA CHALEUR - РАСПРЕДЕЛЕНИЕ ТЕПЛА - BELAVKIRINA GERMIYÊ** 280

6.2.1 **Rohrverlegung - Pose des tubes - Прокладка труб - Raxistina boriyan** 281

6.2.2 **Armaturen - Robinetterie - Арматура - Fîkstur** 283

6.2.3 **Pumpen - Pompes - Насосы - Pompa** 286

6.2.4 **Heizkörper und Heizkörperanbindung - Radiateurs et raccordement des radiateurs - Нагревательные элементы и их подключение - Germker û girêdana germkerê** 288

Gliederheizkörper - Radiateur à colonne - Секционные радиаторы - Germkerên bendî 288

Plattenheizkörper - Radiateur à plaques - Панельные радиаторы - Germkerên pelikan 289

Konvektoren - Convecteurs - Конвекторы - Konvektor 290

Heizkörpermontage - Montage des radiateurs - Монтаж нагревательного элемента - Montaja germkeran 291

Flächenheizung - Chauffage de surface - Панельное отопление - Germkirina rûberan 292

Füllen, Entlüften und Entleeren von Warmwasserheizungen - Remplissage, purge et vidage des chauffages à eau chaude - Заполнение и опорожнение систем водяного отопления, а также отвод из них воздуха - Tijîkirin, hewaderkirin û valakirin a germkirinên ava germ 293

6.3 **ABGASANLAGEN - INSTALLATIONS DE GAZ D'ÉCHAPPEMENT - ВЫТЯЖНЫЕ СИСТЕМЫ - PERGALÊN GAZÊN DERKETÎ** 295

6.3.1 **Abgasüberwachung - Surveillance des gaz d'échappement - Мониторинг выбросов - Çavdêriya gazên derketî** 299

6.1 WÄRMEERZEUGUNG - PRODUCTION DE CHALEUR - ПРОИЗВОДСТВО ТЕПЛА - ÇÊKIRINA GERMIYÊ

6.1.1 Brennstoffe und Brennstoffversorgungsanlagen - Combustibles et installae tions d'approvisionnement en combustible - Топливные материалы и системы подачи жидкого топлива - Sotemenî û pergalên dabînkirina sotemeniyê

Feste Brennstoffe - Combustibles solides - Твердое топливо - Sotemeniyên req

das **Stückholz**
la bûche
кусковая древесина
darê hûrkirî

das **Holzpellet** *meist pl*
le granulé de bois
древесная гранула
peleta darî

die **Hackschnitzel** *pl*
le copeau de bois
древесная щепа
qirşên darî

das **Holzlager**
le stockage de bois
дровяной склад
depoya darê

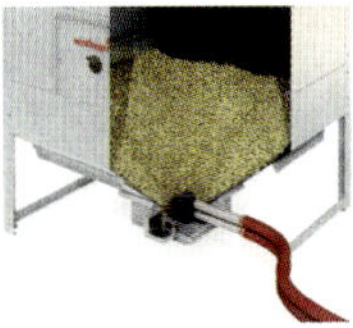

die **Pelletlagerung**
le stockage de granulés
хранение пеллет
hilanîna peletan

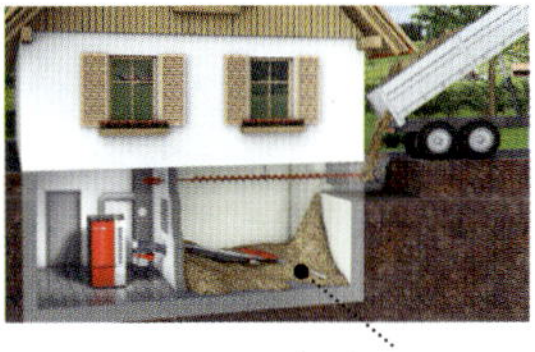

der **Lagerraum**
l'espace de stockage
хранилище
odeya hilanînê

der **Kohlelagerraum**
l'espace de stockage de charbon
помещение для хранения угля
odeya hilanîna reşikê

die **Kohle**
le charbon
уголь
reşik

der **Brikett**
la briquette
брикет
brîket

Flüssige Brennstoffe – Combustibles liquides – Жидкое топливо – Sotemeniyên şil

die **unterirdische Heizöllagerung**
le stockage de fioul souterrain
подземное хранение жидкого топлива
hilanîna rûna germkirinê ya bin-erdê

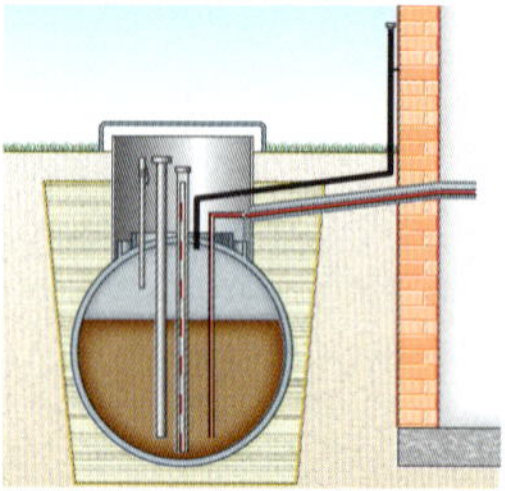

das **Heizöl in Lagerbehältern,** *umg* die **Öltanks**
le fioul dans un réservoir de stockage
жидкое топливо в резервуарах-хранилищах
rûna germkirinê di depoyên hilanînê de

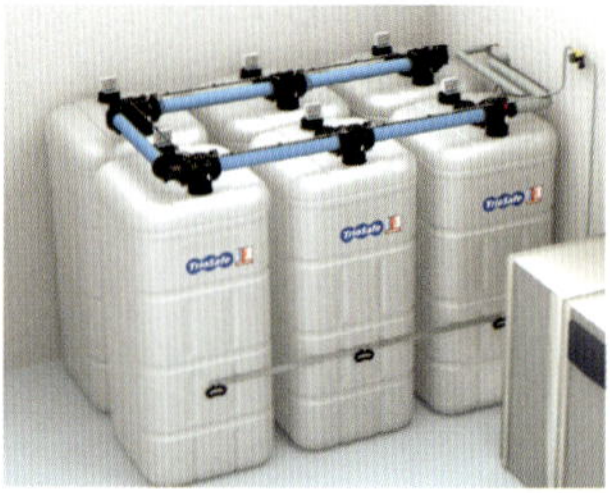

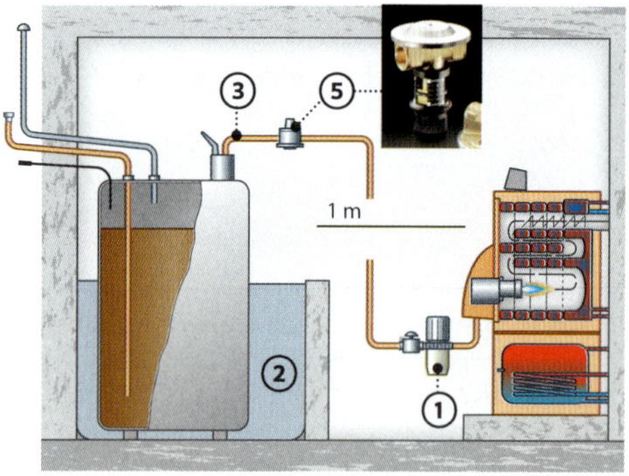
3
5
1 m
2
1

die **oberirdische Heizöllagerung**
le stockage de fioul en surface
наземное хранение жидкого топлива
hilanîna rûna germkirinê ya ser-erdê

① die **Kombinationsarmatur**
la robinetterie combinée
комбинированная арматура
fîkstura kombînasyonê

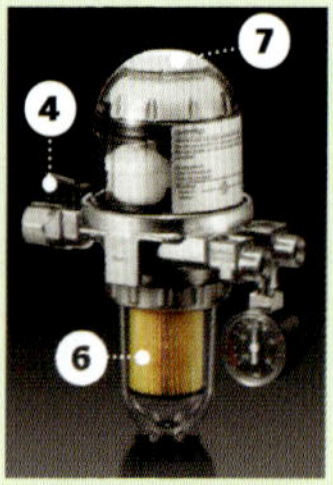
7
4
6

② die **Auffangwanne**
le bac collecteur
сливная ванна
depoya komkirinê

③ die **Saugleitung**
la conduite d'aspiration
всасывающий трубопровод
boriya helmijînê

④ der **Schnellschlusshahn**
le robinet à fermeture rapide
быстродействующий затвор
vavê girtina lezgîn

⑤ das **Antiheberventil**
la valve anti-siphon
антисифонный клапан
vavê dijî-sîfonê

⑥ das **Filter**
le filtre
фильтр
parzûn

⑦ der **Entlüfter**
le purgeur
воздушный клапан
hewader

Gasförmige Brennstoffe - Combustibles gazeux - Газообразное топливо - Sotemeniyên gazî

PROGAS

der **Flüssiggasbehälter,**
umg der **Gastank**
le réservoir de gaz liquide
резервуар для сжиженного газа
depoya gaza şil

hoyer
ALUGAS
GRILLGAS

das **Flüssiggas in Gasflaschen**
le gaz liquide dans des bouteilles de gaz
сжиженный газ в баллонах
gaza şil di şûşeyên gazê de

der **Erdgastank**
le réservoir de gaz naturel
цистерна с природным газом
tanka gaza erdê

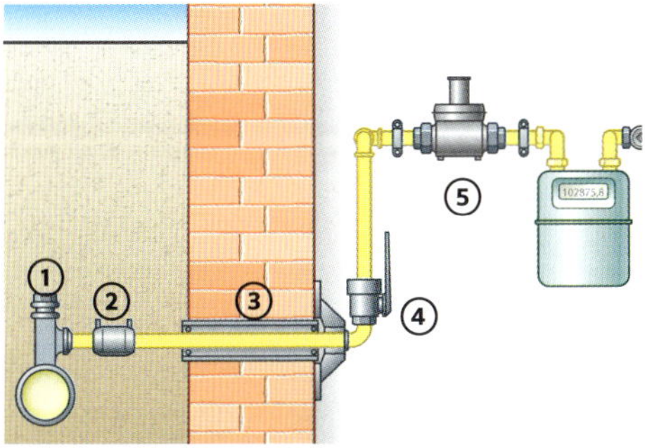
1
2
3
4
5

der **Erdgasanschluss**
le raccord de gaz naturel
подключение природного газа
girêdana gaza erdê

① die **Gasversorgungsleitung**
la conduite d'alimentation de gaz
трубопровод системы газоснабжения
boriya dabînkirina gazê

② der **Strömungswächter**
le contrôleur de débit
ограничитель расхода
çavdêrê herikînê

③ die **Hauseinführungskombination (HEK)**
le passage de mur
комбинированное подключение дома к газораспределительной сети
kombînasyona têketina malê (HEK)

④ die **Hauptsperreinrichtung,**
umg der **Haupthahn**
le dispositif de verrouillage principal
главное блокировочное устройство
amûra sereke ya astengkirinê

⑤ der **Hausdruckregler**
le régulateur de pression domestique
регулятор давления в сети газоснабжения дома
rêveberê pestîna malê

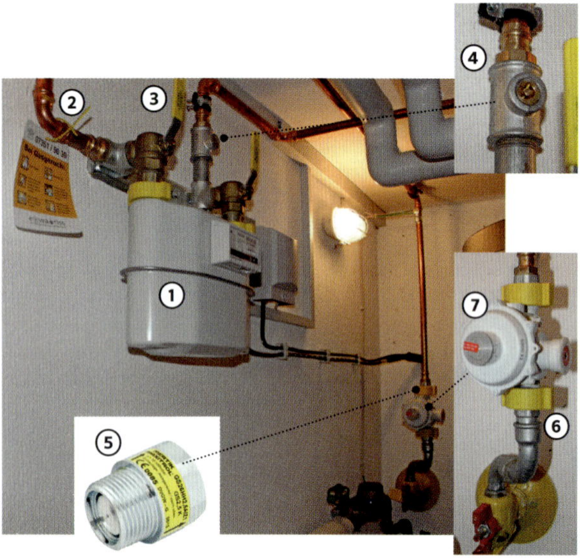
1
2
3
4
5
6
7

① der **Gaszähler**
le compteur de gaz
газовый счетчик
pîverê gazê

② die **Gasleitung**
la conduite de gaz
газопровод
boriya gazê

③ die **Absperrarmatur,**
umg der **Gashahn**
le robinet d'arrêt
запорная арматура
fîkstura astengkirinê

④ der **Sicherheitsstopfen**
le bouchon de sécurité
предохранительные заглушки
tixaca ewlekariyê

⑤ der **Gasströmungswächter**
le contrôleur de débit de gaz
регулятор расхода газа
çavdêrê herikîna gazê

⑥ die **Ringverschraubungssicherung**
la protection de rapport vissé
стопорное кольцо для резьбовых соединений
ewlekariya pêçandina xelekî

⑦ der **Hausdruckregler**
le régulateur de pression domestique
регулятор давления в сети газоснабжения дома
rêveberê pestîna malê

das **Gasspürgerät**
le détecteur de gaz
детектор утечки газа
amûra têgihiştina gazê

das **schaumbildende Mittel**
l'agent moussant
пенообразующее средство
madeyê kefçêker

die **Dichtheit prüfen**
vérifier l'étanchéité
проверка герметичности
taqîkirina şidandinê

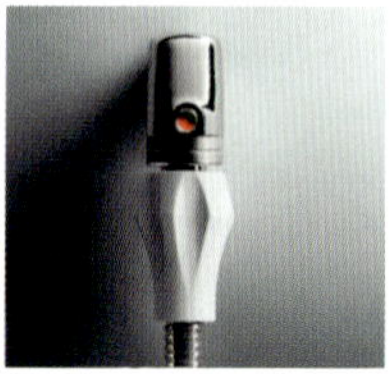

die **Gassteckdose**
la prise de gaz
газопроводная арматура
prizê gazê

6.1.2 Brenner – Brûleur – Горелки – Şewatok

Gasbrenner – Brûleur à gaz – Газовые горелки – Şewatokên gazê

der **atmosphärische Gasbrenner**
le brûleur à gaz
атмосферная газовая горелка
şewatoka gazê ya atmosferîk

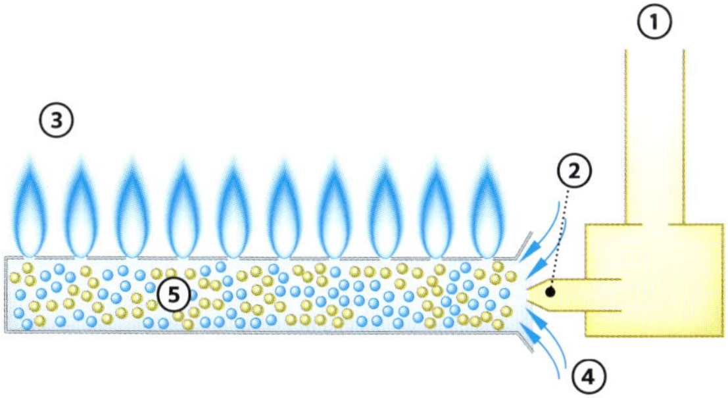

1
2
3
4
5

① der **Gasanschluss**
le raccord de gaz
подключение газа
girêdana gazê

② die **Gasdüse**
la buse de gaz
форсунка
lûleya gazê

③ die **Flamme**
la flamme
пламя
pêt

④ die **Verbrennungsluft**
l'air de combustion
воздух для сжигания топлива
hewa şewitandinê

⑤ das **Mischrohr**
le tube de mélange
смесительная труба
boriya tevlihevkirin

der **Vollvormischbrenner**
le brûleur entièrement prémélangé
горелка с полным предварительным смешиванием
şewatoka pêştevlihevbûna tam

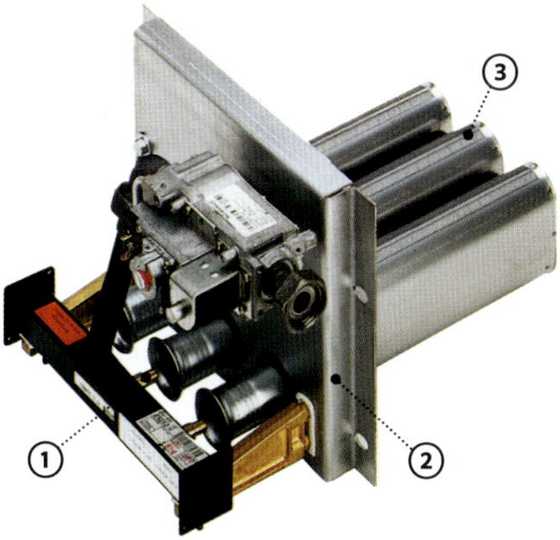

1
2
3

① der **Injektor**
l'injecteur
инжектор
enjektör

② die **Brennerplatte**
la plaque de brûleur
плита котла
pelika şewatokê

③ der **Hauptbrenner**
le brûleur principal
основная горелка
şewatoka sereke

die **Gasregelstrecke,**
umg die **Gasstraße**
la voie de régulation du gaz
участок регулирования давления и расхода газа
rêya rêveberiya gazê

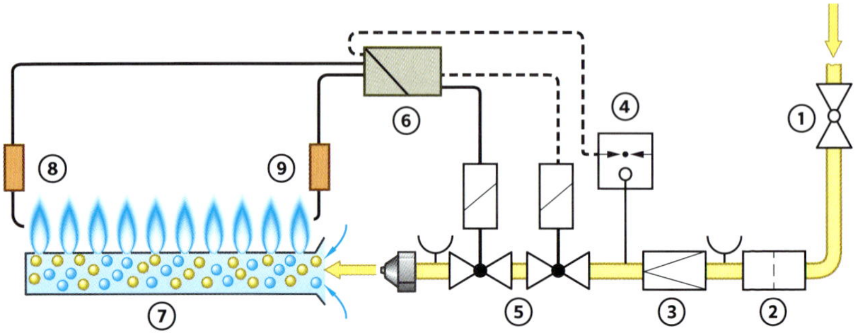

1
2
3
4
5
6
7
8
9

① der **Gashahn**
le robinet de gaz
газовый кран
vavê gazê

② der **Gasfilter**
le filtre à gaz
газовый фильтр
parzûna gazê

③ der **Gerätedruckregler**
le régulateur de pression de l'appareil
регулятор давления прибора
rêveberê pestîna amûrê

④ der **Druckwächter**
le contrôleur de pression
ограничитель давления
çavdêrê pestînê

⑤ das **Magnetventil**
l'électrovanne
электромагнитный клапан
vavê magnetîkî

⑥ das **Steuergerät**
l'appareil de commande
устройство управления
amûra kontrolê

⑦ der **Injektorbrenner**
le brûleur à injection
инжекторная горелка
şewatoka enjektorê

⑧ die **Flammenüberwachungselektrode**
l'électrode de contrôle des flammes
электрод контроля пламени
elektroda çavdêriya pêtê

⑨ die **Zündelektrode**
l'électrode d'allumage
электрод розжига
elektroda pêtdanê

der **Gasgebläsebrenner**
le brûleur à gaz à air soufflé
газовая дутьевая горелка
şewatoka gazê ya pifker

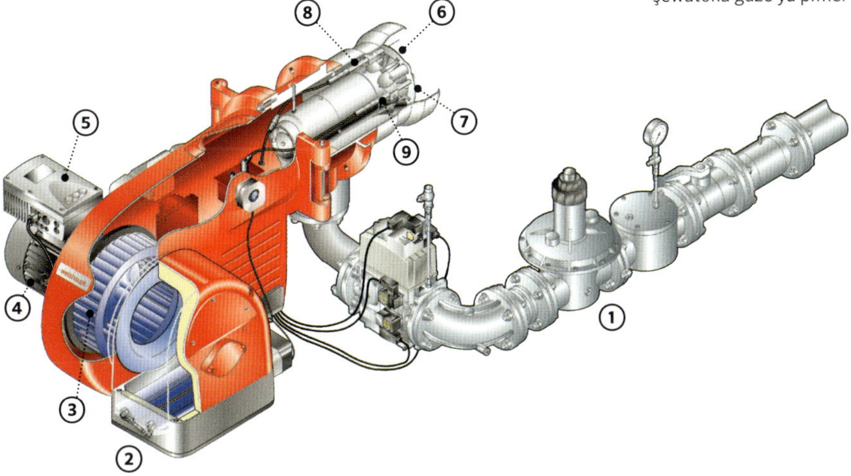

8
6
5
7
9
4
1
3
2

① die **Gasregelstrecke**
la voie de régulation du gaz
участок регулирования давления и расхода газа
rêya rêveberiya gazê

② die **Luftansaugöffnung**
l'ouverture d'aspiration d'air
отверстие для подачи воздуха
qula helmijîna hewayê

③ das **Gebläse**
la soufflerie
вентилятор
pifker

④ der **Gebläsemotor**
le moteur de soufflage
вентиляторный двигатель
motora pifkerê

⑤ der **Luftdruckwächter**
le contrôleur de pression d'air
ограничитель давления воздуха
çavdêrê pestîna hewayê

⑥ der **Flammkopf**
la tête de flamme
пламенная голова
serê pêtê

⑦ die **Stauscheibe**
le réducteur de pression
подпорная шайба
dîska astengkirin

⑧ die **Zündelektrode**
l'électrode d'allumage
электрод розжига
elektroda pêtdanê

⑨ die **Überwachungselektrode**
l'électrode de contrôle
контролирующий электрод
elektroda çavdêriyê

Ölbrenner – Brûleur à fioul – Горелки на жидком топливе – Şewatokên rûnê

der **Ölverdampfungsbrenner**
le brûleur à vaporisation de fioul
масляная горелка испарительного типа
şewatoka buxarkirina rûnê

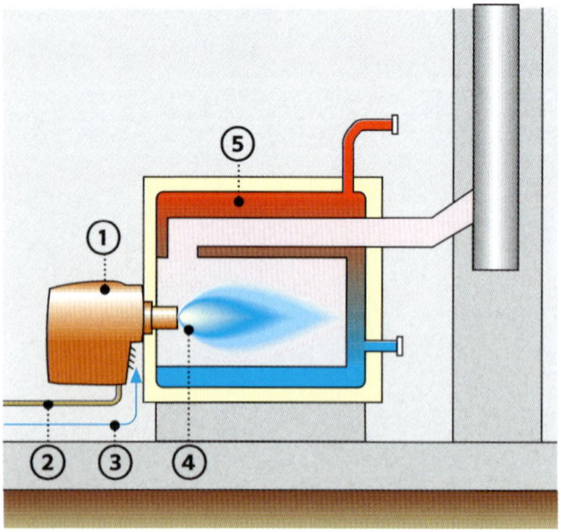
1
2
3
4
5

① der **Brenner**
le brûleur
горелка
şewatok

② die **Ölleitung**
la conduite de fioul
маслопровод
boriya rûnê

③ die **Luftzufuhr**
l'alimentation en air
подача воздуха
dakêşîna hewayê

④ das **Öldampf-Luft-Gemisch**
le mélange vapeur de fioul-air
смесь масляных паров и воздуха
tevliheviya buxara-rûn-hewa

⑤ der **Heizkessel**
la chaudière
отопительный котел
kazana germkirinê

der **Öl-Heizeinsatz**
le corps de chauffe à fioul
масляный нагревательный элемент
têxistina germkirina rûnê

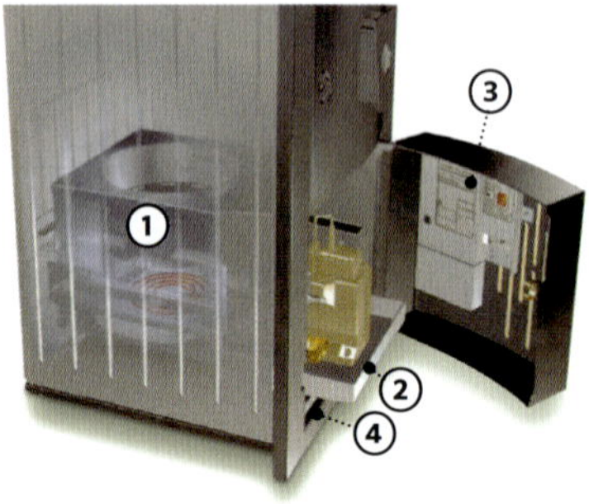
1
2
3
4

① der **Brennertopf**
le pot de brûleur
корпус горелки
qaba şewatokê

② die **Brennerschublade**
le tiroir du brûleur
выдвижная секция горелки
tirkiya şewatokê

③ das **Steuergerät**
l'appareil de commande
устройство управления
amûra kontrolê

④ die **Öl-Auffangschale**, *umg* die **Auffangwanne**
le bac collecteur de fioul
поддон для улавливания масла
depoya komkirina rûnê

der **Ölzerstäubungsbrenner**
le brûleur à fioul à air soufflé
напорная масляная горелка
şewatoka rûnê ya pifker

7
5
8
weishaupt
6
1
2
4
3

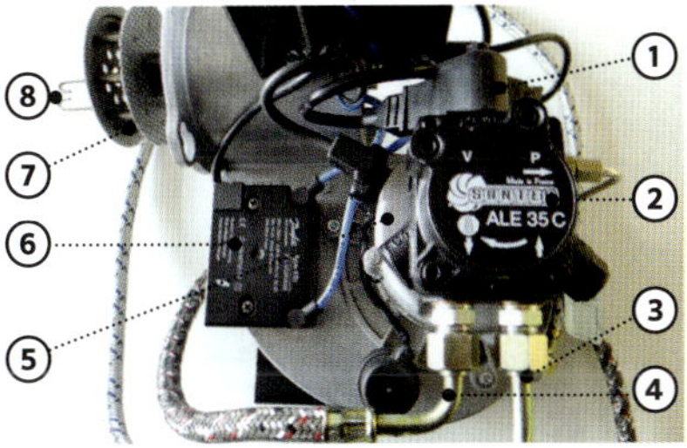

1
8
7
2
ALE 35 C
6
3
5
4

① das **Magnetabsperrventil**
l'électrovanne de blocage
электромагнитный запорный клапан
vavê astengkirinê ya magnetîkî

② die **Ölpumpe**
la pompe à fioul
масляный насос
pompaya rûnê

③ die **Ölsaugleitung**
la conduite d'aspiration de fioul
откачивающий маслопровод
boriya helmijîna rûnê

④ der **Ölrücklauf**
le retour de fioul
отвод масла
vegerîna rûnê

⑤ der **Gebläsemotor**
le moteur de soufflage
вентиляторный двигатель
motora pifkerê

⑥ der **Zündtrafo**
le transformateur d'allumage
трансформатор высокого напряжения
transforma pêtdanê

⑦ das **Mischsystem**
le système de mélange
система смешения
pergala tevlihevkirinê

⑧ die **Zündelektrode**
l'électrode d'allumage
электрод розжига
elektroda pêtdanê

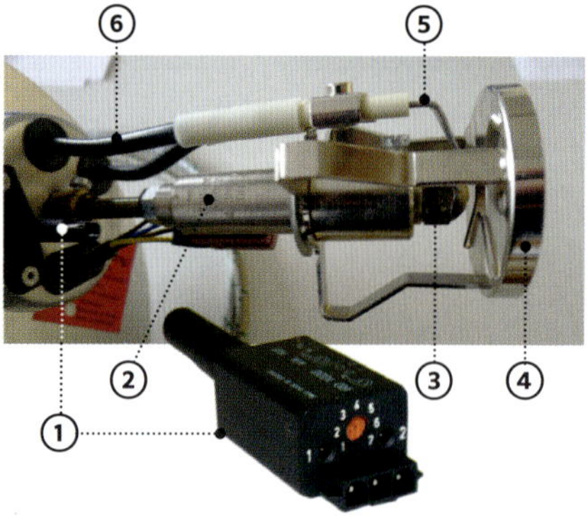
6
5
2
3
4
1

das **Stauscheiben-Mischsystem**
le système de mélange avec réducteur de pression
система смешения с подпорной шайбой
pergala tevlihevkirinê ya dîskî

der **Gelbbrenner**
le brûleur jaune
горелка с желтым пламенем
şewatoka zer

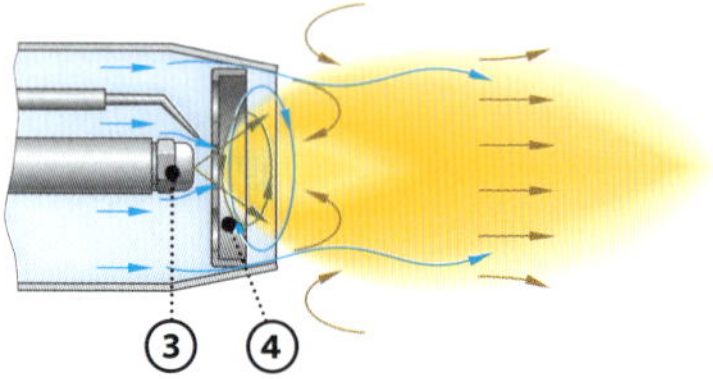
3
4

① der **Flammenwächter**
le contrôleur de flamme
устройство контроля пламени
çavdêrê pêtê

② die **Ölvorwärmung**
le préchauffeur de fioul
предварительный подогрев масла
pêşgermkirina rûnê

③ die **Öldüse**
la buse à fioul
масляная форсунка
lûleya rûnê

④ die **Stauscheibe**
le réducteur de pression
подпорная шайба
dîska astengkirin

⑤ die **Zündelektrode**
l'électrode d'allumage
электрод розжига
elektroda pêtdanê

⑥ das **Zündkabel**
le câble d'allumage
запальный провод
kabloya pêtdanê

das **Blendenmischsystem**
le système de mélange à obturateur
система смешения с заслоном
pergala tevlihevkirinê ya lênêrînê

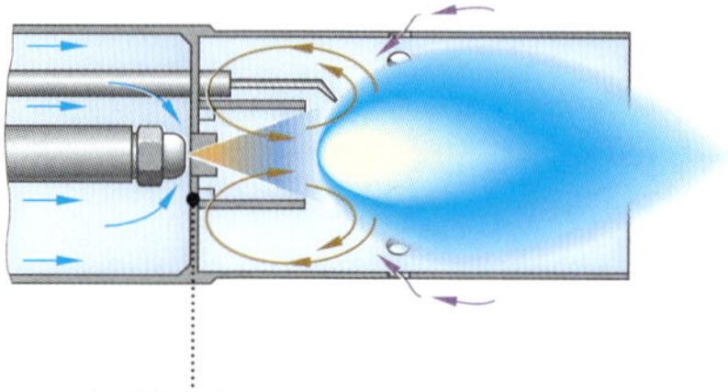

die **Blende**
l'obturateur
заслон
lênêrîn

der **Blaubrenner**
le brûleur bleu
горелка с синим пламенем
şewatoka şîn

6.1.3 Heizkessel – Chaudière – Нагревательные баки – Kazanên germkirinê

Festbrennstoffheizkessel – Chaudière à combustible solide – Отопительные котлы, работающие на твердом топливе – Kazanên germkirinê yên sotemeniya-req

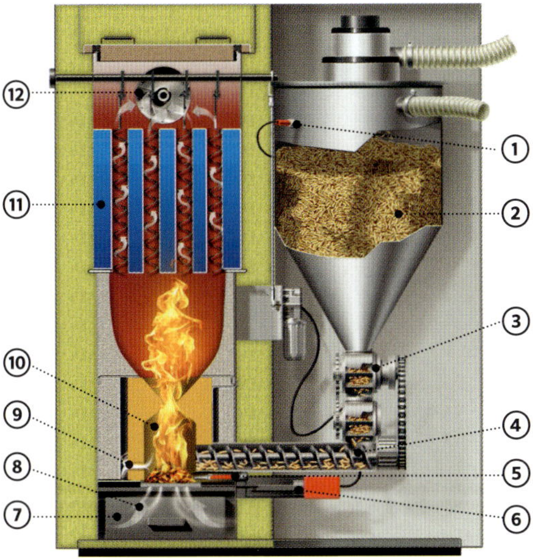

1
2
3
4
5
6
7
8
9
10
11
12

der **Pelletkessel**
la chaudière à granulés
пеллетный котел
kazana peletan

① der **Füllstandsmelder**
l'indicateur de niveau de remplissage
уровнемер
ragihandêrê asta tijîkirinê

② der **Vorratsbehälter**
le réservoir de stockage
хранилище
depoya hilanînê

③ die **automatische Beschickung**
le remplissage automatique
автоматическая загрузка
dakişandina otomatîk

④ die **Einbringschnecke**
la vis sans fin d'alimentation
червячный захват
burkiyê anînê

⑤ die **automatische Zündung**
l'allumage automatique
автоматический розжиг
pêtdana otomatîk

⑥ der **Schieberost**
la grille coulissante
съемная решетка
şebekeya şimitandinê

⑦ die **Aschelade**
le tiroir à cendres
зольник
tirkiya xweliyê

⑧ der **Primärluftstrom**
le flux d'air primaire
поток первичного воздуха
herikîna hewaya yekem

⑨ der **Sekundärluftstrom**
le flux d'air secondaire
поток вторичного воздуха
herikîna hewaya duyemîn

⑩ die **Brennkammer**
la chambre de combustion
камера горелки
odeya şewatê

⑪ der **Wärmeübertrager**, *umg* der **Wärmetauscher**
l'échangeur de chaleur
теплоноситель
guhêzerê germiyê

⑫ das **Saugzuggebläse**
la soufflerie de tirage par aspiration
вытяжной вентилятор
pifkerê helmijînê

Gasheizkessel – Chaudière à gaz – Газовые отопительные котлы – Kazanên germkirinê yên gazê

der **atmosphärische Gaskessel**
la chaudière à az atmosphérique
атмосферный газовый котел
kazana gazê ya atmosferîk

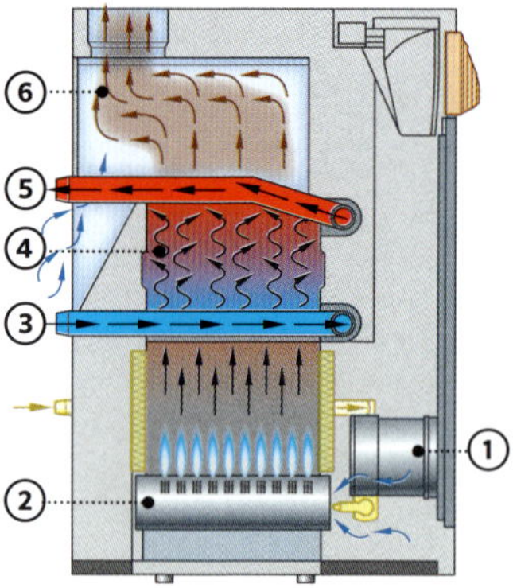

6
5
4
3
1
2

① die **Gasregel- und Sicherheitsarmatur**
la robinetterie de régulation du gaz et de sécurité
арматура для регулировки подачи газа и предохранительная арматура
fîkstura rêveberiya gazê û ewlekariyê

② der **Gasbrenner**
le brûleur à gaz
газовая горелка
şewatoka gazê

③ der **Rücklauf**
le retour
отвод
vegerîn

④ der **Wärmeübertrager**, *umg* der **Wärmetauscher**
l'échangeur de chaleur
теплоноситель
guhêzerê germiyê

⑤ der **Vorlauf**
le départ
подача
pêşveçûn

⑥ der **Abgassammler**
le collecteur d'échappement
газовыпускной коллектор
komkera gazên derketî

der **Gasbrennwertkessel, wandhängend**
la chaudière à gaz à condensation, murale
газоотопительный котел, навесной
kazana nirxa şewata gazê, li dîwarê daleqandî

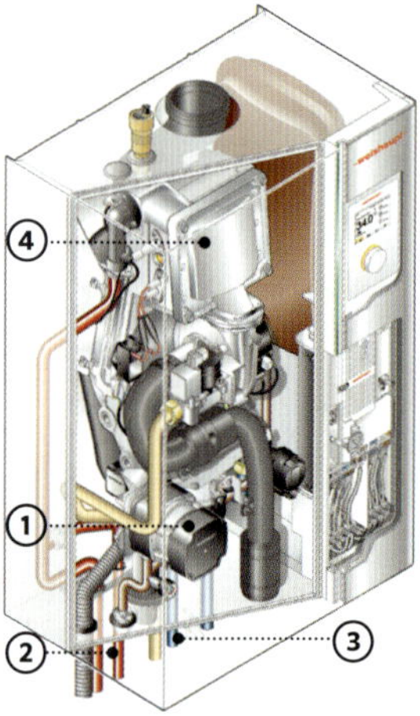

4
1
2
3

① die **Umwälzpumpe**
la pompe de circulation
циркуляционный насос
pompaya gerînê

② der **Vorlauf**
le départ
подача
pêşveçûn

③ der **Rücklauf**
le retour
возврат
vegerîn

④ der **Strahlungsbrenner**
le brûleur radiant
излучательная горелка
şewatoka tîrêjê

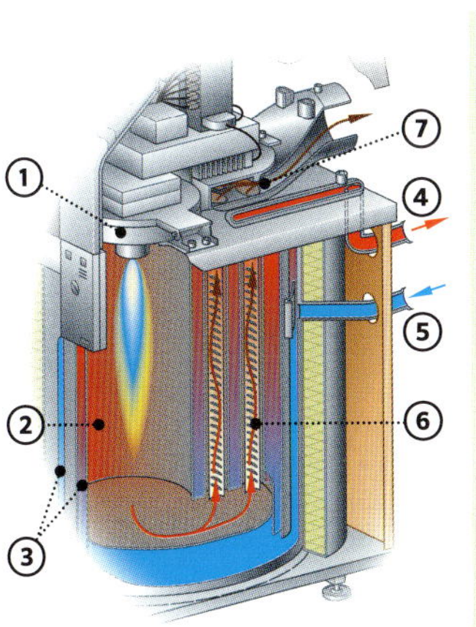
1
2
3
4
5
6
7

der **Niedertemperatur-Ölheizkessel**
la chaudière à fioul basse température
низкотемпературный котел на жидком топливе
kazana germkirina rûnê ya germahiya-nizm

① der **Sturzbrenner**
le brûleur inversé
горелка с направленным вниз пламенем
şewatoka kêşberserjêr

② der **Brennraum**
la chambre de combustion
топочная камера
qada şewatê

③ der **doppelte Wassermantel**
la chemise d'eau double
двойная водяная рубашка
niqaba avê ya ducarî

④ der **Vorlauf**
le départ
подача
pêşveçûn

⑤ der **Rücklauf**
le retour
возврат
vegerîn

⑥ die **Heizgasrohre (senkrechte Nachschaltheizflächen)**
les tubes de fumées (surfaces d'échange secondaires verticales)
трубы для греющего газа (вертикальные хвостовые поверхности нагрева)
boriyên gazên germkirinê (rûberên germiya piştî-bicihkirinê yên asoyî)

⑦ der **Abgassammler**
le collecteur d'échappement
газовыпускной коллектор
komkera gazên derketî

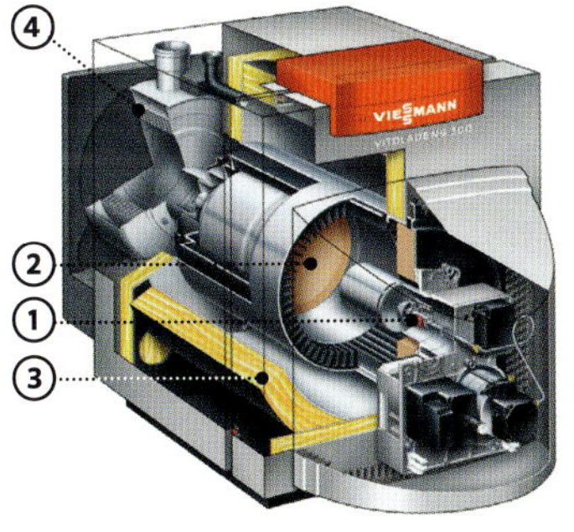
1
2
3
4
VIESMANN

der **Brennwertkessel**
la chaudière à gaz à condensation
конденсатный водогрейный котел
kazana nirxa şewatê

① der **Ölbrenner**
le brûleur à fioul
масляная горелка
şewatoka rûnê

② der **Brennraum**
la chambre de combustion
топочная камера
qada şewatê

③ die **Wärmedämmung**
l'isolation thermique
тепловая защита
germîgirtin

④ der **Kondensationswärmeübertrager (Nachschaltheizfläche)**
le dispositif de transfert de chaleur de condensation (surface d'échange secondaire)
среда передачи тепла конденсации (хвостовая поверхность нагрева)
guhêzerê germiya kondensasyonê (rûberên germiya piştî-bicihkirinê)

6.2 WÄRMEVERTEILUNG - DISTRIBUTION DE LA CHALEUR - РАСПРЕДЕЛЕНИЕ ТЕПЛА - BELAVKIRINA GERMIYÊ

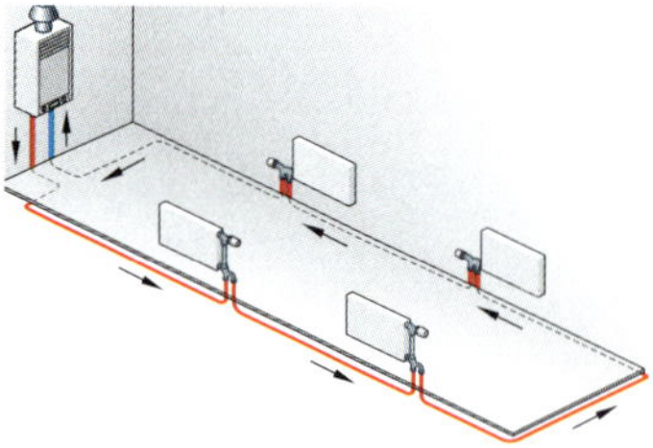

die **Etagenheizung**
le chauffage central individuel
этажное центральное отопление
germkirina qatî

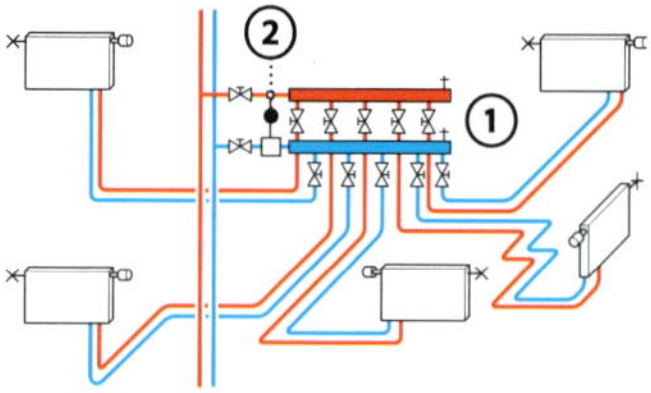
2
1

die **etagenweise Verteilung**
la distribution par étage
поэтажное распределение
belavkirina qat bi qat

① der **Verteiler (VV, VR)**
le distributeur
распределитель (подача, отвод)
belavker (VV, VR)

② der **Wärmemengenzähler (WZ)**
le compteur de chaleur (CC)
тепломер
pîverê miqdarê germiyê (WZ)

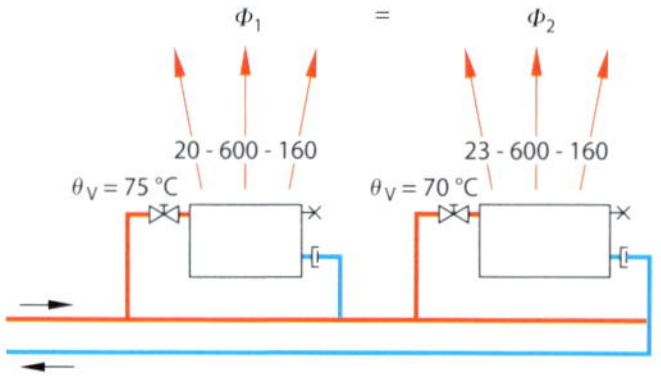
Φ_1 = Φ_2
20 - 600 - 160
23 - 600 - 160
θ_V = 75 °C
θ_V = 70 °C

das **Einrohrsystem**
le système monotube
однотрубная система
pergala yek-borî

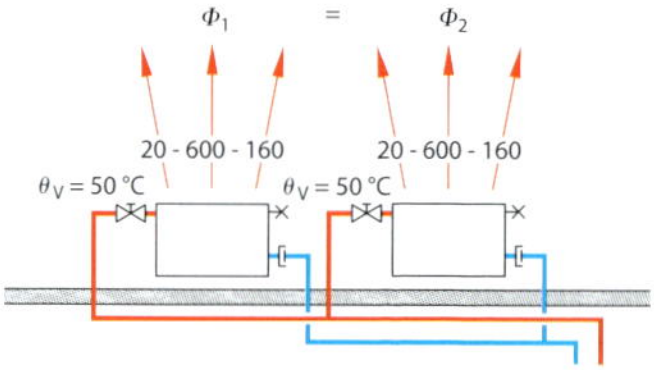
Φ_1 = Φ_2
20 - 600 - 160
20 - 600 - 160
θ_V = 50 °C
θ_V = 50 °C

das **Zweirohrsystem**
le système à deux tubes
двухтрубная система
pergala du-borî

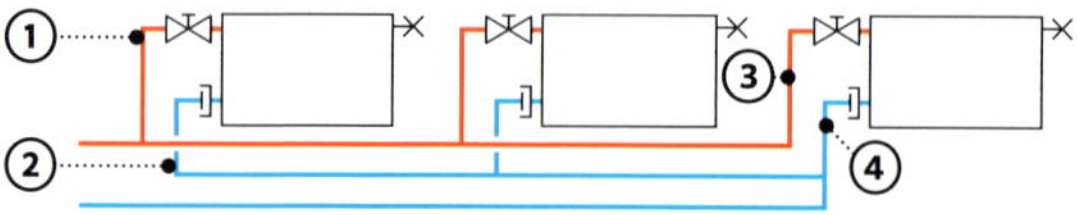
1
2
3
4

das **Tichelmannsystem**
le système Tichelmann
система отопления с попутным движением воды
pergala Tîchelman

① der **kurze Vorlauf**
le départ court
короткий участок подачи
pêşveçûna kurt

② der **lange Rücklauf**
le retour long
протяженный участок отвода
vegerîna dirêj

③ der **lange Vorlauf**
le départ long
протяженный участок подачи
pêşveçûna dirêj

④ der **kurze Rücklauf**
le retour court
короткий участок отвода
vegerîna kurt

6.2.1 Rohrverlegung - Pose des tubes - Прокладка труб - Raxistina boriyan

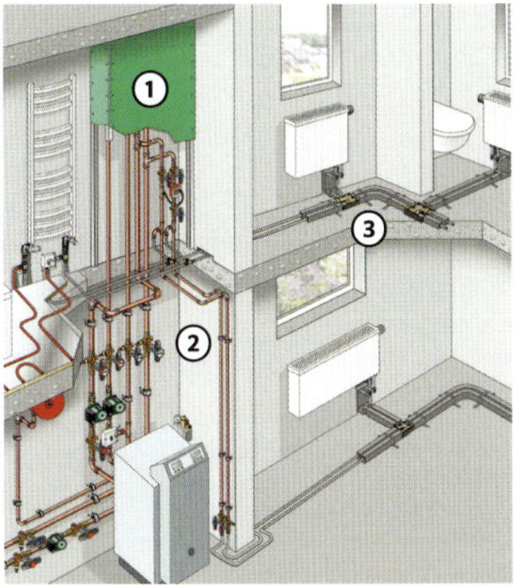
1
2
3

die **Heizungsverteilung**
la distribution de chauffage
распределение тепла
belavkirina germkirinê

① der **Vorwand-Installationsschacht**
la gaine technique dans le bâti-support
шахта для установки пристенных конструкций
şafta sazkirina pêş-dîwar

② die **senkrechte Wärmeverteilungsleitung**
la conduite de distribution de chaleur
вертикальный трубопровод распределения тепла
boriya asoyî ya belavkirina germiyê

③ die **waagrechte Wärmeverteilung**
la distribution de chaleur verticale
горизонтальное распределение тепла
belavkirina asoyî ya germiyê

die **Leitungsverlegung in Sockelleisten**
la pose des conduites dans la plinthe
прокладка трубопроводов в плинтусах
raxistina boriyan di sîndorên binê de

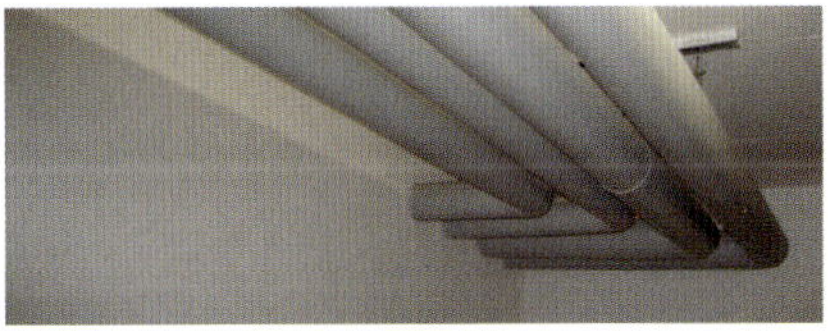

das **Heizungsrohr unterhalb der Kellerdecke**
le tube de chauffage sous le plafond du sous-sol
труба отопления под перекрытием подвала
boriya germkirinê li bin banê bodromê

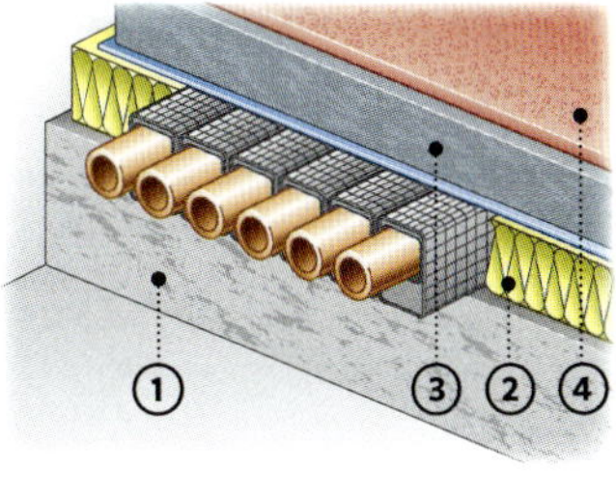
1
3
2
4

die **Leitungsverlegung im Fußboden**
la pose des conduites dans le plancher
прокладка трубопроводов в полу
raxistina boriyan di erdê de

① die **Rohbetondecke**
le sol en béton brut
перекрытие из чернового бетона
banê betonî ya xav

② die **Dämmung**
l'isolation
изоляция
tecirît

③ der **Estrich**
la chape
бесшовный пол
estrîç

④ der **Bodenbelag**
le revêtement de sol
половое покрытие
astirê erdê

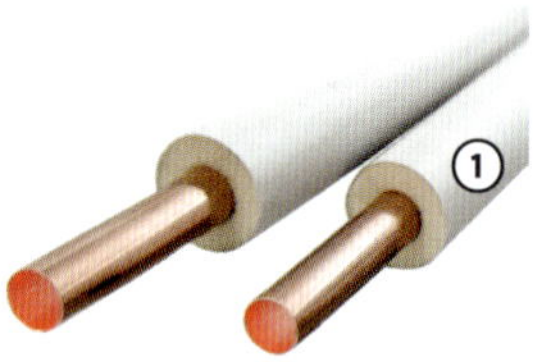
①

das **gedämmte Kupferrohr**
le tube en cuivre isolé
изолированная медная трубка
boriya misî ya tecirîtkirî

① die **Wärmedämmung**
l'isolation thermique
теплоизоляция
germîgirtin

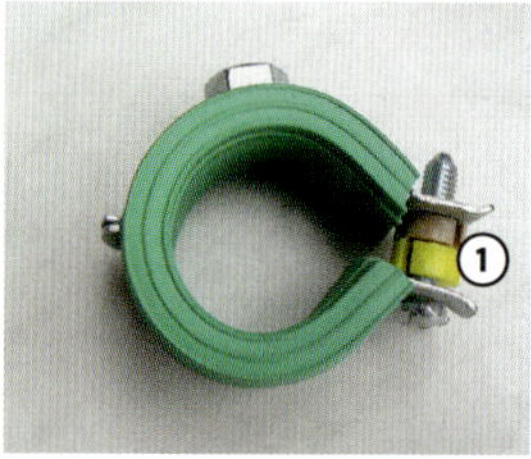
①

die **Schelle**
le collier
хомут
kelepçe

① die **Distanzhülse,** der **Abstandshalter**
l'entretoise
распорная втулка
giloveya navberê

①

die **Rohrbefestigung**
la fixation des tubes
крепление трубы
pêvekirina boriyê

① die **Rohrschelle**
le collier de tube
трубный хомут
kelepçeya boriyê

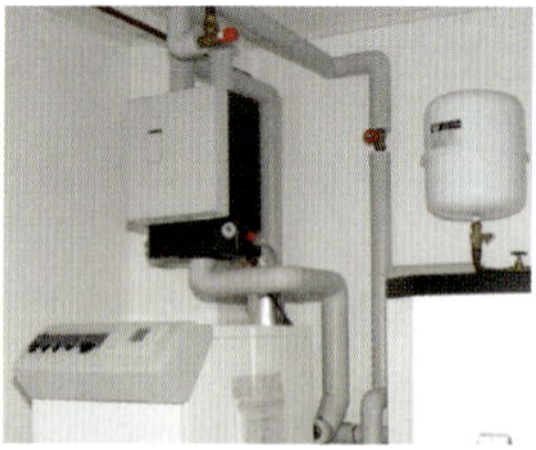

das **gedämmte Heizungsrohr**
le tube de chauffage isolé
изолированная труба отопления
boriya germkirinê ya tecirîtkirî

die **Rohrschale zur Wärmedämmung**
le fourreau de tube pour l'isolation thermique
трубчатая "скорлупа" для теплоизоляции
qaşa boriyê ji bo germîgirtinê

der **Dämmschlauch mit Selbstklebeverschluss**
le flexible isolant avec fermeture adhésive
изолирующий шланг с самоприклеивающимся зажимом
şilanga tecirîtê bi girtina xwe-zeliqînê

6.2.2 Armaturen - Robinetterie - Арматура - Fîkstur

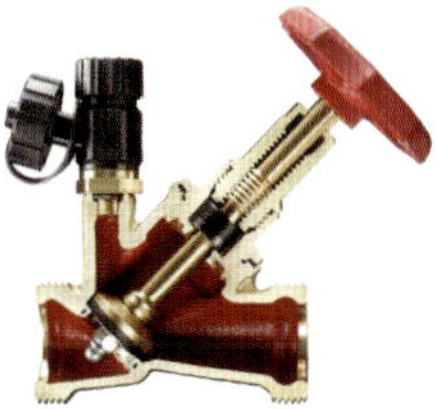
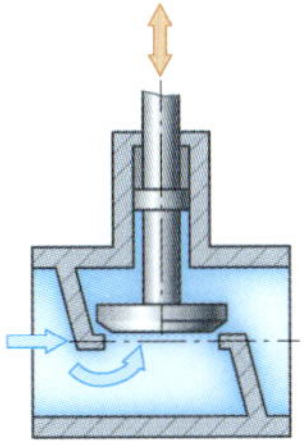

das **Absperrventil**
la vanne de blocage
запорная арматура
vavê astengkirinê

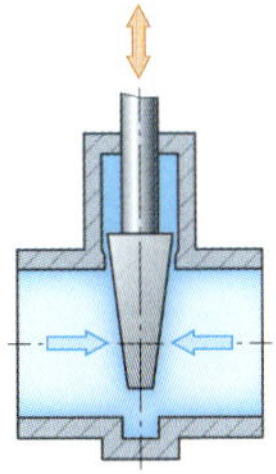
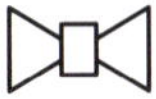

der **Absperrschieber**
la vanne d'arrêt
задвижка
şîbera astengkirinê

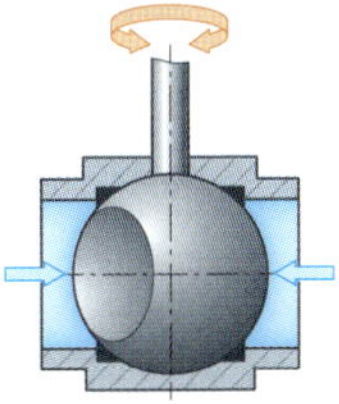

der **Absperrhahn**
le robinet d'arrêt
запорный кран
vavê astengkirinê

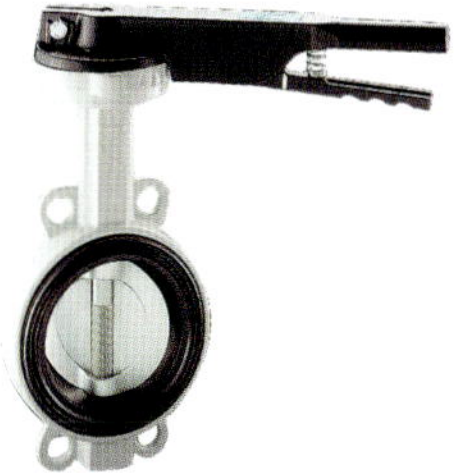
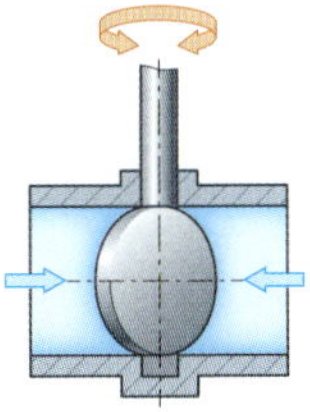

die **Absperrklappe**
la vanne de fermeture
заслонка
vavê klapeyî yê astengkirinê

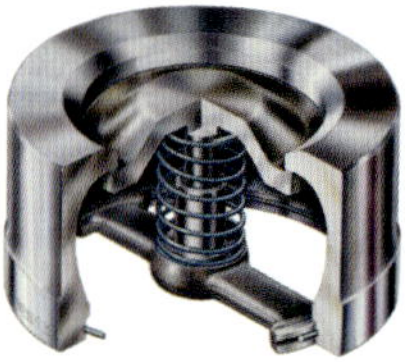

das **Disco-Rückschlagventil**
la soupape de retenue Disco
обратный клапан disco
vavê paşveherînê ya disco

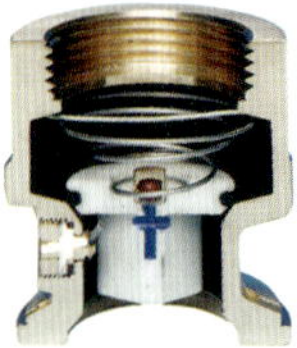

die **Schwerkraftbremse**
le clapet anti-thermosiphon
обратный клапан
frêna rakêşa kêşanî

der **Pumpenkugelhahn**
le robinet de pompe à boisseau sphérique
шаровой кран насоса
vavê xelekî yê pompayê

der **Dreiwege-Mischer mit Stellmotor**
le mélangeur à trois voies avec servomoteur
трехходовой смеситель с сервомотором
tevlihevkera sê-rê bi motora sazker

das **Strangregulierventil oder Überströmventil**
la soupape d'équilibrage ou la soupape de décharge
балансовый клапан или перепускной клапан
vavê rêveberiya rêyê an vavê avjêherîna zêde

die **Rückschlagklappe**
le clapet anti-retour
возвратный клапан
klapeya paşveherînê

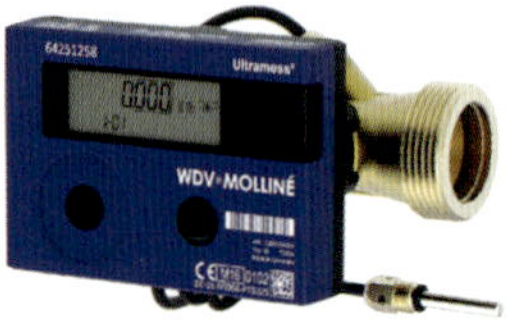
WDV-MOLLINÉ

der **Wärmemengenzähler**
le compteur de chaleur
тепломер
pîverê miqdarê germiyê

Flamcovent

der **Luftabscheider**
le séparateur d'air
воздухоотделитель
cudakerê hewayê

der **Schmutzfänger**
le séparateur d'impuretés
грязеуловитель
girtoya qirêjê

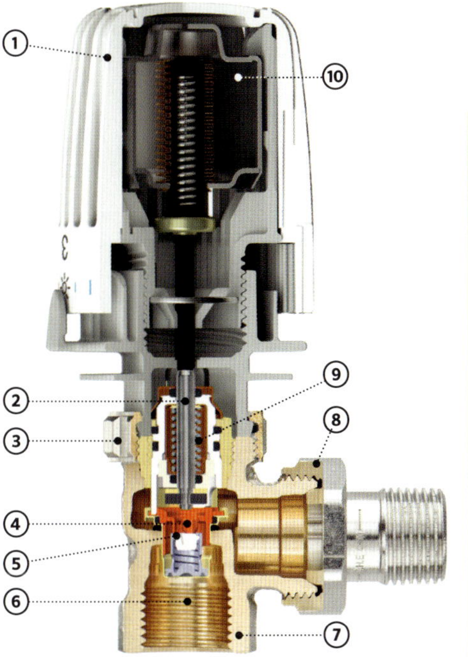
1
10
9
2
8
3
4
5
6
7

das **Thermostatventil**
la vanne thermostatique
терморегулирующий клапан
vavê termostatê

① der **Thermostatkopf,** *umg* der **Regler**
la tête thermostatique
терморегулирующая головка
serê termostatê

② die **Ventilspindel**
la broche de soupape
регулировочный винт клапана
kamçiyê vavê

③ die **Rändelmutter**
l'écrou moleté
гайка с накаткой
somûna çerixî

④ der **Ventilkegel**
le clapet de soupape
шток клапана
шток клапана

⑤ der **Ventilsitz**
le siège de soupape
седло клапана
rûnişteka vavê

⑥ der **Gewindeanschluss**
le raccord fileté
резьбовое соединение
girêdana vîdeyî

⑦ das **Ventilgehäuse**
le carter de soupape
корпус клапана
qaba vavê

⑧ die **Heizkörperanschlussverschraubung**
le raccord vissé de radiateur
резьбовое соединение нагревательного элемента
pêçandina girêdana germkerê

⑨ die **Rückstellfeder**
le ressort de rappel
возвратная пружина
federeya vegerînê

⑩ der **Flüssigkeitsfühler**
la sonde à fluide
датчик жидкости
hestpêkerê şilîyê

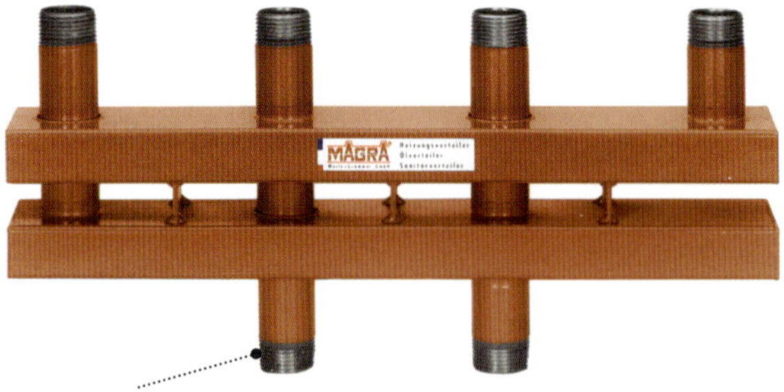
MAGRA

der **Kesselanschluss**
le raccord de chaudière
подключение котла
girêdana kazanê

der **Vorlaufverteiler und Rücklaufsammler, kombiniert**
le collecteur de départ et le collecteur de retour, combinés
комбинация из распределителя линии подачи и коллектора обратной линии
belavkerê pêşveçûnê û komkera vegerînê, kombînekirî

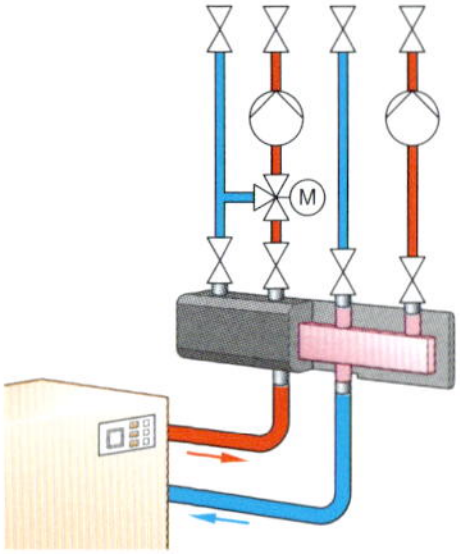
M

der **Kesselverteiler**
le distributeur de la chaudière
распределитель котла
belavkera kazanê

6.2.3 Pumpen – Pompes – Насосы – Pompa

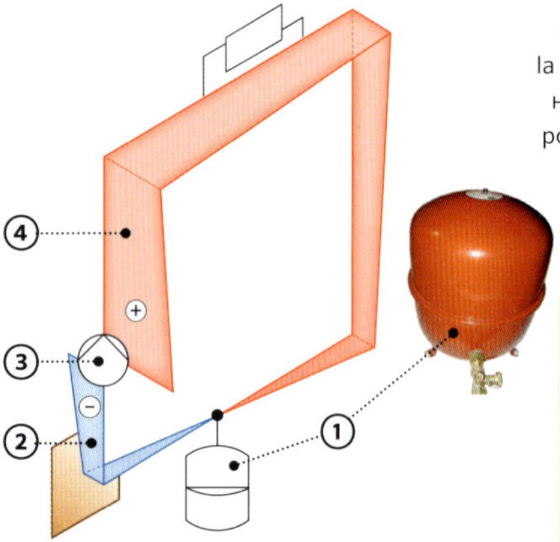
4
+
3
−
2
1

die **Pumpe im Vorlauf**
la pompe dans le départ
насос в линии подачи
pompa di pêşveçûnê de

① das **Ausdehnungsgefäß**
le vase d'expansion
расширительный сосуд
depoya firehavêtinê

② der **Saugbereich**
la zone d'aspiration
зона всасывания
herêma helmijînê

③ die **Pumpe**
la pompe
насос
pompa

④ der **Druckbereich**
la zone de pression
зона нагнетания
herêma pestînê

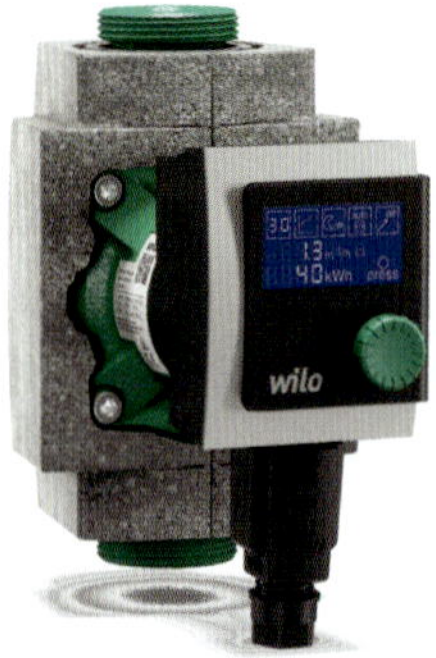
wilo

die **Hocheffizienzpumpe**
la pompe à haut rendement
высокопроизводительный насос
pompaya bandora-bilind

die **Nassläuferpumpe**
la pompe à rotor noyé
насос с мокрым ротором
pompaya gereka şil

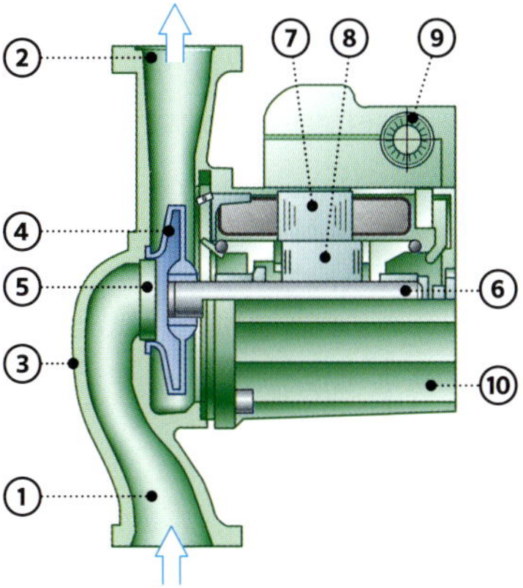

2
7
8
9
4
5
6
3
10
1

① der **Saugstutzen**
la tubulure d'aspiration
всасывающий патрубок
destika helmijînê

② der **Druckstutzen**
la tubulure de pression
нагнетательный патрубок
destika pestînê

③ das **Pumpengehäuse**
le carter de pompe
корпус насоса
qaba pompayê

④ das **Laufrad**
la turbine
рабочее колесо
çerxa ger

⑤ der **Saugring**
la bague d'aspiration
собирательное кольцо
xeleka helmijînê

⑥ die **Rotorwelle**
l'arbre de rotor
роторный вал
mila rotorê

⑦ der **Stator**
le stator
статор
stator

⑧ der **Rotor**
le rotor
ротор
rotor

⑨ der **4-Stufen-Schalter**
l'interrupteur à 4 positions
четырехступенчатый переключатель
bişkoka 4-qonaxî

⑩ das **Motorgehäuse**
le carter du moteur
корпус двигателя
qaba motorê

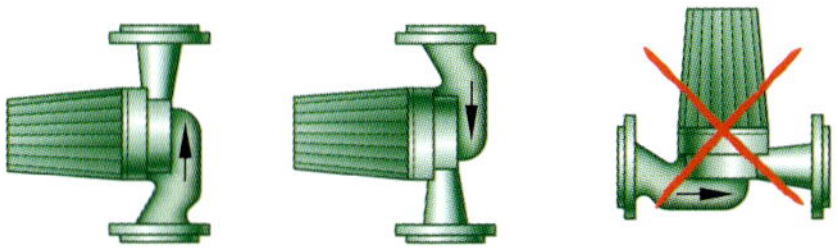

der **Einbau**
le montage
установка
çespandin

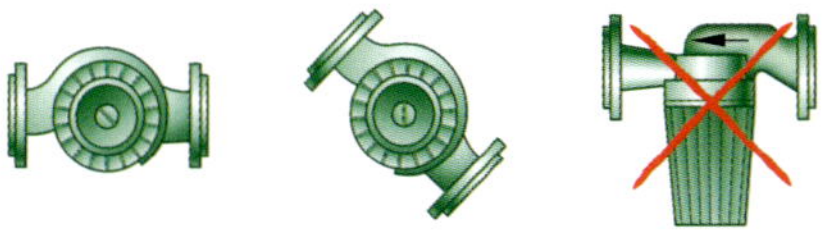

die **Pumpenwelle immer waagrecht**
l'arbre de pompe toujours à l'horizontale
вал насоса всегда горизонтален
mila pompayê hertim asoyî

6.2.4 Heizkörper und Heizkörperanbindung – Radiateurs et raccordement des radiateurs – Нагревательные элементы и их подключение – Germker û girêdana germkerê

Gliederheizkörper – Radiateur à colonne – Секционные радиаторы – Germkerên bendî

der **Stahlröhrenradiator**
le radiateur à tubes en acier
радиатор из стальных труб
radyatorê boriyên polayî

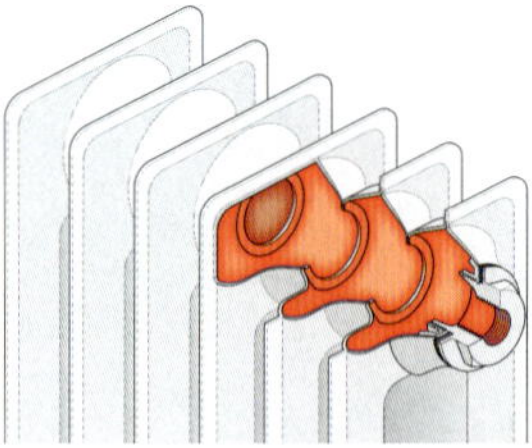

der **Stahlradiator**
le radiateur en acier
стальной радиатор
radyatorê polayî

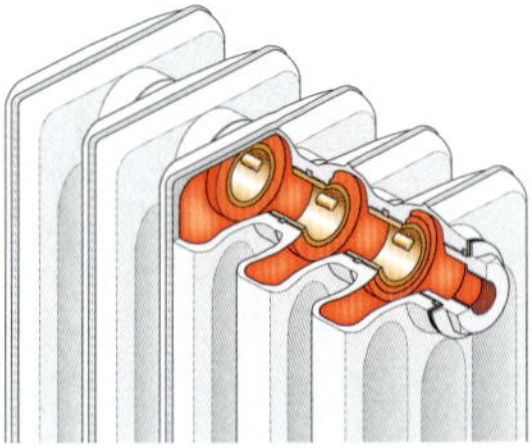

der **Gussradiator**
le radiateur en fonte
чугунный радиатор
radyatorê rijandî

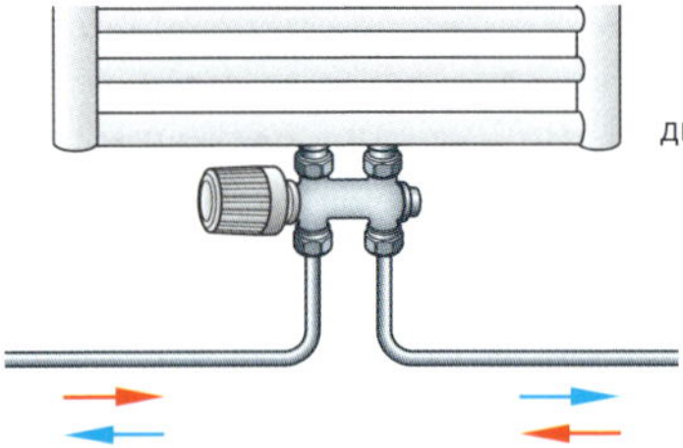

der **Zweipunktanschluss**
le raccord à deux points
двухточечное подключение
girêdana du-nuqteyî

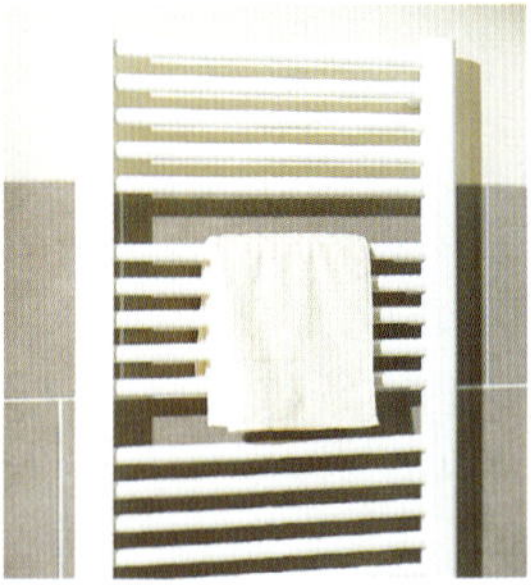

der **Handtuch-Wärmekörper,**
umg der **Handtuchtrockner**
le radiateur pour serviettes
полотенцесушитель
germkerê havliyan

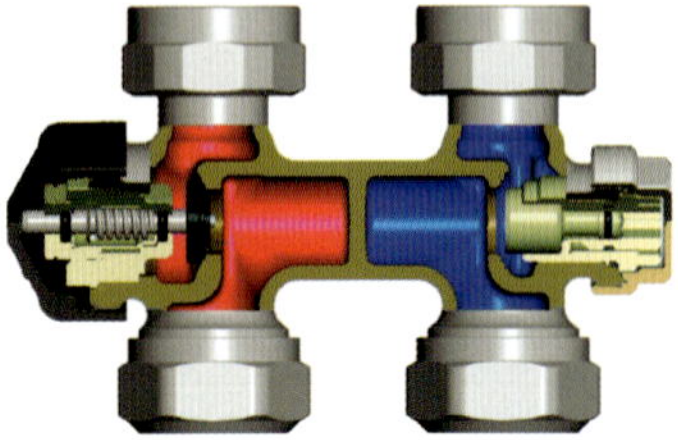

das **Zweirohr-Thermostatventilunterteil**
la partie inférieure de la soupape du thermostat à deux tubes
нижняя часть терморегулирующего клапана на две трубы
binê vavê termostatê ya du-borî

Plattenheizkörper – Radiateur à plaques – Панельные радиаторы – Germkerên pelikan

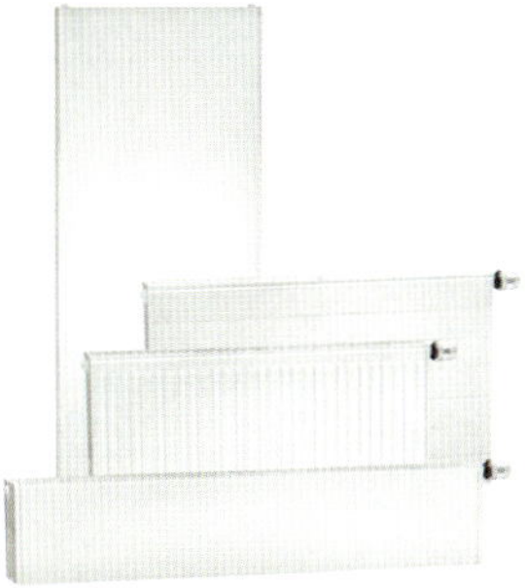

der **Plattenheizkörper**, *umg* der **Flachheizkörper**
le radiateur à plaques
панельный радиатор
germkerê pelikan

die **Ventilgarnitur für Einrohrheizungen**
la robinetterie pour les chauffages monotubes
арматура вентиля для систем однотрубного отопления
desteya vavê ji bo germkirinên yek-borî

① die **Schwerkraftbremse**
le clapet anti-thermosiphon
обратный клапан
frêna rakêşa kêşanî

② der **Regulierteller**
le pointeau de réglage
регулировочный диск
dîska rêveberiyê

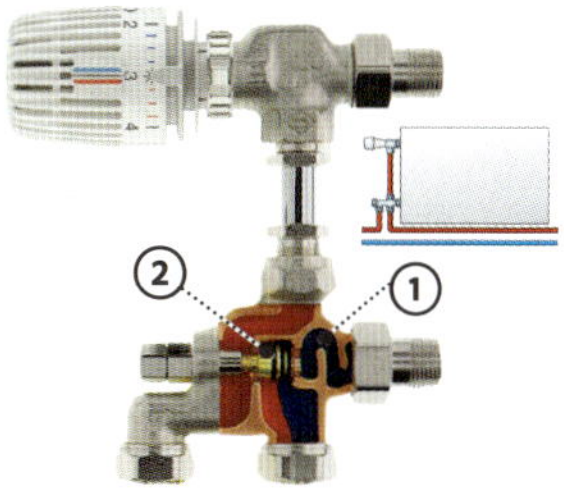
2
1

die **Steigrohr-Ventilgarnitur für Zweirohrheizungen**
la robinetterie de colonne montante pour chauffages à deux tubes
арматура вентиля подъемной трубы для двухтрубных систем отопления
desteya vavê ya boriya hilkişînê ji bo germkirinên du-borî

das **Dreiwege-Heizkörperventil**
la soupape de radiateur à trois voies
трехходовой радиаторный клапан
vavê sê-rêyî ya germkerê

① das **Steigrohr**
la colonne montante
подъемная труба
boriya hilkişînê

② die **Anschluss-verschraubung**
le raccord vissé
резьбовое присоединение
pêvekirina girêdanê

③ das **Ventilunterteil**
la partie inférieure de la soupape
нижняя часть клапана
binê vavê

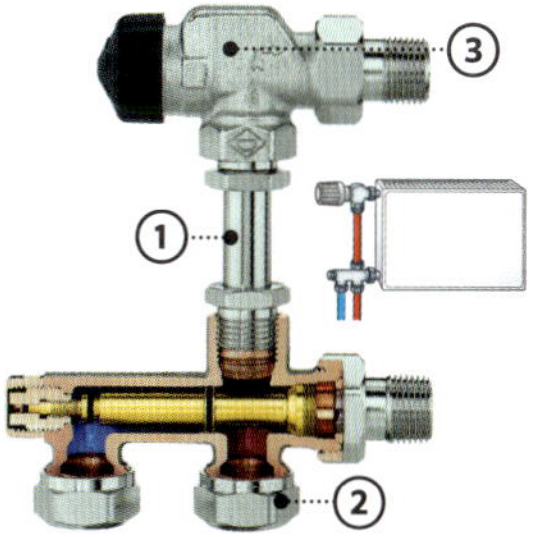
3
1
2

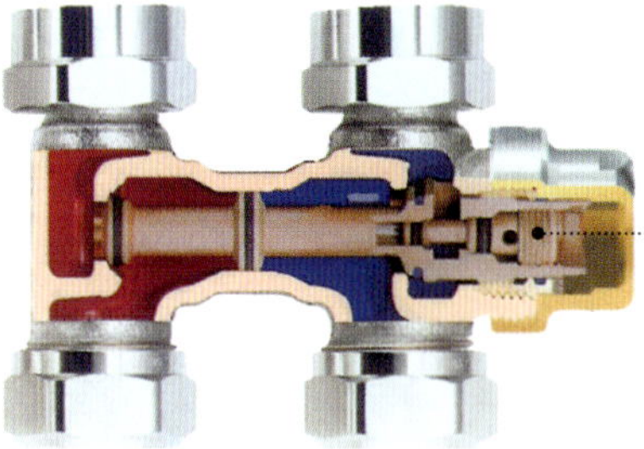

das **Entleerungsventil**
la soupape de vidange
сливной вентиль
vavê valakirinê

die **Kugelhahnverschraubung für Ventilheizkörper**
le raccord de robinet à boisseau sphérique pour radiateur à soupape
резьбовое соединение шарового крана для нагревательного элемента с подключением клапана
pêçandina vavê xelekî ji bo germkerên vavî

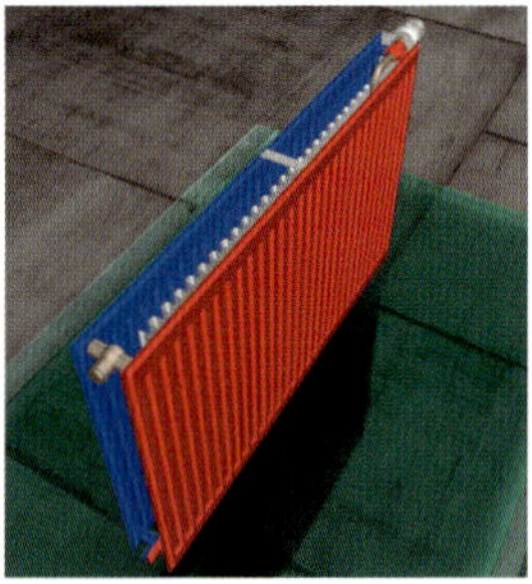

der **Energiespar-Ventilheizkörper**
le radiateur à soupape économe en énergie
энергосберегающий нагревательный элемент с подключением клапана
germkerê vavê ya enerjî-vekefilandin

Konvektoren – Convecteurs – Конвекторы – Konvektor

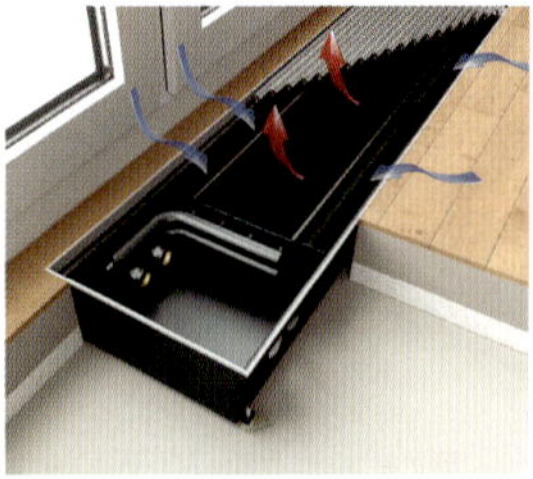

der **Unterflurkonvektor**
le convecteur sous plancher
конвектор для установки под полом
konvektorê bin-erdê

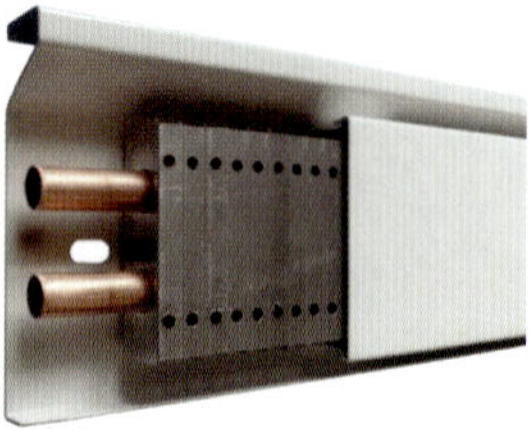

der **Sockelkonvektor**
le convecteur-plinthe
конвектор для установки в цоколь
konvektorê binê

der **Konvektor**
le convecteur
конвектор
konvektor

Heizkörpermontage - Montage des radiateurs - Монтаж нагревательного элемента - Montaja germkeran

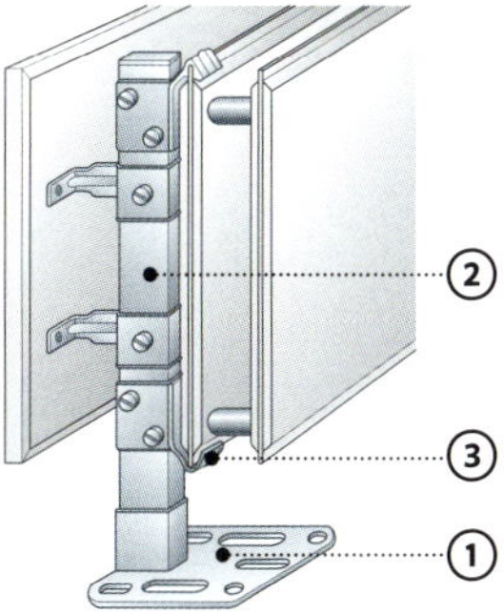
2
3
1

die **Standkonsole**
la console sur pieds
стойка
konsola sekinandinê

① der **Konsolenfuß**
le pied de console
опора кронштейна
lingê konsolê

② das **Standrohr**
le tube vertical
стояк
boriya sekinandinê

③ der **Halter**
le support
держатель
ragir

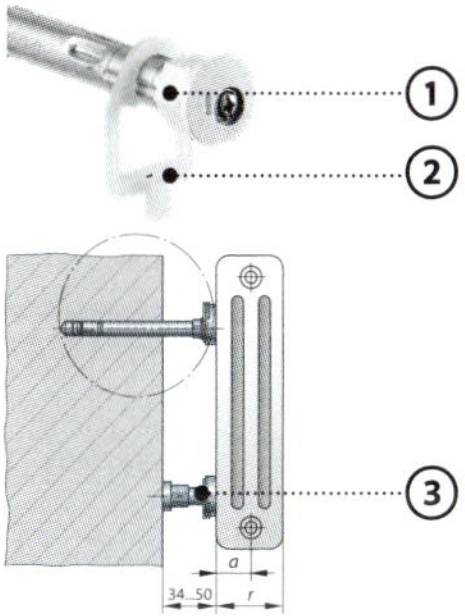
1
2
3
a
34...50
r

die **Bohrkonsole**
la console de perçage
штырьевой кронштейн
konsola qulkirinê

① der **Exzenter**
l'excentrique
эксцентрик
eksenter

② der **Sicherungsbügel**
l'étrier de sécurité
аварийный хомут
kevanê ewlekariyê

③ der **Wandabstandshalter**
le support d'espacement mural
упор от стены
ragirê navbera dîwarî

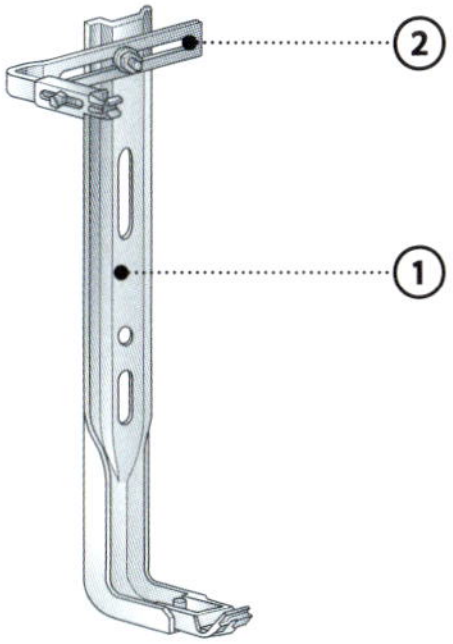
2
1

die **Einstückkonsole**
la console en une pièce
однокомпонентный
кронштейн
konsola yek-parçeyî

① der **Konsolensteg**
l'entretoise de la console
стойка кронштейна
beşika konsolê

② der **Halter**
le support
держатель
ragir

Flächenheizung – Chauffage de surface – Панельное отопление – Germkirina rûberan

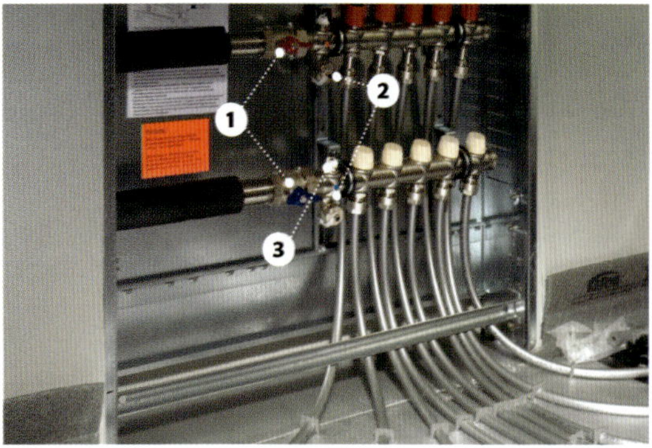
1
2
3

der **Verteilerschrank**
l'armoire de distribution
распределительный шкаф
dolapa belavkeran

① der **Anschlusskugelhahn**
le robinet à boisseau sphérique de raccordement
шаровой кран линии подключения
vavê xelekî ya girêdanê

② der **Füll- und Entleerungshahn**
le robinet de remplissage et de purge
кран наполнения и слива
vavê tijîkirin û valakirinê

③ das **Entlüftungsventil**
la soupape de purge
воздуховыпускной клапан
vavê hewaderkirinê

die **Fußbodenheizung**
le chauffage au sol
теплый пол
germkirina erdê

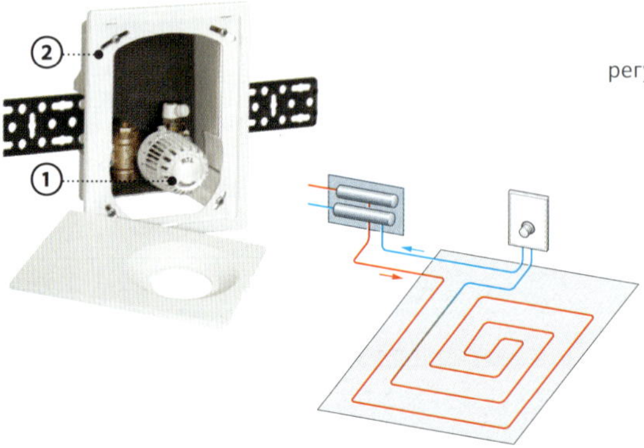
2
1

die **Einzelraumregelung**
la régulation individuelle des pièces
регулировка для отдельного помещения
kontrola odeya takekesî

① das **Thermostatventil**
la vanne thermostatique
терморегулирующий клапан
vavê termostatê

② der **Unterputzkasten**
le caisson encastré
короб для встроенного монтажа
qutiya hundir-dîwar

Füllen, Entlüften und Entleeren von Warmwasserheizungen – Remplissage, purge et vidage des chauffages à eau chaude – Заполнение и опорожнение систем водяного отопления, а также отвод из них воздуха – Tijîkirin, hewaderkirin û valakirin a germkirinên ava germ

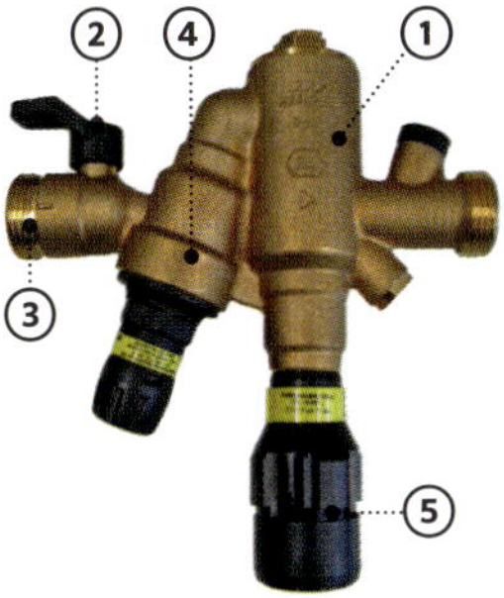
1
2
3
4
5

die **Füllkombination BA**
la combinaison de remplissage BA
заполняющий блок ba
kombînasyona tijîkirinê BA

① der **Systemtrenner**
le séparateur de système
системный разделитель
veqetînera pergalê

② die **Absperrarmatur**
le robinet d'arrêt
запорная арматура
fîkstura astengkirinê

③ der **Anschluss für den Füllschlauch**
le raccord pour le flexible de remplissage
патрубок шланга для наполнения
girêdan ji bo şilanga tijîkirinê

④ der **Druckminderer**
le réducteur de pression
редукционный клапан
kêmkerê pestînê

⑤ der **Ablauftrichter**
l'entonnoir d'écoulement
сливная воронка
konî avdanê

FLEXAIR

der **Lufttopf**
le pot d'air
воздушный бак
depoya hewayê

der **Schnellentlüfter**,
umg der **Schwimmentlüfter**
le purgeur rapide
воздухоотводчик
hewaderkerê lezgîn

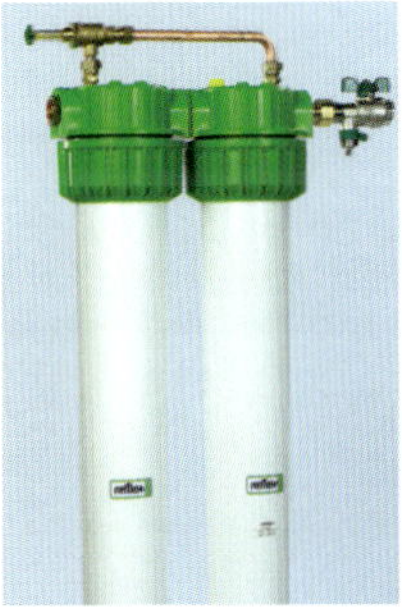

die **Enthärtungsarmatur**
la robinetterie de détartrage
арматура линии умягчения воды
fîkstura nermdeker

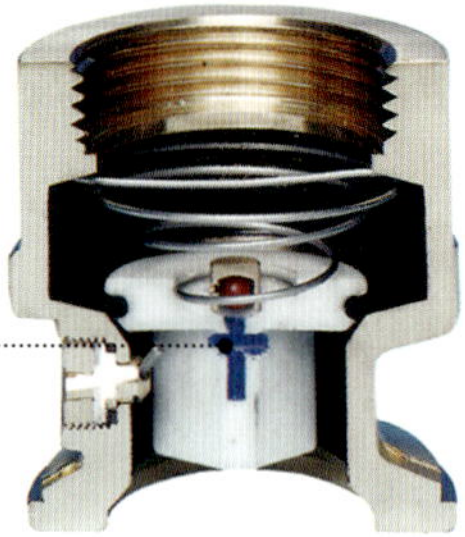

die **Luftschleuse**
le sas d'air
вентиляционный шлюз
dergeha hewayê

die **Schwerkraftbremse**
le clapet anti-thermosiphon
обратный клапан
frêna rakêşa kêşanî

die **Entleerungsarmatur, z.B. KFE-Hahn**
la robinetterie de purge, par exemple robinet de remplissage et de vidange
арматура линии опорожнения, например заполняющий и выпускной кран линии котлов
fîkstura valakirinê, wek mînak vavê KFE

① der **Entlüftungsstopfen**
le bouchon de purge
заглушка вентиляционного отверстия
tixaca hewaderkirinê

② der **Entlüftungsschlüssel**
la clé de purge
ключ для выпуска воздуха
kilîla hewaderkirinê

der **Luftabscheider**
le séparateur d'air
воздухоотделитель
cudakerê hewayê

6.3 ABGASANLAGEN – INSTALLATIONS DE GAZ D'ÉCHAPPEMENT – ВЫТЯЖНЫЕ СИСТЕМЫ – PERGALÊN GAZÊN DERKETÎ

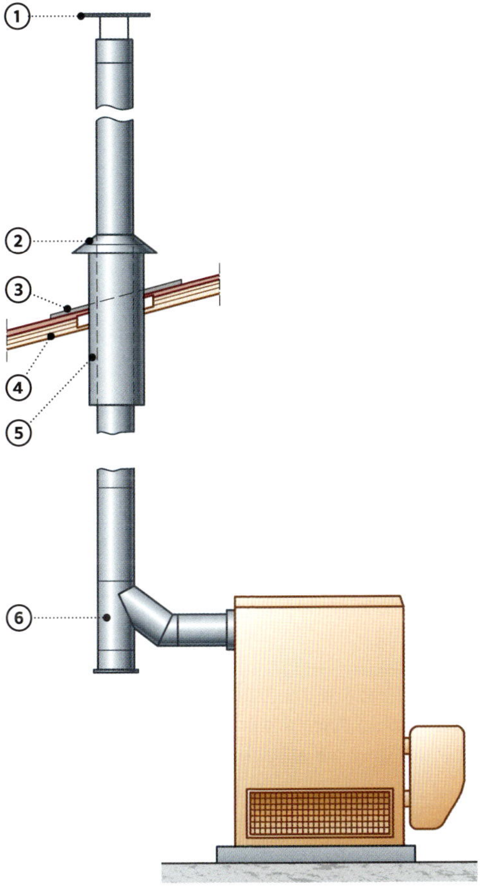
1
2
3
4
5
6

der **Stahlschornstein**
la cheminée en acier
стальная дымовая труба
dûkêşa polayî

① die **Meidinger Scheibe**
le chapeau Meidinger
диск мейдингера
dîska meidinger

② der **Regenabweiskragen**
la collerette pare-pluie
водоотвод
qirika parastina baranê

③ die **Abdeckplatte**
la plaque de recouvrement
защитная крышка
pelika veşartinê

④ das **Dach**
le toit
крыша
ban

⑤ die **belüftete Durchführung**
la version ventilée
вентилируемый ввод
derbasbûna hewagirtî

⑥ das **T-Stück mit Ruß- und Kondensat-Sammeltopf**
la pièce en T avec pot collecteur de suie et de condensat
тройник со сборником сажи и конденсата
parçeya-T bi depoya komkirina dûman û avika şilhewakirinê

der **Schornstein**
la cheminée
дымоход
dûkêş

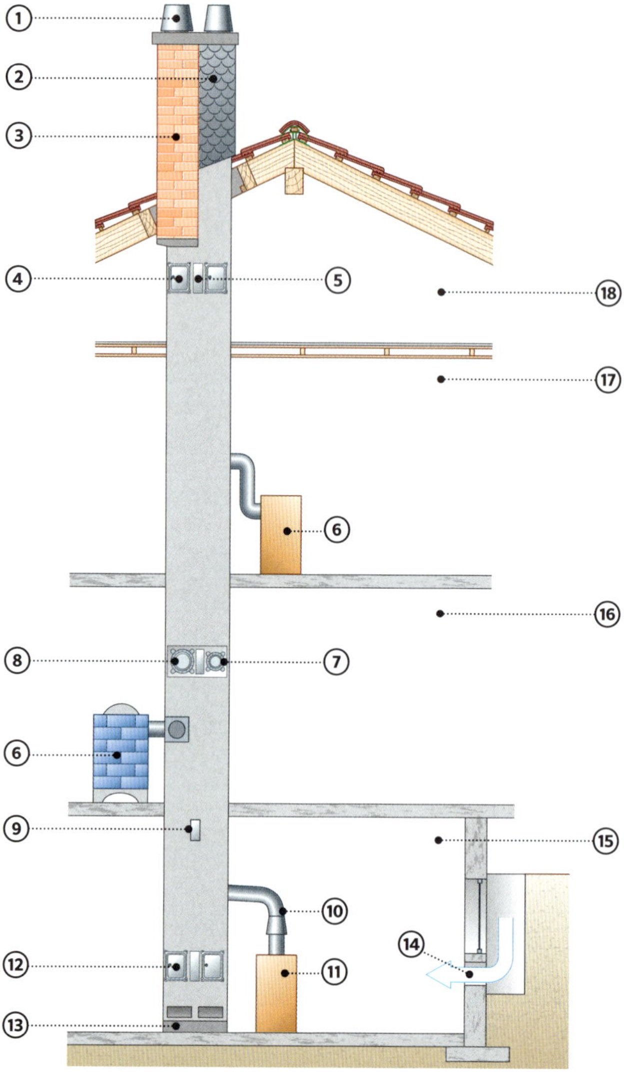
1
2
3
4
5
18
17
6
16
8
7
6
9
15
10
14
12
11
13

① die **Schornsteinmündung**
la sortie de cheminée
устье дымохода
dergeha dûkêşê

② der **Schornsteinkopf**
le corps de la cheminée
оголовок дымохода
serê dûkêşê

③ die **Ummauerung**
l'enceinte
кирпичная облицовка
dîwarkirina dorê

④ der **obere Reinigungsverschluss,** *umg* die **Putztür**
la fermeture de nettoyage supérieure
верхняя крышка проема для чистки
girtina paqijkirinê ya jorîn

⑤ die **obere Revisionstür für den Abluftschacht**
la porte de révision supérieure pour la conduite de sortie d'air
верхняя смотровая дверца вытяжного вентиляционного канала
dergeha kontrolê ya jorîn ji bo şafta derxistina hewaya qirêj

⑥ die **Einzelfeuerstätte**
le foyer individuel
квартирный камин
şewatgeha takekesî

⑦ der **einfach belegte Schornstein**
la cheminée à raccordement simple
дымоход одиночного назначения
dûkêşa bi yek amûra pêdakirî

⑧ **mehrfach belegt**
raccordement multiple
многофункциональная
bi gelek amûrên pêdakirî

⑨ die **Heizraum-Abluftöffnung**
l'ouverture de sortie d'air de la chambre de chauffe
вытяжное отверстие в обогреваемом помещении
qula derxistina hewaya qirêja odeya germkirinê

⑩ das **Abgasrohr**
le tube d'évacuation des fumées
дымоход
boriya gazên derketî

⑪ der **Heizkessel mit Strömungssicherung**
la chaudière avec antiretour de fumée
отопительный котел с ограничителем тока газа
kazana germkirinê bi ewlekariya herikînê

⑫ der **untere Reinigungsverschluss,** *umg* die **Putztür**
la fermeture de nettoyage inférieure
нижняя крышка проема для чистки
girtina paqijkirinê ya jêrîn

⑬ der **Schornsteinsockel**
la base de la cheminée
основание дымовой трубы
bingeha dûkêşê

⑭ die **Zuluftöffnung**
l'ouverture d'alimentation en air
приточное отверстие
qula têketina hewayê

⑮ das **Kellergeschoss (KG),** *umg* der **Keller**
le niveau du sous-sol (SS)
цокольный этаж
qata bodromê (KG)

⑯ das **Erdgeschoss (EG)**
le rez-de-chaussée (RDC)
нижний этаж
qata erdê (EG)

⑰ das **Obergeschoss (OG),** *umg* der **1. Stock**
l'étage supérieur (ES)
последующий этаж
qata jorîn (OG)

⑱ das **Dachgeschoss (DG),** *umg* der **Speicher**
les combles
чердачный этаж
qata banî (DG)

die **Abgasklappe, thermisch gesteuert**
le clapet de gaz d'échappement, à commande thermique
заслонка отработанного газа, с термическим управлением
klapeya gazên derketî, bi rêveberiya termîkî

geschlossen
fermé
закрыта
girtî

geöffnet
ouvert
открыта
vekirî

die **Abgasklappe, motorisch gesteuert**
le clapet de gaz d'échappement, à commande motorisée
заслонка отработанного газа, управляемая серводвигателем
klapeya gazên derketî, bi rêveberiya motorî

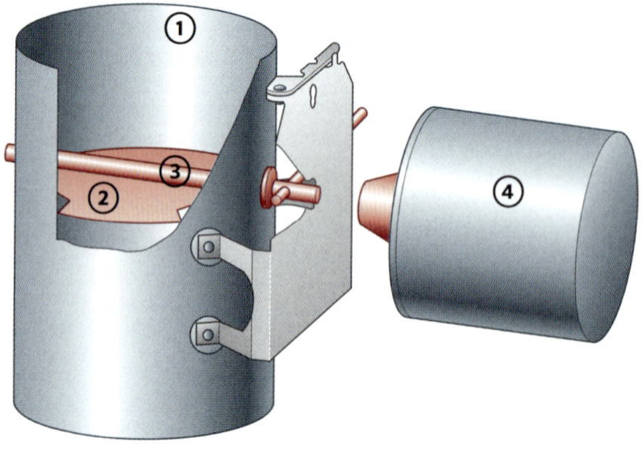
①
②
③
④

① das **Abgasrohr**
le tube de gaz d'échappement
дымоход
boriya gazên derketî

② die **Klappe**
le clapet
заслонка
klape

③ die **Klappenwelle**
l'arbre de clapet
шток клапана
mila klapeyê

④ der **Stellmotor**
le servomoteur
серводвигатель
motora sazker

6.3.1 Abgasüberwachung - Surveillance des gaz d'échappement - Мониторинг выбросов - Çavdêriya gazên derketî

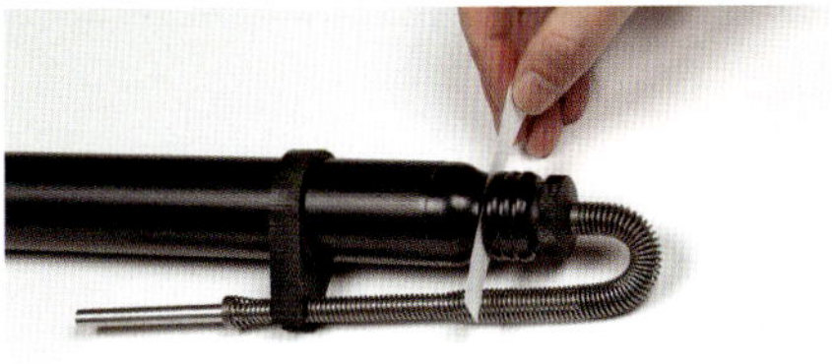

das **Filterblatt einspannen**
to serrer la feuille de filtre
закрепление фильтровальной бумаги
şidandina pelika parzûnê

die **Rußpumpe**
la pompe à suie
насос для определения сажевого числа
pompaya dûmanê

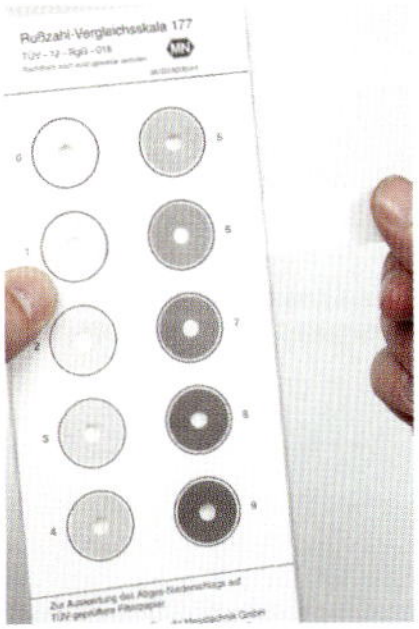

die **Rußzahl bestimmen**
to déterminer l'indice de suie
определение сажевого числа
destnîşankirina hejmara dûmanê

die **Bacharach-Skala**
l'échelle de Bacharach
шкала бахараха
skalaya Bacharach

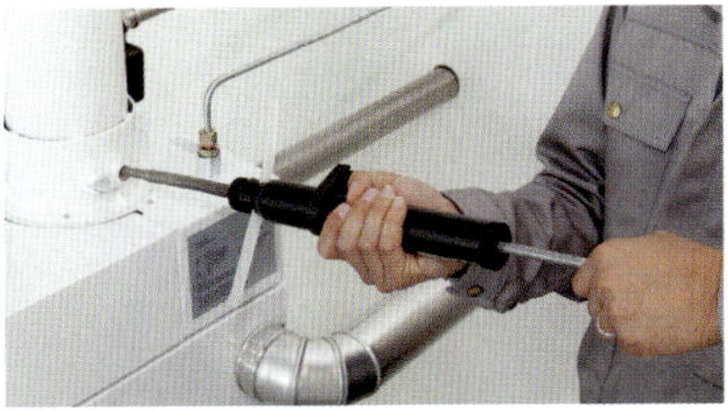

die **Rußmessung im Abgasrohr**
la mesure de la suie dans le tube de gaz d'échappement
измерение количества сажи в дымоходе
pîvana dûmanê di boriya gazên derketî de

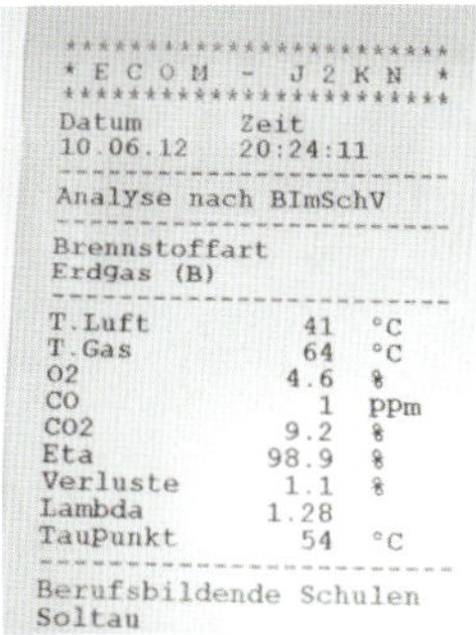

```
************************
* E C O M  -  J 2 K N *
************************
Datum        Zeit
10.06.12     20:24:11
------------------------
Analyse nach BImSchV
------------------------
Brennstoffart
Erdgas (B)
------------------------
T.Luft         41   °C
T.Gas          64   °C
O2            4.6   %
CO              1   PPm
CO2           9.2   %
Eta          98.9   %
Verluste      1.1   %
Lambda       1.28
TauPunkt       54   °C
------------------------
Berufsbildende Schulen
Soltau
```

der **Kontrollausdruck**
l'impression de contrôle
распечатка результатов контроля
çapa kontrolê

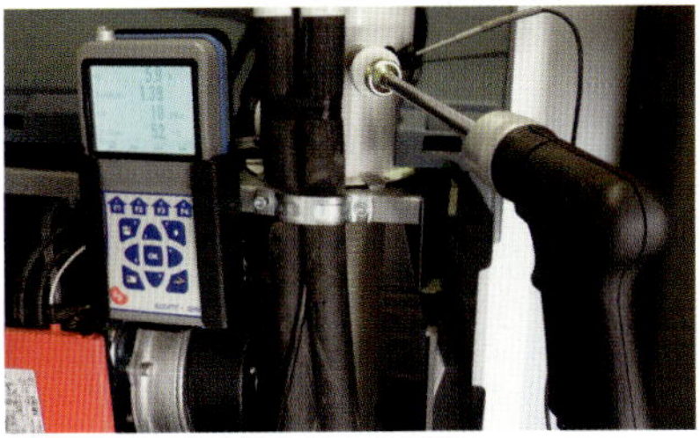

die **Abgasverlustmessung**
la mesure de la perte des gaz d'échappement
измерение отработанных газов
pîvana wendakirina gazên derketî

AIRFLOW

KLIMA-TECHNIK

TECHNIQUE CLI-MATIQUE

ТЕХНИКА КОН-ДИЦИОНИРОВА-НИЯ ВОЗДУХА

TEKNÎKA KLÎMAYÊ

7 KLIMATECHNIK - TECHNIQUE CLIMATIQUE - ТЕХНИКА КОНДИЦИОНИРОВАНИЯ ВОЗДУХА - TEKNÎKA KLÎMAYÊ

7.1 RAUMLUFTTECHNISCHE ANLAGEN (RTL) - INSTALLATIONS DE TRAITEMENT D'AIR (RTL) - ЦЕНТРАЛЬНАЯ СИСТЕМА КОНДИЦИОНИРОВАНИЯ (ОВКВ) - PERGALÊN TEKNÎKÎ YA HEWAYA HUNDIRÊ ODEYAN (HVAC) 303

Lüftungsanlage - Installation de ventilation - Вентиляционная установка - Pergala hewagirtinê 303

Teilklimaanlage - Installation partielle de climatiseur - Установка для частичного кондиционирования воздуха - Pergala klîmaya beşî 304

Klimaanlage - Climatiseur - Кондиционер - Pergala klîmayê 305

7.1.1 Bauteile der RTL-Anlage - Composants de l'installation de traitement d'air (RTL) - Конструктивные элементы центральной системы кондиционирования (ОВКВ) - Pêkhateyên pergalên teknîkî yên ji bo hewaya hundirê odeyan (HVAC) 306

Filter - Filtre - Фильтр - Parzûn 306

Ventilatoren - Ventilateurs - Вентиляторы - Pifker 306

Wärmeübertrager - Échangeur de chaleur - Теплообменник - Guhêzerê germiyê 307

Luftbefeuchter - Humidificateur d'air - Увлажнитель воздуха - şiliyaker hewayê 308

Schalldämpfer - Silencieux - Глушитель звука - Kêmkerê dengî 308

Luftleitungen und Zubehör - Conduites d'air et accessoires - Трубопроводы и принадлежности - Boriyên hewayê û hacet 309

7.2 KONTROLLIERTE WOHNRAUMLÜFTUNG - VENTILATION CONTRÔLÉE DU LOGEMENT - КОНТРОЛИРУЕМАЯ ВЕНТИЛЯЦИЯ ЖИЛОГО ПОМЕЩЕНИЯ - HEWAGIRTINA KONTROLKIRÎ YA ODEYÊN RÛNIŞTINÊ 310

7.1 RAUMLUFTTECHNISCHE ANLAGEN (RTL) – INSTALLATIONS DE TRAITEMENT D'AIR (RTL) – ЦЕНТРАЛЬНАЯ СИСТЕМА КОНДИЦИОНИРОВАНИЯ (ОВКВ) – PERGALÊN TEKNÎKÎ YA HEWAYA HUNDIRÊ ODEYAN (HVAC)

Lüftungsanlage – Installation de ventilation – Вентиляционная установка – Pergala hewagirtinê

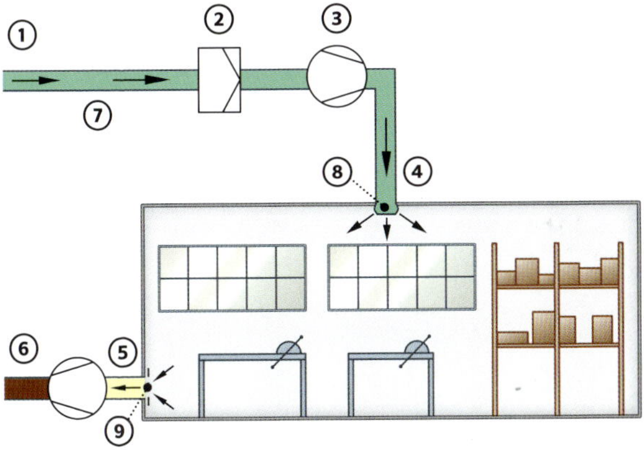
①
②
③
④
⑤
⑥
⑦
⑧
⑨

① die **Außenluft**
l'air extérieur
наружный воздух
hewa derve

② das **Filter**, *umg* der **Filter**
le filtre
фильтр
parzûn

③ der **Ventilator**
le ventilateur
вентилятор
pifker

④ die **Zuluft**
l'air soufflé
приточный воздух
hewa têketin

⑤ die **Abluft**
l'air extrait
отводимый воздух
hewa derketin

⑥ die **Fortluft**
l'air rejeté
удаляемый воздух
hewa dûrxistin

⑦ die **Luftleitung**
la conduite d'air
воздуховод
boriya hewayê

⑧ der **Lufteinlass**
l'entrée d'air
впуск воздуха
têketina hewayê

⑨ der **Luftauslass**
la sortie d'air
выпуск воздуха
derketina hewayê

Teilklimaanlage – Installation partielle de climatiseur – Установка для частичного кондиционирования воздуха – Pergala klîmaya beşî

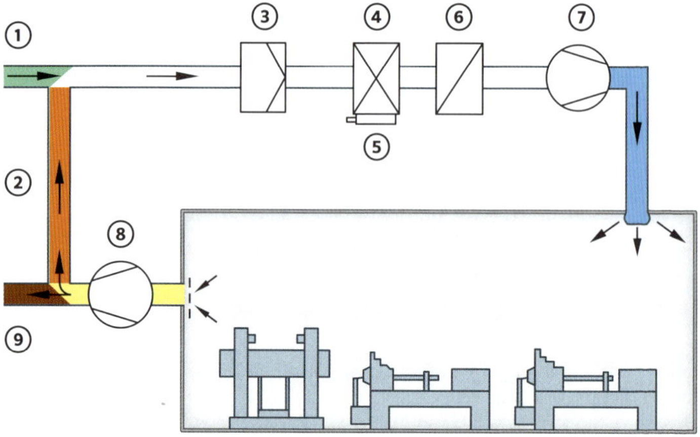
1
2
3
4
5
6
7
8
9

① die **Außenluft**
l'air extérieur
наружный воздух
hewa derve

② die **Umluft**
l'air ambiant
циркулирующий воздух
hewa dorgerî

③ das **Filter**, *umg* der **Filter**
le filtre
фильтр
parzûn

④ der **Luftkühler**
le refroidisseur d'air
воздухоохладитель
sarkerê hewayê

⑤ das **Entfeuchten**
la déshumidification
удаление влаги
şiliyaderxistin

⑥ der **Lufterhitzer**
le réchauffeur d'air
подогреватель воздуха
germkerê hewayê

⑦ der **Zuluftventilator**
le ventilateur d'air soufflé
вентилятор приточного воздуха
pifkerê hewaya têketin

⑧ der **Abluftventilator**
le ventilateur d'air extrait
вентилятор отработанного воздуха
pifkerê hewaya derketin

⑨ die **Fortluft**
l'air rejeté
удаляемый воздух
hewa dûrxistin

Klimaanlage – Climatiseur – Кондиционер – Pergala klîmayê

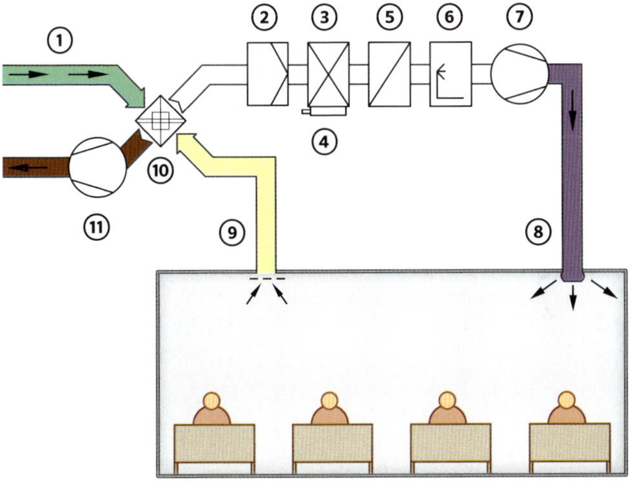
①
②
③
⑤
⑥
⑦
④
⑩
⑪
⑨
⑧

① die **Außenluft**
l'air extérieur
наружный воздух
hewa derve

② das **Filter**
le filtre
фильтр
parzûn

③ der **Luftkühler**
le refroidisseur d'air
воздухоохладитель
sarkerê hewayê

④ das **Entfeuchten**
la déshumidification
удаление влаги
şiliyaderxistin

⑤ der **Lufterhitzer**
le réchauffeur d'air
подогреватель воздуха
germkerê hewayê

⑥ der **Luftbefeuchter**
l'humidificateur d'air
увлажнитель воздуха
şiliyaker hewayê

⑦ der **Zuluftventilator**
le ventilateur d'air soufflé
вентилятор отработанного воздуха
pifkerê hewaya têketin

⑧ die **Zuluft**
l'air soufflé
приточный воздух
hewa têketin

⑨ die **Abluft**
l'air rejeté
отводимый воздух
hewa derketin

⑩ die **Wärmerückgewinnung**
la récupération de chaleur
рекуперация тепла
vegirtina germiyê

⑪ der **Abluftventilator**
le ventilateur d'air extrait
вентилятор отработанного воздуха
pifkerê hewaya derketin

7.1.1 Bauteile der RTL-Anlage - Composants du installations de traitement d'air (RTL) - Конструктивные элементы центральной системы кондиционирования (ОВКВ) - Pêkhateyên pergalên teknîkî yên ji bo hewaya hundirê odeyan (HVAC)

Filter - Filtre - Фильтр - Parzûn

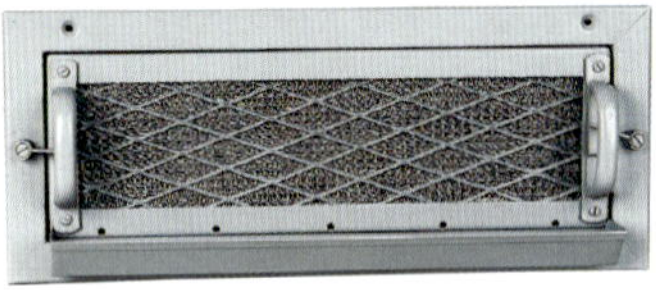

der **Metallfilter**
le filtre métallique
металлический фильтр
parzûna metalî

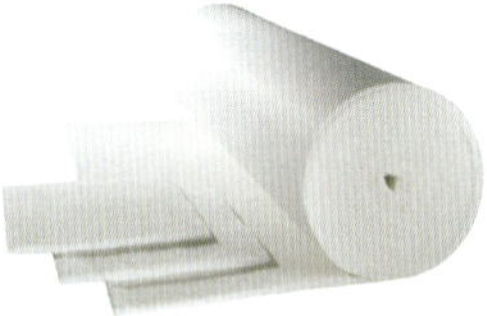

die **Filtermatten**
les éléments filtrants
фильтрующие прокладки
cawên parzûnê

der **Planfilter**
le filtre plat
рамный фильтр
parzûna pan

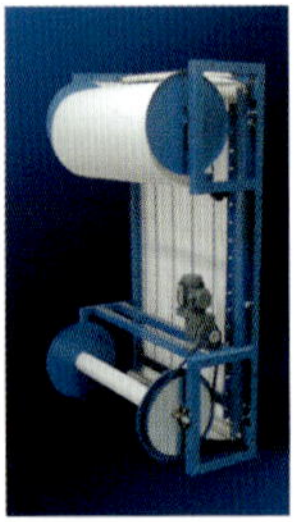

der **Rollbandfilter**
le filtre à déroulement
рулонный воздушный фильтр
parzûna şerîta rolî

der **Aktivkohlefilter**
le filtre à charbon actif
фильтр с активированным углем
parzûna karbona aktîf

der **Beutelfilter**
le filtre à manche
мешочный фильтр
parzûna torbeyî

Ventilatoren - Ventilateurs - Вентиляторы - Pifker

der **Axialventilator für den Wandeinbau**
le ventilateur axial pour montage mural
осевой вентилятор для встраивания в стену
pifkerê aksîyal ji bo bicihkirina dîwarî

der **Radialventilator,**
umg der **Freiläufer**
le ventilateur radial
радиальный вентилятор
pifkerê radyal

der **Axialventilator**
le ventilateur axial
осевой вентилятор
pifkerê aksîyal

Wärmeübertrager – Échangeur de chaleur – Теплообменник – Guhêzerê germiyê

der **Warmwasserlufterhitzer**
le réchauffeur d'air pour eau chaude
водяной калорифер
germkerê hewayê yê ava germ

der **Elektrolufterhitzer**
le réchauffeur d'air
электрический воздухонагреватель
germkerê hewayê yê elektrîkî

der **Plattenwärmeübertrager**, *umg* der **Plattenwärmetauscher**
l'échangeur de chaleur à plaque
пластинчатый теплообменник
guhêzerê germiyê yê pelikan

der **Luftkühler**
le refroidisseur d'air
воздухоохладитель
sarkerê hewayê

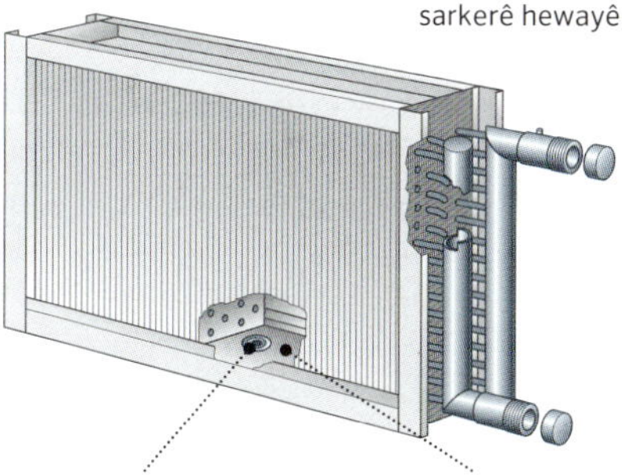

die **Entwässerung**
le drainage
отведение конденсата
avderî

die **Auffangwanne**
le bac collecteur
приемная ванна
depoya komkirinê

Luftbefeuchter – Humidificateur d'air – Увлажнитель воздуха – Şilker

der **Dampfbefeuchter**
l'humidificateur à vapeur
паровой увлажнитель
şiliyakerê buxarê

der **Verdunstungsbefeuchter**
l'humidificateur à évaporation
устройство увлажнения испарением
şiliyakerê buxarbûnê

der **Umlaufsprühbefeuchter**
l'humidificateur à pulvérisation
увлажнитель-очиститель воздуха
şiliyakerê spireya dorgerî

Schalldämpfer – Silencieux – Глушитель звука – Kêmkerê dengî

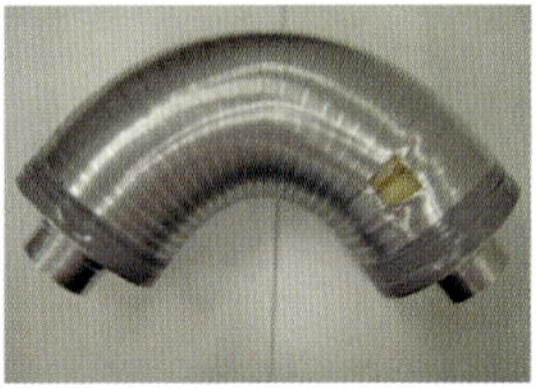

der **Telefonieschalldämpfer**
le silencieux de téléphonie
шумоглушитель
kêmkerê dengî yê telefoniyê

die **Schalldämpferkulisse**
la coulisse insonorisante
кулиса шумоглушителя
kulîsa kêmkerê dengî

der **Kulissenschalldämpfer**
le silencieux lamellaire
пластинчатый шумоглушитель
kêmkerê dengî yê kulîsan

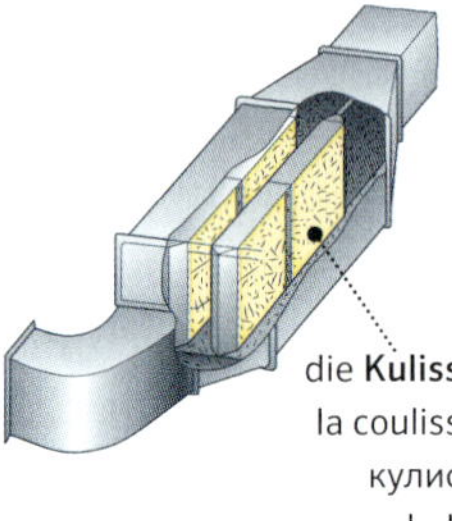

die **Kulisse**
la coulisse
кулиса
kulîs

Luftleitungen und Zubehör – Conduites d'air et accessoires – Трубопроводы и принадлежности – Boriyên hewayê û hacet

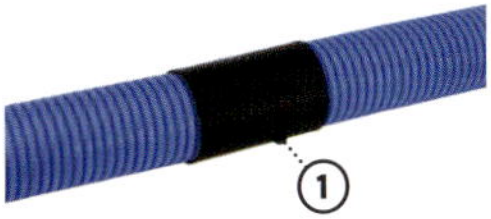

① der **Verbinder**
le manchon
фитинг
girêker

die **Kunststoffleitung**
la conduite en plastique
пластиковый трубопровод
boriya plastîkî

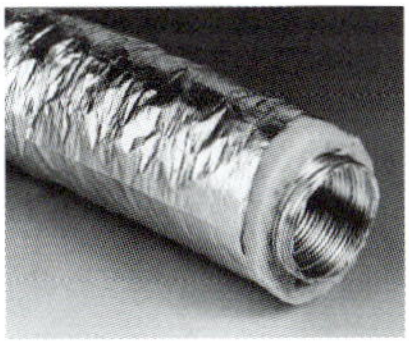

der **Schlauch, gedämmt**
le tuyau, isolé
шланг, изолированный
şilang, tecirîtkirî

der **Schlauch aus Aluminium, flexibel**
le tuyau en aluminium, flexible
алюминиевый шланг, гибкий
şilanga ji alûmînyûmê, elastîkî

das **Lüftungsgitter**
la grille de ventilation
вентиляционная решетка
şebekeya hewagirtinê

① die **Lamellen**
les lamelles
пластины
perîk

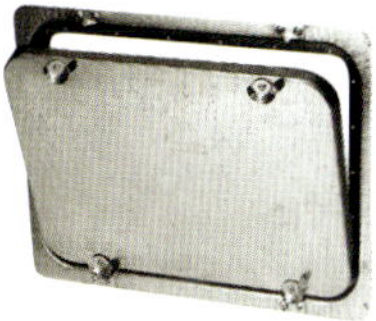

die **Inspektionsöffnung**
l'ouverture d'inspection
смотровое окно
dergeha kontrolê

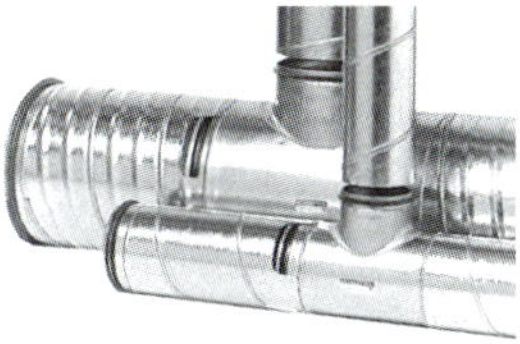

das **Steck- und Dichtungssystem**
le système de raccordement et d'étanchéité
модульный соединитель и изоляционная система
pergala têxistin û şidandinê

der **Auslass**
la sortie
выпуск
derxistin

das **Tellerventil für Abluft**
la soupape à disque pour l'air extrait
тарельчатый клапан линии отводимого воздуха
vavê pêlistekan ji bo hewaya derketin

das **Weitwurfventil für Zuluft**
la soupape de soufflage pour l'air extrait
дальнобросная решетка линии приточного воздуха
vavê avêtina dûr ji bo hewaya têketin

7.2 KONTROLLIERTE WOHNRAUMLÜFTUNG – VENTILATION CONTRÔLÉE DU LOGEMENT – КОНТРОЛИРУЕМАЯ ВЕНТИЛЯЦИЯ ЖИЛОГО ПОМЕЩЕНИЯ – HEWAGIRTINA KONTROLKIRÎ YA ODEYÊN RÛNIŞTINÊ

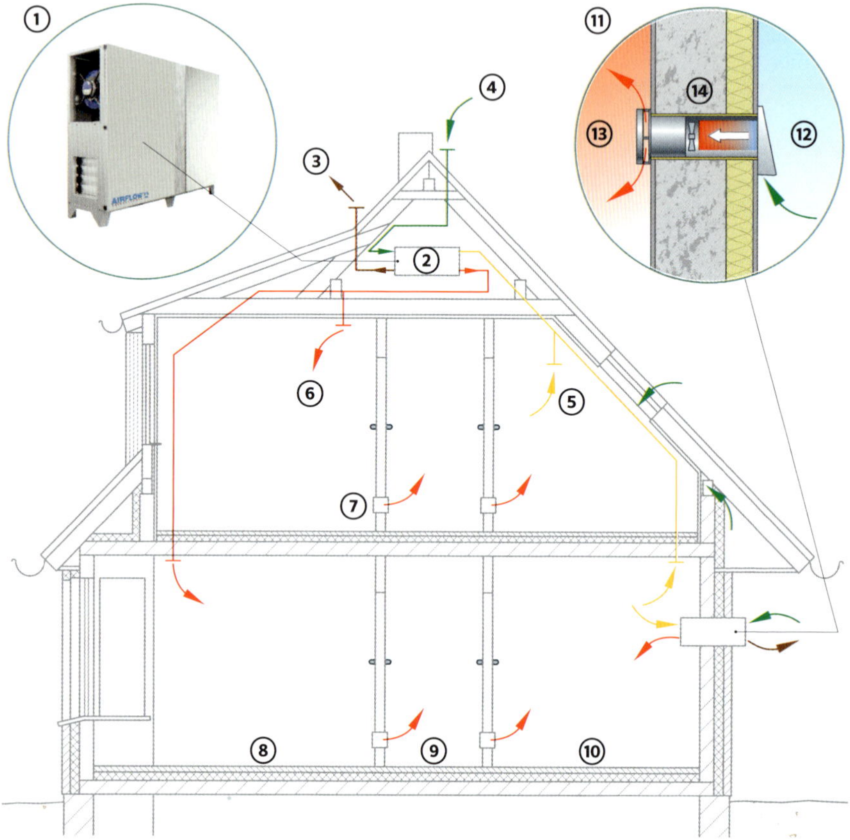
1
2
3
4
5
6
7
8
9
10
11
12
13
14
AIRFLOW

① das **zentrale Lüftungssystem**
le système de ventilation central
центральная вентиляционная система
pergala hewagirtinê ya navendî

② das **Lüftungsgerät**
l'appareil de ventilation
вентиляционная установка
amûra hewagirtinê

③ die **Fortluft**
l'air rejeté
удаляемый воздух
hewa dûrxistin

④ die **Außenluft**
l'air extérieur
наружный воздух
hewa derve

⑤ die **Abluft**
l'air extrait
отводимый воздух
hewa derketin

⑥ die **Zuluft**
l'air soufflé
приточный воздух
hewa têketin

⑦ der **Überströmluftdurchlass**
le passage d'air transmis
переточное вентиляционное отверстие
dergeha derbasbûna hewaya zêde

⑧ der **Zuluft-Bereich**
la zone d'air soufflé
зона приточного воздуха
herêma hewaya têketin

⑨ der **Überström-Bereich**
la zone de surcharge
зона перетока
herêma hewaya derbasbûnê

⑩ der **Abluft-Bereich**
la zone d'air extrait
зона отводимого воздуха
herêma hewaya derketin

⑪ die **Alternative: das dezentrale Lüftungsgerät**
l'alternative : l'appareil de ventilation décentralisé
альтернатива: децентрализованная вентиляционная установка
alternatîf: amûra hewagirtinê ya navendî-ne

⑫ **außen**
extérieur
снаружи
derve

⑬ **innen**
intérieur
внутри
hundir

⑭ der **Zuluftmodus**
le mode d'air soufflé
режим приточной вентиляции
moda hewaya têketin

INDEX DEUTSCH

INDEX ALLEMAND

НЕМЕЦКИЙ ИНДЕКС

INDEKSA ALMANÎ

INDEX DEUTSCH
INDEX ALLEMAND
НЕМЕЦКИЙ ИНДЕКС
INDEKSA ALMANÎ

A

Abdeckplatte 295
Abdichten mit Klebstoff 86
Abgangsformstück 258
Abgasklappe, motorisch gesteuert 298
Abgasklappe, thermisch gesteuert 298
Abgasrohr 297, 298
Abgassammler 278, 279
Abgasverlustmessung 299
abgeschälte Rohrende 84
abgewickelt 194
Abisolierzange 183
Abkantpressen 71
Ablauf 263
Ablaufgarnitur 235
Ablauftrichter 293
Ablaufventil 233
Ablesebeispiel 222
Ableseübung, Nonius 114
Ablesewert 114
Abluft 303, 305, 311
Abluft-Bereich 311
Abluftventilator 304, 305
ABS 143
ABS-Abwasserrohr 143
Absaugeklosett 247
abschälen 59
Abscherung 128
abschneiden 15, 60
Abschneiden 63
Absperrarmatur 221, 270, 293
Absperrhahn 283
Absperrklappe 283
Absperrschieber 283
Absperrventil 219, 226, 283
Abstandshalter 282
Abstandsmontage 108
Abstellen verboten 26
Absturzgefahr 31
Abtrag, gleichmäßig 171
Abtropffläche 246
Abwasserhebeanlage 261
Abwasserkanal 218
Abwasserleitung 221
Abwassermuffe 148
Abzweig 220, 258, 259
Acetylen kastanienbraun 78
Acetylen-Gasflasche 81
Acetylen-Sauerstoff-Brenner 78
Acetylenventil 81
Achse, neutral 67
Acryl-Badewanne 144
Acrylnitril-Butadien-Kautschuk 147
Acrylnitril-Butadien-Kautschuk, hydriert 147
Acrylnitril-Butadien-Styrol 143
Adhäsion 86
AED (Automatisierter Externer Defibrillator) 33
Akku 200
Akku-Aufweitwerkzeug 89
Akkubohrhammer 51
Akku-Bohrmaschine 200
Akku-Bohrschrauber 95
Akkumulator 200
Akku-Pressmaschine 88
Akku-Rohrschneider 64
Akku-Schiebewerkzeug 89
Aktivkohlefilter 306
Al-Niet 172
Aluleiter 40
Aluminium 133, 175
Aluminium, eloxiert 176
Aluminiumbeschichtung 134
Aluminiumblech 164
Aluminiumknetlegierung 133
Aluminiumleiter 40
Aluminium-Magnesium-Gusslegierung 134
Aluminiumoxid 134, 170
Aluminiumpaste 176
Aluminiumprofil 133, 157
Aluminiumrohr 133
Aluminium-Silizium-Gusslegierung 134
Aluminium-Trägerrohr 161

Aluminiumverbundrohr 161
Amplitude 189
Anbohren 220
anfasen 59
Ankerbolzen 106
Anlauf, automatisch 32
Anlegeleiter 40
Anleitung beachten 28
Anode 168, 186
Anpressen 87
Anschlagwinkel 117
Anschluss für den Füllschlauch 293
Anschlussformstück 258
Anschlusskugelhahn 292
Anschlussleitung 220, 259
Anschlussmaße 248
Anschlussverschraubung 91, 289
Antenne 212
Antiheberventil 268
Antriebsnabe 132
Anwendungsbereich 89
Anzünder 80
Arbeit, elektrisch 195
Arbeitshandschuh 23
Arbeitshelm 23
Arbeitsschuh 23
Armaturengehäuse 137
Arzt 33
Aschelade 277
Atemmaske 24
Atemschutz benutzen 29
Atmosphärische Gasbrenner 271
Atmosphärische Gaskessel 278
Atom 184
Atomhülle 184
Atomkern 184
ätzend 36
aufbohren 48
Auffanggurt benutzen 29
Auffangwanne 268, 274, 307
aufgewickelt 194
Aufhängelasche 245
Aufhängung 104
Aufhängung mit Lochband 110
aufmuffen 72
Aufputzspülkasten 235
Aufschieben auf Heizmuffe 84
Aufsteigen verboten 26
Aufweitköpfe 73
Aufweitwerkzeug 89
Aufzug im Brandfall nicht benutzen 26
Augendusche 33
Augenschutz benutzen 28
Augenspüleinrichtung 33
Ausdehnungsgefäß 243, 286
Ausgleichsbohrung 234
Ausgussbecken 148, 246
Aushalser 73
Aushalser, elektrisch 73
Aushalsung 73
Aushalsung mit der Ratsche 74
Aushalsung mit elektrischem Aushalswerkzeug 74
Aushalswerkzeug 73
Aushalswerkzeug einführen 74
Aushalswerkzeug, elektrisch 73
ausklinken 60
Ausklinken 68
Auslass 309
Auslauf, frei 229
Auslauf, schwenkbar 232
Auslaufarmatur 139
Auslaufventil 231, 232
Auslegerkonsole 110
Auslösetaste 235
außen 65, 311
Außengewinde 55, 56
Außengewinde, kegelig 90
Außenluft 303, 304, 305, 311
Außenmessung mit dem Messschieber 114
Ausziehleiter 40
Automatenstahl 130
automatisch 223
Axialventilator 306
Axialventilator für den Wandeinbau 306

B

Bacharach-Skala 299
Badablauf 256
Batterie 200
Baustahl, allgemein 129
Befestigung 251
Belastung 125
Belüftungsventil 260
Benutzen von Handschuhen verboten 27
Berühren verboten 26
Berührungskorrosion 172
Beschickung, automatisch 277
beschneiden 61
Besteigen für Unbefugte verboten 27

Betonbohrer 50
Betonstahlmatte 129
Betreten der Fläche verboten 27
Betriebsanleitung (Leiter) 39
Betriebsanweisung (Gefahrstoffe) 39
Betriebsmittel, elektrisch 188
Beutelfilter 306
Bewegung, kreisförmig 83
Biegebalken 70
Biegefeder 65
Biegekraft 69
Biegemaschine 66
Biegesegment 67
Biegestempel 71
Biegewange 70
Biegung 128
Bindungskräfte, gering 127
Bindungskräfte, groß 127
Biogefährdung 31
Bit 93
Blaubrenner 276
Blech 60
Blech, dick 83
Blech, dünn 83
Blech, strukturiert 165
Blechbohrer 50
Blechkluppe 69
Blechrohr 160
Blechschraube 98
Blei 139
Bleilegierung 139
Blende 276
Blendenmischsystem 276
Blitzschutz 212
Bodenablauf 253
Bodenablauf mit Rückstauverschluss 256
Bodenbelag 281
bodenstehend 250
Bogenlänge 67
Bogenlänge, gestreckt 67
bohren 48
Bohrer 49
Bohrertyp 49
Bohrfutter für Bohrer mit Längsnut 54
Bohrfutterschlüssel 54
Bohrhammer 51
Bohrkonsole 291
Bohrkrone 51
Bohrschraube 98
Bohrspindel 53
Bohrtiefe 107
Bohrtisch 53
Bohrung 68
Boiler 238
Bordbrett 41
Borosilikatglas 149
Brandbekämpfung, Mittel und Gerät 35
Brandmelder 35
Brandmeldetelefon 35
Brandschutz 25
Brausekopf 253
Brauseschlauch 253
Breite 248
Brenner 83, 274
Brennereinsatz 80
Brennerplatte 271
Brennersatz 80
Brennerschublade 274
Brennertopf 274
Brenngasüberschuss 82
Brennkammer 277
Brennraum 279
Brennwertkessel 279
Brikett 267
Bronze 137

C

CEE-Steckdose 198
CEE-Stecker, 5-polig 198
Chrom 139
Crimpzange 182
Cu-Blech 172
Cu-Gefüge, porös 172
CuZn-Gefüge 172

D

Dach 295
Dachgeschoss (DG) 297
Dachrinne 262
Dämmschlauch mit Selbstklebeverschluss 282
Dämmung 281
Dampfbefeuchter 308
Dampfrohr 238
Deckennagel 105
Dehnschraube 98
Dichte 125
Dichtheit prüfen 270
Dichtring 90, 91
Dichtstoff, elastisch 251
Dichtung 141

digital 206
Dipol 205
Disco-Rückschlagventil 284
Display 206
Distanzhülse 282
Doktor 33
Doppelabzweig 259
Doppelmaulschlüssel 93
Doppelringschlüssel 93
Doppelspüle 246
Draht 166
Drahtseil 166
Drahtsicherung 100
Drehkappe mit Druckskala 223
Drehmeißel 177
Drehmomentschlüssel 95
Drehschalter 202
Drehstrom 189
Drehstromzähler 207
Drehzahlmesser 53
Drehzahlverstellung 53
3-adrig 199
Dreilocharmatur 231
Dreiphasen-Wechselspannung 198
Dreiphasen-Wechselstrom 189
3-polig 198
Dreirollenbiegeaufsatz 66
Dreiwege-Heizkörperventil 17, 289
Dreiwege-Mischer mit Stellmotor 284
Druck 128
Druckbalken 70
Druckbereich 286
Druckfeder 223
Druckleitung mit Rückstauschleife 261
Druckluftschlauch 150
Druckminderer 78, 240, 293
Druckminderer für Acetylen 82
Druckminderer für Sauerstoff 82
Druckstutzen 287
Druckwächter 272
Dübel für Gipsplatten 104
Durchflusserwärmer 237
Durchfluss-TWE, elektrisch 241
Durchführung, belüftet 295
durchlässig 171
Durchlauferhitzer 241
Durchlaufschere 15, 60
Durchlaufwasserheizer (DWH) 241
Durchsteckmontage 108
Duromer 144
Duroplast 144
Duschabtrennung 252
Duschanlage, bodengleich gefliest 253
Duschbecken 252
Dusche 252
Duschkopf 253
Duschrinne 253
Duschtrennwand 252
Duschwanne 252
Dusch-WC 247
dynamische Strömungsteiler 226
Dynamo 201

E

Eck-Rohrzange 102
edel 168
EG 297
Eichplombe 222
Einbau 287
Einbauspüle 246
Einbringschnecke 277
Einfetten 176
Einhebelmischer 232
Einlauf 263
Einlocharmatur 231
Einölen 176
Einphasen-Wechselspannung 198
Einrohrsystem 280
Einsatzstahl 129
Einschlaganker 106
Einschlagnagel 110
einschneiden 61
einstecken 85
Einstecktiefe 72
Einstecktiefe einzeichnen 85
Einstecktiefe L 75
Einstückkonsole 291
Einzelanschlussleitung (EAL) 255, 258
Einzelfeuerstätte 297
Einzelraumregelung 292
Einzelspüle 246
Einzelversorgung 237
Einzelzuleitung 224
Eisen-Ion 171
Eisenkern 201
Eisenoxid 169
Elast 146
Elastizität 125
Elastomer 146
Elastomer-Dichtring 147

Elektrokorund 170
Elektrolötkolben 77
Elektrolufterhitzer 307
Elektrolyse 186
Elektrolyt 168, 171, 172, 200
Elektrolyt-Membran 186
Elektromotor 53, 213
Elektron 168, 184
Elektron, frei beweglich 190
Elektronenfluss 200
Elektronenfluss 188
Elektronenmangel 187
Elektronenüberschuss 187
Element, galvanisch 168, 200
Email 148
Energiespar-Ventilheizkörper 290
Entfeuchten 304, 305
entgraten 59, 79
Entgrater mit elektrischem Antrieb 59
entgratet 173
Enthärtungsarmatur 293
entleeren 238
Entleerung 221
Entleerungsarmatur 294
Entleerungsventil 290
Entlüfter 268
Entlüftung über Dach 260
Entlüftungsschlüssel 294
Entlüftungsstopfen 294
Entlüftungsventil 292
Entwässerung 307
Entzinkung 172
EPDM 148
EPDM-Schalldämmeinlage 148
erden, vor Benutzung 28
Erdgasanschluss 269
Erdgastank 269
Erdgeschoss 236, 297
Erosionskorrosion 173
Erste Hilfe 33
Erste Hilfe, Anleitung 38
Essen und Trinken verboten 26
Estrich 281
Etagenheizung 280
Ethylen-Propylen-Dien-Kautschuk 148
explosionsfähige Atmosphäre 32
Exzenter 291

F

Fächerscheibe 101
Fallleitung 259
Fallleitungsabzweig 259
Farbanstrich 177
Farbcodierung der Schleifscheibe 58
Fase 68
Fäustel 102
Federklappdübel 105
Federring 101
Federscheibe 101
Federstahl 130
Fehlerstromschutzschalter 202
Feinblech 164
Feinsicherung 203
Feld, magnetisch 31
Fensterglas 149
Fernmeldeanlage 212
Fertigschneider 55
fest 127
Festigkeitsklasse 99
Feststelleinrichtung 113
Feststellhebel 53
Feuer verboten 25
Feuerleiter 35
Feuerlöscher 35
Feuermelder 35
Filter 151, 268, 303, 304, 305
Filter, nicht rückspülbar 223
Filter, rückspülbar 223
Filterblatt einspannen 299
Filtermatten 306
FI-Schutzschalter 202, 204
Fitting 132
fixieren 85
Flachdach 263
Flachdachablauf 263
Fläche 170
Flächen reinigen 87
Flächenkorrosion, gleichmäßig 171
Flachheizkörper 289
Flachmeißel mit Handschutz 102
Flachsenker 54
Flachspüler 247
Flachspülklosett 247
Flachstab 157
Flachstahl 157
Flachstahlbiegeaufsatz 68
Flachstecker 196
Flachwinkel 117

Flamme 271
Flamme, offen 25
Flammenüberwachungselektrode 272
Flammenwächter 276
Flammkopf 273
Flankenwinkel 96
Flaschen-Geruchverschluss 256
Flex 58
Flucht- und Rettungsplan 37
Flügelrad 222
Flügelradzähler 222
Flugzeugteil 135
Flurförderfahrzeug 31
Flurförderzeuge verboten 26
flüssig 127
Flüssiggas in Gasflaschen 269
Flüssiggasbehälter 269
Flüssigkeitsfühler 285
Flussmittel 76
Formschluss 107
Formteil 151
Fortluft 303, 304, 311
Fotografieren verboten 27
Fräser 131
Freihandbiegen 65
Freiläufer 306
freischalten, vor Wartung oder Reparatur 29
Freistromventil 227
Fremdatom 190
Frost 31
Fügen der Rohrteile 84
Füll- und Ablaufarmatur 238
Füll- und Entleerungshahn 292
füllen 238
Füllkombination 293
Füllmenge 235
Füllstandsmelder 277
Füllventil 235
Fundament 212
5-adrig 199
Funktions- und Messbereichswählschalter 206
Fußbad 250
Fußbodenbefestigung mit Lochband 110
Fußbodenheizung 292
Fußgänger verboten 25
Fußgängerüberweg benutzen 30
Fußgängerweg benutzen 30
Fußgestell 251
Fußplatte 53
Fußschutz benutzen 28

G
Gasanschluss 271
Gasbetondübel 105
Gasbrenner 241, 278
Gasbrennwertkessel, wandhängend 278
Gas-Durchlauferhitzer 241
Gasdüse 271
Gasfilter 272
Gasflamme 241
Gasflasche 32
gasförmig 127
Gasgebläsebrenner 273
Gashahn 270, 272
Gasleitung 221, 270
Gasleitung über Trinkwasserleitung 174
Gasregel- und Sicherheitsarmatur 278
Gasregelstrecke 272, 273
Gasrohr 88, 212
Gasschlauch 81
Gasspürgerät 270
Gassteckdose 270
Gasstraße 272
Gasströmungswächter 270
Gastank 269
Gasversorgungsleitung 269
Gaszähler 270
Gebläse 273
Gebläsemotor 273, 275
Gebot 25
Gebotszeichen, allgemein 28
Gefahrlosigkeit 25
Gefälle 257
Gefällewasserwaage 118
Gegenhalter 67
Gehäuse 134
Gehörschutz benutzen 28
Gehörschützer 24
Geländerholm 41
Gelbbrenner 276
Generator 213
Generator, mobil 201
Generatorprinzip 201
geöffnet 298
Gerade Schere 61
Geradsitzventil 227
Gerätedruckregler 272
Geruchverschluss 240
Gerüst 41
Gerüst auf Rollen 41
Gesamtspannung U 192, 193

Gesamtstromstärke I 192, 193
geschlossen 298
Gesenkbiegen 71
Gesenkbiegepresse 71
Gesichtsschutz benutzen 29
Gestänge 233
gestaucht 67
gestreckt 67
gesundheitsgefährdend 36
gesundheitsschädigend 36
Gewinde 55, 95
Gewindeanschluss 285
Gewindebohrer 55, 131
Gewindeflansch 92
Gewindepassstück 132
Gewinderohr 159
Gewindeschneidemaschine 57
Gewindeschneidemaschine, handgeführt 57
Gewindeschneider 56, 57
Gewindeschneidkopf 56
Gewindeschneidzeug 56
Gewindestange 106
Gewindestift 98
GFK 150
Giebeldach 262
Gießbarkeit 126
giftig 36
Giftigkeit 125
Gipsplatte 103
Gipsplatte für Feuchträume 103
Gipsplatte, faserverstärkt 103
Glasgehäuse mit Füllmengenanzeige 238
Glaspatrone mit Verbundmörtel 106
Glasrohr 163
Gleichrichter 213
Gleichspannung 187
Gleichstrom 186, 189
Gleitlager 151
Gleitlagerbuchse 138
Gliedermaßstab 112
Grauguss 132
Großwanne 251
Grundleitung 255
Grundleitung, außerhalb des Gebäudes 260
Gruppenversorgung 237
gummielastisch 146
Gusseisen mit Kugelgrafit 133
Gusseisen mit Lamellengrafit 132
Gusseisenrohr 160
Gussradiator 288
Gussrohr 132

H

H - harte Werkstoffe 49
Hackschnitzel 267
Haftkraft, gut 86
Haftkraft, schlecht 86
Hakenschlüssel 94
Halter 291
Hammerkopf 131
Hammerkopfschraube 98
Hammerlötkolben 76
Hammerschraube 98
Handblechschere, elektrisch 61
Handbrause 252
Handbügelsäge 46
Handcreme benutzen 30
Hände waschen 29
Handentgrater 59
handgeführte(s) Schleifen verboten 27
Handgriff 80
Handhebelschere 62
Handkluppe 56
Handrohrbiegegerät 65
Handschutz benutzen 28
Handtuchhaken 244
Handtuchtrockner 288
Handtuch-Wärmekörper 288
Handverletzung 32
Handwaschbecken 244
Harnstoff-Formaldehydharz 145
Härte 126
Hartlot 78
Hartlöten 78
Hartmetallschneide, gesintert 151
Hartmetallschneidplättchen, aufgelötet 151
Hartmetall-Wendeschneidplatte 152
Hauptbrenner 271
Haupterdungsschiene 212
Haupthahn 269
Hauptsperreinrichtung 269
Hausabnehmeranlage 203
Hausanschlussleitung (HAL) 218
Hausanschlussraum 221
Hausdruckregler 269, 270
Hauseinführung 220
Hauseinführungskombination (HEK) 269
Hauswasserzähler 221
Hautschutzmittel benutzen 30
Hebel 234
Hebeltafelschere 62
Heberglocke 235

Heizdorn 84
Heizelement 84
Heizelement-Muffenschweißen 84
Heizelement-Stumpfschweißen 84
Heizgasrohre (senkrechte Nachschaltheizflächen) 279
Heizkessel 242, 274
Heizkessel mit Strömungssicherung 297
Heizkessel-Speicher-Trinkwassererwärmer, Kombination 242
Heizkörperanschlussverschraubung 285
Heizmuffe 84
Heizöl in Lagerbehältern 268
Heizöllagerung, oberirdisch 268
Heizöllagerung, unterirdisch 268
Heizraum-Abluftöffnung 297
Heizstutzen 84
Heizungsrohr 212
Heizungsrohr unterhalb der Kellerdecke 281
Heizungsrohr, gedämmt 282
Heizungsrücklauf 221
Heizungsverteilung 281
Heizungsvorlauf 221
Heizwasserrücklauf 242
Heizwasservorlauf 242
Heizwendelschweißen 85
Herstellungsmerkmal 129
Hilfsventil 234
Hindernis am Boden 31
Hindernis im Kopfbereich 32
Hineinfassen verboten 26
Hinleiter 188
Hinweisschilder 219
HNBR 147
HNBR-O-Dichtring 147
Hocheffizienzpumpe 286
hochentzündlich 36
Hockklosett 247
Höhe 248
höhenverstellbar 251
Hohlprofil 156
Hohlprofil, quadratisch 156
Hohlprofil, rechteckig 156
Hohlraumdübel 105
Hohlschliff 63
Holz 149
Holz- oder Kunststoffhammer 69
Holz- und Kunststoffbohrer 50
Holzhammer 102
Holzlager 267
Holzpellet 267
Holzschraube 98
Holzstiel 149
HSS 131
HSS-Bohrer 50
HSS-Stahlbohrer 135
Hubsägemaschine 47
Hülse über das Rohr schieben 89
Hutmutter 99
Hydrant DN 100 219

I

Ideale Schere 60
Inbusschraube 97
Injektionsanker 106
Injektionsmörtel 106
Injektor 271
Injektorbrenner 272
innen 65, 170, 311
innen verzinnt 136
Innenbeschichtung, gelb 160
Innengewinde 55
Innengewinde, zylindrisch 90
Innenmessung mit dem Messschieber 114
Innenrohrentgrater 59
Innentaster 116
Inspektionsöffnung 309
Ion 184
Ion, 1-fach positiv geladen 184
Ion, 2-fach negativ geladen 184
IPB-Profil 154
IPE-Profil 154
I-Profil 154
ISO-Gewinde, metrisch 96
Isolierhülle 199
I-Träger, breit 154
I-Träger, mittelbreit 154
I-Träger, schmal 154

K

Kabel, isoliert 199
Kabelmesser 182
Kabelschere 183
Kabeltrommel 194
Kalibrierdorn 117
kalibrieren 79
Kalibrierring 117
Kalksandstein 103
kalt 239
Kaltarbeitsstahl 131

Kaltwasser 238
Kaltwasserleitung 236
Kanal 261
Kanten 69
Kapp- und Gehrungssäge 47
Kardangelenk 94
Kaskadenklosett 247
Katode 168, 186
Kegelsenker 54
kein Trinkwasser 25
Keller 236, 297
Kellerablauf 256
Kellergeschoss 297
Keramikbidet 148
Keramikschneidplatte 152
Kerbe 99
kernbohren 48
Kernbohrmaschine 51
Kesselanschluss 286
Kesselverteiler 286
KG 297
KG-Rohr 163
Kilowattstunde (kWh), Einheit 195
Kippdübel 105
Kippfehler 115
Kippschalter 202
Klappe 298
Klappenwelle 298
Klapprost 246
Klebefläche markieren 87
Kleber 153
Kleber, mikroverkapselt 153
Klebstoff 86, 153
Klebstoff auftragen 87
Klebstoff, hochviskos 86
Klebstoff, niedrigviskos 86
Klebstoffsicherung 100
Klebstoffwulst entfernen 87
Kleingerüst 41
Kleinspeicher 239
Klemmflansch 263
Klemmring 91
Klemmringverschraubung 91
Kluppe 56
Knarre 94
Knickung 128
Kochendwassergerät 238
Kohäsion 86
Kohle 267
Kohlelagerraum 267
Kohlenstoffgehalt 129
Kolben 234
Kolbenfeder 234
Kolbenschieber 227
Kombinationsarmatur 268
Kombinationszeichen 35
Kombizange 102, 183
Kondensationswärmeübertrager (Nachschaltheizfläche) 279
konisch dichtend 91
Konsolenfuß 291
Konsolensteg 291
Kontaktfläche, groß 86
Kontaktfläche, klein 86
Kontaktkorrosion 172
Kontaktstelle 167
Kontermutter 100
Kontrollausdruck 299
Kontrollöffnung 229
Konvektor 290
Kopfbrause 252
Kopfschutz benutzen 29
körperschallgedämmt 251
Korrosionsangriff, erhöht 172
Korrosionsbeständigkeit 126
Korrosionsloch 173
Korrosionsmulde 173
Korrosionsschaden 170
Korrosionsschutzanstrich 177
Korrosionsschutzöl 176
Korrosionsverlauf 173
Kraftfahrzeugfelge 134
Kraftfahrzeugmotorblock 134
Kraftschluss 107
Kraft-Seitenschneider 183
Krallring 90
Krankentrage 34
Kreissäge 47
Kreissägemaschine 47
kreisschneiden 61
Kreuzschlitz 97
Kristallglas 149
Kronenmutter 99
Kronenmutter mit Splint 101
Kugeldoppelabzweig 259
Kugelgehäuse 219
Kugelgrafit 133
Kugelgrafitguss 133
Kugelhahn 227

Kugelhahnverschraubung für Ventilheizkörper 290
Kugelrost 263
Kühlmittelpumpe 53
Kühlmittelschlauch 53
Kulisse 308
Kulissenschalldämpfer 308
Kunststoff- oder Gummieinlage 174
Kunststoff, glasfaserverstärkt 150
Kunststoff, metallverstärkt 150
Kunststoffauskleidung 177
Kunststoffhülse 175
Kunststoffleitung 309
Kunststoffrohr 162
Kunststoffscheibe 175
Kunststoffschelle 109
Kunststoffüberzug 177
kunststoffummantelte Präzisionsstahlrohr 159
Kunststoffummantelung 159
Kupfer 136, 168, 171, 200
Kupferbehälter mit Heizsystem 241
Kupferblech 136, 164
Kupfer-Blechrohr, kastenförmig 161
Kupferfittings 78
Kupfer-Gusslegierung 137
Kupfer-Knetlegierung 137
Kupferlitze 199
Kupferoxid 170
Kupferpassstück 136
Kupferpaste 176
Kupferpatina 170
Kupferrohr 136, 158, 167, 174
Kupferrohr mit PVC-Stegmantel 158
Kupferrohr, gedämmt 282
Kupferrohr, innen verzinnt 158
Kupferrohr, wärmegedämmt 158
Kupferverbundrohr 161
Kupfer-Zinklegierung 138
Kupfer-Zinnlegierung 137
Kupfer-Zinn-Zink-Legierung 138
Kurbel 53
Kurbelwelle 130
Kurzwanne 250

L

Ladungsausgleich 188
Lagerraum 267
Lamellen 309
Lamellengrafit 132
Lampe 213
Länge, gestreckt 69
Längsnut 54
Laser 118
Laserstrahlen 30
Last, schwebend 31
Last: keine schwere Last 26
Laufrad 287
Laufrad einer Umwälzpumpe 142
Legierungsbestandteil 129
lehren 111
Lehren 111
Leistung, elektrisch 194
Leiter 213
Leiter anlegen 40
Leiter, stromführend 199
Leiterlänge 190
Leiterplatte 145
Leiterquerschnitt 190
Leitung, elektrisch 199
Leitung, senkrecht 258
Leitungsabschnitt, liegend 258
Leitungsschutzschalter 204
Leitungsverlegung im Fußboden 281
Leitungsverlegung in Sockelleisten 281
Leitungsverlegung, fachgerecht 174
Libelle 118
Licht 185
Linksgewinde 82, 99
Linsensenkschraube 97
Litze 166
Litzeneinlage 166
Loch 170
Loch schneiden 87
Lochblech 165
Lochfraß 173
Lochkorrosion 173
Lochschere 61
lochschneiden 61
Lochziegel 103
LORO-X-Rohr, nichtrostend 160
LORO-X-Rohr, verzinkt 160
lösbar 90
Löschschlauch 35
Lot 77, 118
Lot, flüssig 77
Lötflansch 92
Lötkolben 182
Lötpaste 76
Lötpaste auftragen 79
Lötspalt (erhitzt) 77

Lötzinn 76
L-Profil 154
L-Profil, gleichschenkelig rundkantig 154
L-Profil, gleichschenkelig scharfkantig 155
L-Profil, ungleichschenkelig rundkantig 155
Luftabscheider 284, 294
Luftansaugöffnung 273
Luftauslass 303
Luftbefeuchter 305
Luftdruckmessgerät 119
Luftdruckwächter 273
Lufteinlass 303
Lufterhitzer 304, 305
Luftkühler 304, 305, 307
Luftleitung 303
Luftsauerstoff 169
Luftschleuse 294
Lufttopf 293
Lüftung 261
Lüftungsendrohr 260
Lüftungsgerät 311
Lüftungsgerät, dezentral 311
Lüftungsgitter 309
Lüftungsleitung 255
Lüftungssystem, zentral 311
Luftzufuhr 274

M

Magnesium 134
Magnesiumgusslegierung 134
Magnet 201
Magnetabsperrventil 275
Magnetfeld 31
Magnetschwebebahn 185
Magnetventil 272
Mahlkegel 132
Manometer 119
Mantelleitung 199
manuell 223
Maske benutzen 29
Maßbezugstemperatur 115
Maße in cm 211
Massivrohrschelle 109
Materialzapfen sichtbar 85
mehrfach belegt 297
Meidinger Scheibe 295
Melamin-Formaldehydharz 145
Membran 223
messen 111
Messfläche 113
Messgerät 111, 182, 208, 209
Messing 138, 172
Messingdübel 105
Messkraft 115
Messschieber 113
Messschieber mit Digitalanzeige 114
Messschieber mit Rundskala und Zeiger 114
Messschieber, Tiefenmessung 114
Messschiebertemperatur: 20 °C 115
Metall 127
Metallbohrer 50, 131
Metalldübel 104
Metalldübel für Gipskarton 104
Metallfilter 306
Metall-Gasbetondübel 105
Metall-Hohlraumdübel 105
Metall-Ion 190
Metallsägeblatt 131
Metallschutzlack 177
Metallverbundrohr 152
MF 145
Mindestabstand 229
Minuspol-Buchse 206
Mischrohr 271
Mischsystem 254, 275
Mischwasserkanal 254
mit Wasser löschen verboten 26
Mittel, schaumbildend 270
Mittelschneider 55
Mitte-Mitte-Maß 75
Mobiltelefon verboten 26
Molekülbewegung, frei 127
Molekülfaden, teilvernetzt 146
Molekülfaden, unvernetzt 140
Molekülfaden, vernetzt 144
Molekülgitter 127
Montage der Armatur 245
Montagemaße 248
Montagemaße, übliche 245
Montageschiene 110
Montagewand 248
Motorgehäuse 287
Motorschutzschalter 202
Muffe 72
Muffenverbindung 72
Muffenzange 73
Mulde 170
Muldenkorrosion, ungleichmäßig 171
Multimeter 205, 206
Mundschutzmaske 24

Mutter 92, 95
Mutter mit Klemmteil 100
Mutter mit Kunststoffeinsatz, selbstsichernd 101

N
N - normale Werkstoffe 49
Nachbehandlung 129
Nachheizung 243
Nachlinksschweißen 83
Nachrechtsschweißen 83
Nageldübel 104
Nassläuferpumpe 287
Natrium 200
NBR 147
NBR-O-Dichtring 147
Nenndurchmesser 96
Nennweite 258
Netz, 230 V 198
Netz, 400 V 198
Netzanschluss 204
Netzanschlussgerät 213
Netzanschlussklemme 241
Netzstecker ziehen 28
Neutralleiter 199
Neutron 184
Niederhalter 62
Niedertemperatur-Ölheizkessel 279
Nirosta 131
Nitrierstahl 130
Nockenwelle 130
Nonius 113
Normalbetonstein 103
Normalwanne 250
Not-Aus 53
Notausgang rechts 34
Notausgangsvorrichtung 33
Not-Aus-Schalter 202
Notausstieg 34
Notausstieg mit Fluchtleiter 34
Notdusche 33
Notruftelefon 33
Nullleiter 199
Nutmutter 99
Nutzlänge 107

O
Oberbalken 71
Oberflächenbehandlung, chemisch 176
Oberflächenkorrosion 169
Obergeschoss 236
Obergeschoss 297
Oberkante Fertig-Fußboden (OKFF) 211, 245
Oberwange 70
Öffnen durch Rechtsdrehung 34
OG 297
Ohmsche Gesetz 190
Ohrenschützer 24
Öl-Auffangschale 274
Ölbrenner 279
Öldampf-Luft-Gemisch 274
Öldüse 276
Öl-Heizeinsatz 274
Öllagerbehälter 150
Ölleitung 274
Ölpumpe 133, 275
Ölrücklauf 275
Ölsaugleitung 275
Ölspray 153
Öltank 150, 268
Ölverdampfungsbrenner 274
Ölvorwärmung 276
Ölzerstäubungsbrenner 275
Opferanode 175
Opferanode im Warmwasserspeicher 134
O-Ring 90
Oszilloskop 207
Oxid 172, 173
Oxidschicht 171

P
Palmutter 100
Parallaxe 115
Parallelschaltung 193, 208
Passschraube 98
PB 143
PB-Heizungsrohr 143
PB-Rohr 162
PE-HD 142
PE-HD-Abflussrohr 142
PE-HD-Schutzschicht 161
PE-LD 141
PE-LD-Schutzband für Gasleitungen 141
Pelletkessel 277
Pelletlagerung 267
Pendelbewegung 83
Periode 189
PE-Rohr 162
Personenbeförderung verboten 27
PE-UHMW 142
PE-X 142

PE-Xa-Fußbodenheizungsrohr 142
PE-X-Innenrohr 161
PF/ Bakelit 145
Pfeil 99
Phase 189, 199
Phasenprüfer 183, 205
Phenol-Formaldehydharz 145
Phillips PH 97
Piezozünder 241
Planfilter 306
Plastizität 125
Plattenheizkörper 289
Plattenwärmetauscher 307
Plattenwärmeübertrager 307
Pluspol-Buchse 206
PMMA 144
Polybuten 143
Polyethylen hoher Dichte 142
Polyethylen niederer Dichte 141
Polyethylen, ultrahochmolekular 142
Polyethylen, vernetzt 142
Polymethylmethacrylat 144
Polypropylen 143
Polyurethan 146
Polyvinylchlorid, nachchloriert 141
Polyvinylchlorid, weichmacherfrei 140
Polyvinylchlorid, weichmacherhaltig 141
Pömpel 256
Porenbetondübel 105
Porenbetonstein 103
Potentialausgleichsleiter 212
Potenziometer 213
Pozidriv PZ 97
PP 143
PP-Abwasserrohr 143
PP-Rohr (HT), hoch temperaturbeständig 163
PP-Rohr, mineralverstärkt 163
Präzisionsstahlrohr 159
Pressfitting für Gasleitungen 147
Pressfittings 88
Presshülsenverbindung 88
Presskontur 88
Presswerkzeug 182
Presszange 88
Primärluftstrom 277
Primärspule 201
Profil 154
Profil, gebogen 68
Propan-Sauerstoff-Brenner 76
Proton 184
Prüföffnung 221
Prüftaste 204
PUK-Säge 182
Pumpe 286
Pumpe im Vorlauf 286
Pumpengehäuse 132, 287
Pumpenkugelhahn 284
Pumpenwelle 287
PUR 146
PUR-Wärmedämmstoff 146
Putztür 297
PVC-C 141
PVC-C-Rohr 141
PVC-P 141
PVC-Rohr 162
PVC-U 140
PVC-U-Rohr 140
PWC-Anschluss 242
PWC-Anschluss zum Speicher 240
PWC-Zulauf 241
PWH-Ablauf 241
PWH-Anschluss 242
PWH-Anschluss vom Speicher 240

Q

Quergriff mit Gleitstück 94
Querlochsenker 54
Quetschgefahr 32
Quetschung 69

R

Radialventilator 306
Rändelmutter 285
Ratsche 56, 94
Ratschenbiegezange 66
Ratschenhebel 56
Rauchen verboten 25
RCD-Fehlerstromschutzeinrichtung 204
Reaktionsanker 106
Rechtsgewinde 82
Regeleinrichtung 232
Regelventil 223
Regenabweiskragen 295
Regenfallrohr 135
Regentonne 262
Regenwasserfallleitung 254
Regenwasserfallrohr 262
Regenwasserkanal 254
Regenwasserklappe 262
Regler 232, 285

Regulierteller 289
Reihenschaltung 192, 209
Reinigungsverschluss 297
Reinigungsvlies 78, 87
Restwasser 235
Rettung 25
Rettungsausrüstung, öffentlich 34
Rettungsausstieg 34
Revisionstür für den Abluftschacht 297
Richtungsänderung 258
Riemengetriebe 53
Riffelblech 165
Ring 55
Ringleitung 218
Ringleitungssystem 226
Ringmaulschlüssel 93
Ringverschraubungssicherung 270
Riss 170
Rissbildung 69
Rohbetondecke 281
Rohr 158
Rohr abschneiden 64
Rohr trennen 79
Rohrabschneider 64
Rohrbefestigung 282
Rohrbefestigung als Unterstützung 104
Rohrbefestigung, fachgerecht 174
Rohrbegleitheizung 263
Rohrbelüfter 230, 260
Rohrbelüfter für Schlauchanschlüsse 230
Rohrbiegemaschine, elektrisch 66
Rohrbiegemaschine, hydraulisch 66
Rohrdurchmesser 258
Rohrende und Muffe reinigen 85
Röhren-Geruchverschluss 256
Rohrheizkörper 239
Rohrheizkörper, liegend 238
Rohr-im-Rohr-System 162
Rohrkupplung 92
Rohrleitungssystem mit Stichleitungen 225
Rohrmanschette 92
Rohrreinigungsschlauch 256
Rohrreinigungsspirale 256
Rohrsäge 47
Rohrschale zur Wärmedämmung 282
Rohrschelle 148, 262, 282
Rohrschelle mit Druckverschluss 109
Rohrschelle mit Mehrfach-Gewindeanschluss 109
Rohrschelle, einteilig 108
Rohrschelle, zweiteilig 109
Rohrschere 64
Rohrschlange 242
Rohrtrenner mit kontrollierbarer Mitteldruckzone 229
Rohrunterbrecher 234
Rohrzange 102
Rollbandfilter 306
Rollbandmaß 112
Rollenblechschere 62
Rollenzählwerk 222
Rollgabelschlüssel 94
Rost 169
Rotguss 138
Rotor 287
Rotorwelle 287
Rückfederung 69
Rückflussverhinderer 230, 232, 240
Rückflussverhinderer mit Einschubventil, kontrollierbar 229
Rückflussverhinderer, kontrollierbar 229
Rückflussverhinderer, nicht kontrollierbar 229
Rückhaltesystem benutzen 29
Rücklauf 278, 279
Rücklauf, kurz 280
Rücklauf, lang 280
Rückleiter 188
Rückschlagklappe 284
Rückstauebene 261
Rückstauverschluss 261
Rückstellfeder 285
Rund- und Ringbürste 79
Runden 72
Rundhohlprofil 156
Rundhorn 72
Rundmesser 64
Rundstab 157
Rundungsmaschine 72
Rußmessung im Abgasrohr 299
Rußpumpe 299
Rußzahl bestimmen 299
rutschfest 40
Rutschgefahr 31

S

Sägeblatt 46
sägen 46
Sammelanschlussleitung 255, 258
Sammelbehälter 261
Sammelleitung 255
Sammelleitung, im Keller 260

Sammelstelle 33
Sammelzuleitung 224
Sanitärkeramik 148
Sanitärrohr 88
Sattelstück 87
Sauerstoff 78, 127, 186
Sauerstoff-Gasflasche 81
Sauerstoffüberschuss 82
Sauerstoffventil 81
Saugbereich 286
Saugglocke 256
Saugleitung 268
Saugring 287
Saugstutzen 287
Saugzuggebläse 277
Säule 53
Säulenbohrmaschine 52
Schaftablaufventil 233
Schälbohrer 50
Schälbohrer mit Anbohrspitze 73
Schalldämmeinlage 108
Schalldämmung 251
Schalldämpferkulisse 308
Schalten verboten 27
Schalter 188, 204, 213, 287
Schälwerkzeug 59
Schelle 282
Schelle für Kunststoffrohre mit Distanzhalter 109
Schenkel 117
Schere 60 ff
Scherschneiden 14, 60
Schicht, porös 171
Schiebehülse 89
Schieber 113, 219
Schieberost 277
Schiebewerkzeug 89
Schlagbohrmaschine 51
Schlauch aus Aluminium, flexibel 309
Schlauch, gedämmt 309
Schlauchbrause 252
Schlauchwasserwaage 118
Schlitz 96, 97
Schlosserhammer 102
Schlosserhammer mit Schutzhülse 102
Schmelzsicherung 204
Schmierfett 153
Schmiermittel 152
Schmieröl 153
Schmutzfänger 284
Schmutzwasserfallleitung 254, 255
Schmutzwasserkanal 254
Schneideinsatz 80
Schneideisen 56
Schneiden 63
Schneidkette 64
Schneidkopf 56, 57
Schneidrad 64
Schneidring 91
Schneidring für Steinzeugrohre 64
Schneidringverschraubung 91
Schneidstoff 151
Schneidteil 49
Schneidvorgang 63
Schnellarbeitsstahl 131
Schnellentlüfter 293
Schnellschlusshahn 268
Schnellspannbohrfutter 54
Schnellverschluss 108
Schnellwechsel-Schneidkopf 57
Schornstein 296
Schornstein, einfach belegt 297
Schornsteinkopf 297
Schornsteinmündung 297
Schornsteinsockel 297
Schrägsitzventil 138, 227
Schraube 92, 95
Schraubendreher 93
Schraubendreher mit Isolierung 183
Schraubendrehereinsatz 93
Schraubenfeder 130
Schraubenkopf 95, 97
Schraubensicherungskleber 153
Schraubenverbindung 96
Schraubenzieher 93, 183
Schraubstock 46
Schub 128
Schuko-Steckdose 198
Schuko-Steckdosenleiste 197
Schuko-Stecker 196
Schutzanode 239
Schutzausrüstung, persönlich 23
Schutzbereich 211
Schutzbrille 24
Schutzhandschuh 23, 80
Schutzhelm 23
Schutzklasse 196
Schutzkleidung benutzen 28
Schutzkontakt 196, 197
Schutzleiter 196, 197, 199, 212
Schutzrelais 203

Schutzrohr 142, 143
Schutzschalter, FI 202, 204
Schutzschicht 170, 173
Schutzschürze benutzen 30
Schutzzonen, außerhalb alle Verbrauchsmittel erlaubt 211
schweißbar 140, 144, 146
Schweißbrenner 81
Schweißdüse 81
Schweißerbrille 24
Schweißerschutzbrille 24
Schweißflamme 82
Schweißgerät anschließen 85
Schweißmaschine 84
Schweißmaske benutzen 29
Schweißnaht 83
Schweißöse 83
Schweißschirm 80
Schweißstab 83
Schweißtransformator 201
Schwemmwirkung 257
Schwenkbiegemaschine 70
Schwenkbiegen 70
Schwerkraftbremse 284, 289, 294
Schwerlastanker 106
Schwimmentlüfter 293
Sechskantmutter 99
Sechskantschraube 96
Sechskantstab 157
Seifenhalter 244
Seil 166
Seileinlage 166
Seitenbrause 252
Seitenschleifen verboten 27
Seitenschneider 183
Sekundärluftstrom 277
Sekundärspule 201
Senkschraube 97
Set Taster 116
Setzeisen 110
Sicherheitseinrichtungen 243
Sicherheitsschuh 23
Sicherheitsstopfen 270
Sicherheitstechnische Ausrüstung 240
Sicherheitsventil 240
Sicherung 203, 213
Sicherungsautomat 203
Sicherungsblech 100
Sicherungsblech mit Innennase 100
Sicherungsbügel 291
Sicherungseinrichtung 78
Sicherungskasten 203
Sicherungsmutter 100
Sicherungsscheibenpaar 101
Sieb 233
Siebhülse 106
Signal, optisch und akustisch 261
Signalring, Einsteckkontrolle 90
Sinterbronze-Gleitlager 152
Sintermetall 152
Sinterteil 151
Siphon 240
sitzen 250
Sitzklosett 247
Sitzwanne 251
Sitzwaschbecken 250
SML-Rohr 160
Sockelkonvektor 290
Solaranlage 243
Solarkreis Vor- und Rücklauf 243
Solarrohr 88
Solarspeicher, bivalent 243
Solarzelle 201
Sonnenkollektor 243
Spalt- und Belüftungskorrosion 172
Spannmutter 46
Spannscheibe 101
Spannschraube 108
Spannung U 187, 191
Spannung, elektrisch 31, 187
Spannungs- und Schwingungsrisskorrosion 173
Spannungsmessgerät 168, 200, 201, 213
Spannungsmessung 208
Spannungsprüfer, einpolig 205
Spannungsprüfer, zweipolig 205
Spannungsquelle 188, 213
Spannungsreihe, elektrochemisch 167
Spannungsriss im Kupferrohr 173
Spanplatte 103
Spanplattenschraube 98
Spanwinkel 49
Spax-Schraube 98
Speicher 237, 297
Speicherfühler 242
Speicher-Trinkwassererwärmer 236, 242
Sperren 30
Sperrflüssigkeit 249
Sperrknopf 232
Sperrwasser 257
Sperrwasservorlage 257

Sperrzahnschraube 100
Spiegel 244
Spiegelschweißen 84
Spindel 219
Spiralbohrer 49
Spitzenlänge 49
Spitzenwinkel 49
Spitzmeißel 102
Spitzzange 183
Splint 101
Spreizdübel 104
Spreizkeil 105
Spreizsicherung 40
Sprühfett 153
Spülbecken 246
Spule 201
Spülmengeneinstellung 234
Spülmodul 246
Spülrohr 235
Spülstromeinstellung 234
Spülung 257
Spülvorgang 257
Spülwasserverteilung 235
S-Rohr 160
Stahl 171, 172, 175
Stahl, hochlegiert nichtrostend 131
Stahl, verzinkt 138, 175
Stahlband 165
Stahlblech, verzinkt 164
Stahl-Brunnenrohr 175
Stahldraht 166
Stahlguss 132
Stahllineal 112
Stahlmaßstab 112
Stahlradiator 288
Stahlrohr 159
Stahlrohr, korrodiert 167, 171
Stahlrohr, nichtrostend 159
Stahlröhrenradiator 288
Stahlschelle, verzinkt 167, 174
Stahlschornstein 295
Standkonsole 291
Standmodell 231
Standrohr 219, 262, 291
Stand-WC 247
Starkstrom 198
Stator 287
Stauchen 63
Stauscheibe 273, 276
Stauscheiben-Mischsystem 276
Steck- und Dichtungssystem 309
Steckdose 145, 197
Steckdose für Flachstecker 197
Stecker 197
Steckfitting 90
Steckgriff mit Vierkant 94
Steckmuffe 262
Steckschlüssel 94
Steckverbindung 90
Stehklo 247
Stehleiter 40
Steigleitung 224
Steigrohr 289
Steigrohr-Ventilgarnitur für Zweirohrheizungen 289
Steigung 96
Steinbohrer 50
Steinzeug, glasiert 148
Steinzeugrohr 163
Stellmotor 298
Steuergerät 272, 274
Steuer-und Regeleinheit 241
Stichsäge 46
Stift 105
Stiftschraube 98
Stock, erster 236, 297
Stockschraube 98, 245
Stockwerksleitung 224
Stoff, ätzend 32
Stoff, brandfördernd 32
Stoff, feuergefährlich 32
Stoff, giftig 31
Stoff, radioaktiv 30
Stoffe, explosionsgefährlich 30
Stoffschluss 107
Stopfen 233
Strahlung, ionisierend 30
Strahlung, nicht ionisierend 30
Strahlung, optisch 32
Strahlungsbrenner 278
Strangleitungssystem mit eingeschleiften Anschlüssen 225
Strangregulierventil 284
Straßenkappe 219
Strom 188
Stromfluss 188
Strommessgerät 213
Strommessung 208
Strommesszange 205
Stromquelle 208, 209

Stromrichtung, technisch 188
Stromstärke I 189, 191
Stromstärke, elektrisch 188
Stromstärkemessung 208
Strömungsteiler, statisch 226
Strömungswächter 269
Stromzähler 195, 203
Stückholz 267
Sturzbrenner 279
STZ 148
Symbol, allgemein 228
Systemtrenner 293

T

Taschensäge 182
Teilspannung U 192
Teilstromstärke I 193
Telefonieschalldämpfer 308
Tellerventil für Abluft 309
Temperatur, niedrig 31
Temperaturfühler 239
Temperaturmessgerät 119
Temperaturwähler 239
Temperaturwahlgriff 232
Temperaturwahlschalter 238
Temperguss 132
Temperierventil 239
Thermometer 119
Thermoplast 140
Thermostatkopf 285
Thermostatmischbatterie 232
Thermostatventil 285, 292
Tichelmannsystem 280
Tiefe 248
Tiefenanschlag 53
Tiefspüler 247
Tiefspülklosett 247
Tisch 70
Titan 135
Titanbeschichtung 135
Titanlegierung 135
Titannitrid 135
Titanzink 135
Titanzinkblech 139, 164
Titanzink-Blechrohr, rund 161
Toilettensitz 145
Torq-Set-Schraubenkopf 97
Torsion 128
Torx 97
T-Profil 155
T-Profil, gleichschenkelig rundkantig 155
T-Profil, gleichschenkelig scharfkantig 155
Trägerwerkstoff, elastisch 151
Transformatorprinzip 201
Transportbehälter 139
Trenn- und Anfasgerät 59
Trennen 63
trennschleifen 58
Trennschleifscheibe 58
Trennsystem 254
Treten hinter den Schwenkarm verboten 27
Trinkkaltwasserleitung (PWC) 236
Trinkwarmwasserleitung (PWH) 236
Trinkwassererwärmung 242
Trinkwasserleitung 221
Trinkwasserleitung unter Gasleitung 174
Trinkwasserrohr 131
Trinkwasserzufluss 243
Tri-wings-Schraubenkopf 97
T-Stück mit Ruß- und Kondensat-Sammeltopf 295
Turbinenrad 132
Typenschild einer Handbohrmaschine 194
Typenschild einer Kabeltrommel 194

U

Übergang benutzen 30
Übergangsverschraubung 91
Überlauf 233
Überlaufrohr 233, 238, 239
Überspannungsableiter 212
Überström-Bereich 311
Überströmluftdurchlass 311
Überströmventil 284
Übertemperatursicherung 238
Übertisch-Kleinspeicher 239
Überwachungselektrode 273
Überwurfmutter 81
UF 145
Ultraschall-Entfernungsmessung 112
Umfangsgeschwindigkeit 58
umformbar 144
umformbar, nicht warm 146
Umformbarkeit 126
Umlaufsprühbefeuchter 308
Umluft 304
Ummauerung 297
Umsteller an einer Wannenarmatur 230
Umsteller, automatisch 230
Umwälzpumpe 243, 278

Unbefugte, kein Zutritt 27
unedel 168
Universalablaufventil 233
Universaldübel 104
Universalentgrater 59
unlösbar 90
Unterbalken 71
Unterbauspüle 246
Unterflurhydrant 219
Unterflurkonvektor 290
Unterlegscheibe 95, 100
Unterputz-Geruchverschluss 256
Unterputzkasten 292
Unterputzspülsystem 235
Untertisch-Kleinspeicher 239
Untertischspeicher 237
Unterverteiler 203
Unterwange 70
unverpresst 88
U-Profil 156
U-Profil, rundkantig 156
U-R-I-Dreieck 190
Urin 249
Urinal mit Absaugformstück 249
Urinal mit frei liegendem Geruchverschluss 249
Urinal, wassergespült 249
Urinal, wasserlos 249

V

Ventilanbohrschelle 220
Ventilator 303
Ventilgarnitur für Einrohrheizungen 289
Ventilgehäuse 285
Ventilkegel 285
Ventilsitz 285
Ventilspindel 285
Ventilunterteil 289
Venturi-Strömungsteiler (VSt) 226
Verankerungstiefe 107
Verbinder 309
Verbot 25
Verbotszeichen, allgemein 25
Verbraucher 188, 194, 208, 209
Verbraucheranschluss 204
Verbrennungsluft 271
Verbundanker 106
Verbundglas 149
Verdrehung 128
Verdunstungsbefeuchter 308
Vergütungsstahl 130
Verlängerung 94
Verlauf, sinusförmig 189
Vernetzungsstelle 144
Verpressen von Kupferrohr 88
Verschraubung für Gewinderohr 91
Versorgung, zentral 236
Versorgungsleitung 218
Versorgungsnetz 218
Verteiler (VV, VR) 280
Verteilerschrank 292
Verteilung, etagenweise 280
Verteilungsleitung 224
Vielfachmessgerät 206
Vielfachmessgerät, analog 205
Vierkantschoner 219
Vierkantschraube 96
Vierkantstab 157
Vollvormischbrenner 271
Vollziegel 103
von Hand 84
vor Belastung 125
vorbohren 48
Vorlauf 278, 279
Vorlauf, kurz 280
Vorlauf, lang 280
Vorlaufverteiler und Rücklaufsammler, kombiniert 286
Vorratsbehälter 277
Vorschneider 55
Vorschub 53
Vorsteckmontage 108
Vorwandinstallation 248
Vorwand-Installationsschacht 281

W

W – weiche Werkstoffe 49
Walzenbiegen 68
Wandabstandshalter 291
Wandbefestigung 104
Wanddicke 75
wandhängend 250
Wandmodell 231
Wandspeicher 237
Wandstange 253
Wand-WC 247
Wange, beweglich 70
Wanne 251
Wannenanker 251
Wannenfuß 251
Wannenträger aus Hartschaum 251

warm 239
warm umformbar 140
Warmarbeitsstahl 131
Wärme 185
Wärmeausdehnung 125
Wärmedämmung 158, 239, 279, 282
Wärmeleitfähigkeit 126
Wärmemengenzähler 284
Wärmemengenzähler (WZ) 280
Wärmerückgewinnung 305
Wärmetauscher 243, 277, 278
Wärmeübertrager 277, 278
Wärmeverteilung, waagrecht 281
Wärmeverteilungsleitung, senkrecht 281
Wärmezufuhr 169
Warmwasserleitung 236
Warmwasserlufterhitzer 307
Warnung 25
Warnung vor elektrischer Spannung 187
Warnweste benutzen 29
Warnzeichen, allgemein 30
Waschpositionen 250
Waschtisch 244
Wasser 127, 186
Wassererwärmer, elektrisch 211
Wasserhähne 231
Wassermantel, doppelt 279
Wasserpumpenzange 102
Wasserrohr 212
Wassersack 257
Wasserstoff 186
Wasserstrahlen 253
Wasseruhr 221
Wasserwaage 118, 245
Wasserzählanlage 221
Watt (W), Einheit 194
WC-Duscharm 247
Wechselspannung 187
Wechselstrom 189
Wechselstromzähler 207
Weichlot 76
Weichlöten 76
Weißblech 136
Weitwurfventil für Zuluft 309
Welle 130
Werkstoff mit Oxidschicht 169
Werkstoff ohne Oxidschicht 169
Werkstoff Stahl 125
Werkstoffgefüge 171
Werkstück 55, 56, 86
Werkstückaufnahme 53
Werkstücklänge 69
Werkstücktemperatur 115
Werkzeugkoffer für Schraubverbindungen 93
Werkzeugstahl, hochlegiert 131
Werkzeugstahl, niedriglegiert 131
Werkzeugstahl, unlegiert 131
Whitworth-Gewinde 96
Whitworth-Rohrgewinde 90
Widerstand 213
Widerstand R 191, 192, 193
Widerstand, elektrisch 190
Widerstand, veränderbar 213
Widerstandskennlinie 191
Widerstandslöten, elektrisch 79
Widerstandslötgerät, elektrisch 77
Widerstandsmessung 209
Winkelkonsole 110
Winkellehre 90° 117
Winkelmesser mit digitaler Anzeige 116
Winkelmesser, einfach 116
Winkelschleifer 58
Winkelstahl 154
Wippschalter 202
Wirkung, chemisch 186
Wirkung, magnetisch 185
Wirkung, optisch 185
Wirkung, physiologisch 187
Wirkung, thermisch 185
Wohnungswasserzähler 222
Wulst 262

Z

Zählscheibe 207
Zählwerk 207, 222
Zahn 46
Zahnkranzbohrfutter 54
Zahnputzbecherhalter 244
Zahnrad 129
Zahnscheibe 101
Zahnteilung 46
Zangenstrommessgerät 205
Zapfventil 239
Zapfventil für den Außenbereich 231
Zeit t in Sekunden 187, 189
Zerspanbarkeit 126
Zink 138, 168
Zinkbad 138
Zink-Ion 168
Zinkoxid 170

Zinkpatina 170
Zinn 136
Zinnlot 136
Zinnüberzug 136
z-Maß 75
Zollstock 112
Z-Profil 156
Z-Profil, rundkantig 156
Zubehör 244
Zufluss 235
Zug 128
Zugfestigkeit 126
Zuluft 303, 305, 311
Zuluft-Bereich 311
Zuluftmodus 311
Zuluftöffnung 297
Zuluftventilator 304, 305
Zündelektrode 241, 272, 273, 275, 276
Zündkabel 276
Zündtrafo 275
Zündung, automatisch 277
zunehmend edel 167
zunehmend unedel 167
Zuschnittlänge 75
Zweigriffmischbatterie 232
Zweihandbiegezange 65
Zweilocharmatur 231
Zweilochmutter 99
Zweipunktanschluss 288
Zweirohrsystem 280
Zweirohr-Thermostatventilunterteil 288
Zwischenholm 41
Zykonanker 106
Zylinderschaft 49
Zylinderschraube 96
Zylinderschraube mit Innensechskant 97

INDEX FRANZÖSISCH
INDEX FRANÇAIS
ИНДЕКС ФРАНЦУЗСКИЙ
INDEKSA FRANSÎ

Nombres
3 fils 199
3 pôles 198
5 fils 199
5 pôles 198

A
A étanchéité conique 91
à la main 84
ABS 143
Absence de danger 25
Accessoire de cintrage à trois rouleaux 66
Accessoires 244
Accumulateur 200
Acétylène marron 78
Acier 112, 171, 172, 175
Acier à outils faiblement allié 131
Acier à outils fortement allié 131
Acier à outils non allié 131
Acier à ressort 130
Acier de cémentation 129
Acier de construction général 129
Acier de décolletage 130
Acier de nitruration 130
Acier de traitement 130
Acier galvanisé 138, 175
Acier inoxydable fortement allié 131
Acier moulé 132
Acier pour travail à chaud 131
Acier pour travail à froid 131
Acier rapide (High Speed Steel) 131
Acier rapide 131
Acrylonitrile-butadiène-styrène 143
Adaptateur en cuivre 136
Adaptateur fileté 132
Adhésion 86
Aérateur de tuyau 230, 260
Aérateur de tuyau pour raccords de flexible 230
Agent moussant 270
Aimant 201
Air ambiant 304
Air de combustion 271
Air extérieur 303, 304, 305, 311
Air extrait 303, 305, 311
Air rejeté 303, 304, 311
Air soufflé 303, 305, 311
Alésage 48
Aléseuse 57
Aléseuse manuelle 57
Alimentation centralisée 236
Alimentation collective 237
Alimentation en air 274
Alimentation individuelle 237
Alliage cuivre-étain 137
Alliage cuivre-étain-zinc 138
Alliage cuivre-zinc 138
Alliage d'aluminium corroyé 133
Alliage de cuivre corroyé 137
Alliage de cuivre coulé 137
Alliage de fonderie aluminium-magnésium 134
Alliage de fonderie aluminium-silicium 134
Alliage de magnésium coulé 134
Alliage de plomb 139
Alliage de titane 135
Allumage automatique 277
Allumeur 80
Allumeur piézoélectrique 241
Aluminium 133, 175
Aluminium anodisé 176
Ame de câble 166
Ame de torons 166
Ampèremètre 213
Amplitude 189
Ancrage à injection 106
Ancrage composite 106
Ancrage pour baignoire 251
Angle de butée 117°
Angle de coupe 49
Angle de flanc 96
Angle de pointe 49
Anne à siège droit 227
Anneau 55
Anneau à signaux, contrôle d'insertion 90
Anode 168, 186
Anode de protection 239

Anode sacrificielle 175
Anode sacrificielle dans le réservoir d'eau chaude 134
Antenne 213 212
Antidérapant 40
Appareil à eau bouillante 238
Appareil à tronçonner et à chanfreiner 59
Appareil de commande 272, 274
Appareil de mesure 113
Appareil de raccordement au réseau 213
Appareil de ventilation 311
Appareil de ventilation décentralisé 311
Appareils de mesure 111, 182, 208, 209
Appliquer de la colle 87
Appliquer la pâte à braser 79
Apport de chaleur 169
Arbre 130
Arbre à cames 130
Arbre de clapet 298
Arbre de pompe 287
Arbre de rotor 287
Armoire de distribution 292
Arrêt d'urgence 53
Arrivée 235
Arrivée d'eau potable 243
Arrivée d'eau froide 241
Assemblage des pièces tubulaires 84
Atmosphère explosive 32
Atome 184
Atome étranger 190
Attaque accrue de la corrosion 172
Automatique 223
Avance 53
Avant la charge 125
Avec colle microencapsulée 153
Avec signal optique et acoustique 261
Avec soudeuse 84
Avertissement 25
Avertissement relatif à la tension électrique 187
Axe neutre 67

B

Bac collecteur 268, 274, 307
Bac collecteur de fioul 274
Bac d'évier 246
Bac de douche 252
Bague à griffes 90
Bague coupante 91
Bague coupante pour tubes en grès 64
Bague d'aspiration 287
Bague de calibrage 117
Bague de serrage 91
Bague d'étanchéité 90, 91
Bague d'étanchéité en élastomère 147
Baguette à souder 83
Baignoire 251
Baignoire courte 250
Baignoire en acrylique 144
Baignoire grande taille 251
Baignoire sabot 251
Bain de zinc 138
Bainoire normale 250
Bande d'acier 165
Barre carrée 157
Barre hexagonale 157
Barre murale 253
Barre plate 157
Barre ronde 157
Base de la cheminée 297
Batterie 200
Bidet 250
Bidet en céramique 148
Bigorne ronde 72
Blessure à la main 32
Bloc moteur de véhicule automobile 134
Bobine 201
Bobine primaire 201
Bobine secondaire 201
Bois 149
Boîte à outils pour raccords vissés 93
Boîtier 134
Boîtier de fusibles 203
Boîtier de robinetterie 137
Boîtier en verre avec indicateur de niveau de remplissage 238
Bonde à tige 233
Bonde de salle de bain 256
Bonde de sol 253
Bonde de sol avec clapet anti-refoulement 256
Bonde universelle 233
Bonde verrouillable 233
Bonne adhérence 86
Bord supérieur du sol fini 211, 245
Bornier de raccordement électrique 241
Bouche à clé 219
Bouche d'incendie souterraine 219
Bouchon 233
Bouchon de purge 294
Bouchon de sécurité 270
Boulon d'ancrage 106
Bourrelet 262
Bouteille de gaz 32
Bouteille de gaz à acétylène 81
Bouteille de gaz à oxygène 81

Bouton d'arrêt d'urgence 202
Bouton de contrôle 204
Bouton de déclenchement 235
Bouton de verrouillage 232
Bouton-poussoir intérieur 116
Bouton-poussoir Set 116
Brancard 34
Brancher le poste à souder 85
Brasage fort 78
Brasage par résistance électrique 79
Brasage tendre 76
Brasure 77, 118
Brasure forte 78
Bride de brasure 92
Bride de serrage 263
Bride filetée 92
Brique en béton cellulaire 103
Brique en béton normal 103
Brique perforée 103
Brique pleine 103
Brique silico-calcaire 103
Briquette 267
Broche 219
Broche de perçage 53
Broche de soupape 285
Bronze 137
Bronze industriel 138
Brosse ronde et brosse circulaire 79
Brûleur 83, 274
Brûleur à fioul 279
Brûleur à gaz 241, 278
Brûleur à gaz à air soufflé 273
Brûleur à gaz atmosphérique 271
Brûleur à injection 272
Brûleur à pulvérisation d'huile 275
Brûleur à vaporisation de fioul 274
Brûleur acétylène-oxygène 78
Brûleur bleu 276
Brûleur entièrement prémélangé 271
Brûleur inversé 279
Brûleur jaune 276
Brûleur principal 271
Brûleur propane-oxygène 76
Brûleur radiant 278
Bûche 267
Burin de tournage 177
Burin plat avec protection de la main 102
Burin pointu 102
Buse à fioul 276
Buse de gaz 271
Buse de soudage 81
Butée de profondeur 53

C

Câble 166
Câble chauffant 263
Câble d'allumage 276
Câble isolé 199
Câble métallique 166
Câble sous gaine 199
Caisson encastré 292
Cale d'écartement 105
Calibrer 79
Canalisation 261
Canalisation d'eaux mixtes 254
Canalisation d'eaux pluviales 254
Canalisation d'eaux usées 254
Caniveau de douche 253
Caoutchouc acrylonitrile-butadiène 147
Caoutchouc acrylonitrile-butadiène hydrogéné 147
Caoutchouc éthylène-propylène-diène 148
Capteur solaire 243
Capuchon rotatif avec échelle de pression 223
Caractère combinatoire 35
Caractéristique de fabrication 129
Carottage 48
Carotteuse 51
Carter de pompe 132, 287
Carter de soupape 285
Carter du moteur 287
Cartouche de verre avec mortier composite 106
Casque anti-bruits 24
Casque de protection 23
Casque de travail 23
Cathode 168, 186
Ceintrage à main levée 65
Ceinture de sécurité obligatoire 29
Cellule solaire 201
Centre de mise en réseau 144
Céramique sanitaire 148
Chaîne de coupe 64
Chaleur 185
Chalumeau 81
Chambre de combustion 277
Chambre de combustion 279
Champ magnétique 31
Chanfrein 68
Chanfreiner 59
Changement de direction 258
Chant 69
Chape 281
Chapeau carré 219
Chapeau Meidinger 295
Charbon 267
Charge suspendue 31

Chariot élévateur 31
Chasse d'eau 257
Chaud 239
Chaudière 242, 274
Chaudière à fioul basse température 279
Chaudière à gaz à condensation 279
Chaudière à gaz à condensation, murale 278
Chaudière à gaz atmosphérique 278
Chaudière à granulés 277
Chaudière avec antiretour de fumée 297
Chauffage au sol 292
Chauffage central individuel 280
Chauffage d'appoint 243
Chauffe-eau 238
Chauffe-eau à accumulation 236, 242
Chauffe-eau à gaz instantané 241
Chauffe-eau électrique 211
Chauffe-eau instantané 237, 241
Chauffe-eau instantané électrique 241
Chauffe-eau mural 237
Chauffe-eau solaire bivalent 243
Chauffe-eau sous évier 237
Chaussure de sécurité 23
Chaussure de travail 23
Cheminée 296
Cheminée à raccordement simple 297
Cheminée en acier 295
Chemise d'eau double 279
Cheville à bascule 105
Cheville à clou 104
Cheville à expansion 104
Cheville à ressort 105
Cheville d'ancrage à enfoncer 106
Cheville d'ancrage de réaction 106
Cheville d'ancrage pour charges lourdes 106
Cheville d'ancrage zyconien 106
Cheville en laiton 105
Cheville métallique 104
Cheville métallique pour béton cellulaire 105
Cheville métallique pour placoplâtre 104
Cheville pour béton cellulaire 105
Cheville pour béton cellulaire métallique 105
Cheville pour cavités métallique 105
Cheville pour matériaux creux 105
Cheville pour plaque de plâtre 104
Cheville universelle 104
Chlorure de polyvinyle non plastifié 140
Chlorure de polyvinyle plastifié 141
Chlorure de polyvinyle surchloré 141
Chrome 139
Cintrage à la presse 71
Cintrage d'acier plat 157
Cintrage par pivotement 70
Cintrage par rouleaux 68
Cintreuse 66
Cintreuse de tubes électrique 66
Cintreuse de tubes hydraulique 66
Cintreuse manuelle pour tubes 65
Circuit imprimé 145
Circuit solaire départ et retour 243
Cisaille à levier 62
Cisaille à levier manuelle 62
Cisaille à tôle à rouleaux 62
Cisaille à tôle manuelle électrique 61
Cisaille à trous 61
Cisaille à tubes 64
Cisaille droite 61
Cisaille en continu 15, 60
Cisaille idéale 60
Cisaillement 128
Cisaillement 14, 60
Ciseaux 60
Clapet 298
Clapet anti-refoulement 261
Clapet anti-retour 230, 232, 240, 284
Clapet anti-retour contrôlable 229
Clapet anti-retour non contrôlable 229
Clapet anti-thermosiphon 284, 289, 294
Clapet de gaz d'échappement, à commande motorisée 298
Clapet de gaz d'échappement, à commande thermique 298
Clapet de soupape 285
Clapet pour eaux pluviales 262
Classe de protection 196
Classe de résistance 99
Clé à cliquet 56, 94
Clé à crochet 94
Clé à douille 94
Clé à fourche double 93
Clé à mandrin 54
Clé à molette 94
Clé à œil double 93
Clé de purge 294
Clé dynamométrique 95
Clé mixte 93
Cloche de siphon 235
Clou à enfoncer 110
Clou de plafond 105
Code couleur de la meule 58
Cohésion 86
Colle 86, 153
Colle à faible viscosité 86
Colle à haute viscosité 86

Colle de sécurité pour vis 153
Collecteur de départ et le collecteur de retour, combinés 286
Collecteur de gaz 272
Collecteur d'échappement 278, 279
Collerette pare-pluie 295
Collier 282
Collier de fixation 148, 262, 282
Collier de prise en charge pour vanne 220
Collier de serrage à raccord à filetage multiple 109
Collier de serrage avec fermeture à pression 109
Collier de serrage pour tubes massifs 109
Collier de serrage, en deux pièces 109
Collier de serrage, en une pièce 108
Collier de serrrage en plastique 109
Collier en acier galvanisé 167, 174
Collier pour tubes en plastique avec entretoise 109
Colonne 53
Colonne montante 224, 289
Combinaison chaudière-chauffe-eau à accumulation 242
Combinaison de remplissage BA 293
Combles 297
Combustibles liquides 127
Commutateur rotatif 202
Composant d'alliage 129
Compressé 67
Compte-tours 53
Compteur 207, 222
Compteur à rouleaux 222
Compteur à turbine 222
Compteur d'eau d'appartement 222
Compteur d'eau domestique 221
Compteur de chaleur (CC) 280, 284
Compteur de courant alternatif 207
Compteur de courant triphasé 207
Compteur de gaz 270
Compteur d'électricité 195, 203
Conducteur 213
Conducteur de protection 196, 197, 199, 212
Conducteur de retour 188
Conducteur d'équipotentialité 212
Conducteur neutre 199
Conducteur sous tension 199
Conductivité thermique 126
Conduite collectrice 224
Conduite d'eau potable 221
Conduite d'eau potable chaude (PWH) 236
Conduite d'eau potable froide (PWC) 236
Conduite d'eau potable froide (PWC) 236
Conduite d'eaux usées 221
Conduite d'étage 224
Conduite d'évacuation des eaux pluviales 254, 262
Conduite d'évacuation des eaux usées 254, 255
Conduite d'air 303
Conduite d'alimentation 218
Conduite d'alimentation de gaz 269
Conduite d'amenée 188
Conduite d'aspiration 268
Conduite d'aspiration de fioul 275
Conduite de chute 259
Conduite de collecte 255
Conduite de collecte, au sous-sol 260
Conduite de distribution 224
Conduite de distribution de chaleur 281
Conduite de fioul 274
Conduite de gaz 221, 270
Conduite de gaz au-dessus de la conduite d'eau potable 174
Conduite de pression avec boucle Anti-refoulement 261
Conduite de raccordement 220, 259
Conduite de raccordement collectif 255, 258
Conduite de raccordement individuel (EAL) 255, 258
Conduite de ventilation 255
Conduite d'eau potable sous une conduite de gaz 174
Conduite domestique 218
Conduite en circuit fermé 218
Conduite en plastique 309
Conduite enterrée 255
Conduite enterrée, à l'extérieur du bâtiment 260
Conduite individuelle 224
Conduite verticale 258
Cône de broyage 132
Connecteur 90
Consignes d'exploitation (substances dangereuses) 39
Console d'angle 110
Console de perçage 291
Console en porte-à-faux 110
Console en une pièce 291
Console sur pieds 291
Consommateur 188, 194, 208, 209
Contact de protection 196, 197
Conteneur de transport 139
Contour de sertissage 88
Contre-écrou 100
Contre-support 67
Contrôleur de débit 269
Contrôleur de débit de gaz 270
Contrôleur de flamme 276
Contrôleur de pression 272
Contrôleur de pression d'air 273

Convecteur 290
Convecteur sous plancher 290
Convecteur-plinthe 290
Copeau de bois 267
Corindon électrofondu 170
Cornière 117
Cornière en acier 154
Corps de chauffe à fioul 274
Corps de la cheminée 297
Corrosif 36
Corrosion de contact 172
Corrosion de surface 169,171
Corrosion irrégulière de la cuvette 171
Corrosion par contact 172
Corrosion par érosion 173
Corrosion par fissure et aération 172
Corrosion par piqûres 173
Corrosion sous contrainte et fatigue par corrosion 173
Cote z 75
Couche de protection 170, 173
Couche de protection PE-HD 161
Couche d'oxyde 171
Couche poreuse 171
Coulabilité 126
Coulisse 308
Coulisse insonorisante 308
Coupe 63
Coupe-câbles 183
Couper 15, 60
Couper circulairement 61
Couper le tube 64
Coupe-tubes 64
Coupe-tubes sans fil 64
Courant 188
Courant alternatif 189
Courant alternatif triphasé 189
Courant continu 186, 189
Courant fort 198
Courant triphasé 189
Courbe de résistance 191
Courbure 128
Coussinet de palier lisse 138
Couteau circulaire 64
Couteau circulaire 64
Couteau pour câbles 182
Cuivre 136, 168, 171, 200
Curseur 113, 219
Cuvette 170
Cuvette de corrosion 173

D

D - Matériaux durs, comme la fonte dure 49
Dangereux pour la santé 36
De moins en moins noble 167
De plus en plus noble 167
DEA (défribrillateur externe automatisé) 33
Déboucheur (256)
Débrancher la prise d'alimentation du secteur 28
Découpe 63
Découper des trous 61
Découper un trou 87
Défonceuse électrique 73
Déformable à chaud 140
Démarrage automatique 32
Dent 46
Départ 278, 279
Départ court 280
Départ d'eau de chauffage 242
Départ de chauffage 221
Départ long 280
Déroulé 194
Déshumidificateur 308
Déshumidification 304, 305
Détecteur de fumée 35
Détecteur de gaz 270
Détecteur d'incendie 35
Déterminer l'indice de suie 299
Détourer 61
Déverrouiller avant la maintenance ou la réparation 29
Dézincification 172
Diamètre du tube 258
Diamètre nominal (DN) 258
Diamètre nominal 96
Différents domaines d'application 89
Dilatation thermique 125
Dimensions de montage 248
Dimensions de montage standards 245
Dimensions de raccordement 248
Dimensions en cm 211
Dipôle 205
Disjoncteur automatique 203
Disjoncteur de protection de ligne 204
Disjoncteur de protection du moteur 202
Disjoncteur différentiel 202
Disjoncteur différentiel 202, 204
Disjoncteur différentiel FI 202, 204
Dispositif de blocage 113
Dispositif de protection contre les courants de défaut RCD 204
Dispositif de régulation 232
Dispositif de rinçage des yeux 33

Dispositif de sécurité 78
Dispositif de transfert de chaleur de condensation (surface d'échange secondaire) 279
Dispositif de verrouillage principal 269
Dispositif d'issue de secours 33
Dispositifs de sécurité 243
Disque à tronçonner 58
Disque de comptage 207
Dissociable 90
Distance minimale de 20 mm 229
Distributeur 280
Distributeur de la chaudière 286
Distribution de chaleur verticale 281
Distribution de chauffage 281
Distribution de l'eau de chasse 235
Distribution par étage 280
Diviseur de débit dynamique 226
Diviseur de débit statique 226
Diviseur de débit Venturi 226
Dôme 219
Dommages causés par la corrosion 170
Double embranchement 259
Double embranchement sphérique 259
Douche 252
Douche à l'italienne carrelée 253
Douche d'urgence 33
Douche oculaire 33
Douchette à main 252
Douille de tamisage 106
Douille en plastique 175
Drainage 307
Dureté 126
Dynamo 201

E

Eau 127, 186
Eau froide 238
Eau non potable 25
Eau résiduelle 235
ébavurer 173
ébavurer 59, 79
Ebavureur à entraînement électrique 59
Ebavureur de tube intérieur 59
Ebavureur manuel 59
Ebavureur universel 59
Echafaudage 41
Echafaudage sur roues 41
Echangeur de chaleur 243, 277, 278
Echangeur de chaleur à plaque 307
Echelle coulissante 40
Echelle de Bacharach 299
Échelle en aluminium 40
Échelle simple 40
Ecoulement libre 229
Ecran 206
Ecran de soudure 80
Ecrasement 69
Ecrou 92, 95
Ecrou à créneaux 99
Ecrou à créneaux avec goupille fendue 101
Ecrou à deux trous 99
Ecrou à encoches 99
Ecrou autobloquant avec insert en plastique 101
Ecrou avec pièce de serrage 100
écrou borgne 99
Ecrou de blocage 100
Écrou de freinage 100
Ecrou de serrage 46
Ecrou hexagonal 99
Ecrou moleté 285
Ecrou-raccord 81
Ecroûter 59
Effet chimique 186
Effet de chasse 257
Effet magnétique 185
Effet physiologique 187
Effet thermique 185
Effet visuel 185
Egoût 218
Egouttoir 246
Elasticité 125
Elastique en caoutchouc 146
Élastomère 146
Electrode d'allumage 241, 272, 273, 275, 276
Electrode de contrôle 273
Electrode de contrôle des flammes 272
Electrolyse 186
Electrolyte 168, 171, 172, 200
Electron 168, 184
Electron libre 190
Electrovanne 272
Electrovanne de blocage 275
Elément chauffant 84
Elément galvanique 168, 200
Eléments filtrants 306
Email 148
Embout 93
Embout de cintrage pour acier plat 68
Embout de tournevis 93
Embranchement 220, 258, 259
Embranchement de chute 259
Enceinte 297
Encochage 68
Encoche 99

Encocher 60
Enfilage sur le manchon chauffant et le mandrin chauffant 84
Enlèvement uniforme 171
Enroulé 194
Enseigner 111
Entonnoir d'écoulement 293
Entraînement par courroie 53
Entrée 263
Entrée d'air 303
Entrée domestique 220
Entrée interdite aux personnes non autorisées 27
Entretoise 282
Entretoise de la console 291
Enveloppe de l'atome 184
Enveloppe isolante 199
Epaisseur 125
Épaisseur de paroi 75
EPDM 178 148
Equilibre des charges 188
Équipement 240
Équipements de protection individuelle 23
Equipements de sécurité
Erreur de basculement 115
Escabeau 40
Escalier de secours 35
Espace de stockage 267
Espace de stockage de charbon 267
Etage supérieur (ES) 236, 297
Étage supérieur 297
Etain 136
Étain de soudure 76
Etamé à l'intérieur 136
Etanchéité avec de la colle 86
Etau 46
étiré 67
Etrier de sécurité 291
Evacuation 263
Evacuation au sous-sol 256
Evacuation pour toit plat 263
Evier 148, 244, 246
Evier double 246
Evier encastré 246
Evier simple 246
Evier sous plan 246
Evolution sinusoïdale 189
Excentrique 291
Excès de gaz combustible 82
Excès d'électrons 187
Excès d'oxygène 82
Exemple de relevé 222
Exercise de lecture du vernier 1 114
Exigence 25
Extérieur 65, 311
Extincteur 35
Extrémité écroûtée du tube 84

F

Faire glisser le manchon sur le tube 89
Faisceaux laser 30
Fente de brasage (chauffée) 77
Fente en croix H 97
Fer à souder 182
Fer à souder à marteau 76
Fer à souder électrique 77
Fer blanc 136
Fer de pose 110
Fermé 298
Fermer 30
Fermeture de forme 107
Fermeture de matière 107
Fermeture de nettoyage supérieure 297
Fermeture par force 107
Fermeture rapide 108
Fiche 197
Fiche plate 196
Fil d'acier 166
Fil de cuivre 199
Fil de fer 166
Filament moléculaire non réticulé 140
Filament moléculaire partiellement réticulé 146
Filament moléculaire réticulé 144
Filetage 55, 95
Filetage à droite 82
Filetage à gauche 82, 99
Filetage extérieur 55, 56
Filetage extérieur, conique 90
Filetage intérieur 55
Filetage intérieur, cylindrique 90
Filetage métrique ISO 96
Filetage Whitworth 96
Filetage Whitworth pour tubes 90
Filière 56, 57
Filière de coupe 56
Filière intermédiaire 41
Filtre 151, 268, 303, 304, 305
Filtre à charbon actif 306
Filtre à déroulement 306
Filtre à gaz 272
Filtre à manche 306
Filtre lavable 223
Filtre métallique 306
Filtre non lavable 223
Filtre plat 306

Fioul dans un réservoir de stockage 268
Fissure 170
Fixation 251
Fixation adhésive 100
Fixation adhésive 87
Fixation au sol avec bande perforée 110
Fixation de tube comme support 104, 174
Fixation des tubes 282
Fixation murale 104
Fixer 85
Flambage 128
Flamme 271
Flamme de gaz 241
Flamme de soudure 82
Flamme nue 25
Flèche 99
Flexible de douche 252,253
Flexible de nettoyage de tube 256
Flexible isolant avec fermeture adhésive 282
Flexible pour réfrigérant 53
Flux 76
Flux d'air primaire 277
Flux d'air secondaire 277
Flux de courant 188
Flux d'électrons 188
Flux d'électrons 200
Fondation 212
Fonte avec graphite lamellaire 132
Fonte avec graphite sphéroïdal 133
Fonte grise 132
Fonte malléable 132
Forage 48, 220
Forage préalable 48
Force de flexion 69
Force de mesure 115
Forces de liaison faibles 127
Foret 49
Forêt à béton 50
Forêt à bois et à plastique 50
Forêt à écroûter avec pointe de perçage 73
Forêt à métaux 50, 131
Forêt à pierre 50
Forêt à pointe de centrage 50
Forêt à tôle 50
Forêt en acier HSS 135
Forêt hélicoïdal 49
Forêt HSS 50
Formabilité 126
Formabilité 144
Formage de collerettes 73
Formation de collerette 73
Formation de collerette avec la clé à cliquet 74
Formation de collerette avec un outil de formation de collerette électrique 74
Formation de fissures 69
Fourreau de tube pour l'isolation thermique 282
Foyer individuel 297
Fraise à chanfreiner 54
Fraise à évaburer à trou transversal 54
Fraise plate 54
Fraiseuse 131
Froid 239
Furet 256
Fusible 203, 213
Fusible à fil 100
Fusible de précision 203
Fusible de protection 204

G

Gabarit d'angle 90° 117
Gabarits 111
Gaine en plastique 159
Gaine technique dans le bâti-support 281
Gant de protection 23, 80
Gant de travail 23
Garde d'eau 257
Garde-corps 41
Garniture d'écoulement 235
Gaz liquide dans des bouteilles de gaz 269
Gazeux 127
Gel 31
Générateur 213
Générateur mobile 201
Goujon 98
Goupille 105
Goupille fendue 101
Gouttière 262
Graisse en spray 153
Graisse lubrifiante 153
Graisser 176
Grande surface de contact 86
Grandes forces de liaison 127
Granulé de bois 267
Graphite lamellaire 132
Graphite sphéroïdal 133
Grès émaillé 148
Grille 233
Grille coulissante 277
Grille de ventilation 309
Grille moléculaire 127
Grille pliable 246
Grille sphérique 263

H

Hautement inflammable 36
Hauteur 248
HNBR (Caoutchouc nitrile hydrogéné) 147
Huilage 176
Huile anticorrosion 176
Huile lubrifiante 153
Humidificateur à évaporation 308
Humidificateur à pulvérisation 308
Humidificateur d'air 305
Hydrant DN 100 219
Hydrogène 186

I

Impression de contrôle 299
Inciser 61
Indicateur de niveau de remplissage 277
Indissociable 90
Injecteur 271
Insérer et fixer 85
Insert de brûleur 80
Insert d'insonorisation en EPDM 148
Insert d'isolation phonique 108
Insert en plastique ou en caoutchouc 174
Insonorisé 251
Installation de compteur d'eau 221
Installation de prélèvement domestique 203
Installation du robinet 245
Installation en applique 248
Installation solaire 243
Intensité du courant électrique 188
Intensité du courant I en ampères 189, 191
Intensité partielle du courant I1 193
Intensité totale du courant I 192, 193
Interdiction 25
Interdiction de fumer 25
Interdiction de manger et de boire 26
Interdiction de monter 26
Interdiction de passer derrière l'arbre pivotant 27
Interdiction de pénétrer dans la zone 27
Interdiction de prendre des photos 27
Interdiction de s'arrêter 26
Interdiction de téléphones portables allumés 26
Interdiction de toucher 26
Interdiction de transporter des personnes 27
Interdiction d'éteindre avec de l'eau 26
Interdiction d'introduire les mains 26
Interdiction d'utiliser des gants 27
Interdit 27
Interdit aux chariots de manutention 26
Interdit aux piétons 25
Intérieur 65, 170, 311
Interrupteur 188, 204, 213, 287
Interrupteur à bascule 202
Introduire et fixer l'outil d'encollage 74
Inverseur automatique 230
Inverseur sur un robinet de baignoire 230
Ion 184
Ion chargé 1 fois positivement 184
Ion chargé 2 fois négativement 184
Ion ferrique 171
Isolant thermique PUR 146
Isolation 281
Isolation phonique 251
Isolation thermique 158, 239, 279, 282
Issue de secours avec échelle d'évacuation 34

J

Jante de véhicule à moteur 134
Jet latéral 252
Jets d'eau 253
Jeu de brûleurs 80
Joint de cardan 94
Joint d'étanchéité 141
Joint torique 90
Joint torique en HNBR 147
Joint torique en NBR 147
Joue inférieure 70
Joue mobile 70
Joue supérieure 70

L

Laiton 138, 172
Lame de scie 46
Lame de scie à métaux 131
Lame en métal dur fritté 151
Lamelles 309
Lampe 213
Lance à incendie 35
Largeur 248
Laser 118
Lavabo 244
Levier 234
Levier à cliquet 56
Levier de blocage 53
Ligne électrique 199
Liquide 77
Liquide de blocage 249
Local technique de raccordement 221
Logement de pièce à usiner 53
Loi d'Ohm 190
Longueur d'arc 67
Longueur d'arc étirée 67

Longueur de découpe l 75
Longueur de la pièce à usiner 69
Longueur de pointe 49
Longueur du conducteur 190
Longueur étirée 69
Longueur utile 107
Lubrifiant 152
Lumière 185
Lunettes de protection 24
Lunettes de soudeur 24

M

Machine à arrondir les angles 72
Machine à cintrer pivotante 70
Machine à scier à mouvement alternatif 47
Magnésium 134
Maillet 102
Manche en bois 149
Manchette de tube 92
Manchon 72, 309
Manchon chauffant 84
Manchon coulissant 89
Manchon d'évacuation 148
Manchon emboîtable 262
Mandrin auto-serrant 54
Mandrin chauffant 84
Mandrin de calibrage 117
Mandrin de perçage à couronne dentée 54
Mandrin pour forêt avec rainure longitudinale 54
Mandriner 72
Manivelle 53
Manomètre 119
Manque d'électrons 187
Manuel 223
Marquer la profondeur d'insertion 85
Marquer la surface de collage 87
Marteau de serrurier 102
Marteau de serrurier avec douille de protection 102
Marteau en bois ou en plastique 69
Marteau perforateur sans fil 51
Marteau perfortateur 51
Masque de protection 24
Masque respiratoire 24
Massette 102
Mastic élastique 251
Matériau avec couche d'oxyde 169
Matériau de coupe 151
Matériau de support élastique 151
Matériau sans couche d'oxyde 169
Matériaux acier 125
Matériel de secours public 34
Matériel électrique 188
Mauvaise adhérence 86
Médecin 33
Mélange vapeur de fioul-air 274
Mélangeur à trois voies avec servomoteur 284
Membrane 223
Membrane électrolytique 186
Mesure centre-centre 75
Mesure de distance par ultrasons 112
Mesure de la perte des gaz d'échappement 299
Mesure de la résistance 209
Mesure de la suie dans le tube de gaz d'échappement 299
Mesure de la tension 208
Mesure de l'intensité du courant 208
Mesure du courant 208
Mesure extérieure avec le pied à coulisse 114
Mesure intérieure avec le pied à coulisse 114
Mesurer 111
Métal 127
Métal fritté 152
Métal-ion 190
Mètre pliant 112
Mètre-ruban 112
Mettre à la terre avant utilisation 28
Mettre en place une échelle 40
Meulage à la main interdit
Meulage latéral interdit 27
Meuleuse d'angle 58
MF (Mélamine-formaldéhyde) 145
Miroir 244
Mitigeur à deux poignées 232
Mitigeur monocommande 232
Mitigeur thermostatique 232
Mode d'air soufflé 311
Mode d'emploi (échelle) 39
Modèle mural 231
Modèle sur pied 231
Module d'évier 246
Montage 287
Montage à distance 108
Montage à fleur 108
Montage en parallèle 193, 208
Montage en série 192, 209
Montage traversant 108
Montée interdite aux personnes non autorisées 27
Mortier d'injection 106
Moteur de soufflage 273, 275
Moteur électrique 53, 213
Mouvement circulaire 83
Mouvement libre des molécules 127
Mouvement pendulaire 83
Moyeu d'entraînement 132

Multimètre 205, 206
Multimètre analogique 205

N
NN - Matériaux normaux, comme l'acier 49
NBR (Caoutchouc nitrile) 147
Ne pas modifier la position de l'interrupteur 27
Ne pas utilliser l'ascenseur en cas d'incendie 26
Nettoyer les surfaces 87
Nettoyer l'extrémité du tube et le manchon 85
Neutron 184
Nitrure de titane 135
Niveau à bulle 118, 245
Niveau à bulle à pente intégrée 118
Niveau à bulle tubulaire 118
Niveau de refoulement 261
Niveau du sous-sol (SS) 297
Noble 168
Non noble 168
Non serti 88
Non thermoformable 146
Non-tissé de nettoyage 78, 87
Noyau de fer 201
Noyau de l'atome 184
Numérique 206

O
Obstacle au niveau de la tête 32
Obstacle sur le sol 31
Obturateur 276
Oeillet à souder 83
Ondulations 165
Orifice de compensation 234
Orifice de contrôle 229
Oscilloscope 207
Outil coulissant 89
Outil coulissant sur batterie 89
Outil de de formation de collerette 73
Outil de de formation de collerette électrique 73
Outil de pressage 182
Outil de taraudage 56
Outil d'écroûtage 59
Outil d'élargissement 89
Outil d'élargissement sur batterie 89
Outils et appareils pour la lutte contre l'incendie 35
Ouvert 298
Ouverture d'alimentation en air 297
Ouverture d'aspiration d'air 273
Ouverture de sortie d'air de la chambre de chauffe 297
Ouverture d'inspection 309
Ouvrir en tournant vers la droite 34
Oxyde 172, 173
Oxyde d'aluminium 134, 170
Oxyde de cuivre 170
Oxyde de fer 169
Oxyde de zinc 170
Oxygène de l'air 169

P
Paire de rondelles de sécurité 101
Palier lisse 151
Palier lisse en bronze fritté 152
Panneau d'avertissement général 30
Panneau de particules 103
Panneau d'interdiction général 25
Panneau indicateur 219
Parafoudre 212
Parallaxe 115
Paroi de douche 252
Paroi de montage 248
Partie coupante 49
Partie inférieure de la soupape 289
Partie inférieure de la soupape du thermostat à deux tubes 288
Pas de charge lourde 26
Pas de dents 46
Passage d'air transmis 311
Passage de mur 269
Passerelle obligatoire 30
Pâte à braser 76
Pâte d'aluminium 176
Pâte de cuivre 176
Patine de cuivre 170
Patine de zinc 170
Patte 117
Patte de suspension 245
PB (polybutylène) 143
Pédiluveain de pieds 250
PE-HD 142
Peinture 177
Peinture anticorrosion 177
PE-LD 141
Pente 96
Pente de 1 à 3 % 257
Perçage 68
Perceuse à colonne 52
Perceuse à percution 51
Perceuse sans fil 200
Perceuse-visseuse sans fil 95
Période 189
Perméable 171
Petit chauffe-eau 239
Petit chauffe-eau sous évier 239
Petit chauffe-eau sur évier 239

Petit échafaudage 41
Petite surface de contact 86
PE-UHMW (Polyéthylène à ultra-haut poids moléculaire) 142
PE-X 142
PF (Plastique phénolyque)/bakélite 145
Phase 189, 199
Phillips PH 98 97
Pièce à usiner 55, 56, 86
Pièce d'avion 135
Pièce de piquage 87
Pièce en T avec pot collecteur de suie et de condensat 295
Pièce frittée 151
Pièce moulée 151
Pied à coulisse 113
Pied à coulisse 20 °C 115
Pied à coulisse avec affichage numérique 114
Pied à coulisse avec échelle circulaire et aiguille 114
Pied de console 291
Pieds de baignoire 251
Pieds de baignoire 251
Pince 56
Pince à bec 183
Pince à cintrer 70
Pince à dénuder 183
Pince à main 56
Pince à manchons 73
Pince à pompe à eau 102
Pince à sertir 88, 182
Pince à tôle 69
Pince à tube 102
Pince à tube d'angle 102
Pince ampèremétrique 205
Pince ampèremétrique 205
Pince coupante de côté 183
Pince de cintrage à cliquet 66
Pince de cintrage à deux mains 65
Pince universelle 102, 183
Piston 234
Pivot de matériau visible 85
Plan de fuite et de sauvetage 37
Plaque de base 53
Plaque de brûleur 271
Plaque de plâtre 103
Plaque de plâtre pour pièces humides 103
Plaque de plâtre renforcée de fibres 103
Plaque de recouvrement 295
Plaque signalétique d'un tambour de câble 194
Plaque signalétique d'une perceuse à main 194
Plaquette de coupe 80
Plaquette de coupe en céramique 152
Plaquette de coupe en métal dur 152
Plaquette de coupe en métal dur brasée 151
Plasticité 125
Plastique renforcé de fibres de verre 150
Plastique renforcé de métal 150
Plastique thermodurcissable 144
Plinthe 41
Plomb 139
Plomb de vérification 222
Pmma (plexiglas) 144
Poche d'eau 257
Poignée 80
Poignée de sélection de température 232
Poignée enfichable avec carré 94
Poignée transversale avec pièce coulissante 94
Poinçon de cintrage 71
Point de collecte 33
Point de contact 167
Pointeau de réglage 289
Polybutène 143
Polyéthylène à poids moléculaire ultra-élevé 142
Polyéthylène basse densité 141
Polyéthylène haute densité 142
Polyéthylène réticulé 142
Polyméthacrylate de méthyle 144
Polypropylène 143
Polyuréthane 146
Pommeau de douche 253
Pommeau de douche fixe 252
Pompe 286
Pompe à fioul 133, 275
Pompe à haut rendement 286
Pompe à rotor noyé 287
Pompe à suie 299
Pompe dans le départ 286
Pompe de circulation 243, 278
Pompe de refroidissement 53
Porte de révision supérieure pour la conduite de sortie d'air 297
Porte-savon 244
Porte-verre à dents 244
Posé au sol 250
Pose des conduites dans la plinthe 281
Pose des conduites dans le plancher 281
Pose des conduites dans les règles de l'art 174
Positions de de lavage 250
Pot d'air 293
Pot de brûleur 274
Potentiomètre 213
Poussée 128
Poutre de pliage 70
Poutre de pression 70

Poutre en I, étroite 154
Poutre en I, large 154
Poutre inférieure 71
Poutre supérieure 71
Pozidriv PZ 98 97
Pp (polypropylène) 143
Préchauffeur de fioul 276
Préjudiciable à la santé 36
Premier étage 236, 297
Premiers secours 33
Premiers secours, instructions 38
Pressage 87
Presse à cintrer 71
Presses plieuses 71
Presseur 62
Pression 128
Principe du générateur 201
Principe du tranformateur 201
Prise CEE 198
Prise de courant 145, 197
Prise de gaz 270
Prise multiple Schuko 197
Prise pôle négatif 206
Prise pôle positif jusqu'à 206 ampères
Prise pour fiche plate 197
Prise Schuko 196, 198
Processus de chasse 257
Processus de corrosion 173
Processus de coupe 63
Production d'eau chaude sanitaire 242
Profilé 68, 154
Profilé creux 156
Profilé creux carré 156
Profilé creux rectangulaire 156
Profilé creux rond 156
Profilé en aluminium 133, 157
Profilé en I 154
Profilé en IPB 154
Profilé en IPE 154
Profilé en L 154
Profilé en L à cotés inégaux et à bords ronds 155
Profilé en L isocèle à arêtes vives 155
Profilé en L isocèle à bords ronds 154, 155
Profilé en T 155
Profilé en T isocèle à arêtes vives 155
Profilé en U 156
Profilé en U à bords ronds 156
Profilé en Z 156
Profilé en Z à bords ronds 156
Profondeur 248
Profondeur d'ancrage 107
Profondeur de forage 107
Profondeur d'insertion 72
Profondeur d'insertion L (3xs) 75
Protection contre la surchauffe 238
Protection contre l'écartement 40
Protection contre l'incendie 25
Protection de rapport vissé 270
Protège oreilles 24
Proton 184
Puisard 262
Puissance électrique 194
Pur (polyuréthane) 146
Purgeur 268
Purgeur flottant 293
Purgeur rapide 293
PVC P (Polychlorure de vinyle) 141

Q

Queue cylindrique 49

R

Raccord 132
Raccord à bague coupante 91
Raccord à bague de serrage 91
Raccord à deux points 288
Raccord à sertir pour conduite de gaz 147
Raccord de chaudière 286
Raccord de circuit de terre 212
Raccord de connexion 258
Raccord de douilles à sertir 88
Raccord de gaz 271
Raccord de gaz naturel 269
Raccord de robinet à boisseau sphérique pour radiateur à soupape 290
Raccord de sortie 258
Raccord de tube 92
Raccord enfichable 90
Raccord fileté 285
Raccord par manchon 72
Raccord pour le flexible de remplissage 293
Raccord pour tube fileté 91
Raccord union 91
Raccord vissé 91, 96, 289
Raccord vissé de radiateur 285
Raccordement au réseau 204
Raccordement d'eau chaude 242
Raccordement d'eau chaude depuis le chauffe-eau 240
Raccordement d'eau froide 242
Raccordement d'eau froide au chauffe-eau 240
Raccordement des consommateurs 204
Raccordement multiple 297

Raccords à sertir 88
Raccords en cuivre 78
Radiateur à plaques 289
Radiateur à soupape économe en énergie 290
Radiateur à tubes en acier 288
Radiateur en acier 288
Radiateur en fonte 288
Radiateur plat 289
Radiateur pour serviettes 244
Radiateur pour serviettes 288
Radiateur tubulaire 239
Radiateur tubulaire horizontal 238
Rail de montage 110
Rainure 96, 97
Rainure longitudinale 54
Rallonge 94
Rapporteur d'angle à affichage numérique 116
Rapporteur d'angle simple 116
Rayonnement ionisant 30
Rayonnement non ionisant 30
Rayonnement optique 32
RDC 297
Réchauffeur d'air 304, 305
Réchauffeur d'air 307
Réchauffeur d'air pour eau chaude 236
Réchauffeur d'air pour eau chaude 307
Récupération de chaleur 305
Redresseur de courant 213
Réducteur de pression 273, 276
Réducteur de pression 78, 240, 293
Réducteur de pression pour acétylène 82
Réducteur de pression pour oxygène 82
Refoulement 63
Refroidisseur d'air 304, 305, 307
Réglable en hauteur 251
Réglage de vitesse 53
Réglage du volume de chasse 234
Règle en acier 112
Régulateur de pression de l'appareil 272
Régulateur de pression domestique 269, 270
Régulateur 232, 285
Régulateur de débit de chasse 234
Régulation individuelle des pièces 292
Relais de protection 203
Remplir 238
Remplissage automatique 277
Réseau 230 V 198
Réseau 400 V 198
Réseau d'alimentation 218
Réserve d'eau de siphon 257
Réservoir 237, 297
Réservoir à huile 150, 268
Réservoir de chasse apparent 235
Réservoir de collecte 261
Réservoir de gaz 269
Réservoir de gaz liquide 269
Réservoir de gaz naturel 269
Réservoir de stockage 277
Réservoir de stockage d'huile 150
Réservoir en cuivre avec système de chauffage 241
Résine mélamine-formaldéhyde 145
Résine phénol-formaldéhyde 145
Résine thermodurcissable 144
Résine urée-formaldéhyde 145
Résistance 213
Résistance à la corrosion 126
Résistance à la traction 126
Résistance électrique 190
Résistance R 191, 192, 193
Résistance R1 = 10 Ohm 213
Résistance R1 = 20 Ohm 213
Résistance R1 = 50 Ohm 213
Résistance Sauerstoff78 = 127 Ohm 127, 186
Résistance variable 213
Respecter les instructions 28
Ressort de flexion 65
Ressort de piston 234
Ressort de pression 223
Ressort de rappel 285
Ressort hélicoïdal 130
Retour long 280
Retour 278, 279
Retour court 280
Retour d'eau de chauffage 242
Retour de chauffage 221
Retour de fioul 275
Retour élastique 69
Revêtement de sol 281
Revêtement d'étain 136
Revêtement en aluminium 134
Revêtement en plastique 177
Revêtement en plastique 177
Revêtement en titane 135
Revêtement en titane 160
Rez-de-chaussée (RDC) 236, 297
Risque biologique 31
Risque de chute 31
Risque de glissade 31
Risque d'écrasement 32
Rivet en aluminium 172
Robinet à boisseau sphérique 227
Robinet à boisseau sphérique de raccordement 292
Robinet à fermeture rapide 268

Robinet à soupape 227
Robinet d'arrêt 283
Robinet de distribution 239
Robinet de distribution extérieur 231
Robinet de gaz 270, 272
Robinet de pompe à boisseau sphérique 284
Robinet de remplissage BA 235
Robinet de remplissage et de purge 292
Robinet de remplissage et de vidange 238
Robinet de sortie 231, 232
Robinet principal 269
Robinets d'arrêt 221, 270, 293
Robinets de sortie 231
Robinetterie à deux trous 231
Robinetterie à trois trous 231
Robinetterie à un trou 231
Robinetterie combinée 268
Robinetterie de colonne montante pour chauffages à deux tubes 289
Robinetterie de détartrage 293
Robinetterie de purge, par exemple robinet de remplissage et de vidange 294
Robinetterie de régulation du gaz et de sécurité 278
Robinetterie de sortie 139
Robinetterie pour les chauffages monotubes 289
Rond 72
Rondelle 95, 100
Rondelle de tension 101
Rondelle dentée 101
Rondelle élastique 101
Rondelle en plastique 175
Rondelle éventail 101
Rotor 287
Rotor à ailettes 222
Roue de turbine 132
Roue dentée 129
Roue d'une pompe de circulation 142
Roue libre 306
Rouille 169
Ruban de protection PE-LD pour conduites de gaz 141
Rupteur de tuyau 234
Rupture par corrosion sous tension dans le tube de cuivre 173

S

Sas d'air 294
S'asseoir 250
Sciage 46
Scie à métaux à main 46
Scie à onglet radiale 47
Scie à tubes 47
Scie circulaire 47
Scie de poche 182
Scie PUK 182
Scie sauteuse 46
Se laver les mains 29
Sèche-serviettes 288
Secours 25
Section du conducteur 190
Segment de cintrage 67
Sélecteur de fonction et de plage de mesure 206
Sélecteur de température 31, 238, 239
Sens du courant 188
Séparateur d'air 284, 294
Séparateur de système 293
Séparateur de tube avec zone de pression intermédiaire contrôlable 229
Séparateur d'impuretés 284
Séparation 63
Séparer le tube 79
Série de tensions électrochimiques des métaux 167
Serpentin 242
Serrer la feuille de filtre 299
Sertissage de tubes en cuivre 88
Sertisseuse sur batterie 88
Servomoteur 298
Siège de soupape 285
Siège de toilette 145
Signal d'obligation général28
Silencieux de téléphonie 308
Silencieux lamellaire 308
Siphon 240
Siphon à bouteille 256
Siphon encastré 256
Siphon tubulaire 256
Sodium 200
Sol en béton brut 281
Solide 127
Sonde à fluide 285
Sonde de chauffe-eau 242
Sonde de température 239
Sortie 309
Sortie d'air 303
Sortie de cheminée 297
Sortie de sauvetage 34
Sortie de secours 34
Sortie de secours à droite 34
Sortie d'eau chaude 241
Sortie, pivotante 232
Soudable 140, 144, 146
Soudage à droite (SD) 83
Soudage à gauche (SG) 83
Soudage bout à bout par élément chauffant 84

Soudage des manchons par élément chauffant 84
Soudage par filament chauffant 85
Soudage par miroir 84
Soudeuse électrique par résistance 77
Soudure 83
Soudure d'étain 136
Soufflerie 273
Soufflerie de tirage par aspiration 277
Soupage à acétylène 81
Soupape à disque pour l'air extrait 309
Soupape à oxygène 81
Soupape de purge 292
Soupape de radiateur à trois voies 17, 289
Soupape de retenue Disco 284
Soupape de sécurité 240
Soupape de soufflage pour l'air extrait 309
Soupape de surpression 284
Soupape de vidange 290
Soupape d'équilibrage ou la soupape de décharge 284
Source de courant 208, 209
Source de tension 188, 213
Sous-distributeur 203
Sous-sol 236, 297
Spray d'huile 153
SS 297
Station de relevage des eaux usées 261
Stator 287
Stockage de bois 267
Stockage de fioul en surface 268
Stockage de fioul souterrain 268
Stockage de granulés 267
Structure cuzn 172
Structure des matériaux 171
Structure poreuse en Cu 172
STZ (Caoutchouc styrène-butadiène) 148
Substance comburante 32
Substance corrosif 32
Substance explosive 30
Substance inflammable 32
Substance radioactive 30
Substance toxique 31
Support 291
Support de baignoire en mousse rigide 251
Support d'espacement 282
Support d'espacement mural 291
Surface 170
Surfaces de mesure pour la mesure de la profondeur 114
Suspendu au mur 250
Suspension 104
Suspension avec bande perforée 110
Symbole général 228
Système à deux tubes 280
Système de chasse encastré 235
Système de conduites avec piquages 225
Système de conduites en anneau 226
Système de conduites en boucle avec raccords intégrés 225
Système de mélange 254, 275
Système de mélange à obturateur 276
Système de mélange avec réducteur de pression 276
Système de raccordement et d'étanchéité 309
Système de séparation 254
Système de tube en tube 162
Système de ventilation central 311
Système monotube 280
Système Tichelmann 280

T

T - Matériaux tendres, comme l'aluminium 49
Table 70
Table de forage 53
Taille creuse 63
Tambour de câble 194
Taraud 55, 131
Taraud ébaucheur 55
Taraud finisseur 55
Taraud intermédiaire 55
Téléphone détecteur de fumée 35
Téléphone d'urgence 33
Température de la pièce à usiner : 115°C
Température de référence de cote 115
Temps t en secondes 187, 189
Teneur en carbone 129
Tension alternative 187
Tension alternative monophasé 198
Tension alternative triphasée 198
Tension continue 187
Tension électrique 31, 187
Tension partielle U1 192
Tension totale U 192, 193
Tension U en volts 187, 191
Testeur de phase 183, 205
Testeur de tension bipolaire 205
Testeur de tension unipolaire 205
Tête de coupe 56, 57
Tête de coupe automatisée 57
Tête de flamme 273
Tête de marteau 131
Tête de taraudage 56
Tête de vis 95, 97
Tête de vis du set torx 97
Tête de vis tri-wings 97
Tête thermostatique 285

Têtes d'expansion 73
Thermomètre 119
Thermoplastique 140
Tige filetée 106
Tiroir à cendres 277
Tiroir du brûleur 274
Titane 135
Toilette à chasse profonde 247
Toilettes surélevées 247
Toit 295
Toit à pignon 262
Toit plat 263
Tôle 60
Tôle de cuivre 136, 164, 172
Tôle de sécurité 100
Tôle de sécurité avec ergot intérieur 100
Tôle en acier galvanisée 164
Tôle en aluminium 164
Tôle épaisse 83
Tôle fine 164
Tôle fine 83
Tôle perforée 165
Tôle structurée 165
Tôle zink-titane 139, 164
Toron 166
Torsion 128
Torsion 128
Torx 97
Tournevis 93
Tournevis 93, 183
Tournevis avec isolation 183
Toxicité 125
Toxique 36
Traction 128
Train à sustentation magnétique 185
Traitement chimique de la surface 176
Traitement ultérieur 129
Transformateur d'allumage 275
Transformateur de soudage 201
Trappe de nettoyage (297)
Trappe d'inspection 221
Travail électrique 195
Treillis d'armature 129
Trépan 51
Triangle U-R-I 190
Tringle 233
Tronçon de conduite horizontal 258
Tronçonnage 58
Trop-plein 233
Trou 170
Trou de corrosion 173
Tube 158
Tube composite en aluminium 161
Tube composite en cuivre 161
Tube composite en métal 152
Tube de chasse 235
Tube de chauffage en PB 143
Tube de chauffage isolé 282
Tube de chauffage par le sol PE-Xa 142
Tube de chauffage sous le plafond du sous-sol 281
Tube de descente d'eau pluviale 135
Tube de gaz 88, 212
Tube de mélange 271
Tube de protection 142, 143
Tube de puits en acier 175
Tube de support en aluminium 161
Tube de trop-plein 233, 238, 239
Tube de vapeur 238
Tube d'eau potable 131
Tube d'évacuation des fumées 297, 298
Tube d'évacuation en ABS 143
Tube en acier 159
Tube en acier corrodé 167, 171
Tube en acier de précision 159
Tube en acier de précision gainé de plastique 159
Tube en acier inoxydable 159
Tube en aluminium 133
Tube en C en PVC 141
Tube en cuivre 136, 158, 167, 174
Tube en cuivre avec gaine de protection en PVC 158
Tube en cuivre étamé à l'intérieur 158
Tube en cuivre isolé 282
Tube en cuivre isolé thermiquement 158
Tube en fonte 160
Tube en grès 163
Tube en PB 162
Tube en PE 162
Tube en plastique 162
Tube en PP renforcé de minéraux 163
Tube en PP résistant aux hautes températures 163
Tube en PVC 162
Tube en S 160
Tube en tôle 160
Tube en tôle de cuivre en forme de caisson 161
Tube en U en PVC 140
Tube en verre 163
Tube fileté 159
Tube galanisé LORO-X 160
Tube inoxydable LORO-X 160
Tube intérieur PE-X 161
Tube rond en tôle de zinc-titane 161
Tube sanitaire 88
Tube solaire 88
Tube vertical 219, 262, 291

Tubes de fumées (surfaces d'échange secondaires verticales) 279
Tubulure d'aspiration 287
Tubulure de chauffage 84
Tubulure de pression 287
Turbine 287
Tuyau d'air comprimé 150
Tuyau de gaz 81
Tuyau de ventilation terminal 260
Tuyau d'eau 212
Tuyau d'évacuation en PE-HD 142
Tuyau d'évacuation en PP 143
Tuyau en aluminium, flexible 309
Tuyau isolé 309
Tuyau SML (fonte sans emboîtement) 160
Type de forêt 49

U

UF (Urée-formaldéhyde) 145
Unité de commande et de régulation 241
Unité kilowattheure (kwh) 195
Unité watt 194
Urine 249
Urinoir à chasse d'eau 249
Urinoir avec raccord d'aspiration 249
Urinoir avec siphon apparent 249
Urinoir sans eau 249
Usinabilité 126
Utiliser des vêtements de protection 28
Utiliser le passage piétons 30
Utiliser un gilet de sécurité 29
Utiliser un harnais de sécurité 29
Utiliser un masque 29
Utiliser un masque de soudage 29
Utiliser un tablier de protection 30
Utiliser une protection auditive 28
Utiliser une protection de la tête 29
Utiliser une protection des mains 30
Utiliser une protection des pieds 28
Utiliser une protection des yeux 28
Utiliser une protection du visage 29
Utiliser une protection pour les mains 30
Utiliser une protection respiratoire 29

V

Valeur de lecture 114
Valve anti-siphon 268
Vanne à passage intégral 227
Vanne à siège incliné 138, 227
Vanne auxiliaire 234
Vanne d'arrêt 219, 226, 283
Vanne d'arrêt 283
Vanne de fermeture 283
Vanne de régulation 223
Vanne de régulation de température 239
Vanne de ventilation 260
Vanne thermostatique 285, 292
Vase d'expansion 243, 286
Ventilateur 303
Ventilateur axial 306
-Ventilateur axial pour montage mural 306
Ventilateur d'air extrait 304, 305
Ventilateur d'air soufflé 304, 305
Ventilateur radial 306
Ventilation 261
Ventilation par le toit 260
Ventouse 256
Vérifier l'étanchéité 270
Vernier 113
Vernis de protection pour métal 177
Verre à vitre 149
Verre en borosilicate 149
Verre en cristal 149
Verre feuilleté 149
Vers la protection contre la foudre 212
Vers le système de télécommunication 212
Vers les tuyaux de chauffage 212
Version ventilée 295
Vidange/l'orifice de contrôle 221
Vider 238
Vilebrequin 130
Vis 92, 95
Vis à bois 98
Vis à double filetage 98, 245
Vis à embase crantée 100
Vis à six pans creux 97
Vis à tête carrée 96
Vis à tête cylindrique 96
Vis à tête cylindrique à six pans creux 97
Vis à tête cylindrique bombée 97
Vis à tête fraisée 97
Vis à tête hexagonale 96
Vis à tête marteau 98
Vis à tôle 98
Vis d'ajustement 98
Vis de dilatation 98
Vis de forage 98
Vis de serrage 108
Vis marteau 98
Vis pour panneaux d'aggloméré 98
Vis pour panneaux d'aggloméré 98
Vis sans fin d'alimentation 277
Vis sans tête 98
Vitesse périphérique 58

Voie de régulation du gaz 272, 273
Voltmètre 168, 200, 201, 213
Volume de remplissage 235

W

WC à aspiration 247
WC à chasse en cascade 247
WC à chasse plate 247
WC à chasse profonde 247
WC à la turque 247
WC assis 247
WC avec douchette 247
WC lavant 247
WC sur pied 247
WC suspendu 247

Z

Zinc 138, 168
Zinc-ion 168
Zinc-titane 135
Zone d'air extrait 311
Zone d'air soufflé 311
Zone d'aspiration 286
Zone de pression 286
Zone de protection 2, hors prises de courant, Tous les consommables de la classe de protection IPX4 211
Zone de surcharge 311
Zones protégées 211

INDEX RUSSISCH
INDEX RUSSE
РУССКИЙ ИНДЕКС
INDEKSA RÛSÎ

Числа
3 контакта 198
5 контакта 198

N
N - обычные материалы, например сталь 49

S
STZ 148
S-образная труба 160

U
UF 145

W
W - мягкие материалы, например алюминий 49

Z
Z-допуск z 75
Z-образный профиль 156
Z-образный профиль со скругленными кромками 156

A
Аварийное выключение 53
Аварийный выключатель 202
Аварийный выход 34
Аварийный душ 33
Аварийный хомут 291
АВД (автоматический внешний дефибриллятор) 33
Автоматически 223
Автоматический выключатель 202, 203, 204
Автоматический пуск 32
Адгезия 86
Азотированная сталь 130
Аккумулятор 200
Аккумуляторная дрель 200
Аккумуляторная дрель-отвертка 95
Аккумуляторный инструмент для запрессовки 89
Аккумуляторный перфоратор 51
Аккумуляторный пресс 88
Аккумуляторный развальцовочный инструмент 89
Аккумуляторный труборез 64
Акрилнитрилбутадиеновый каучук 147
Акрилнитрилбутадиенстирол 143
Акриловая ванна 144
Алюминиевая заклепка 172
Алюминиевая лестница 40
Алюминиевая несущая труба 161
Алюминиевая паста 176
Алюминиевая труба 133
Алюминиевое покрытие 134
Алюминиево-кремниевый литейный сплав 134
Алюминиево-магниевый литейный сплав 134
Алюминиевый деформируемый сплав 133
Алюминиевый профиль 133, 157
Алюминиевый трубопровод 40
Алюминиевый шланг, гибкий 309
Алюминий 133, 175
Алюминий, анодированный 176
Амплитуда 189
Аналоговый универсальный измерительный прибор 205, 206
Анкер Zykon 106
Анкер для высоких нагрузок 106
Анкер для крепления ванны 251
Анкерный болт 106
Анод 168, 186
Антенне 212
Антикоррозионная окраска 177
Антисифонный клапан 268
Арматура вентиля для систем однотрубного отопления 289
Арматура вентиля подъемной трубы для двухтрубных систем отопления 289
Арматура для регулировки подачи газа и предохранительная арматура 278
Арматура линии опорожнения 294
Арматура линии поддержания температурного режима 239
Арматура линии умягчения воды 293
Арматура с двумя отверстиями 231
Арматура с одним отверстием 231
Арматура с тремя отверстиями 231
Арматурная сетка 129
Атмосферная газовая горелка 271

Атмосферный газовый котел 278
Атмосферный кислород 169
Атом 184
Ацетилен, каштаново-коричневый 78
Ацетиленовый вентиль 81
Ацетилено-кислородная горелка 78

Б

Балансовый клапан 284
Балка для изгиба 70
Баллон с ацетиленом 81
Баллон с кислородом 81
Барометр 119
Батарея 200
Безопасность 25
Белая жесть 136
Бесшовный пол 281
Биде 250
Биологическая опасность 31
Благородный 168
Благородный (в сторону увеличения) 167
Блок из обыкновенного бетона 103
Блок из ячеистого бетона 103
Блок предохранителей 203
Блок цилиндров двигателя автомобиля 134
Боковой душ 252
Болт с прямоугольной головкой 98
Болт с Т-образной головкой 98
Болт с цилиндрической головкой 96
Болт с четырехгранной головкой 96
Болт со стопорными зубцами 100
Боросиликатное стекло 149
Борт 41
Брикет 267
Бронза 137
Буровая коронка 51
Бутылочный сифон 256
Быстродействующий затвор 268
Быстрозажимный сверлильный патрон 54
Быстроразъемное соединение 108
Быстрорежущая сталь 131

В

Вакуумный клапан 230, 260
Вакуумный клапан для шланговых соединений 230
Вал 130
Вал насоса 287
Ванна 251
Ванна нормальных размеров 250
Ванный спуск 256
Вантуз 256
Ватт, ед. Измерения 194
Ввод трубопровода PWC 241
Ввод, вентилируемый 295
Величина в см 211
Вентиль с горизонтальной уплотнительной поверхностью 227
Вентиль с наклонным шпинделем 138, 227
Вентилятор 273, 303
Вентилятор отработанного воздуха 304, 305
Вентилятор приточного воздуха 304, 305
Вентиляторный двигатель 273, 275
Вентиляционная решетка 309
Вентиляционная система, центральная 311
Вентиляционная установка 311
Вентиляционная установка, децентрализованная 311
Вентиляционный короб 255
Вентиляционный шлюз 294
Вентиляция 261
Вертикальная труба 259
Вертикально-сверлильный станок 52
Вертикальный слив 247
Верхний душ 252
Верхняя поперечная перекладина 71
Верхняя смотровая дверца вытяжного вентиляционного канала 297
Верхняя щека 70
Вещества, взрывоопасные 30
Вещество, окисляющее 32
Вещество, разъедающее 32
Вещество, легковоспламеняющееся 32
Вещество, радиоактивное 30
Вещество, токсичное 31
Взрывоопасная среда 32
Винт по дереву 98
Винт с буром 98
Винт с внутренним шестигранником 97
Винт с полупотайной головкой 97
Винт с потайной головкой 97
Винт, болт 92, 95
Винтовая пружина 130
Винтовое/болтовое соединение 96
Винтовые тиски 46
Винт-саморез 98
Внутреннее измерение штангенциркулем 114
Внутреннее покрытие, желтое 160
Внутренний гратосниматель труб 59
Внутренняя резьба 55
Внутренняя резьба, цилиндрическая 90
Внутренняя труба из сшитого полиэтилена 161
Внутри 65, 170, 311
Вогнутая заточка 63
Вода 127, 186
Вода не для питья 25
Водозаборная и сливная арматура 238
Водомерный узел 221

Водонагреватель 238
Водоотведение 307
Водоотвод 295
Водопроводная труба 212
Водород 186
Водосточная труба 135
Водяной затвор 257
Водяной калорифер 307
Возврат горячей воды 242
Возвратная пружина 285
Возвратный клапан 284
Воздействие при помывке 257
Воздействие, магнитное 185
Воздействие, оптическое 185
Воздействие, тепловое 185
Воздействие, физиологическое 187
Воздействие, химическое 186
Воздух для сжигания топлива 271
Воздуховод 303
Воздуховыпускной клапан 292
Воздухоотводчик 293
Воздухоотделитель 284, 294
Воздушный бак 293
Воздушный клапан 268
Воздушный охладитель 304, 305, 307
Возможно травмирование рук 32
Воронкообразный унитаз 247
Вороток 56
Восходящий трубопровод 224
Впуск 263
Впуск воздуха 303
Впуск, поворотный 232
Врач 33
Вредно для здоровья 36
Врезное кольцо 91
Врезной арматурный хомут 220
Время t в секундах 187, 189
Вручную 84, 223
Вручную
Всасывающий патрубок 287
Всасывающий трубопровод 268
Вспомогательная арматура 234
Вставка 85
Вставная ручка с квадратной головкой 94
Встроенная мойка 246
Вторичная катушка 201
Втулка подшипника скольжения 138
Вулканизационный сердечник 84
Вход воспрещен 27
Выдвижная секция горелки 274
Выделение склеиваемой поверхности 87
Выключатель с шатунным приводом 202
Вымыть руки 29
Выпрямитель 213
Выпуск 309
Выпуск воздуха 303
Выпуск, свободный 229
Выпускная арматура 139
Выпускная труба воздушного канала 260
Вырезка и пробивка 60
Высверливание 48
Высокопроизводительный насос 286
Высота 248
Вытачивание канавки 73
Вытачивание канавок с помощью храпового механизма 74
Вытачивание канавок электрическим инструментом 74
Вытяжное отверстие в обогреваемом помещении 297
Вытяжной вентилятор 277
Вытянутая длина дуги 67
Вытянуто 67

Г

Газовая горелка 241, 278
Газовая дутьевая горелка 273
Газовое пламя 241
Газовый баллон 32
Газовый проточный нагреватель 241
Газовый счетчик 270
Газовый фильтр 272
Газовый шланг 81
Газовыпускной коллектор 278, 279
Газообразное 127
Газоотопительный котел, навесной 278
Газопровод 221, 270
Газопровод над питьевым водопроводом 174
Газопроводная арматура 270, 272
Газопроводная труба 88, 212
Гайка 92, 95
Гайка с двумя торцевыми отверстиями 99
Гайка с накаткой 285
Гайка с фиксирующим элементом 100
Гайка со сферической головкой 99
Гальванический элемент 168, 200
Гелиоколлектор 243
Гелиоустановка 243
Генератор 213
Генератор постоянного тока 201
Генератор, мобильный 201
Геометрическое замыкание 107
Герметизация клеем 86
Гибка в штампе 71
Гибка на вальцах 68
Гибка поворотом 70
Гибочный пуансон 71
Гибочный сегмент 67

Гибочный станок 66
Гидравлический затвор (сифон) 240, 249
Гидрант DN 100 219
Гидрированный бутадиенакрилонитрильный каучук 147
Гипсовая плита 103
Гипсовая плита для влажных помещений 103
Гипсовая плита, на волокнистой основе 103
Главное блокировочное устройство 269
Главный заземляющий рельс 212
Глубина 248
Глубина анкеровки 107
Глубина посадки 72
Глубина посадки L (3xs) 75
Глубина посадки на чертеже 85
Глубина сверления 107
Гнездовая колодка 145, 197
Гнездовая колодка (разъем с плоским контактом) 197
Гнездовая колодка Schuko 198
Гнездовая колодка стандарта CEE 198
Головка винта (болта) 95, 97
Головка винта Torq-Set 97
Головка винта Tri-wings 97
Головка молотка 131
Горелка 83, 274
Горелка с желтым пламенем 276
Горелка с направленным вниз пламенем 279
Горелка с полным предварительным смешиванием 271
Горелка с распылением жидкого топлива 275
Горелка с синим пламенем 276
Горизонтальная крыша 263
Горизонтальный слив 247
Горячая 239
Гратосниматель с электрическим приводом 59
Грозовой разрядник 212
Груз, подвешенный 31
Групповое снабжение 237
Грязеуловитель 284

Д

Давление 128
Дальнобросная решетка линии приточного воздуха 309
Датчик жидкости 285
Датчик температуры 239
Дверца для очистки 297
Движение маятника 83
Движение молекулы, свободное 127
Движение, круговое 83
Двойная водяная рубашка 279
Двойной гаечный ключ 93
Двускатная крыша 262
Двусторонний кольцевой гаечный ключ 93
Двутавровая балка, узкая 154
Двутавровая балка, широкая 154
Двухзарядный отрицательный ион 2 184
Двухполюсный индикатор напряжения 205
Двухсекционная мойка 246
Двухточечное подключение 288
Двухтрубная система 280
Деревянная ручка 149
Деревянный или пластиковый молоток 69
Деревянный молоток 102
Держатель 291
Держатель ванны из жесткого пенопласта 251
Держатель стакана для полоскания рта 244
Деталь 55, 56, 86
Деталь самолета 135
Детектор утечки газа 270
Диаметр трубы 258
Динамометрический гаечный ключ 95
Диполь 205
Диск Мейдингера 295
Диск пилы 46
Дисковый нож 64
Диск-счетчик 207
Дисплей 206
Дифференциальное защитное устройство 202, 204
Длина детали 69
Длина дуги 67
Длина заготовки 75
Длина проводника 190
Для открытия повернуть вправо 34
Домовая потребительская установка 203
Домовой ввод 218, 220
Донный слив 253
Донный слив с обратным клапаном с затвором 256
Дополнительный нагрев 243
Дорога на магнитной подвеске 185
Древесина 149
Древесная гранула 267
Древесная щепа 267
Древесно-стружечная плита 103
Дровяной склад 267
Дуромер 144
Душ 252
Душ с гибким шлангом 252
Душевая без порожка, облицованная плиткой 253
Душевая лейка 253
Душевая перегородка 252
Душевая сетка 253
Душевая сетка на гибком шланге 252
Душевая стойка 253
Душевой лоток 253

Душевой поддон 252
Душевой шланг 253
Дымоход 296, 297, 298
Дымоход одиночного назначения 297
Дырчатый кирпич 103
Дыхательная маска 24
Дюбель для гипсовых плит 104
Дюбель для пористого бетона 105
Дюбель-гвоздь 104
Дюймовая резьба 96
Дюймовая резьба трубы 90
Дюропласт 144

Е

Едкое вещество 36
Емкостный датчик 242
Емкостный подогреватель питьевой воды 236, 242
Емкость для аккумулирования дождевой воды 262

Ё

Ёмкость для хранения масла 150, 268

Ж

Железо-ионный 171
Жертвенный анод 175
Жертвенный анод в емкостном водонагревателе 134
Жидкий 127
Жидкий припой 77
Жидкое топливо в резервуарах-хранилищах 268
Жидкость гидравлического затвора 249

З

З'єднувальний трубопровід 220, 259
Забивной анкер 106
Заблокировать 30
Заглушка 233
Заглушка вентиляционного отверстия 294
Загрузка, автоматическая 277
Задвигание втулки на трубу 89
Задвижка 113, 219, 283
Зажигатель 80
Зажимная гайка 46
Зажимное кольцо 91
Зажимной винт 108
Зажимный диск 101
Зажимный рычаг 53
Зазор в месте пайки (при накале) 77
Закон Ома 190
Закраина 262
Закрепление фильтровальной бумаги 299
Закругление острых кромок 72
Закрыта 298
Закрытый трубопровод 218
Замковое устройство 113
Замыкающая ручка 232
Запальный провод 276
Запасной выход 34
Запасной выход с аварийной лестницей 34
Запасной выход справа 34
Заполнение 238
Заполняющий блок ВА 293
Запорная арматура 221, 270, 272, 293
Запорный вентиль 219, 226, 283
Запорный кран 283
Запрет 25
Запрещается движение средств напольного транспорта 26
Запрещается загромождать проходы 26
Запрещается прикасаться 26
Запрещается принимать пищу 26
Запрещается тушить водой 26
Запрещено 27
Запрещено использовать тяжеловесный груз 26
Заслон 276
Заслонка 283, 298
Заслонка отработанного газа, с термическим управлением 298
Заслонка отработанного газа, управляемая серводвигателем 298
Затвор обратного течения 261
Заусенцы сняты 173
Зачищенный конец трубы 84
Защитная каска 23
Защитная крышка 295
Защитная лента из полиэтилена низкой плотности для газопроводов 141
Защитная обувь 23
Защитная рукавица 23, 80
Защитная труба 142, 143
Защитное реле 203
Защитно-техническое оборудование
Защитные очки 24
Защитные очки для сварки 24
Защитный автомат электродвигателя 202
Защитный анод 239
Защитный контакт 196, 197
Защитный проводник 196, 197, 199, 212
Защитный слой полиэтилена высокой плотности 161
Защитный слой полиэтилена высокой плотности 170, 173
Защищенные зоны 211

Звездочка 97
Звукоизолирующая вставка 108
Звукоизолирующий слой из этилен-пропиленового диенового каучука 148
Звукоизоляция 251
Зенкер для поперечных отверстий 54
Зеркало 244
Змеевик 242
Значение отсчета по нониусу 114
Зольник 277
Зона всасывания 286
Зона нагнетания 286
Зона отводимого воздуха 311
Зона перетока 311
Зона приточного воздуха 311
Зуб 46
Зубчатая упругая шайба 101

И

Игольчатый затвор 227
Идеальные ножницы 60
Избыток горючего газа 82
Избыток кислорода 82
Избыток электронов 187
Известково-песчаный кирпич 103
Изгиб 128
Изгибная пружина 65
Излучательная горелка 278
Излучение, ионизирующее 30
Излучение, оптическое 32
Изменение направления 258
Измерение 111
Измерение количества сажи в дымоходе 299
Измерение напряжения 208
Измерение отработанных газов 299
Измерение силы тока 208
Измерение сопротивления 209
Измерение тока 208
Измерительное усилие 115
Измерительный прибор 111, 182, 208, 209
Изнашивание, равномерное 171
Изолированная медная трубка 282
Изолированная труба отопления 282
Изолирующая оболочка 199
Изолирующий шланг с самоприклеивающимся зажимом 282
Изоляция 281
Инжектор 271
Инжекторная горелка 272
Инженерная сеть 218
Инструкция по технике безопасности: использование опасного вещества 39
Инструмент для вытачивания канавок 73
Инструмент для вытачивания канавок, электрический 73
Инструмент для запрессовки 89
Инструмент для отрезки труб 64
Инструмент для снятия стружки 59
Инструментальная легированная сталь для холодной обработки 131
Инструментальная сталь для горячих штампов 131
Инструментальная сталь, высоколегированная 131
Инструментальная сталь, нелегированная 131
Инструментальная сталь, низколегированная 131
Инструментальный материал 151
Инъекционный анкер 106
Инъекционный раствор 106
Ион 184
Ион металла 190
Использовать защитную маску для сварки 29
Использовать защитный фартук 30
Использовать защиту головы 29
Использовать маску 29
Использовать светоотражающий жилет 29
Использовать средство индивидуальной защиты кожи 30
Использовать страховочную привязь 29
Использовать удерживающую систему 29
Источник тока 188, 208, 209, 213

К

Кабели, изолированные 199
Кабельные кусачки 183
Кабельный барабан 194
Кабельный нож 182
Калибровка 79
Калибровочное кольцо 117
Калибровочный дорн 117
Каменно-керамическое изделие, покрытое глазурью 148
Камера горелки 277
Канал 261
Канализационная труба 218
Канализационная труба из акрилнитрилбутадиенстирола 143
Канализационная труба из полипропилена 143
Канат 166
Кантовка 69
Карбамидо-формальдегидная смола 145
Карданный шарнир 94
Карманная пила 182
Катод 168, 186
Катучие леса 41

Катушка 201
Квартирный камин 297
Керамическая труба 163
Керамическое биде 148
Киловатт-час (квт-ч), единица измерения 195
Кирпичная облицовка 297
Кислородный вентиль 81
Клапан вентиляции 260
Клапан обратного потока 224
Класс защиты 196
Класс прочности 99
Клей 86, 153
Клей для фиксации резьбы 153
Клей, высоковязкий 86
Клей, микрокапсулированный 153
Клей, нанесение 87
Клей, низковязкий 86
Клемма для подключения к сети 241
Клещевидное кольцо 90
Клещи для завертки муфт 73
Клещи для зачистки изоляции 183
Клупп 56
Клупп для листового металла 69
Ключ для выпуска воздуха 294
Ключ сверлильного патрона 54
Ковер для задвижек 219
Ковкий чугун 132
Колено 117
Коленчатый вал 130
Колесный диск автомобиля 134
Коллектор 255
Коллектор бытовой канализации 254
Коллектор дождевой канализации 254
Коллектор, в подвальном помещении 260
Коллекторный соединительный трубопровод 255, 258
Колонна 53
Кольцевая сеть 226
Кольцевой включатель сигнала, контроль стыковки 90
Кольцо 55
Комбинация из отопительного котла и емкостного подогревателя питьевой воды 242
Комбинация из распределителя линии подачи и коллектора обратной линии 286
Комбинированная арматура 268
Комбинированная система 254, 275
Комбинированное подключение дома к газораспределительной сети 269
Комбинированный гаечный ключ 93
Комбинированный знак 35
Комбинированный листогиб 70
Компенсационное отверстие 234
Компенсация заряда 188
Комплект для горелки 80
Конвектор 290
Конвектор для установки в цоколь 290
Конвектор для установки под полом 290
Конденсатный водогрейный котел 279
Конический зенкер 54
Консистентная смазка 153
Контактная коррозия 172
Контейнер для транспортировки 139
Контргайка 100
Контролирующий электрод 273
Контропора 67
Контур гелиоустановки с подводом и отводом 243
Конус конической мельницы 132
Короб для встроенного монтажа 292
Корончатая гайка 99
Корончатая гайка со шплинтом 101
Корончатое сверление 48
Корпус 134
Корпус арматуры 137
Корпус горелки 274
Корпус двигателя 287
Корпус клапана 285
Корпус насоса 132, 287
Корпус шарового крана 219
Корродированная стальная труба 167, 171
Коррозионная стойкость 126
Коррозионная эрозия 173
Коррозионное воздействие, сильное 172
Коррозионное отверстие 173
Коррозионнозащитное масло 176
Коррозия в зазорах и при неравномерной аэрации 172
Коррозия поверхности, равномерная 171
Коррозия под напряжением и коррозионное растрескивание при вибрации 173
Кран наполнения и слива 292
Красное литье 138
Крепление 251
Крепление труб, технически правильное 174
Крепление трубы 282
Крепление трубы в качестве опоры 104
Крестовая скользящая рукоятка 94
Крестовина трубопровода 259
Крестовый шлиц 97
Кривая, синусоидальная 189
Кривошип 53
Кровельный желоб 262
Кроме защищенных зон допускаются все средства потребления электроэнергии 211
Кромкогибочные прессы 71
Кронциркуль в наборе 116
Круглая насадка 72

Круглый полый профиль 156
Круглый пруток 157
Крупногабаритная ванна 251
Крыло мойки 246
Крыльчатка 222
Крыша 295
Крышка проема для чистки 297
Крючковый ключ 94
Кувалда 102
Кулачковый вал 130
Кулиса 308
Кулиса шумоглушителя 308
Курить запрещено 25
Кусачки-бокорезы 183
Кусковая древесина 267
Кухонная мойка 246

Л

Лазер 118
Лазерное излучение 30
Лак для защиты металла 177
Лампа 213
Латунный дюбель 105
Левая резьба 82, 99
Левая сварка 83
Легирующий компонент 129
Легкообрабатываемая сталь 130
Леса 41
Лестница-стремянка 40
Линейка, разделенная на дюймы 112
Линейный защитный автомат 204
Линия подачи 278, 279
Линия подачи, длинная 280
Линия подачи, короткая 280
Лист из титаново-цинкового сплава 139, 164
Листовая медь 136, 164
Листовая сталь 157
Листовое железо 60
Листовой алюминий 164
Листовой металл, текстурированный 165
Листовой металл, толстый 83
Листовой металл, тонкий 83
Листоштамповочный пресс 71
Литье с шаровидным графитом 133
Лобзиковая пила 46

М

MF 145
Магистральный запорный кран 269
Магистральный подводящий трубопровод 224
Магниевый литейный сплав 134
Магний 134
Магнит 201
Магнитное поле 31
Магнитный сверлильный станок 51
Малый накопительный водонагреватель 239
Манжета трубы 92
Манометр 119
Маска для защиты рта 24
Масляная горелка 279
Масляная горелка испарительного типа 274
Масляная форсунка 276
Масляный нагревательный элемент 274
Масляный насос 133, 275
Материал без оксидного слоя 169
Материал подложки, эластичный 151
Материал с оксидным слоем 169
Медная жила 199
Медная паста 176
Медная пригоночная деталь 136
Медная труба в ПВХ-оболочке 158
Медная труба из листа, коробчатая 161
Медно-оловянно-цинковый сплав 138
Медно-оловянный сплав 137
Медно-цинковый сплав 138, 172
Медные трубы 136, 158, 167, 174
Медные фитинги 78
Медный бак с нагревателем 241
Медный деформируемый сплав 137
Медный лист 172
Медный литейный сплав 137
Медь 136, 168, 171, 200
Меламино-формальдегидная смола 145
Мембрана 223
Мерная лента 112
Место контакта 167
Металл 127
Металлический дюбель 104
Металлический дюбель для газобетона 105
Металлический дюбель для пористого бетона 105
Металлический дюбель для пустотелых конструкций 105
Металлический фильтр 306
Металлическое сверло 50, 131
Металлокерамика 152
Металлопластиковая труба 152
Метрическая резьба ISO 96
Метчик 55, 131
Мешочный фильтр 306
Мин. Отступ 20 мм 229
Минералокерамическая режущая пластинка 152
Миниванна 250
Мини-леса 41
Многослойное безопасное стекло 149
Многофункциональная 297
Мобильными телефонами, пользоваться включенными запрещено 26

Моечный модуль 246
Мойка для скрытого монтажа 246
Молекулярная решетка 127
Молотковый паяльник 76
Монтаж арматуры 245
Монтаж с помощью распорных деталей 108
Монтажные размеры, обычные 245
Монтажный кронштейн 110
Монтажный профиль 110
Монтажный размер 248
Моча 249
Муфта 72
Муфта канализационной трубы 148
Муфтовое соединение 72
Мягкий ПВХ 141
Мягкий припой 76

Н

Н - твердые материалы, например твердая отливка 49
Навесная планка 245
Навинчивающийся переходник 91
Нагель 110
Нагнетательный патрубок 287
Нагревательный элемент 84
Нагрузкой 125
Надевание на термоусадочную муфту и сердечник 84
Надрезка 61
Надстраиваемый малый накопительный водонагреватель 239
Нажатие 87
Нажимная балка 70
Нажимная пружина 223
Накидная гайка 81
Наконечник горелки 80
Наконечник шуруповерта 93
Намотан 194
Нанесение паяльной пасты 79
Наполнительная арматура 235
Напольное крепление с перфорированной монтажной лентой 110
Напольное транспортное средство 31
Напольный 250
Напольный унитаз 247
Напорный трубопровод с петлей обратного подпора 261
Направление тока, техническое 188
Направление тока, электрическое 188
Направляющая 70
Направляющий откидной элемент водосточной трубы 262
Напряжение U в вольтах 187, 191
Нарезная плашка 56
Наружная резьба 55, 56
Наружная резьба, коническая 90
Наружное измерение штангенциркулем 114
Наружный водопровод 218
Наружный воздух 303, 304, 305, 311
Насадка для вбивания 110
Насадка для гибки полосовой стали 68
Насадка для шуруповерта 93
Насечка 99
Насос 286
Насос в линии подачи 286
Насос для определения сажевого числа 299
Насос охлаждающей системы 53
Насос с мокрым ротором 287
Настенное исполнение 231
Настенный накопитель 237
Натрий 200
Науглероженная сталь 129
Наугольник, простой 116
Не поддается горячей формовке 146
Неблагородный 168
Неблагородный (в сторону увеличения) 167
Недостаток электронов 187
Нейтральный проводник 67, 199
Нейтрон 184
Неразъемное 90
Нержавеющая сталь 131
Нержавеющая труба loro-x 160
Неровнобокий уголковый профиль со скругленными кромками 155
Нивелир 118
Нижний этаж 236, 297
Нижняя часть клапана 289
Нижняя часть терморегулирующего клапана на две трубы 288
Нижняя щека 70
Низкотемпературный котел на жидком топливе 279
Нитрид титана 135
Нитрильный каучук 147
Нить молекулы, без сетчатой структуры 140
Нить молекулы, с сетчатой структурой 144
Нить молекулы, с частичной сетчатой структурой 146
Ножевое кольцо для керамических труб 64
Ножная ванна 250
Ножницы 60
Ножницы для резки листового металла, электрические 61
Ножницы для резки труб 64
Ножовка 182
Ножовочная пила 47
Ножовочное полотно 131
Номинальный диаметр 96, 258

Нониус 113
Носилки 34
Нулевой проводник 199
Нутромер 116

O

Обесцинкование 172
Обжим 63
Область применения 89
Облуженный внутри 136, 158
Оболочка атома 184
Оборудование 240
Оборудование, электрическое 188
Обрабатываемость 126
Обработка поверхности, химическая 176
Образец водяного затвора 257
Образование трещин 69
Обратный клапан 284, 289, 294
Обратный клапан DISCO 284
Обратный провод 188
Обрезка 61, 63
Обучение 111
Общая конструкционная сталь 129
Общая сила тока I 192, 193
Общесплавной коллектор 254
Общественное спасательное оборудование 34
Общий запрещающий знак 25
Общий предписывающий знак 28
Общий предупреждающий знак 30
Общий символ 228
Объем заполнения 9 л 235
Огнетушитель 35
Оголовок дымохода 297
Ограничитель давления 272
Ограничитель давления воздуха 273
Ограничитель расхода 269
Ограничителям перенапряжений 212
Однозарядный положительный ион 1 184
Однокомпонентный кронштейн 291
Однополюсный индикатор напряжения 183, 205
Однорычажный смеситель 232
Однотрубная система 280
Однофазное переменное напряжение 198
Однофазный счетчик переменного тока 207
Окись железа 169
Оконное стекло 149
Окрашивание 177
Окружная скорость 58
Оксид 172, 173
Оксид алюминия 134, 170
Оксид меди 170
Оксид меди 170
Оксид цинка 170
Оксидный слой 171
Олово 136
Олово для пайки 76
Оловянное покрытие 136
Оловянный припой 136
Опасно для здоровья 36
Опасность защемления 32
Опасность падения 31
Опасность падения при скольжении 31
Опора кронштейна 291
Опорная плита 53
Опорожнение 238
Определение сажевого числа 299
Опрессовочные клещи 88, 182
Осевой вентилятор 306
Осевой вентилятор для встраивания в стену 306
Основание дымовой трубы 297
Основная горелка 271
Особенность изготовления 129
Останавливаться позади поворотного рычага запрещено 27
Остаточная вода 235
Острогубцы 183
Осциллограф 207
Отверстие 170
Отверстие для подачи воздуха 273
Отвертка с изоляцией 183
Отвод 278, 279
Отвод вертикальной трубы 259
Отвод воды / смотровое отверстие 221
Отвод воздуха над крышей 260
Отвод масла 275
Отвод трубопровода PWH 241
Отвод, длинный 280
Отвод, короткий 280
Отводная арматура 235
Отводящая соединительная деталь 258
Отделение оболочки 59
Отдельное снабжение 237
Отдельностоящая мойка 246
Отдельный подводящий трубопровод 224
Отдельный соединительный трубопровод 255, 258
Откачивающий маслопровод 275
Откидная решетка 246
Отключить штепсельную вилку 28
Открыта 298
Открытое пламя 25
Открытый котел со встроенным водонагревателем 237
Открытый котел со встроенным водонагревателем 237
Открытый малый накопительный водонагреватель 239

Отопительная труба 212
Отопительная труба из полибутена 143
Отопительный котел 242, 274
Отопительный котел с ограничителем тока газа 297
Отработанный воздух 303, 304, 305, 311
Отрезание шлифовальным кругом 58
Отрезка 15, 60
Отрезной шлифовальный круг 58
Охватывающая муфта 262
Охрана труда и техника безопасности 23
Оцинкованная сталь 138, 175
Оцинкованная труба loro-x 160
Оцинкованный стальной хомут 167, 174
Очистка конца трубы и муфты 85
Очистка поверхностей 87
Очки сварщика 24

П

Пайка методом сопротивления, электрическая 187 31, 187
Пайка методом сопротивления, электрическая 79
Пайка мягким припоем 76
Панельные радиаторы 289
Пара стопорных шайб 101
Параллакс 115
Параллельное соединение 193, 208
Паровой увлажнитель 308
Паропроводная труба 238
Пассатижи универсальные 102, 183
Патрубок шланга для наполнения 293
Паяльная паста 76
Паяльник 182
Паяный фланец 92
ПВХ-труба 162
Пеллетный котел 277
Пенополиуретановый термоизоляционный материал 146
Первая медицинская помощь 33
Первичная катушка 201
Первый этаж 236, 297
Перевозка пассажиров запрещена 27
Перегиб 128
Перед включением заземлить 28
Перед нагрузкой 125
Перед техобслуживанием или ремонтом отключить 29
Передний угол резания 49
Переключатель 188, 204, 213, 287
Переключатель ответвлений на арматуре ванны 230
Переключатель ответвлений, автоматический 230
Переключатель температуры 238, 239
Переключатель функций и областей измерения 206
Переключать запрещено 27
Перекрытие из чернового бетона 281
Перелив 233
Переливная труба 233, 238, 239
Переменное напряжение 187
Переменное сопротивление 213
Переменный ток 189
Перепускной клапан 284
Переточное вентиляционное отверстие 311
Переходить по надземному переходу 30
Период 189
Перфоратор 51
Перфорированная втулка 106
Перфорированный лист 165
Перхлорвинил 141
Печатная плата 145
Пикообразное долото 102
Писсуар без воды 249
Писсуар с вытяжной соединительной деталью 249
Писсуар с промывкой водой 249
Писсуар со свободно размещенным сифоном
Питание от сети 204
Питтинговая коррозия 173
Питьевой водопровод под газопроводом 174
Плавкий предохранитель 204
Пламенная голова 273
Пламя 271
План пожарной эвакуации 37
Пластиковая или резиновая вставка 174
Пластиковое покрытие 159
Пластиковый трубопровод 309
Пластинчатый графит 132, 309
Пластинчатый теплообменник 307
Пластинчатый шумоглушитель 308
Пластифицированный поливинилхлорид 141
Пластичность 125
Пластмассовая облицовка 177
Пластмассовая оболочка 175
Пластмассовая труба 162
Пластмассовое покрытие 177
Пластмассовое прокладочное кольцо 175
Пластмассовый хомут 109
Плита котла 271
Пломба 222
Плоский пруток 157
Плоский радиатор 289
Плоский угольник 117
Плоское долото с защитой для рук 102
Плотность 125
Плунжер 234
Пневматический шланг 150

Поверхности для измерения внутренних размеров 113
Поверхности для измерения наружных размеров 113
Поверхностная коррозия 169
Поверхность 170
Поверхность контакта, большая 86
Поверхность контакта, небольшая 86
Поворотная ручка со шкалой давления 223
Поворотный переключатель 202
Повреждение от коррозии 170
Погрешность из-за перекоса 115
Под сварку 140, 144, 146
Податливый винт 98
Подача 53
Подача воздуха 274, 303, 305, 311
Подача тепла 221
Подающий кран 239
Подающий кран для наружной области 231
Подбалка 71
Подвесная мыльница 244
Подвесная опора 104
Подвесная опора с перфорированной монтажной лентой 110
Подвесной 250
Подвесной унитаз 75, 247
Подвижная щека 70
Поддон для улавливания масла 150, 274
Подземный гидрант 219
Подкладная шайба 95, 100
Подключение газа 271
Подключение котла 286
Подключение природного газа 269
Подключение сварочного аппарата 85
Подниматься вверх запрещено 26
Подниматься наверх посторонним запрещено 27
Подогрев питьевой воды 242
Подогреватель воздуха 304, 305
Подпорная шайба 273, 276
Подрезатель 55
Подставка 251
Подшипник скольжения 151
Подъем 96
Подъемная труба 289
Пожарная лестница 35
Пожарный извещатель 35
Пожарный сигнализатор 35
Пожарный шланг 35
Поле, магнитное 31
Полезная длина 107
Полибутен 143
Полибутен 143
Полибутиленовая труба 162
Полиметилметакрилат 144
Полипропилен 143
Полиуретан 146
Полиэтилен высокой плотности 142
Полиэтилен низкой плотности 141
Полиэтилен низкой плотности polietîlena çiriya nizm 141
Полиэтилен, с сетчатой структурой 142
Полиэтилен, ультра-высокомолекулярный 142
Полное напряжение U 192, 193
Полнотелый кирпич 103
Половое покрытие 281
Положения для мытья 250
Полотенцесушитель 244, 288
Полукруглая решетка 263
Полый профиль 156
Полый профиль, квадратный 156
Полый профиль, прямоугольный 156
Пользоваться перчатками запрещено 27
Пользоваться пешеходной дорожкой 30
Помещение для хранения угля 267
Поперечное сечение проводника 190
Пор ограничения глубины 53
Поручень 41
Посадка 250
Посадка на клей 87, 100
Последовательное соединение 192, 209
Последующая обработка 129
Последующий этаж 236, 297
Посторонним вход воспрещен 27
Постоянное напряжение 187
Постоянный ток 186, 189
Потенциометр 213
Поток вторичного воздуха 277
Поток электронов 188, 200
Потолочный гвоздь 105
Потребитель 188, 194, 208, 209
Поэтажное распределение 280
Правая резьба 82
Правая сварка 83
Предварительное растачивание 48
Предварительный монтаж 108
Предварительный подогрев масла 276
Предел прочности при разрыве 126
Предохранитель 203, 213
Предохранитель на малую силу тока 203
Предохранительные заглушки 270
Предохранительные устройства 243
Предохранительный клапан 240
Предписание 25
Предупреждение 25
Предупреждение об опасном электрическом напряжении 187
Препятствие в верхней зоне 32
Препятствие на полу 31

Прерыватель обратного потока 230, 232, 234, 240
Прерыватель трубы с контролируемой зоной среднего давления 229
Пресс-контур 88
Прессование медной трубы 88
Прессование не выполнено 88
Прессовый штамп 182
Пресс-фитинг для газопроводов 147
Пресс-фитинги 88
При пожаре пользоваться подъемником запрещено 26
Прибор для измерения напряжения 168, 200, 201, 213
Прибор для измерения температуры 119
Прибор для измерения тока 213
Пригнанный винт 98
Прижимный фланец 263
Пример показания 222
Примесный атом 190
Принадлежности 244
Принцип работы генератора 201
Принцип работы трансформатора 201
Припой 77, 118
Присоединение потребителя 204
Присоединительный размер 248
Приставить лестницу 40
Приставная лестница 40
Пристенный монтаж 248
Приток 235
Приток питьевой воды 243
Приток тепла 169
Приточное отверстие 297
Пробивка отверстий 61
Пробивной штамп 61
Пробная кнопка 204
Проверка герметичности 270
Провод для уравнивания потенциалов 212
Провод с оболочкой 199
Провод, электрический 194, 199
Проводимость тепла 126
Проводник 213
Проводник, токопроводящий 199
Проволока 166
Проволочный канат 166
Проволочный предохранитель 100
Продольный паз 54
Прокладка трубопроводов в плинтусах 281
Прокладка трубопроводов в полу 281
Прокладка трубопроводов, технически правильная 174
Прокладка, эластичная 251
Прокладочное кольцо 90, 91
Прокладочное кольцо из гидрогенизированного нитрилбутадиенового каучука 147
Прокладочное кольцо из нитрильного каучука 147
Промежуточный элемент 41
Промывка 257
Пропано-кислородная горелка 76
Прорезка отверстия 87
Просверливание 220
Противопожарная защита 25
Противоскользящая поверхность 40
Протон 184
Проточный водонагреватель 241
Проточный нагреватель 241
Проточный нагреватель питьевой воды, электрический 211, 241
Проточный подогреватель 237
Профиль 154
Профиль I 154
Профиль IPB 154
Профиль IPE 154
Проход запрещен 25
Проходной вентиль 227
Прохождение тока 188
Процесс промывки 257
Процесс резки 63
Пружина плунжера 234
Пружинная сталь 130
Пружинная шайба 101
Пружинное кольцо 101
Прямой провод 188
Пункт домового ввода 221
Пьезо-поджиг 241
ПЭ-труба 162
Пятижильный 5 199

Р

PF/Бакелит 145
Phillips PH 97
Pozidriv PZ 97
Работа по переносу электрического заряда 195
Работать в защитной обуви 28
Работать в защитной одежде 28
Работать в защитном щитке 29
Работать в защитных наушниках 28
Работать в защитных очках 28
Работать в защитных перчатках 28
Работать в средствах индивидуальной защиты органов дыхания 29
Рабочая каска 23
Рабочее колесо 287
Рабочее колесо циркуляционного насоса 142
Рабочие рукавицы 23
Радиальный вентилятор 306

Радиатор из стальных труб 288
Разбрызгиваемая смазка 153
Развальцовочный инструмент 89
Развернутая длина 69
Развитие процесса коррозии 173
Разводной ключ 94
Раздвижная лестница 40
Разделение 63
Раздельная система 254
Размотан 194
Разъем 197
Разъем Schuko 196
Разъем с минусовым полюсом 206
Разъем с плоским контактом 196
Разъем с плюсовым полюсом 206
Разъемное 90
Разъемное соединение 90
Раковина 148, 246
Рамный фильтр 306
Распиловка 46
Распиловочная машина с круглым пильным полотном 47
Распорная втулка 282
Распорный дюбель 104
Распорный клин 105
Распределение воды для промывки 235
Распределение тепла 281
Распределение тепла по горизонтали 281
Распределитель (подача, отвод) 280
Распределитель котла 286
Распределительный трубопровод 224
Распределительный шкаф 203, 292
Расстояние между центрами 75
Растекатель Вентури 226
Растекатель, динамический 226
Растекатель, статический 226
Растяжение 128
Расходомер с крыльчаткой 222
Расцепление 68
Расширительные головки 73
Регулирование частоты вращения 53
Регулировка для отдельного помещения 292
Регулировка расхода промывочной воды 234
Регулировочный винт клапана 285
Регулировочный диск 289
Регулируется по высоте 251
Регулирующая арматура 223
Регулятор 232
Регулятор давления в сети газоснабжения дома 269, 270
Регулятор давления прибора 272
Регулятор промывочного потока 234
Регулятор расхода газа 270
Редуктор давления ацетилена 82
Редуктор давления кислорода 82
Редукционный клапан 78, 240, 293
Режим приточной вентиляции 311
Режущая головка 56, 57
Режущая головка с автоматикой 57
Режущая часть 49
Резак 15, 60
Резание по окружности 61
Резервуар для газа 269
Резервуар для сжиженного газа 269
Резино-эластический 146
Резка 63
Резка на ножницах 14, 60
Резьба 55, 95
Резьбовая посадочная деталь 132
Резьбовое присоединение 91, 289
Резьбовое соединение 285
Резьбовое соединение нагревательного элемента 285
Резьбовое соединение трубы 91
Резьбовое соединение шарового крана для нагревательного элемента с подключением клапана 290
Резьбовой стержень 106
Резьбовой фланец 92
Резьбонарезная головка 56
Резьбонарезной инструмент 56, 57
Рекуперация тепла 305
Ременная передача 53
Рециркуляция подогрева 221
Ржавчина 169
Рифля 165
Ровнобокий уголковый профиль с острыми кромками 155
Ровные ножницы 61
Розжиг, автоматический 277
Розширювальний бак 243, 286
Роликовые листовые ножницы 62
Роликовый счетный механизм 222
Ротор 287
Роторный вал 287
Руками не трогать 26
Руководство по эксплуатации: использование лестницы 39
Рукомойник 244
Рукоятка 80
Рулонный воздушный фильтр 306
Ручка выбора температуры 232
Ручная бугельная пила 46
Ручной гратосниматель 59
Ручной трубогиб 65
Ручные рычажные ножницы 62
Рычаг 234
Рычажное управление 233

С

С визуальной и звуковой сигнализацией 261
С коническим уплотнением 91
С проницаемостью 171
С шумоизоляцией 251
Самостопорящаяся гайка с пластиковой вставкой 101
Сантехническая керамика 148
Сантехническая труба 88
Сантехническая шпилька 98, 245
Сантехнические клещи 102
Сборный пункт 33
Сборный резервуар 261
Сварка муфт нагревательными элементами 84
Сварной шов 83
Сварочная горелка 81
Сварочная проушина 83
Сварочное пламя 82
Сварочное сопло 81
Сварочный аппарат 84
Сварочный трансформатор 201
Сварочный щиток 80
Сварочный электрод 83
Сверление 48, 68
Сверлильный патрон для сверла с продольным пазом 54
Сверлильный патрон с зубчатым венцом 54
Сверло 49
Сверло из быстрорежущих сталей 50
Сверло из высококачественной быстрорежущей стали 135
Сверло по бетону 50
Сверло по дереву и пластику 50
Сверло по камню 50
Сверло по листовому металлу 50
Сверло с крутой винтовой канавкой 50
Сверло с крутой винтовой канавкой и наконечником 73
Сверхвысокомолекулярный полиэтилен 142
Свет 185
Свинец 139
Свинцовый сплав 139
Свободная гибка 65
Свободный скользящий контакт 306
Свободный электрон 190
Связка материалом 107
Сдавливание 69
Сдвиг 128
Седло клапана 285
Седловая вставка 87
Серводвигатель 298
Сердечник каната 166
Серый чугун 132
Сетевой блок питания 213
Сетевой разветвитель (разъемы Schuko) 197
Сеть напряжением 230 в 198
Сеть напряжением 400 в 198
Сжиженный газ в баллонах 269
Сиденье унитаза 145
Сидячая ванна 251
Сила сцепления 86
Сила сцепления, высокая 86
Сила сцепления, невысокая 86
Сила тока I в амперах 189, 191
Сила частичного тока 193
Сила электрического тока 188
Силовое сцепление 107
Силы сцепления, большие 127
Силы сцепления, небольшие 127
Система "труба в трубе" 162
Система канализации 255
Система канализации, за пределами здания 260
Система ответвлений с притертыми соединениями 225
Система отопления с попутным движением воды 280
Система подключения и герметизации 309
Система смешения с заслоном 276
Система смешения с подпорной шайбой 276
Система смыва для встроенного монтажа 235
Система трубопроводов с ответвлениями 225
Системный разделитель 293
Сито 233
Сифон 240
Сифон для встроенного монтажа 256
Сифонирующий унитаз 247
Сифонный колпак 235
Сквозной монтаж 108
Складной дюбель 105
Складной метр 112
Складной пружинный дюбель 105
Скользящая муфта 89
Скользящая опора из спеченной бронзы 152
Скопление воды 257
Скругляющий станок 72
Скручивание 128
Слесарный молоток 102
Слесарный молоток с предохранительной оправой 102
Слив в подвальном помещении 256
Сливная арматура 231, 232
Сливная арматура с толкателем 233
Сливная арматура, перекрываемая 233
Сливная ванна 268, 274, 307
Сливная воронка 293
Сливной вентиль 290
Сливные клапаны 231
Слой тесьмы 166

Слой, пористый 171
Смазка 152, 176
Смазка маслом 176
Смазочное масло 153
Смазочный спрей 153
Смеситель с двумя ручками 232
Смесительная труба 271
Смесь масляных паров и воздуха 274
Смотровое окно 309
Смотровое отверстие 221
Смотровой люк 229
Смывная труба 235
Смывной бачок 235
Снабжение, центральное 236
Снаружи 65, 311
Снятие фаски 59
Собирательное кольцо 287
Соблюдать инструкцию 28
Согнутый профиль 68
Содержание углерода 129
Соединение PWC для накопительного водонагревателя 240
Соединение PWH для накопительного водонагревателя 240
Соединение в раструб 72
Соединение с помощью пресс-втулки 88
Соединение трубопровода PWC 242
Соединение трубопровода PWH 242
Соединительная арматура 90
Соединительная деталь 258
Солнечный аккумулятор, бивалентный 243
Солнечный элемент 201
Сопло кислородного резака 80
Сопровождающий обогрев труб 263
Сопротивление 213
Сопротивление Sauerstoff78 = 127 Ом 127, 186
Спасение 25
Спеченная деталь 151
Спиральное сверло 49
Сплющено 67
Спусковая кнопка 235
Среда передачи тепла конденсации (хвостовая поверхность нагрева) 279
Средний метчик 55
Средства индивидуальной защиты 23
Средство, пенообразующее 270
Сталь 112 , 171, 172, 175
Сталь, высоколегированная нержавеющая 131
Стальная дымовая труба 295
Стальная измерительная линейка 112
Стальная лента 165
Стальная обсадная труба 175
Стальная отливка 132
Стальная проволока 166
Стальная труба 159
Стальная труба, нержавеющая 159
Стальной лист, оцинкованный 164
Стальной материал 125
Стальной радиатор 288
Стальной угольник 154
Станок для нарезания резьбы 57
Станок для нарезания резьбы 57
Станция перекачки сточных вод 261
Статор 287
Стеклопластик 150
Стеклянная труба 163
Стеклянный корпус с индикацией уровня заполнения 238
Стеклянный патрон с вяжущим раствором 106
Стенка для монтажа 248
Стойка 291
Стойка кронштейна 291
Сток 263
Сток в горизонтальной крыше 263
Стол 70
Стол сверлильного станка 53
Стопорная гайка 100
Стопорная шайба 100
Стопорная шайба с внутренним носком 100
Стопорная шайба с упругими зубцами 101
Стопорное кольцо для резьбовых соединений 270
Сточная труба из полиэтилена высокой плотности низкого давления 142
Стояковая труба 219, 262, 291
Стоячее исполнение 231
Стрелка 99
Струбцина 62
Струи воды 253
Структура cuzn 172
Структура материала 171
Структура меди, пористая 172
Стуловые рычажные ножницы 62
Ступица привода 132
Стыковая сварка 84
Стыковая сварка нагревательным элементом 84
Стыковка трубчатых элементов 84
Стяжка-перемычка 40
Счетный механизм 207, 222
Счетчик воды для жилого помещения 222
Счетчик трехфазного тока 207
Счетчик числа оборотов 53
Счетчик электроэнергии 195, 203
Считываемое значение 114
Сшитый полиэтилен 142
Съемная решетка 277

Т

Табличка с указаниями 219
Тавровый профиль 155
Тавровый профиль, ровнобокий со скругленными кромками 154, 155
Тарельчатый клапан линии отводимого воздуха 309
Тарельчатый унитаз 247
Твердосплавная пластинка, спеченная 151, 152
Твердосплавные пластинки, напаиваемые 151
Твердость 126
Твердый 127
Твердый поливинилхлорид 140
Твердый припой 78
Текучесть 126
Телефон для экстренного вызова 33
Телефон прямой связи с пожарной охраной 35
Температура детали 115
Температура применительно к указываемым размерам 115
Температура, низкая 31
Тепловое расширение 125
Тепловой эффект 185
Теплоизолированная медная труба 158
Теплоизоляция 158, 239, 279, 282
Тепломер 280, 284
Теплоноситель 277, 278
Теплообменник 243, 277, 278
Теплый пол 292
Термически улучшенная сталь 130
Термометр 119
Термопласт 140
Терморегулирующая головка 285
Терморегулирующий клапан 285, 292
Термостатический смеситель 232
Термоусадочная муфта 84
Термоусадочный патрубок 84
Тесьма 166
Тип сверла 49
Титан 135
Титановое покрытие 135
Титаново-цинковый сплав 135
Титановый сплав 135
Ток высокого напряжения 198
Токарный резец 177
Токоизмерительные клещи 205
Токсично 36
Токсичность 125
Толчок 128
Тонколистовой металл 164
Топочная камера 279
Торцовочно-усорезная пила 47
Торцовый ключ 94
Точечная коррозия 170, 173
Точечная коррозия, неравномерная 171
Трансформатор высокого напряжения 275
Треугольник Ома 190
Трехжильный 3 199
Трехроликовая насадка для гибки 66
Трехфазное переменное напряжение 198
Трехфазный переменный ток 189
Трехфазный ток 189
Трехходовой радиаторный клапан 17, 289
Трехходовой смеситель с сервомотором 284
Трещина 170
Трещина от внутренних напряжений в медной трубе 173
Тройник 220, 258, 259
Тройник со сборником сажи и конденсата 295
Труб, разделение 79
Труба 158
Труба для горячей воды 221, 236
Труба для ливневой канализации 254
Труба для питьевой воды 131
Труба из алюминиевого композита 161
Труба из высокотермостойкого полипропилена 163
Труба из листа 160
Труба из медного композита 161
Труба из непластифицированного ПВХ 140
Труба из прецизионной стали 159
Труба из прецизионной стали в пластмассовой оболочке 159
Труба из упрочненного минералами полипропилена 163
Труба из хлорированного ПВХ 141
Труба отопления под перекрытием подвала 281
Труба панельного отопления в полу из сшитого полиэтилена 142
Труба под кабель для солнечной панели 88
Труба с резьбой 159
Трубное соединение 92
Трубные клещи 102
Трубный ключ 102
Трубный хомут 148, 262, 282
Трубный хомут с быстродействующим замком 109
Трубный хомут с комбинированным резьбовым соединением 109
Трубный хомут, двухкомпонентный 109
Трубный хомут, однокомпонентный 108
Трубогибочный станок, гидравлический 66
Трубогибочный станок, электрический 66
Трубоочистная спираль 256
Трубоочистной шланг 256
Трубопровод для питьевой воды 221
Трубопровод для подачи горячей воды 242
Трубопровод для подогретой питьевой воды (PWH) 236

Трубопровод для сточных вод 254, 255
Трубопровод для холодной питьевой воды (PWC) 236
Трубопровод распределения тепла, вертикальный 281
Трубопровод системы газоснабжения 269
Трубопровод, вертикальный 258
Труборез 47
Трубчатая "скорлупа" для теплоизоляции 282
Трубчатый нагревательный элемент, горизонтальный 238, 239, 258
Трубчатый сифон 256
Трубы для греющего газа (вертикальные хвостовые поверхности нагрева) 279
Трубы, отрезка 64
Тумблер 202
Турбинное колесо 132

У

Уборная без сиденья 247
Уборная с сиденьем 247
Увлажнитель воздуха 305
Увлажнитель-очиститель воздуха 308
Угловая консоль 110
Угловая шлифовальная машина 58
Угловой калибр 90 ° 117
Углошлифовальная машина 58
Угол исходного профиля 96
Угол при вершине сверла 49
Уголковый профиль 154
Уголь 267
Удаление влаги 304, 305
Удаление заусенцев 59, 79
Ударно-вращательная сверлильная машина 51
Удлинение 94
Узел сшивки 144
Указания касательно первой медицинской помощи 38
Уклон от 257
Уклономер 118
Укрепление стены 104
Ультразвуковое измерение расстояния 112
Умывальник 244
Универсальный гратосниматель 59
Универсальный дюбель 104
Универсальный измерительный прибор 206
Универсальный измерительный прибор, аналоговый 205
Универсальный сливной клапан 233
Унитаз с каскадным смывом 247
Унитаз с подмыванием 247
Унитаз-биде 247
Уплотнение 141
Уплотнительное кольцо 90
Упор ограничения глубины 53
Упор от стены 282, 291
Упорный угольник 117
Управляемый клапан обратного течения 299
Управляемый клапан обратного течения с картриджным клапаном 229
Управляющее и регулирующее устройство 241
Упругая отдача 69
Упругая штампованная контргайка 100
Уровень 118, 245
Уровень обратного подпора 261
Уровень чистого пола (УЧП) 211, 245
Уровнемер 277
Усиленные кусачки 183
Усиленный трубный хомут 109
Усилие изгиба 69
Установка 287
Установка для напайки, электрическая 77
Установка для промывки глаз 33
Установка и закрепление инструмента для вытачивания канавок 74
Установочный винт 98
Установочный штифт 98
Устройство безопасности 78
Устройство дифференциальной защиты 204
Устройство для отделения и снятия фаски 59
Устройство контроля пламени 276
Устройство увлажнения испарением 308
Устройство управления 272, 274
Устройство экстренного открывания 33
Устройство, предохраняющее от перегрева 238
Устройству телесигнализации 212
Устье дымохода 297
Участок регулирования давления и расхода газа 272, 273

Ф

Фаза 189, 199
Фаска 68
Фасонная деталь 151
Феноло-формальдегидная смола 145
Ферромагнитный сердечник 201
Фиксация 85
Фильтр 151, 268, 303, 304, 305
Фильтр с активированным углем 306
Фильтр, обратной промывки 223
Фильтрующие прокладки 306
Фирменная табличка кабельного барабана 194
Фирменная табличка ручной дрели 194
Фитинг 132, 309
Фитинг, уплотняемый вручную 91
Флюс 76
Фонтанчик для промывки глаз 33
Формуемость 126

Формующийся 140
Формующийся 144
Форсунка 271
Фотографировать запрещено 27
Фреза 131
Фрезерная цепь 64
Фундаментный болт 106
Фундаменту 212

Х

Характеристика сопротивления 191
Химический дюбель 106
Холод 31
Холодная 239
Холодная вода 238
Хомут 282
Хомут для пластиковых труб с распоркой 109
Хранение жидкого топлива, наземное 268
Хранение жидкого топлива, подземное 268
Хранение пеллет 267
Хранилище 267, 277
Храповой механизм 94
Храповый механизм 56, 94
Храповый рычаг 56
Хром 139
Хрусталь 149

Ц

Цветная маркировка абразивного круга 58
Цековка 54
Цилиндрический болт с внутренним шестигранником 97
Цилиндрический стержень 49
Цинк 138, 168
Цинк-ионный 168
Цинковая ванна 138
Циркулирующий воздух 304
Циркуляционный насос 243, 278
Цистерна с природным газом 269
Цифровой 206
Цифровой угломер 116
Цифровой штангенциркуль 114
Цокольный этаж 236, 297

Ч

Частичное напряжение 192
Червячный захват 277
Чердачный этаж 297
Чердачный этаж 297
Четырехгранный колпачок 219
Четырехгранный пруток 157
Чистовой метчик 55
Чистящий волоконный холст 78, 87
Чрезвычайно огнеопасно 36
Чугун с пластинчатым графитом 132
Чугун с шаровидным графитом 133
Чугунная труба 132, 160
Чугунный радиатор 288

Ш

Шаг зубьев 46
Шаровидная крестовина трубопровода 259
Шаровидный графит 133
Шаровой кран 227
Шаровой кран линии подключения 292
Шаровой кран насоса 284
Шахта для установки пристенных конструкций 281
Швеллер 156
Швеллер со скругленными кромками 156
Шестерня 129
Шестерня-долбяк 64
Шестигранный болт 96
Шестигранный пруток 157
Шестиугольная гайка 99
Шипы материала просматриваются 85
Ширина 248
Шкала Бахараха 299
Шланг системы охлаждения 53
Шланг, изолированный 309
Шланговый уровень 118
Шлифование торцом круга запрещено 27
Шлифовка вручную запрещена
Шлиц 96, 97
Шлицевая гайка 99
Шовная труба из титаново-цинкового сплава, круглая 161
Шпиндель 219
Шпиндель сверлильного станка 53
Шплинт 101
Штангенциркуль с круговой шкалой и указателем 35, 114
Штангенциркуль с нониусом 113
Штангенциркуль с нониусом 20 °C 115
Штангенциркуль с нониусом, измерение глубины 114
Штифт 105
Шток клапана 285, 298
Штуцерное соединение с врезным кольцом 91
Штырьевой кронштейн 291
Шумоглушитель 308
Шумозащитные наушники 24
Шумозащитные наушники 24
Шуруп для стружечной плиты 98
Шуруповерт 93, 183

Щ

Щетка дисковая и для контактных колец 79
Щипцы для сгибания двумя руками 65
Щипцы для сгибания с храповым механизмом 66

Э

Эксцентрик 291
Эластичность 125
Эластомер 146
Эластомерное прокладочное кольцо 147
Электрический воздухонагреватель 307
Электрический инструмент для вытачивания канавок 73
Электрическое сопротивление 190
Электрод контроля пламени 272
Электрод розжига 241, 272, 273, 275, 276
Электродвигатель 53, 213
Электрокорунд 170
Электролиз 186
Электролит 168, 171, 172, 200
Электролитическая мембрана 186
Электромагнитный запорный клапан 275
Электромагнитный клапан 272
Электромуфтовая сварка 85
Электрон 168, 184
Электропаяльник 77
Электрохимический ряд напряжения 167
Эмаль 148
Энергосберегающий нагревательный элемент с подключением клапана 290
Этажное центральное отопление 280
Этилен-пропилен-диен-каучук 148
Этилен-пропиленовый диеновый каучук 148

Я

Ядро атома 184
Ящик с инструментами для выполнения резьбовых соединений 93

INDEX KURDISCH
INDEX KURDE
ИНДЕКС КУРДСКИЙ
INDEKSA KURDÎ

Hejmar

3-damarî 199
3-pol 198
5-damarî 199

A

ABS 143
AED (Defîbrîlatora Derve ya Otomatîkkirî) 33
Agirê tevşoyê 82
Agirkuj 35
Ajotina milê kalibrasyonê 117
Ajotina xeleka kalibrasyonê li ser serê boriyê 117
Akrilonitrîl-bûtadien-stîrol 143
Akumulator 200
Alîkariya yekem 33
Alîkariya yekem, rêberî 38
Aliyê teknîkî yê ceyranê 188
Alûmînyûm 133, 175
Amplitude 189
Amûr 240
Amûr û hacetên ji bo têkoşîna li dijî agirî 35
Amûra ava kelandî 238
Amûra birîna vîdayan 56
Amûra derketina awarte 33
Amûra firekirinê 89
Amûra firekirinê ya bateriyî 89
Amûra frezê 131
Amûra girêdana torê 213
Amûra hewagirtinê 311
Amûra hewagirtinê ya navendî-ne 311
Amûra kontrolê 272, 274
Amûra lehîmkirina berxwedana elektrîkî 77
Amûra pêçandinê 182
Amûra pîvana cehreyanê 213
Amûra pîvana ceyranê ya gezikî 205
Amûra pîvana germahiyê 119
Amûra pîvana pestîna hewayê 119
Amûra pîvana pirfunksiyon 206
Amûra pîvana pirfunksiyon a analogî 205
Amûra pîvana voltajê 168, 200, 201, 213
Amûra pîvanê 111, 182, 208, 209
Amûra qelêşandinê 59
Amûra qirikderxistinê 73
Amûra sereke ya astengkirinê 269
Amûra şemitandinê 89
Amûra şemitandinê ya bateriyî 89
Amûra têgihiştina gazê 270
Amûra tewandina boriyê ya destî 65
Amûra veqetandin û lêvedanê 59
Amûrên ewlekariyê 243
Amûrên kar, elektrîkî 188
Amûrên parastina çermî bi kar bînin 28, 30
Amûrên parastina giştî 34
Amûrên parastina kesane 23
Amûrên teknîkî yên ewlekariyê
Anod 168, 186
Anoda parastinê 239
Anoda qurbanî 175
Anoda qurbanî di depoya ava germ de 134
Anten 212
Asetîlena qehweyî ya şabeşî 78
Asta avê 118, 245
Asta avê ya şilangî 118
Asta avê ya xilarekê 118
Asta karbonê 129
Asta vegerastê 261
Asteng li deverên serî 32
Asteng li erdê 31
Astengkerê paşveherîna kontrolkirinbar bi vava têxistinê 229
Astengkerê paşveherîna nekontrolkirinbar 229
Astengkerê paşveherînê 230, 232, 240
Astengkerê paşveherînê kontrolkirinbar 229
Astengkirin 30
Astirê erdê 281
Astirkirin bi plastîkê 177
Atmosfera xetera teqînê 32
Atom 184
Atoma biyanî 190
Av 127, 186
Ava astengkirinê 257
Ava mayî 235
Ava sar 238
Avdan 263

Avdana banê pan 263
Avdana bodromê 256
Avdana erdê 253
Avdana erdê bi girtina vegerasta 256
Avdana PWH 241
Avdana serşokê 256
Avderî 307

B

Bafta Cu-porî 172
Bafta CuZn 172
Bafta madeyê 171
Ban 295
Bandora fîzyolojîk 187
Bandora germiyê 185
Bandora helgirtinê 257
Bandora kîmyewî 186
Bandora magnetîkî 185
Bandora optîkî 185
Banê betonî ya xav 281
Banê pan 263
Banê textaçartaqî 262
Banyo 251
Banyoya akrîlîk 144
Banyoya kurt 250
Banyoya mezin 251
Banyoya normal 250
Banyoya rûniştekî 251
Banyoya zinkê 138
Barê daliqandî 31
Barê giran tune 26
Barkirinê 125
Batarî 200
Bateriya tevlihevkirinê ya du-destgir 232
Bateriya tevlihevkirinê ya termostatîk 232
Bazdan 96
Bêjayê rûnkirinê 153
Bêjayê spire 153
Belavker (VV, VR) 280
Belavkera kazanê 286
Belavkerê pêşveçûnê û komkera vegerînê, kombînekirî 286
Belavkirina asoyî ya germiyê 281
Belavkirina ava şûştinê 235
Belavkirina germkirinê 281
Belavkirina qat bi qat 280
Ber bi boriyên avê 212
Ber bi boriyên germkirinê 212
Ber bi derxerên zêdevoltajê 212
Ber bi parastina birûskê 212
Ber bi pergala ragihandinê ya dûr 212
Berî bardariyê 125
Berî bikaranînê erdkirin 28
Berî hişyarî an tamîrê ji kar derxin 29
Berjer 257
Berxwedan 213
Berxwedan R 191, 192, 193
Berxwedana elektrîkî 190
Berxwedana guherbar 213
Berxwedana kişandinê 126
Berxwedana zengarbûnê 126
Berzika tevşoyê 83
Beşa birînê 49
Beşa boriyê ya ramedî 258
Beşê pêkhateyê 129
Beşika avêtinê 148, 246
Beşika duşê 252
Beşika konsolê 291
Beşika şûştina destan 244
Beşika şûştinê 246
Beşika şûştin-rûniştekî 250
Beşkera jêrîn 203
Bêtalûkebûn 25
Bi avê temirandin qedexe ye 26
Bi bilindahiya-guherbar 251
Bi dengkêmkirina dengsema-leşî 251
Bi dest 84
Bi gelek amûrên pêdakirî 297
Bi madeyê zeliqandinê yê mîkropsûlkirî 153
Bi makîneya tevşokirinê 84
Bi sîgnala dîtbarî û dengî 261
Bîdeya keramîkî 148
Bijîşk 33
Bikaranîna destanan qedexe ye 27
Bikaranîner 188, 194, 208, 209
Bilindahî 248
Binê vavê 289
Binê vavê termostatê ya du-borî 288
Bingeha avahiyê 212
Bingeha dûkêşê 297
Bingeha lingan 251
Bingeha pêyî 53
Birêrê boriyê 64
Birêrê boriyê yê bateriyî 64
Birêrê dawî 55
Birêrê navîn 55
Birêrê pêşî 55
Birîn 63
Birîna bazinî 61
Birîna meqesî 14, 60
Birîna qulê 87
Birîna vîdayan 57
Birîndariya destan 32
Biring 138, 172

Bişkok 188, 204, 213, 287
Bişkoka alqevedan 202
Bişkoka astengkirinê 232
Bişkoka çalakkirinê 235
Bişkoka hejmêrê 202
Bişkoka hilbijartina germahiyê 238
Bişkoka hilbijêrê ya fonksiyon û qada pîvanê 206
Bişkoka parastina motorê 202
Bişkoka parastina rêderê 204
Bişkoka parastina şaşitiyê ya ceyranê 202
Bişkoka rawestana-acîl 202
Bişkoka taqîkirinê 204
Bişkoka wergerê 202
Bizmarê banî 105
Bizmarê lêdanê 110
Bizotka vekirinê 105
Bloka motora otomobîlê 134
Bodrum 236, 297
Borî 158
Boriya alûmînyûmê 133
Boriya asoyî ya belavkirina germiyê 281
Boriya ava vexwarinê 131, 221
Boriya ava vexwarinê di bin boriya gazê 174
Boriya ava vexwarinê ya germ (PWH) 236
Boriya ava vexwarinê ya sar (PWC) 236
Boriya avderê 221, 236
Boriya avderê ya ABS 143
Boriya avderê ya PE-HD 142
Boriya avderê ya PP 143
Boriya belavkirinê 224
Boriya bêzeng ya LORO-X 160
Boriya bilindker 224
Boriya bingehîn 255
Boriya bingehîn, li derveyî avahiyê 260
Boriya bîra polayî 175
Boriya camê 163
Boriya caxî 163
Boriya dabînkirina gazê 269
Boriya dabînkirinê 218
Boriya dakêşîna ava baranê 254, 262
Boriya dakêşîna ava qirêj 254, 255
Boriya dakêşîna baranê 135
Boriya dakêşînê 259
Boriya dawiyê ya hewagirtinê 260
Boriya gazê 88, 174, 212, 221, 270
Boriya gazê li ser boriya ava vexwarinê 174
Boriya gazên derketî 297, 298
Boriya germkirina erdê ya PE-Xa 142
Boriya germkirinê li bin banê bodromê 281
Boriya germkirinê ya PB 143
Boriya germkirinê ya tecirîtkirî 282
Boriya girêdana kombûnê 255, 258
Boriya girêdana malê (HAL) 218
Boriya girêdana takekesî (EAL) 255, 258
Boriya girêdanê 220, 259
Boriya helmijîna rûnê 275
Boriya helmijînê 268
Boriya hesinê rijandî 160
Boriya hewagirtinê 255
Boriya hewayê 303
Boriya hilgir ya alûmînyûmê 161
Boriya hilkişînê 289
Boriya hilmê 238
Boriya hundir ya PE-X 161
Boriya KG 163
Boriya kombûnê 224, 255
Boriya kombûnê, di bodromê de 260
Boriya LORO-X ya zinkkirî 160
Boriya marpiçî 242
Boriya misî 136, 158, 167, 174
Boriya misî bi qata pêşikdariya PVC 158
Boriya misî ya bi germîgirtina 158
Boriya misî ya hundirê wê qeleykirî 158
Boriya parastinê 142, 143
Boriya PB 162
Boriya PE 162
Boriya pêkhata alûmînyûmê 161
Boriya pêkhata metalê 152
Boriya pêkhata misî 161
Boriya pelên hesinî 160
Boriya pelên hesinî ya bazinî ya zinka tîtanê 161
Boriya pelên hesinî ya sandiqî ya misî 161
Boriya pestîna bi xeleka vegerastê 261
Boriya plastîkî 162, 309
Boriya polayî 159
Boriya polayî ya bêkêmasî 159
Boriya polayî ya bêkêmasî ya bi rûnişta plastîkî 159
Boriya polayî ya bêzeng 159
Boriya polayî ya zengarbûyî 167, 171
Boriya PP ya berxwedana germiya bilind 163
Boriya PP ya xurtkirî bi mîneralan 163
Boriya PVC 162
Boriya PVC-C 141
Boriya PVC-U 140
Boriya qatê 224
Boriya rijandî 132
Boriya rûnê 274
Boriya sanitarê 88
Boriya sekinandinê 219, 262, 291
Boriya serêjê 233, 238, 239
Boriya SML 160
Boriya solarê 88
Boriya şûştinê 235
Boriya têketina takekesî 224

Boriya tevlihevkirin 271
Boriya vîdayî 159
Boriya xelekî 218
Boriya-S 160
Boriyê yê qelêşî, serê 84
Boriyên gazên germkirinê (rûberên germiya piştî-bicihkirinê yên asoyî) 279
Boriyên misî 282
Boyaxa parastina zengarbûnê 177
Boyaxa rengê 177
Brîket 267
Bronz 137
Burkiyê anînê 277
Burşî 49
Burşiya betonê 50
Burşiya dar û plastîkê 50
Burşiya HSS 50
Burşiya kevirê 50
Burşiya metalê 50, 131
Burşiya pelên hesinî 50
Burşiya polayî ya HSS 135
Burşiya qelişandinê 50
Burşiya qelişandinê bi serê qulkirinê 73
Burşiya spiral 49
Burşiya vîdayan 55, 131
Burxîker 93, 183
Burxiya inbusê 97

C

Cama borosîlîkatê 149
Cama kristalê 149
Cama pêkhatî 149
Camê paceyê 149
Cawên parzûnê 306
Caxê glazûrkirî 148
Cehreyan 188
Cehreyana xurt 198
Ceyrana guherbar 189
Ceyrana guherbar a sê-fazî 189
Ceyrana guherbar a sê-fazî 189
Ceyrana rasteder 186, 189
Cihê destgirtinê bi kar bînin 29
Cihê komkirinê 33
Cihê têkiliyê 167
Cihê torkirinê 144
Cilên hişyarkerî bi kar bînin 29
Cilên parastinê bi kar bînin 28
Cilergê parastinê bi kar bînin 30
Cixarekêşan qedexe ye 25
Cudakerê hewayê 284, 294
Cureyê burşiyê 49
Cûta dîska ewlekariyê 101

Ç

Çal 170
Çala zengarbûnê 173
Çapa kontrolê 299
Çapleka navî 96
Çavdêrê herikîna gazê 270
Çavdêrê herikînê 269
Çavdêrê pestîna hewayê 273
Çavdêrê pestînê 272
Çavdêrê pêtê 276
Çavkaniya ceyranê 208, 209
Çavkaniya voltajê 188, 213
Çavlika parastina tevşoyê 24
Çavlika parastinê 24
Çekûşê dar an plastîkê 69
Çekûşê darî 102
Çekûşê destî 102
Çekûşê hesinkerê 102
Çekûşê hesinkerê bi girka parastinê 102
Çekûşê lehîmkirinê 76
Çekûşê qulkirinê 51
Çekûşê qulkirinê yê bateriyê 51
Çemandin 128
Çemika boriyê 233
Çengelê havliyê 244
Çenteya amûran ji bo pêvegirêdanên vîdayî 93
Çerxa didanan 129
Çerxa ger 287
Çerxa pera 222
Çerxa pompaya gerînê 142
Çerxa turbînan 132
Çespandin 287
Çirî 125
Çûyina pişta milê zivirandî qedexe ye 27

D

Dabeşkerê herikînê yê dînamîkî 226
Dabeşkerê herikînê yê statîkî 226
Dabeşkerê herikînê yê Ventûrî (VSt) 226
Dabînkirina komî 237
Dabînkirina navendî 236
Dabînkirina takekesî 237
Dakêşîna hewayê 274
Dakêşîna PWC 241
Dakişandina otomatîk 277
Daleqandin 104
Daleqandin bi pîvaza qulan 110
Danîna boriyên şarezayî 174
Danîna pêpelikê 40
Dar 149
Dara jêrîn 71

Dara jorîn 71
Dara pêveçêkirinê 70
Dara qatkirinê 70
Darbesta biçûk 41
Darbesta li ser tekera 41
Darbestin 41
Darê hûrkirî 267
Daxilbûna germiyê 169
Dehf 128
Dem t bi saniyeyan 187, 189
Dendika atomê 184
Dendika hesinî 201
Depokirin 237, 297
Depoya bin-maseyê 237
Depoya darê 267
Depoya depokirina rûnê 150
Depoya dîwarî 237
Depoya firehavêtinê 243, 286
Depoya gaza şil 269
Depoya hewayê 293
Depoya hilanînê 277
Depoya komkirina rûnê 274
Depoya komkirinê 261, 268, 274, 307
Depoya misî bi pergala germkirinê 241
Depoya piçûk 239
Depoya piçûk a bin-maseyê 239
Depoya piçûk a ser-maseyê 239
Depoya solarê ya duvalent 243
Derbasbûna hewagirtî 295
Derbasbûnê bi kar bînin 30
Derbasbûnî 171
Dergeha acîl ya rastê 34
Dergeha derbasbûna hewaya zêde 311
Dergeha dûkêşê 297
Dergeha hewayê 294
Dergeha kontrolê 229, 309
Dergeha kontrolê ya jorîn ji bo şafta derxistina hewaya qirêj 297
Deriyê paqijkirinê 297
Derketin, azad 229
Derketin, leqok 232
Derketina acîl bi pelikana revê 34
Derketina hewayê 303
Derketina rizgariyê 34
Dermankirina piştî avêtinê 129
Dermankirina rûberê ya kîmyewî 176
Derve 65, 311
Derxistin 309
Derxistina zinkê 172
Derza lehîmê (germkirî) 77
Derzê guhaztinê 139
Destan bişon 29
Destanê parastinê 23, 80
Desteya avderê 235
Desteya vavê ji bo germkirinên yek-borî 289
Desteya vavê ya boriya hilkişînê ji bo germkirinên du-borî 289
Destgir 80
Destgira hilbijartina germahiyê 232
Destî 223
Destika burxiyê 56
Destika çeprast bi beşa şemitandinê 94
Destika germiyê 84
Destika helmijînê 287
Destika pestînê 287
Destika qulkirina şidandina lezgîn 54
Destika qulkirinê ji bo burşiyên bi şiva dirêj 54
Destika qulkirinê ya didankirî 54
Destika siwirkirinê bi çargoşe 94
Destika şiqşiqî 94
Destika zivirandinê 53
Destikê darî 149
Destlêdan qedexe ye 26
Destnîşankirina hejmara dûmanê 299
Destpêka otomatîk 32
Destpêvedan qedexe ye 26
Detektora agir 35
Devê birîna hesinê req ya sinterbûyî 151
Devê jorîn a erdê-temamkirî 211, 245
Dezgeha duşê ya kaşî-raxistî ya çeperast bi erdê 253
Dezgeha malbatê 203
Dezgeha pîvera avê 221
Dezgeha rakêşa avderê 261
Dezgeha solarê 243
Di rewşa agir de asansorê bi kar neynin 26
Didan 46
Dîjîtal 206
Dînamo 201
Dîpol 205
Dirêjahiya jêbirrînê l 75
Dirêjahiya kevanê 67
Dirêjahiya kevanê ya rast 67
Dirêjahiya parçeya xebatê 69
Dirêjahiya rast 69
Dirêjahiya rêderî 190
Dirêjahiya serî 49
Dirêjahiya sûdwergirtinê 107
Dirêjker 94
Dirêjkirî 67
Dîska astengkirin 273, 276
Dîska bêjenikî 101
Dîska binvîdayê 95, 100
Dîska birîna veqetandinê 58

Dîska didankirî 101
Dîska federeyî 101
Dîska meidinger 295
Dîska pîvanê 207
Dîska plastîkî 175
Dîska rêveberiyê 289
Dîska şidandinê 101
Dîsplay 206
Dîwarê cudakirina duşê 252
Dîwarê montajê 248
Dîwarkirina dorê 297
Diyafram 223
Dolapa belavkeran 292
Dubelê alqevedanê 105
Dubelê betonê gazê 105
Dubelê betonê pordorî yê metalê 105
Dubelê birincê 105
Dubelê bizmarê 104
Dubelê gerdûnî 104
Dubelê ji bo texteyên gipsê 104
Dubelê metalê 104
Dubelê metalê ji bo texteyên gipsê 104
Dubelê qata federe 105
Dubelê valahiyê 105
Dubelê valahiyê yê metalê 105
Dubelê vekirinê 104
Dûkêş 296
Dûkêşa bi yek amûra pêdakirî 297
Dûkêşa polayî 295
Duromer 144
Dûroplastîk 144
Duş 252
Duşa acîl 33
Duşa çavan 33
Duşa destî 252
Duşa şilangê 252

E

Eksenter 291
Elast 146
Elastîkiya lastîkî 146
Elastîkiyet 125
Elastomer 146
Elektroda çavdêriya pêtê 272
Elektroda çavdêriyê 273
Elektroda pêtdanê 241, 272, 273, 275, 276
Elektrokorund 170
Elektrolît 168, 171, 172, 200
Elektrolîz 186
Elektron 168, 184
Elektrona bi azadî livok 190
Elementê germiyê 84
Emaye 148
Enjektör 271
EPDM 148
Êrîşa zengarbûnê ya zêde 172
Estrîç 281
Ewlekarî 203, 213
Ewlekariya bi madeyê zeliqandinê 100
Ewlekariya bi tel 100
Ewlekariya germahiya zêde 238
Ewlekariya heliyayî 204
Ewlekariya hurnik 203
Ewlekariya lihevzêdekirinê 40
Ewlekariya pêçandina xelekî 270

F

Faz 189, 199
Federeya pestînê 223
Federeya pîstonê 234
Federeya tewandinê 65
Federeya vegerînê 285
Federeya vîdayê 130
Ferman 25
Fîkstura astengkirinê 221, 270, 293
Fîkstura derketinê 139
Fîkstura du-qulî 231
Fîkstura kombînasyonê 268
Fîkstura nermdeker 293
Fîkstura rêveberiya gazê û ewlekariyê 278
Fîkstura sê-qulî 231
Fîkstura tijîkirin û valakirinê 238
Fîkstura valakirinê, wek mînak vavê KFE 294
Fîkstura yek-qulî 231
Firçeya girover û xelekî 79
Firehavêtina germiyê 125
Firehî 248
Firehiya navî (DN) 258
Fîş 197
Fîşa CEE ya 5-pol 198
Fîşa pan 196
Fîşa qutba neyînî 206
Fîşa Schuko 196
Fîşê derxînin 28
Fîtîng 132
Fîtînga hevdanan 90
Fîtînga pêçandinê ji bo boriyên gazê 147
Fîtîngên misî 78
Fîtîngên pêçandinê 88
Flanşa lehîmê 92
Flanşa şidandinê 263
Flanşa vîdayî 92
Fleks 58
Frêna rakêşa kêşanî 284, 289, 294

G

Garîna nexweşan 34
Gaza şil di şûşeyên gazê de 269
Gazî 127
Germ 239
Germahiya mohra pîvanê: 20°C 115
Germahiya parçeya xebatê 115
Germî 185
Germîgirtin 158, 239, 279, 282
Germkera ava vexwarinê ya depoyî 236, 242
Germkera ava vexwarinê ya herikînê (herikîna-TWE), elektrîkî 241
Germkera avê ya herikînê (DWH) 241
Germkera boriyî 239
Germkera boriyî, ramedî 238
Germkera herikînê 237
Germkerê derbasbûyî 241
Germkerê derbasbûyî yê gazê 241
Germkerê havliyan 288
Germkerê hewayê 304, 305
Germkerê hewayê yê ava germ 307
Germkerê hewayê yê elektrîkî 307
Germkerê pan 289
Germkerê pelikan 289
Germkerê vavê ya enerjî-vekefilandin 290
Germkirina ava vexwarinê 242
Germkirina erdê 292
Germkirina li rêderê boriyê 263
Germkirina qatî 280
Gezika boriyê 102
Gezika boriyê ya goşeyî 102
Gezika îzoleyê 183
Gezika komkirî 102, 183
Gezika krimperê 182
Gezika kumikê 73
Gezika pêçandinê 88
Gezika pompaya avê 102
Gezika serî-tûj 183
Gezika tewandinê ya dudestkî 65
Gezika tewandinê ya rêçikeyî 66
Giloveya kevçî 106
Giloveya navberê 282
Giloveya plastîkî 175
Giloveya şemitandinê 89
Girêdan ji bo şilanga tijîkirinê 293
Girêdana amûra tevşokirinê 85
Girêdana bikaranînerê 204
Girêdana du-nuqteyî 288
Girêdana gaza erdê 269
Girêdana gazê 271
Girêdana germahiya pîvanê 115
Girêdana giloveya pêçandinê 88
Girêdana hevdanan 90
Girêdana hevdemî 193, 208
Girêdana kazanê 286
Girêdana kumikî 72
Girêdana PWC 242
Girêdana PWC ber bi depoyê 240
Girêdana PWH 242
Girêdana PWH ji depoyê 240
Girêdana rêzokî 192, 209
Girêdana torê 204
Girêdana vîdeyî 285
Gireka parçeyê xebatê 53
Gireka sabûnê 244
Gireka tasa diran şûştinê 244
Girêker 309
Giroverkirin 72
Girtî 298
Girtina lezgîn 108
Girtina paqijkirinê ya jorîn 297
Girtina vegerastê 261
Girtoya qirêjê 284
Goşeya kêlekê 96
Goşeya pan 117
Goşeya qirşikan 49
Goşeya serî 49
Goşeyê astengê 117
Grafîta lamelî 132
Grafîta xelekî 133
Guherandina leza zîvirînê 53
Guherîna alî 258
Guherînerê li ser fîkstura banyoyê 230
Guherînerê otomatîk 230
Guhêzerê germiyê 243, 277, 278, 307
Guhêzerê germiyê yê pelikan 307
Gurmik 262

H

H - madeyên req, wek mînak fontê 49
Hacet 244
Herêma helmijînê 286
Herêma hewaya derbasbûnê 311
Herêma hewaya derketin 311
Herêma hewaya têketin 311
Herêma pestînê 286
Herêmên parastinê 211
Herikeya solarê ya pêşveçûn û vegerînê 243
Herikîna hewaya duyemîn 277
Herikîna hewaya yekem 277
Herikîna têketinê 235
Herîna ceyranê 188
Herîna elektronan 188, 200
Hesinê birînê 56

Hesinê danînê 110
Hesinê gewr 132
Hesinê rijandî bi grafîta lamelî 132
Hesinê rijandî bi grafîta xelekî 133
Hesinê sor 138
Hesinên spî 136
Hestpêkerê depoyê 242
Hestpêkerê germahiyê 239
Hestpêkerê şilîyê 285
Hevîra hêrandî 132
Hevsengiya barê 188
Hewa derketin 303, 305, 311
Hewa derve 303, 304, 305, 311
Hewa dorgerî 304
Hewa dûrxistin 303, 304, 311
Hewa şewitandinê 271
Hewa têketin 303, 305, 311
Hewader 268
Hewaderkerê lezgîn 293
Hewaderxistin li ser banî 260
Hewagira ajotî 293
Hewagirê boriyê 230, 260
Hewagirê boriyê ji bo girêdanên şilangê 230
Hewagirtin 261
Heyam 189
Hêza ceyrana elektrîkî 188
Hêza ceyranê I bi Ampêrê 189, 191
Hêza ceyranê ya beşî I1 193
Hêza ceyranê ya giştî I 192, 193
Hêza elektrîkî 194
Hêza pîvanê 115
Hêza tewandinê 69
Hêza zeliqînê ya baş 86
Hêza zeliqînê ya xirab 86
Hêzên girêdanê, kêm 127
Hêzên girêdanê, mezin 127
Hîdrant DN 100 219
Hîdranta bin-erdê 219
Hîdrojen 186
Hilanîna peletan 267
Hilanîna rûna germkirinê ya bin-erdê 268
Hilanîna rûna germkirinê ya ser-erdê 268
Hilbijêra germahiyê 239
Hildanî qedexe ye 26
Hildanî ser refan qedexe ye 27
Hilgira banyoyê ji kefa req 251
Hilgirê-I, navîn-pan 154
Hilgirê-I, pan 154
Hilgirê-I, teng 154
Hînkirin 111
Hişyarî 25
Hişyarî li ser voltaja elektrîkî 187
Hişyariya giştî 30
Hundir 65, 170, 311
Hundirê qeleykirî 136

Î

Îyon 184
Îyona 1-carî erênî barkirî 184
Îyona 2-carî neyînî barkirî 184
Îyona metalê 190
Îyonê hesinî 171
Îyonê zinkê 168

J

Jêbirrîn 60
Jêbirrîn 68
Jehrî 36
Jehrînî 125
Jêkirin 15, 60, 61, 63, 128
Jêkirina boriyê 64
Jenerator 213
Jeneratora mobîl 201
Ji bo peyan qedexe ye 25
Ji bo wesayîtên barî qedexe ye 26

K

Kablo, asoyî 258
Kablo, elektrîkî 199
Kabloya îzolekirî 199
Kabloya pêtdanê 276
Kabloya sifirê 199
Kalibrasyon 117
Kalibrasyonkirin 79
Kamçî 219
Kamçiyê vavê 285
Kanal 261
Kanala ava baranê 254
Kanala ava qirêj 254
Kanala ava tevlihevkirî 254
Kanala avderê 218
Kapê kolanê 219
Kapê zivirandinê bi skalaya pestînê 223
Kasika kar 23
Katod 168, 186
Kazana gazê ya atmosferîk 278
Kazana germkirina rûnê ya germahiya-nizm 279
Kazana germkirinê 242, 274
Kazana germkirinê bi ewlekariya herikînê 297
Kazana nirxa şewata gazê, li dîwarê daleqandî 278
Kazana nirxa şewatê 279
Kazana peletan 277
Kelandok 238

Kelbetana pîvana cehreyanê 205
Kelepçe 282
Kelepçe ji bo boriyên plastîkî bi ragirê navberê 109
Kelepçeya boriyê 148, 262, 282
Kelepçeya boriyê bi girêdana vîdayî ya pircarî 109
Kelepçeya boriyê bi girtina pestînê 109
Kelepçeya boriyê ya giran 109
Kelepçeya boriyê, du-parçe 109
Kelepçeya boriyê, yek-parçe 108
Kelepçeya plastîkê 109
Kelepçeya polayî ya zinkkirî 167, 174
Kelepçeya qulkirina vavê 220
Kelpîça qulan 103
Kelpîça tijî 103
Kêmasiya elektronan 187
Kêmkerê dengî yê kulîsan 308
Kêmkerê dengî yê telefoniyê 308
Kêmkerê pestînê 78, 240, 293
Kêmkerê pestînê ji bo asetîlenê 82
Kêmkerê pestînê ji bo oksîjenê 82
Kêmkirina dengî 251
Kêra girover 64
Kêra girover64
Keramîka tenduristiyê 148
Kêrê kablo 182
Kesên nebidestûr, ketina qedexe 27
Ketina qadê qedexe ye 27
Kevanê ewlekariyê 291
Kevçî 233
Kevirê betonê ya normal 103
Kevirê betonê ya pordor 103
Kevirê xîz û kîlsê 103
Kilîla hewaderkirinê 294
Kîlowatsaet (kWh), yekîn 195
Kişandin 128
Klape 298
Klapeya gazên derketî, bi rêveberiya motorî 298
Klapeya gazên derketî, bi rêveberiya termîkî 298
Klapeya paşveherînê 284
Kodkirina bi reng a dîska rêxistinê 58
Kolektora rojê 243
Koma peyk 116
Koma şewatokê 80
Kombînasyona nîşanan 35
Kombînasyona têketina malê (HEK) 269
Kombînasyona tijîkirinê BA 293
Komkera gazên derketî 278, 279
Komkirî 67
Komkirin 63
Konî avdanê 293
Konî vavê 285
Konsola goşeyî 110
Konsola kantîlîverê 110
Konsola qulkirinê 291
Konsola sekinandinê 291
Konsola yek-parçeyî 291
Kontakta parastinê 196, 197
Kontrola odeya takekesî 292
Kontroller 232, 285
Kontura pêçandinê 88
Konvektor 290
Konvektorê binê 290
Konvektorê bin-erdê 290
Krom 139
Kulîs 308
Kulîsa kêmkerê dengî 308
Kumê parastinê 23
Kumik 72
Kumika avderê 148
Kumika germiyê 84
Kumikê têxistinê 262
Kumikkirin 72
Kuplêra boriyê 92
Kûrahî 248
Kûrahiya lengerkirinê 107
Kûrahiya qulê 107
Kûrahiya têxistinê 72
Kûrahiya têxistinê L (3xs) 75
Kûrkerê konî 54
Kûrkerê pan 54
Kûrkerê qula berwar 54
Kûrkirina qulê 48

L

Lakeya parastina metalê 177
Lambe 213
Lastîka akrilonitrîl-bûtadien 147
Lastîka akrilonitrîl-bûtadien a hîdrojenkirî 147
Lastîka etîlen-propîlen-dîen 148
Lazer 118
Lebata azad 306
Lehîm 77, 118
Lehîma nerm 76
Lehîma qeleyê 136
Lehîma req 78
Lehîma şil 127
Lehîmkerê 182
Lehîmkerê elektrîkî 77
Lehîmkirina berxwedana elektrîkî 79
Lehîmkirina nerm 76
Lehîmkirina req 78
Lênêrîn 276
Lenger a kombînasyonê 106
Lengerê banyoyê 251

Lengerê bertekê 106
Lengerê giraniyê 106
Lengerê lêdanê 106
Lengerê şiringeyê 106
Lengerê zîkonê 106
Lepikên kar 23
Lêv 68
Leva 234
Lêva bizav 70
Lêva jêrîn 70
Lêva jorîn 70
Lêva tewandinê 70
Levayê qedkirinê 53
Levayê rêçikeyê 56
Lêvedan 59
Leza dora dîskê 58
Li dîwar daleqandî 250
Lîbel 118
Ling 117
Lingê konsolê 291
Liq 220, 258, 259
Liqa boriya dakêşînê 259
Liqa ducarî 259
Liqa ducarî ya xelekî 259
Lûha qermîçokî 165
Lûleya gazê 271
Lûleya rûnê 276
Lûleya tevşokirinê 81

M

Madeya bê qata oksîdê 169
Madeya bi qata oksîdê 169
Madeya jehrî 31
Madeya polayî 125
Madeya radyoaktîf 30
Madeya şewatê 32
Madeya xetera agir 32
Madeyê birînê 151
Madeyê elastîkî yê şidandinê 251
Madeyê germîasitenînê ya PUR 146
Madeyê herikînê 76
Madeyê hilgirê elastîk 151
Madeyê kefçêker 270
Madeyê rûnkirinê 152
Madeyê zeliqandinê 86, 153
Madeyê zeliqandinê ya ewlekariya vîdayan 153
Madeyê zeliqandinê yê lîaca-bilind 86
Madeyê zeliqandinê yê lîaca-nizm 86
Madeyên xetera teqînê 30
Magnet 201
Makarayê kabloyê 194
Makîneya birîna vîdayan 56, 57
Makîneya birîna vîdayan, bi rêvebiriya destî 57
Makîneya giroverkirin 72
Makîneya miştara bazinî 47
Makîneya miştara vertîkal 47
Makîneya pêçandinê ya bateriyî 88
Makîneya qulkirina darbeyî 51
Makîneya qulkirina navîn 51
Makîneya qulkirina stûnî 52
Makîneya qulkirinê ya bateriyî 200
Makîneya tewandina boriyê ya elektrîkî 66
Makîneya tewandina boriyê ya hîdrolîkî 66
Makîneya tewandina zivirandinê 70
Makîneya tewandinê 66
Manometre 119
Manşêta boriyê 92
Manyezyûm 134
Masa destşokê 244
Masa qulkirinê 53
Mase 70
Maskê bi kar bînin 29
Maskê parastina devî 24
Maskê tevşoyê bi kar bînin 29
Maskeya bêhnkişandinê 24
Membrana elektrolîtê 186
Mengena destî 56
Mengena pelên hesinî 69
Mengena vîdayê 46
Meqes 60
Meqesa berdewam 15, 60
Meqesa boriyê 64
Meqesa destî ya levayî 62
Meqesa îdeal 60
Meqesa kabloyê 183
Meqesa mezin a levayî 62
Meqesa pelên hesinî ya bi rolek 62
Meqesa pelên hesinî ya elektrîkî ya destî 61
Meqesa qulê 61
Meqesa rast 61
Mertalê tevşokirinê 80
Metal 127
Metala sinterbûyî 152
Mêtreya qatbûyî 112
Mezinkirina qulê 48
Mifteya çengala rolan 94
Mifteya çengalî 94
Mifteya destika qulkirinê 54
Mifteya du-devî 93
Mifteya du-xelekî 93
Mifteya pêça-hêzê 95
Mifteya siwirkirinê 94
Mifteya xelek-devî 93
Mijarêya bêalî 67

Mil 130
Mila kamê 130
Mila klapeyê 298
Mila rotorê 287
Mila wergerê 130
Milê duşa-tuwaletê 247
Milê pompayê 287
Milê qulkirinê 53
Milê silindrî 49
Milê tevşoyê 83
Milyonê navberê 41
Milyonê parêzgeriyê 41
Mînaka xwendinê: 222
Miqdarê tijîkirinê 9l 235
Mis 136, 168, 171, 200
Mişara bazineyî 47
Mişara PUK 182
Miştara berîkê 182
Miştara boriyê 47
Miştara destî 46
Miştara serî û goşeyî 47
Miştara xişikî 46
Miştarkirin 46
Mîtika pan bi parastina destan 102
Mîtika tûj 102
Mîtika wergerê 177
Mîxa Al 172
Mîz 249
Moda hewaya têketin 311
Modela dîwarî 231
Modela sekinandî 231
Modula şûştinê 246
Mohr 113, 219
Mohra pîvanê 113
Mohra pîvanê bi ekrana dîjîtal 114
Mohra pîvanê bi skalaya bazinî û nîşanker 114
Montaja bi navberê 108
Montaja fîksturê 245
Montaja pêşderbasbûyî 108
Montaja têderbasbûyî 108
Motora elektrîkî 53, 213
Motora pifkerê 273, 275
Motora sazker 298
Movika kardanê 94
Mûhra kalîbrasyonê 222
Multîmeter 205, 206
Mûrê tewandinê 71

N

N - madeyên normal, wek mînak pola 49
Nava ajokerê 132
Navbera herî kêm 229 mm
Navbirra rêderî 190
Navgîniya dengkêmkirî 108
Navgîniya dengkêmkirî ya EPDM 148
Navlêka plastîk an lastîk 174
Naxas 168
NBR 147
Ne ava vexwarinê ye 25
Nehatiye paqijkirin ji qirêjan 173
Nehişîn 40
Nepêçandî 88
Nevekirinbar 90
Neynik 244
Niqaba avê ya ducarî 279
Nirxa xwendinê 114 mm
Nîşana giştî 228
Nîşana giştî ya fermanî 28
Nîşana giştî ya qedexekirinê 25
Nîşankirina kûrahiya têxistinê 85
Nîşankirina rûberê zeliqînê 87
Nîtrîda tîtanê 135
Nonyûs 113
Nûtron 184

O

Odeya girêdana malê 221
Odeya hilanîna reşikê 267
Odeya hilanînê 267
Odeya şewatê 277
Oksîd 172, 173
Oksîda alûmînyûmê 134, 170, 176
Oksîda hesinî 169
Oksîda misî 170
Oksîda zinkê 170
Oksîjen 78, 127, 186
Oksîjena hewayê 169
Osîloskop 207
Otomata ewlekariyê 203
Otomatîk 223

P

Paqijkera kûr 247
Paqijkera pan 247
Paqijkera qirêjan a boriya navxweyî 59
Paqijkera qirêjan a destî 59
Paqijkera qirêjan a gerdûnî 59
Paqijkera qirêjan bi ajoya elektrîkî 59
Paqijkirin 257
Paqijkirina qirêjan 59, 79
Paqijkirina rûberan 87
Paqijkirina serê boriyê û kumikê 85
Paralaks 115
Parastina bêhnkişandinê bi kar bînin 29

Parastina çargoşe 219
Parastina çavan bi kar bînin 28
Parastina destan bi kar bînin 30
Parastina guhan 24
Parastina guhan bi kar bînin 28
Parastina ji agir 25
Parastina pêyan bi kar bînin 28
Parastina rû bi kar bînin 29
Parastina serî bi kar bînin 29
Parastinên guhan 24
Parçeya balafirê 135
Parçeya lihevhatî ya misî 136
Parçeya lihevhatî ya vîdeyî 132
Parçeya sinterbûyî 151
Parçeya şikilkirî 151
Parçeya şiklê derketinê 258
Parçeya şiklê girêdanê 258
Parçeya tewandinê 67
Parçeya xebatê 55, 56, 86
Parçeya zînî 87
Parçeya-T bi depoya komkirina dûman û avika şilhewakirinê 295
Parçika birîna hesinê req ya bi lehîmê ve hatî 151
Parçika birîna keramîkê 152
Parçika birîna zivirandî ya hesinê req 152
Parzûn 151, 268, 303, 304, 305
Parzûna gazê 272
Parzûna karbona aktîf 306
Parzûna metalî 306
Parzûna nepêveşûştinbar 223
Parzûna pan 306
Parzûna pêveşûştinê 223
Parzûna şerîta rolî 306
Parzûna torbeyî 306
Patînaya çînkoyê 170
Patînaya sifirê 170
Pêç 201
Pêça avil 201
Pêça duyemîn 201
Pêçandin û jêbirina gurmikê madeyê zeliqandinê 87
Pêçandina boriya misî 88
Pêçandina derbasbûnê 91
Pêçandina girêdana germkerê 285
Pêçandina ji bo boriya vîdayî 91
Pêçandina vavê xelekî ji bo germkerên vavî 290
Pêçandina xeleka birînê 91
Pêçandina xeleka şidandinê 91
Pêçayî 194
PE-HD 142
Pêjgeha rulmanên şimitandinê 138
Pêkhateya alûmînyûmê ya lêxistinê 133
Pêkhateya alûmînyûm-manyezyûm ya rijandî 134
Pêkhateya alûmînyûm-silîsyûm ya rijandî 134
Pêkhateya lêxistinê ya misî 137
Pêkhateya mis-qeley 137
Pêkhateya mis-qeley-zink 138
Pêkhateya mis-zink 138
Pêkhateya qurquşûmê 139
Pêkhateya rijandî ya manyezyûmê 134
Pêkhateya rijandî ya misî 137
Pêkhateya tîtanê 135
Pêlavên ewlekariyê 23
PE-LD 141
Pelên hesinî 60
Pelên hesinî yên alûmînyûmê 164
Pelên hesinî yên binyatî 165
Pelên hesinî yên misî 136, 164
Pelên hesinî yên stûr 83
Pelên hesinî yên tenik 83, 164
Pelên hesinî yên zinka tîtanê 139, 164
Peleta darî 267
Pelika acîl 34
Pelika Cu 172
Pelika ewlekariyê 100
Pelika ewlekariyê bi pozê navxweyî 100
Pelika miştara metalê 131
Pelika miştarê 46
Pelika polayî ya zinkkirî 164
Pelika qulkirî 165
Pelika şewatokê 271
Pelika veşartinê 295
Pêpelika alûmînyûm 40
Pêpelika kişandî 40
Pêpelika paldayî 40
Pêpelika sekinandî 40
Pêpelînga aluminiyûm 40
Pêpelûka agir 35
Perçiqandin 69
Pergala borî-nav-boriyê 162
Pergala boriya xelekî 226
Pergala boriyan bi boriyên şaxî 225
Pergala boriyên rê bi girêdanên pêçayî 225
Pergala du-borî 280
Pergala ewlekariyê 78
Pergala hewagirtinê ya navendî 311
Pergala kayîşê 53
Pergala parastina şaşitiyê ya ceyranê ya RCD 204
Pergala rêveberiyê 232
Pergala sabîtkirinê 113
Pergala şûştinê ya hundir-dîwar 235
Pergala tevlihevkirinê 254, 275
Pergala tevlihevkirinê ya dîskî 276
Pergala tevlihevkirinê ya lênêrînê 276
Pergala têxistin û şidandinê 309

Pergala Tîchelman 280
Pergala veqetandinê 254
Pergala yek-borî 280
Perîk 309
Pest 128
Pêşandana çavan 33
Pêşava bê av 249
Pêşava bi parçeya şikilê helmijînê 249
Pêşava bi tapa bîhnê ya vekirî 249
Pêşava, bi avê şûştî 249
Pêşdaxistin 53
Pêşgermkirina rûnê 276
Pêşnûmaya ava astengkirinê 257
Pêşveçûn 278, 279
Pêşveçûna ava germkirinê 242
Pêşveçûna dirêj 280
Pêşveçûna germkirinê 221
Pêşveçûna kurt 280
Pêt 271
Pêta gazê 241
Pêta vekirî 25
Pêta vekirî 25
Pêtdana otomatîk 277
Pêtdana pîzoyî 241
PE-UHMW 142
Pêvajoya birînê 63
Pêvajoya şûştinê 257
Pêvajoya zengarbûnê 173
Pêveçêkirin 87
Pêvegirêdana vîdayî 96
Pêvekirin 251
Pêvekirina boriyê 282
Pêvekirina boriyê wek piştgiriyê 104, 174
Pêvekirina dîwarî 104
Pêvekirina erdê bi pîvaza qulan 110
Pêvekirina girêdanê 91, 289
Pêvekirina parçeyên boriyê 84
Pêyê teştê 251
Peykê navxweyî 116
PF/ Bakelît 145
Phillips PH 97
Pifker 273, 303
Pifkerê aksîyal 306
Pifkerê aksîyal ji bo bicihkirina dîwarî 306
Pifkerê helmijînê 277
Pifkerê hewaya derketin 304, 305
Pifkerê hewaya têketin 304, 305
Pifkerê radyal 306
Pîl 200
Pir agirçêker 36
Pîston 234
Piştgermkirin 243
Pîvan bi cm 211
Pîvana berxwedanê 209
Pîvana cehreyanê 208
Pîvana derve bi mohra pîvanê 114
Pîvana dûmanê di boriya gazên derketî de 299
Pîvana goşeyan a sade 116
Pîvana goşeyan bi ekrana dîjîtal 116
Pîvana hêza ceyranê 208
Pîvana navberê ya ultrasonîk 112
Pîvana navend-navend 75
Pîvana navxweyî bi mohra pîvanê 114
Pîvana şerîtê ya rola 112
Pîvana voltajê 208
Pîvana wendakirina gazên derketî 299
Pîvana zîvirînê 53
Pîvana-z 75
Pîvandin 111
Pîvanên asayî yên montajê 245
Pîvanên girêdanê 248
Pîvanên montajê 248
Pîvaza parastinê ya PE-LD ji bo boriyên gazê 141
Pîvaza polayî 165
Pîver 207, 222
Pîvera avê ya malê 221, 222
Pîvera çerxa pera 222
Pîvera rolan 222
Pîverê ceyrana guherbar 207
Pîverê ceyrana sêfazî 207
Pîverê ceyranê 195, 203
Pîverê gazê 270
Pîverê miqdarê germiyê (WZ) 280, 284
Plaka taybetmendiya makarayê kabloyê 194
Plaka taybetmendiya makîneya qulkirinê ya destî 194
Plana rev û rizgariyê 37
Plastîka xurtkirî bi metalê 150
Plastîka xurtkirî bi rîşalên camê 150
Plastîkiyet 125
Pola 171, 172, 175
Pola hêzê 99
Pola parastinê 196
Polayê amûrî yê bêpêkhate 131
Polayê amûrî yê pêkhate-bilind 131
Polayê amûrî yê pêkhate-nizm 131
Polayê başkirî 130
Polayê çespandinê 129
Polayê federe 130
Polayê giştî yê avahiyê 129
Polayê goşeyî 154
Polayê karê germ 131
Polayê karê sar 131
Polayê karê-lezgîn 131

Polayê nîtrasyonê 130
Polayê otomatîkî 130
Polayê pêkhate-bilind yê bêzeng 131
Polayê zengnedar 131
Polayê zinkkirî 138, 175
Polibûten 143
Polietîlena çiriya bilind 142
Polietîlena çiriya nizm 141
Polietîlena molekula herî bilind 142
Polietîlena torkirî 142
Polietîlena torkirî PE-X 142
Polimetîlmetakrîlat 144
Polipropîlen 143
Poliûretan 146
Polivînîl klorîda bê nermker 140
Polivînîl klorîda bi klorkirina piştî 141
Polivînîl klorîda bi nermker 141
Pompa 286
Pompa di pêşveçûnê de 286
Pompa girivanê 256
Pompa madeyên hênikker 53
Pompa mêjînê 256
Pompaya bandora-bilind 286
Pompaya dûmanê 299
Pompaya gereka şil 287
Pompaya gerînê 243, 278
Pompaya rûnê 133, 275
Potensiyometer 213
Pozidriv PZ 97
Pozisyonên şûştinê 250
Prensîpa jeneratorê 201
Prensîpa transformatorê 201
Prêsa qatkirin 71
Presa tewandina bi qalibê 71
Prizê CEE 198
Prizê elektrîkê 145, 197
Prizê elektrîkê ji bo fîşa pan 197
Prizê gazê 270
Prizê Schuko 198
Profîl 154
Profîla alûmînyûmê 133, 157
Profîla tewandî 68
Profîla valahî 156
Profîla valahî ya bazinî 156
Profîla valahî ya çargoşe 156
Profîla valahî ya goşedarê 156
Profîla-I 154
Profîla-I 154
Profîla-IPE 154
Profîla-L 154
Profîla-L ya lingnewekhevî rexzirover 155
Profîla-L ya lingwekehevî rextûj 155
Profîla-L ya lingwekehevî rexzirover 154
Profîla-T 155
Profîla-T ya lingwekehevî rextûj 155
Profîla-T ya lingwekehevî rexzirover 155
Profîla-U 156
Profîla-U ya rexzirover 156
Profîla-Z 156
Profîla-Z ya rexzirover 156
Proton 184
PVC-C 141
PVC-P 141
PVC-U 140

Q

Qab 134
Qaba camê bi nîşandeka miqdarê tijîkirinê 238
Qaba fîksturan 137
Qaba motorê 287
Qaba pompayê 132, 287
Qaba şewatokê 274
Qaba vavê 285
Qaba xelekî 219
Qada magnetîk 31
Qada magnetîkî 31
Qada şewatê 279
Qada zuhakirinê 246
Qadên bikaranînê yên cûrbecûr 89
Qaşa boriyê ji bo germîgirtinê 282
Qaşa îzoleyê 199
Qat, yekem 236, 297
Qata banî (DG) 297
Qata bodromê (KG) 297
Qata bodromê (KG) 297
Qata erdê (EG) 236, 297
Qata erdê EG 297
Qata jorîn (OG) 236, 297
Qata oksîdê 171
Qata parastinê 170, 173
Qata parastinê ya PE-HD 161
Qata plastîkî 177
Qata porî 171
Qata qeleyê 136
Qatkirin 69
Qedexe 25
Qelêşandin 59
Qeley 136
Qelişî 170
Qelişîn 69
Qelişîna pestînî di boriya misî de 173
Qelûna otomobîlê 134
Qeşa 31
Qirika parastina baranê 295

Qirikderxistin 73
Qirikderxistin 73
Qirikderxistina bi amûra qirikderxistinê ya elektrîkî 74
Qirikderxistina bi rêçikeyê 74
Qirşên darî 267
Qopçe 101
Qul 68, 170
Qula derxistina hewaya qirêja odeya germkirinê 297
Qula helmijîna hewayê 273
Qula hevsengkirinê 234
Qula têketina hewayê 297
Qula zengarbûnê 173
Qulbirrîn 61
Qulika daleqandinê 245
Qulkirin 48, 220
Qulkirina destpêkê 48
Qunesîr 99
Qurquşûm 139
Qutiya ewlehiyê 203
Qutiya hundir-dîwar 292
Qutiya şûştinê ya li ser dîwar 235
Qutkerê boriyê 234
Qûtra boriyê 258

R

Radyatorê boriyên polayî 288
Radyatorê polayî 288
Radyatorê rijandî 288
Ragihandêrê asta tijîkirinê 277
Ragir 291
Ragirê beramberî 67
Ragirê jêr 62
Ragirê navbera dîwarî 291
Rahênana xwendinê ya nonyûsa 114
Rakirina wekhev 171
Rasekinandî 250
Rasteder 213
Rawestana acîl 53
Rawestandin qedexe ye 26
Raxistina boriyan di erdê de 281
Raxistina boriyan di sîndorên binê de 281
Rêberiya kar: bikaranîna madeyeke bi talûke 39
Rêberiya kar: bikaranîna pêpelikekê 39
Rêberiyê bişopînin 28
Rêçike 56, 94
Rêder 213
Rêdera qalikan 199
Rêderê guhêzêrê ceyranê 199
Rêderê hevsengiya potansiyel 212
Rêderê nötralî 199
Rêderê parastinê 196, 197, 199, 212
Rejîna fenol-formaldehîd 145
Rejîna melamîn-formaldehîd 145
Rejîna ûre-formaldehîd 145
Rêla montajê 110
Req 127
Reşik 267
Rêveberê hêza şûştinê 234
Rêveberê pestîna amûrê 272
Rêveberê pestîna malê 269, 270
Rêveçûna sînusî 189
Rêxistina bi dest qedexe ye qedexe 27
Rêxistina goşeyî 58
Rêxistina kêlekî qedexe ye 27
Rêya çûyînê 188
Rêya gazê 272
Rêya peyayan bi kar bînin 30
Rêya rêveberiya gazê 272, 273
Rêya vegerê 188
Rêza didanan 46
Rêza taybetmendiya berxwedanê 191
Rêza voltajê, elektrokîmyayî 167
Rêzeya galvanîkî 168, 200
Rêzeya molekulî ya bêtor 140
Rêzeya molekulî ya torhevkirî 146
Rêzeya molekulî ya torkirî 144
Rijandina dermankirî 132
Rijandina polayî 132
Rîleyê parastinê 203
Rizgarî 25
Ronahî 185
Rotor 287
Rûber 170
Rûberê têkiliyê yê biçûk 86
Rûberê têkiliyê yê mezin 86
Rûberên pîvanê ji bo pîvana kûrahiyê 114
Rulmana şimitandinê 151
Rulmana şimitandinê ya sinter-birincê 152
Rûna germkirinê di depoyên hilanînê de 268
Rûnê parastina zengarbûnê 176
Rûnê rûnkirinê 153
Rûnişta alûmînyûmê 134
Rûnişta plastîkî 159
Rûnişta tîtanê 135
Rûnişta tîtanê 160
Rûnişteka tuwaletê 145
Rûnişteka vavê 285
Rûniştin 250
Rûnkirin 176
Rûyê pîvanê 113

S

Sabîtkirin 85
Sar 239
Sarkerê hewayê 304, 305, 307
Sazkirina miqdarê şûştinê 234
Sazkirina pêş-dîwarî 248
Schutzzonen, außerhalb alle Verbrauchsmittel erlaubt 211
Sêgoşeya U-R-I 190
Sepandina madeyê zeliqandinê 87
Sepandina xemîra lehîmê 79
Serduşa kêlekî 252
Serduşa serî 252
Serê birîna vîdayan 56
Serê birînê 80
Serê birînê bi otomatîk 56, 57
Serê birînê ya zûguherbar 57
Serê çekûşê 131
Serê dûkêşê 297
Serê duşê 253
Serê pêtê 273
Serê şewatokê 80
Serê termostatê 285
Serê tewandina hesinê pan 68
Serê tewandinê ya sê rolekî 66
Serê vîdakerê 93
Serê vîdayê 95, 97
Serê vîdayê Torq-Set 97
Serê vîdayê Tri-wings 97
Serêj 233
Serên firekirinê 73
Sîfon 240
Siftiyet 126
Siltikê madeyî tê dîtin 85
Sînorkerê kûrahiyê 53
Sîstema ragirtinê bi kar bînin 29
Siwarkirin li ser kumik û stiriyê germiyê 84
Siya atomê 184
Skalaya Bacharach 299
Sodyûm 200
Solên kar 23
Somûn 92, 95
Somûna bi beşa şidandinê 100
Somûna çerixî 285
Somûna du-qulî 99
Somûna ewlekariyê 100
Somûna kumikî 99
Somûna li dijî zivirandinê 100
Somûna palmê 100
Somûna serî 81
Somûna şeşgoşe 99
Somûna şidandinê 46
Somûna şivdar 99
Somûna tacî 99
Somûna tacî bi qopçeyê 101
Somûna xwe-ewlekar bi têxistina plastîkê 101
Spirala paqijkirina boriyê 256
Spireya rûnê 153
Stator 287
Stîl 105
Stila lenger 106
Stila vîdayî 98, 106
Stiriyê girov 72
Stûbirê elektrîkî 73
Stûn 53
Stûrbûna dîwarî s 75
STZ 148

Ş

Şablona goşeyan 90° 117
Şablonên pîvanê 111
Şafta sazkirina pêş-dîwar 281
Şaltera parastinê-FI 202, 204
Şaneya rojê 201
Şaşitiya alqevedanê 115
Şebekeya alqevedanê 246
Şebekeya hewagirtinê 309
Şebekeya şimitandinê 277
Şebekeya xelekî 263
şemitandina giloveyê li ser boriyê 89
Şeq 96, 97
Şeqa xaçî H 97
Şeqbûna valahî 63
Şerbeta şiringeyê 106
şerîta prizê ya Schuko 197
Şewatgeha takekesî 297
şewatî 36
Şewatok 83, 274
Şewatoka asetîlen-oksîjen 78
Şewatoka buxarkirina rûnê 274
Şewatoka enjektorê 272
Şewatoka gazê ya atmosferîk 271
Şewatoka gazê ya pifker 273
Şewatoka kêşberserjêr 279
Şewatoka pêştevlihevbûna tam 271
Şewatoka propan-oksîjen 76
Şewatoka rûnê 279
Şewatoka sereke 271
Şewatoka şîn 276
Şewatoka tevşoyê 81
Şewatoka tîrêjê 278
Şewatoka zer 276

Şewatokên gazê 241, 278
Şewitînera atomîzekirina rûnê 275
Şibaka sereke 269
Şibakên avê 231
Şîbera astengkirinê 283
Şîbera pîstonê 227
Şidandin bi madeyê zeliqandinê 86
şidandina konî 91
Şidandina pelika parzûnê 299
şiklê guherîna bi germiyê re 140
şiklê naguherbar bi germiyê 146
Şil 77
Şilahîgirê hilmê 308
Şilang, tecirîtkirî 309
Şilanga avê 35
Şilanga gazê 81
Şilanga hewayê pêçandî 150
Şilanga ji alûmînyûmê, elastîkî 309
Şilanga madeyên hênikker 53
Şilanga paqijkirina boriyê 256
Şilanga serduşê 253
Şilanga tecirîtê bi girtina xwe-zeliqînê 282
Şilemeniya astengkirî 249
Şiliyaderxistin 304, 305
Şiliyaker hewayê 305
Şiliyakerê buxarbûnê 308
Şiliyakerê spireya dorgerî 308
Şîna bingehîn a erdkirinê 212
Şirêna avê 253
Şiva çargoşe 157
Şiva dirêj 54
Şiva dîwarî 253
Şiva girover 157
Şiva pan 157
Şiva şeşgoşe 157
Şiyana guherîna şikilê 126, 144
Şiyana qisandina parçeyan 126
Şiyana rijandinê 126
Şiyanê veguhastina germiyê 126
Şûşeya gaza asetîlenê 81
Şûşeya gaza oksîjenê 81
Şûşeya gazê 32
Şûşika bi şerbeta pêvekirinê 106
Şûştina bin-bicihkirî 246
Şûştina ducarî 246
Şûştina hundir-bicihkirî 246
Şûştina lingan 250
Şûştina takekesî 246

T

Tabêlayên nîşandanê 219
Taca qulkirinê 51
Tamponkirin 141
Tanka gaza erdê 269
Tanka gazê 269
Tanka rûnê 150, 268
Tapa bîhnê (sîfon) 240, 256
Tapa bîhnê ya boriyî 256
Tapa bîhnê ya hundir-dîwar 256
Tapa bîhnê ya şûşeyî 256
Taqîkerê fazan 183, 205
Taqîkerê voltajê yê dupol 205
Taqîkerê voltajê yê yekpol 205
Taqîkirina şidandinê 270
Taybetmendiya çêkirinê 129
Tecirît 281
Têkeliya formê 107
Têkeliya hêzê 107
Têkeliya madeyî 107
Têketin 263
Têketina hewayê 303
Têketina malê 220
Tel 166
Tela polayî 166
Telefona acîl 33
Telefona agahdarkirina agir 35
Telefona mobîl a vekirî qedexe ye 26
Temarkirina ava vexwarinê 243
Tenekeya lehîmê 76
Tênijîna werîsê 166
Tênijîna xavê 166
Têrbirrîn 61
Termînala girêdana torê 241
Termometre 119
Termoplastîk 140
Teşqeleya hevzeliqînê 86
Teşqeleya yekbûnê 86
Teşta duşê 252
Tevgera bazineyî 83
Tevgera pendulê 83
Tevgerên azad ên molekulan 127
Tevliheviya buxara-rûn-hewa 274
Tevlihevkera sê-rê bi motora sazker 284
Tevlihevkera yek-leva 232
Tevşogeriya neynikî 84
Tevşokirina aliyê çepê (NL) 83
Tevşokirina aliyê rastê (NR) 83
Tevşokirina bi pêça germiyê 85
Tevşokirina-kumikê bi elementê germiyê 84
Tevşokirina-serê-kundê bi elementê germiyê 84
Tevşoyînbar 140, 144, 146
Tewandin 128
Tewandina bi qalibê 71
Tewandina bi rolekan 68

Tewandina destî 65
Tewandina hesinê pan 157
Tewandina zivirandinê 70
Têxistin û sabîtkirin 85
Têxistin û sabîtkirina amûra qirikderxistinê 74
Têxistina germkirina rûnê 274
Texteya gipsê 103
Texteya gipsê ji bo qadên şiliyê 103
Texteya gipsê ya xurtkirî bi rîşalan 103
Texteya kêlekê 41
Texteya qirşikan 103
Texteya têkiliyê 145
Tijîkirin 238
Tîr 99
Tîrêj, îyonîzekirî 30
Tirkiya şewatokê 274
Tirkiya xweliyê 277
Tîroja neyonîzekirî 30
Tîroja optîkî 32
Tîrojên lazerê 30
Tîtan 135
Tixac 233
Tixaca ewlekariyê 270
Tixaca hewaderkirinê 294
Tona baranê 262
Tor, 230 V 198
Tor, 400 V 198
Tora dabînkirinê 218
Tora molekulan 127
Tora polayê betonê 129
Torbika avê 257
Torx 97
Tranformatorê tevşoyê 201
Transforma pêtdanê 275
Trêna magnetîkî ya hilawîstî 185
Tuwaleta çombûnî 247
Tuwaleta duşê 247
Tuwaleta helmijînê 247
Tuwaleta kaskadeyê 247
Tuwaleta rûniştekî 247
Tuwaleta şûştina-kûr 247
Tuwaleta şûştina-pan 247
Tuwaleta-dîwar 247
Tuwaleta-sekinandî 247

V

Valakirin 238
Valakirin/dergeha kontrolê 221
Valfê herikînê 284
Vavê alîkar 234
Vavê asetîlenê 81
Vavê astengkirinê 219, 226, 283
Vavê astengkirinê ya magnetîkî 275
Vavê ava baranê 262
Vavê avderê ya gerdûnî 233
Vavê avderê ya milî 233
Vavê avêtina dûr ji bo hewaya têketin 309
Vavê derxistinê 231, 232, 233
Vavê destgirtinê 239
Vavê destgirtinê ji bo qada derve 231
Vavê dijî-sîfonê 268
Vavê ewlekariyê 240
Vavê gazê 270, 272
Vavê germahîrêveberiyê 239
Vavê girtina lezgîn 268
Vavê herikîna azad 227
Vavê hewaderkirinê 292
Vavê hewagirtinê 260
Vavê klapeyî yê astengkirinê 283
Vavê magnetîkî 272
Vavê oksîjenê 81
Vavê paşveherînê ya disco 284
Vavê pêlistekan ji bo hewaya derketin 309
Vavê rêveberiya rêyê an vavê avjêherîna zêde 284
Vavê rêveberiyê 223
Vavê rûniştekа rast 227
Vavê rûniştеya xilekî 138, 227
Vavê sê-rêyî ya germkerê 17, 289
Vavê termostatê 285, 292
Vavê tijîkirin û valakirinê 292
Vavê tijîkirinê 235
Vavê valakirinê 290
Vavê xelekî 227
Vavê xelekî ya girêdanê 292
Vavê xelekî yê pompayê 284
Vegerîn 278, 279
Vegerîna ava germkirinê 242
Vegerîna dirêj 280
Vegerîna federe 69
Vegerîna germkirinê 221
Vegerîna kurt 280
Vegerîna rûnê 275
Vegirtina germiyê 305
Veguhastina kesan qedexe ye 27
Veguhezerê germiya pêkhatinê 279
Vekirî 194, 298
Vekirin pêçana devî 34
Vekirina kontrolê 221
Vekirinbar 90
Veqetandeka duşê 252
Veqetandin 63
Veqetandin bi rêxistinê 58
Veqetandina boriyê 79

Veqetînera pergalê 293
Veqetînerê boriyê bi navenda nîvpestîna kontrolkirinbar 229
Vêxistin qedexe ye 27
Vêxistiner 80
Vîda 55, 92, 95
Vîdaker 93
Vîdakerê îzolekirî 183
Vîdakerê qulkirinê yê bateriyî 95
Vîdaya boriyê ya Whitworth 90
Vîdaya çargoşe 96
Vîdaya çekûşî 98
Vîdaya çepê LH 82, 99
Vîdaya darî 98
Vîdaya derve 55, 56
Vîdaya derve, konî 90
Vîdaya didanên asê 100
Vîdaya dirêjî 98
Vîdaya ISO-metrîk 96
Vîdaya lihevhatî 98
Vîdaya navxweyî 55
Vîdaya navxweyî, silindrî 90
Vîdaya pelên hesinî 98
Vîdaya qulkirinê 98
Vîdaya rastê 82
Vîdaya serê çekûşî 98
Vîdaya serkûrkirî 97
Vîdaya serkûrkirina lensî 97
Vîdaya silindrî 96
Vîdaya silindrî bi şeşgoşeya navxweyî 97
Vîdaya stilî 98
Vîdaya şeşgoşe 96
Vîdaya şidandinê 108
Vîdaya texteya qirşikan 98
Vîdaya texteyî 98, 245
Vîdaya Whitworth 96
Vîlyaya paqijkirinê 78, 87
Voltaj U bi Voltê 187, 191
Voltaja beşî U1 192
Voltaja elektrîkî 31, 187
Voltaja giştî U 192, 193
Voltaja guherbar 187
Voltaja guherbar a sêfazî 198
Voltaja guherbar a yekfazî 198
Voltaja rasteder 187

W

W - madeyên nerm, wek mînak alûmînyûm 49
Wek mînak germkerê avê yê elektrîkî 211
Wênegirtin qedexe ye 27
Wergêrandin 128
Werîs 166
Werîsa telî 166
Wesayîta guhaztina barî 31

X

Xas 168
Xav 166
Xava misî 199
Xebata elektrîkî 195
Xelek 55
Xeleka birînê 91
Xeleka birînê ji bo boriyên kevirî 64
Xeleka çengelan 90
Xeleka federeyî 101
Xeleka helmijînê 287
Xeleka şidandinê 90, 91
Xeleka şidandinê ya elastomer 147
Xeleka şidandinê ya HNBR-O 147
Xeleka şidandinê ya NBR-O 147
Xeleka tevşokirinê 83
Xeleka-O 90
Xeleqa sînyalê, kontrola têketinê 90
Xemîra alûmînyûmê 176
Xemîra lehîmê 76
Xemîra misî 176
Xeta pîvanê ya çendbeşî 112
Xeta pîvanê ya polayî 112
Xetera biyolojîk 31
Xetera ketinê 31
Xetera perçiqandinê 32
Xetera şimîtînê 31
Xêzika polayî 112
Xizêka banî 262
Xizêka duşê 253
Xwarin û vexwarin qedexe ye 26

Y

Yasaya Ohmê 190
Yekeya kontrol û rêveberiyê 241
Yekeya Watt (W) 194

Z

Zêdebûna naxas 167
Zêdebûna xas 167
Zêdehiya elektronan 187
Zêdehiya gaza şewatê 82
Zêdehiya oksîjenê 82
Zengar 169
Zengara têkiliyê 172
Zengarbûna çalkirî ya newekhevî 171
Zengarbûna derz û hewagirtinê 172
Zengarbûna qelişîna pestîn û hejînê 173
Zengarbûna qulî 173

Zengarbûna rûber 169
Zengarbûna rûberê 171
Zengarbûna sertkirinê 173
Zengarbûna têkiliyê 172
Zengila hîdrolîkî 235
Zikurkerê kêlekî 183
Zikurkerê kêlekî yê bi hêz 183
Zincîra birînê 64
Zink 138, 168
Zinka tîtanê 135
Zirardar ji bo ewlekariyê 36
Zirardar ji bo tenduristiyê 36
Zirarên zengarbûnê 170
Zivirandin 128
Ziwakerê destmalê 288

BILDQELLENVERZEICHNIS

Autoren und Verlag danken den genannten Firmen, Institutionen und Personen für die Überlassung von Vorlagen bzw. Abdruckgenehmigungen folgender Abbildungen:

©**3M Deutschland GmbH**, Neuss: str. 24.1 3M™ Überbrille 2800; 24.4 3M™ Ozonmaske 9928 mit Cool-Flow™ Ausatemventil; 183.6 – **123rf GmbH**, Nidderau: str. 159.4 ©siam9photo; 165.3 ©Pan Demin – **ABB Stotz-Kontakt GmbH**, Heidelberg: str. 202.6; 203.3 – **ACLA-WERKE GMBH**, Köln: str. 147.1 – **ACO Passavant GmbH**, Stadtlengsfeld: str. 263.3 – **Airflow Lufttechnik GmbH**, Rheinbach: str. 3.7; 300.1; 310.1 – **Air-Liquide Deutschland GmbH**, Düsseldorf: str. 82.1, 3, 4; 83.1, 5 – **Akzo Nobel Deco GmbH**, Köln: str. 177.1 – **Alape GmbH**, Goslar: str. 246.2 – **Joachim Albers**, Fintel: str. 174.1, 2; 205.1; 219.2; 220.2; 222.1; 230.2, 4; 299.5, 6 – **Albert ROLLER GmbH & Co. KG**, Waiblingen: str. 51.3; 56.3, 4; 57.1-4; 59.1, 3, 5 – **Alcoa Power and Propulsion TITAL GmbH**, Bestwig: str. 135.2 – **Alfred Kaut GmbH + Co.**, Wuppertal: str. 308.1 – **Allmess GmbH**, Oldenburg: str. 222.4 – **Aloys F. Dornbracht GmbH & Co. KG**, Iserlohn: str. 231.2 – **AMF ANDREAS MAIER GmbH & Co. KG**, Fellbach: str. 94.8 – **Andreas Bartsch**, Köln: str. 141.2 – **ANDREAS STIHL AG & Co. KG Magnesium Druckguss**, Prüm-Weinsheim: str. 134.5 – **aquatherm GmbH**, Attendorn: str. 55.2a+b; 162.1, 5 – **Arbonia Riesa GmbH**, Riesa: str. 290.3; 291.2a – **Armacell GmbH**, Münster: str. 282.6 – **ARMATURENBAU GmbH**, Wesel-Ginderich: str. 119.1 – **ARMATURENBAU GmbH/Holger Breznik**, Wesel-Ginderich: str. 119.2 – **August Rueggeberg GmbH & Co. KG PFERD-Werkzeuge**, Marienheide, www.pferd.com: str. 3.2; 42.1; 58.1, 3 – **BAUHAUS AG**, Mannheim: str. 245.1, 3 – **BBT Blei Bau Technik GmbH**, Henstedt-Ulzburg: str. 139.3 – **BENKISER ARMATURENWERK GmbH**, Burglengenfeld: str. 234.2 – **Benning Elektrotechnik und Elektronik GmbH & Co. KG**, Bochholt www.benning.de: str. 3.4; 178.1; 200.2; 208.1, 3; 209.2 – **Bessey Tool GmbH & Co. KG**, Bietigheim-Bissingen: str. 15.1; 60.2, 4; 61.1, 5 – **Beulco GmbH & Co. KG**, Attendorn: str. 91.6 – **BLANCO GmbH + Co KG**, Oberderdingen: str. 139.2; 232.2 – **BÖGRA Technologie GmbH**, Solingen: str. 137.2 – **Böllhoff GmbH**, Bielefeld: str. 153.7 – **BORBET GmbH**, Hallenberg-Hesborn www.borbet.de: str. 134.2 – **Bosch Thermotechnik GmbH**, Wetzlar: str. 274.2 – **Christof Braun**, Dortmund: str. 132.6; 133.2 – **Bremer & Leguil GmbH**, Duisburg: str. 153.3 – **Mirco Brützke**, Biberach: str. 236.2; 270.1a-d; 286.4; 293.1, 2; 294.4 – **Busch & Müller KG**, Meinerzhagen, www.bumm.de: str. 201.2 – **BUSCHEN-STAHL Profile aus Stahl + Aluminium**, Greven: str. 154.5; 155.3; 156.1, 3, 5 – **Buschjost Magnetventile GmbH & Co KG**, Vlotho-Exter: str. 3.5b; 214.2; 227.4a – **Conex|Bänninger IBP GmbH**, Linden: str. 59.2; 64.1; 78.5; 79.1-6 – **CRC Industries Deutschland GmbH**, Iffezheim: str. 176.3 – **DEC International**, NL-Enschede: str. 309.2, 3, 5 – **DEHOUST GmbH**, Leimen: str. 150.1; 268.2 – **DencoHappel GmbH**, Herne www.flaktgroup.com: str. 306.4 – **Deutsches Kupferinstitut Berufsverband e.V.**, Düsseldorf: str. 65.1, 2, 4; 72.3, 4; 73.1-4; 74.1-4; 78.1; 90.1; 117.3, 4 – **DGUV** Plakat “Erste Hilfe“ (DGUV Information 204-001) der Deutschen Gesetzlichen Unfallversicherung e.V. (DGUV), Glinkastraße 40, 10117 Berlin, www.dguv.de: str. 38.1 – **Rainer Dommel**, Freiburg: str. 206.1 –

Doyma GmbH & Co., Oyten: str. 220.3 – **DURAVIT AG**, Hornberg: str. 247.2, 3; 249.3, 5, 6 – **Dyckerhoff GmbH**, Wiesbaden: str. 39.2 – **EATON Germany GmbH**, Lohmar: str. 91.5 – **EATON Industries GmbH**, Bonn: str. 202.5 – **ELMAG Entwicklungs- und Handels-GmbH**, A-Ried im Innkreis: str. 201.5 – **EMCO Maier GmbH**, A-Hallein-Taxach: str. 177.2; 202.4 – **EMIL LUX GmbH & Co. KG**, Wermelskirchen: str. 46.2; 131.2; 149.1 – **Engel Oberflächentechnik GmbH**, Pohlheim: str. 170.3 – **Ersa GmbH**, Kreuzwertheim: str. 77.1 – **F1online digitale Bildagentur GmbH**, Frankfurt a. M.: str. 23.2©Albrecht Wei_er RM imageBROKER – **FELDER GMBH Löttechnik**, Oberhausen: str. 76.4-6; 78.4 – **Fermacell GmbH**, Duisburg: str. 103.8 – **fischerwerke GmbH & Co. KG**, Waldachtal: str. 98.6; 104.4-9; 105.1-3, 5-8; 106.1-5; 107.4; 108.4; 110.5-6 – **Fläkt Woods GmbH**, Herne: str. 309.6 – **Fluke Deutschland GmbH**, Glottertal: str. 205.4 – **Fotolia Deutschland, Berlin, © www.fotolia.de**: str. 24.3©industrieblick; 41.2©pics; 48.2© ehrenberg-bilder; 72.1© foryouinf; 80.1©motorradcbr; 92.5©Stillfx; 112.3©Alexandr Steblovskiy; 119.5©Alexandr Steblovskiy; 125.1©industrieblick; 129.2©Marina Lohrbach; 129.4©Andrei Merkulov; 130.3©kv_san; 130.4©sv_photo; 133.3©Martin Schlecht; 136.1©laboko; 137.3©Stihl024; 149.4©fotomek; 165.2©animaflora; 182.4©krasyuk; 183.7©OHRAUGE; 185.2©hxdyl ; 23.3©Welding work; 262.2©js-photo; 263.1©Alex; 267.9©womue; 282.4©R.R.Hundt; 292.2©schulzfoto – **FRÄNKISCHE ROHRWERKE Gebr. Kirchner GmbH & Co. KG**, Königsberg/Bayern: str. 90.3; 142.3; 162.4 – **Franke GmbH**, Bad Säckingen: str. 233.5 – **FRIATEC AG**, Mannheim: 87.1-5 – **Fujitsu Technology Solutions GmbH**, München, www.fujitsu.com/de: str. 195.1 – **Geberit Vertriebs GmbH**, Pfullendorf: str. 84.1, 2; 92.2; 152.3; 159.3; 247.7; 248.3a+b, 4; 250.9; 253.3, 4, 6 – **Gebr. Kemper GmbH + Co. KG**, Olpe: str. 173.4; 226.1, 3, 4; 283.1 – **Gebr. Ostendorf Kunststoffe GmbH**, Vechta: str. 143.1; 163.1 – **GEFAS Gesellschaft für Arbeitssicherheit GmbH**, Wien: str. 24.2 – **Georg Fischer GmbH**, Albershausen: str. 85.1-6; 91.1a, 3, 4; 92.1; 162.2 – **GESTRA GmbH**, Bremen: str. 284.1, 6 – **GROHE AG**: str. 235.3 – **Grömo GmbH & Co. KG**, Marktoberdorf: str. 262.3, 4 – **Reiner Haffer**, Dautphetal: str. 111.2, 6; 113.1; 114.2-4; 151.1 – **Hager Vertriebsgesellschaft mbH & Co. KG**, Blieskastel: str. 204.2 – **HAHN+KOLB Werkzeuge GmbH**, Ludwigsburg: str. 111.4, 8; 112.2; 116.4 – **Hans Sasserath GmbH & Co. KG**, Korschenbroich: str. 223.2-5 – **Hansa Armaturen GmbH**: str. 231.5; 253.1 – **hansgrohe / Hansgrohe SE**: str. 231.6; 256.5, 6 -**HARGASSNER GmbH**, A-Weng/Innkreis: str. 267.6; 277.1 – **Werner Hayen**, Wilhelmshaven: str. 119.3; 269.3 – **HAZET-WERK, Hermann Zerver GmbH & Co. KG**, Remscheid: str. 95.1 – **Heinrich Kopp GmbH**, Kahl: str. 204.1; 205.3 – **HELIOS-PREISSER GmbH**, Gammertingen: str. 117.2 – **Henkel AG & Co. KGaA**, Düsseldorf: str. 86.1; 153.5, 6 – **Hilti Deutschland GmbH**: str. 104.1-3; 110.2 – **Hodt Korrosionsschutz GmbH**, Wentorf: str. 176.1 – **Hommel Hercules Werkzeughandel GmbH & Co. KG**, Viernheim: str. 131.4 – **Honeywell GmbH**, Haustechnik, Schönaich: str. 276.1b; 284.4; 293.3 – **Hoyer G.m.b.H**, Visselhövede: str. 269.2 – **Ideal Standard GmbH**, Bonn: str. 233.2; 244.1; 250.3 – **IMI Heimeier**, Erwitte: str. 3.6; 17.1; 264.1; 283.7; 284.3; 285.1; 288.4; 289.2-4; 290.1; 292.3 – **iStockphoto**, Berlin: str. 149.2©stockthor; 159.2©alxpin; 164.2©BluesandViews; 166.1©&#169 Nick Schlax; 166.2©flavijus piliponis – **IVT GmbH & Co. KG**, Rohr: str. 89.2, 3 – **Jacobi Eloxal GmbH**, Altlußheim: str. 176.4 – **JUDO.eu**: str. 167.1; 172.4 – ©Junkers Bosch Thermotechnik GmbH. Alle Rechte vorbehalten: str. 237.4; 241.4 – **Jutec Biegesysteme GmbH**, Limburg: str. 66.4; 68.1 – **Wolfgang Kaiser**, Schleswig: str. 50.1-3; 54.3a+b; 135.1;

153.1, 4; 159.1; 177.4; 196.2; 197.1 – **KASTO Maschinenbau GmbH & Co.KG**, Achern-Gamshurst: str. 47.3 – **Wilhelm Kaufmann**, Norderstedt: str. 92.3, 4; 177.3; 205.2; 241.5; 306.1; 307.2; 308.6 – **Kebulin-Gesellschaft Kettler GmbH & Co. KG**, Herten: str. 141.3 – ©**Kermi GmbH**, Plattling, Deutschland: str. 252.1; 253.5; 288.1, 5; 289.1; 290.2, 5; 292.1 – **KESSEL AG**, Lenting: str. 256.1-3 – **KME Germany GmbH & Co KG**, Osnabrück: str. 282.1 – **K N I P E X – Werk C. Gustav Putsch KG**, Wuppertal: str. 182.1, 2, 5, 6; 183.1-6, 8 – **König Maschinenhandel GmbH, T-Drill**, Velbert: str. 74.5-7 – **KRAUSE-Werk GmbH & Co. KG**, Alsfeld: str. 41.1 – **Carmen Kurth**, Stuttgart: str. 23.1 – **Kutzner + Weber GmbH**, Maisach: str. 298.1, 2 – **Volker Lindner**, Haltern: str. 111.7; 112.1 – **LOROWERK K.H. Vahlbrauk GmbH & Co. KG**, Bad Gandersheim: str. 160.1, 2 – **Ludwig Meister GmbH & Co. KG**, Dachau: str. 147.2 – **Harald Macht**, Schwendi: str. 90.4; 107.1-3; 131.1; 132.5; 136.2, 4; 138.5; 139.1; 141.1; 307.3; 308.4 – **MAGRA Maile + Grammer GmbH**, Rottenburg-Ergenzingen: str. 286.1 – **Mahr GmbH**, Göttingen: str. 111.9 – **Maico Elektroapparate-Fabrik GmbH**, Villingen Schwenningen: str. 306.7, 9; 309.8, 9 – **Marley Deutschland GmbH**, Wunsdorf: str. 281.2 – **MAX WEISHAUPT GMBH**, Schwendi: str. 273.1; 275.1; 278.2; 299.1-4 – **Meibes System-Technik GmbH**, Burgwedel: str. 3.5a; 214.1; 227.2a; 284.2; 294.1 – **Meister Werkzeuge**, Wuppertal: str. 256.8 – **Menerga GmbH**, Mülheim an der Ruhr: str. 306.8 – **MEPA – Pauli und Menden GmbH**, Rheinbreitbach: str. 251.4 – **Mersch GmbH und Co. KG**, Verl: str. 256.7 – **Mertik Maxitrol GmbH & Co. KG**, Thale: str. 270.1e – **Messer Cutting Systems GmbH**, Groß-Umstadt: str. 81.1, 2 – **Metabowerke GmbH**, Nürtingen: str. 46.4; 47.2; 58.2 – **Metallbau Modi GmbH**, Roth: str. 71.2 – **Miele & Cie.KG**, Gütersloh: str. 185.3 – **Josef Moos**, Eching: str. 157.6; 170.4 – **Moradelli Metal Design GmbH**, Kirchheim bei München: str. 165.1 – **Nemak**, Frankfurt/Main: str. 134.1 – **nmc sa**, B-Eynatten: str. 282.5 – **Novopress GmbH & Co. KG**, Neuss: str. 89.5, 6 – **Gunter Offterdinger**, Niefern-Öschelbronn: str. 197.2; 198.1, 2 – **Orbitalum Tools GmbH**, Singen: str. 64.6 – **Oventrop GmbH & Co. KG**, Olsberg: str. 268.3b, 4; 283.10; 284.5; 294.2 – **Perfecta Heizleisten E. W. Grömminger**, München: str. 290.4 – **Perkeo-Werk GmbH + Co. KG**, Schwieberdingen: str. 76.1, 2 – **POLOPLAST GmbH & Co. KG**, A-Leonding: str. 84.4-6 – **poresta systems GmbH**, Bad Wildungen: str. 251.3 – **PowerSources GmbH**, Meerbusch: str. 201.3 – **PROGAS GmbH & Co KG**, Dortmund: str. 269.1 – **PROXXON str.A.**, L-Wecker: str. 93.4-6; 94.2-4 – **Peter Pusch**, Hamburg: str. 14.1; 54.4; 60.1; 72.2; 88.2; 98.10-12; 110.1, 4; 131.5; 132.4; 133.1, 4; 134.4; 135.3; 136.5; 138.1, 2; 142.1; 143.3; 148.2-4; 149.3; 153.2; 158.1; 160.3, 5; 161.1, 2; 162.3; 163.2, 3; 164.1, 3, 5; 169.1; 170.1; 171.1, 3; 199.1; 238.3; 258.1, 3; 262.5 – **RAU GmbH**, Meitingen: str. 270.2 – **Reflex Winkelmann GmbH**, Ahlen: str. 293.4 – **REMS GmbH & Co KG**, Waiblingen: str. 47.1, 4; 59.4; 64.2-5, 5; 66.1, 2; 73.5, 6; 77.2; 78.6; 88.1a+b, 7 – **repaBAD GmbH**, Wendlingen: str. 144.1 – **Robert Bosch Power Tools GmbH**, Leinfelden-Echterdingen: str. 48.1; 51.1, 2, 4; 54.1, 2; 95.2; 194.3; 200.3 – **ROHDE & SCHWARZ GmbH & Co. KG**, München: str. 207.3 – **ROTHENBERGER Deutschland GmbH**, Kelkheim: str. 65.5; 66.3; 89.1, 4; 182.3 – **ROTH WERKE GMBH**, Dautphetal-Buchenau: str. 88.5, 6 – **ROTWERK GmbH**, München: str. 62.3 – **Rox-Klimatechnik GmbH**, Weitefeld: str. 307.1 – **SAB Berschneider GmbH**, München: str. 176.5 – **Saint-Gobain HES GmbH**, Köln: str. 160.4; 263.2 – **Sandvik Tooling Deutschland GmbH GB Coromant**, Düsseldorf: str. 135.4; 152.1, 2 – **Sanitärtechnik Eisenberg GmbH, an Aliaxis company**, Eisenberg: str. 260.3, 4 – **ScantoolGroup**, DK-Brovst: str. 70.3 – **Schechtl**

Maschinenbau GmbH, Edling: str. 70.2 – **Jörg Scheele**, Witten: str. 270.3 – **SCHOTT AG**, Mitterteich: str. 163.4 – **Schröder-Fasti Technologie GmbH**, Wermelskirchen: str. 62.2 – **Michael Schwaab**, Hamburg: str. 103.4 – **Selfio GmbH**, Linz am Rhein: str. 309.1 – **Seppelfricke Armaturen GmbH**, Gelsenkirchen: str. 147.3 – **Shutterstock Images LLC**, New York, USA: str. 76.3©VitoriusT; 173.2©Elena Larina; 256.9©Szasz-Fabian Jozsef; 262.1©Marcin Wos; 267.7©Milosz_G; 267.8©Libor Fousek – **Siba GmbH**, Lünen: str. 203.2 – **Siemens AG**, München: str. 203.1 – **SOLA-Meßwerkzeuge GmbH**, A-Götzis: str. 118.4 – **STABILA Messgeräte Gustav Ullrich GmbH**, Annweiler: str. 118.1 – **Stadtwerke Ostfildern · Wasserversorgung**, Ostfildern: str. 221.2 – **Steinberg-Armaturen GmbH**, Düsseldorf: str. 232.1 – **Steinzeug-Keramo GmbH**, Frechen: str. 64.7 – **Stiebel Eltron GmbH & Co. KG**, Holzminden, Deutschland: str. 237.3, 5; 238.2; 240.2; 241.1 – **Stierli Bieger AG**, CH-Sursee: str. 66.5 – **Thorsten Stroh**, Freigericht: str. 46.1 – **Technolit GmbH**, Großenlüder: str. 82.2 – **Teka Austria GmbH**, A-Wien: str. 246.1, 5 – **TESA Technology Deutschland GmbH**, Ingersheim: str. 111.1; 114.5, 6 – **TG Kunststoffverarbeitung GmbH**, Erndtebrück: str. 233.4 – **Theo Förch GmbH & Co. KG**, Neuenstadt: str. 176.2 – **Thermaflex Isolierprodukte GmbH**, Döschwitz: str. 59.6; 143.2 – **Thoman Biegemaschinen oHG**, Breisach-Oberrimsingen: str. 67.1 – **thyssenkrupp Transrapid GmbH**, München: str. 185.1 – **Jochen Timm**, Hamburg: str. 62.1; 129.1; 154.2; 157.1 – **TOX-DÜBEL-TECHNIK GmbH**, Krauchenwies: str. 108.1-3 – **TROX GmbH**, Neukirchen-Vluyn: str. 306.2, 3, 5, 7; 309.4, 7 – **TRUMPF Grüsch AG**, CH-Grüsch: str. 61.7, 8 – **TRUMPF Werkzeugmaschinen GmbH + Co. KG**, Ditzingen: str. 69.3, 4 – **Uponor GmbH**, Haßfurt: str. 90.2 – **Vaillant GmbH**, Remscheid: str. 201.1; 241.2 – **Vallox GmbH**, Dießen: str. 308.2 – **Varta Consumer Batteries GmbH & Co. KGaA**, Ellwangen: str. 200.1 – **Veolia Water Technologies Deutschland GmbH**, Celle: str. 308.3 – **Vermessungsbüro Dipl.-Ing. Andreas Kluß**, Euskirchen: str. 118.5; 139.4 – **VERZINKEREI OBERUZWIL AG**, CH-Oberuzwil: str. 3.3; 120.1; 138.4 – **Viega GmbH & Co. KG**, Attendorn: str. 88.3, 4; 91.1b; 159.5; 220.1; 233.3; 256.4; 261.1; 270.4; 281.1 – **Viessmann Werke GmbH & Co. KG**, Allendorf: str. 242.1, 2; 279.2 – **Villeroy & Boch AG**, Mettlach: str. 145.2; 244.2, 3; 247.1 – **Vola GmbH**, München: str. 231.3; 232.3 – **Josef Wagner**, Salzweg: str. 91.2; 93.1-3; 94.7; 102.1-3; 103.1-7, 9; 109.2, 4; 110.7; 140.2; 142.2; 145.1; 146.1; 148.1; 267.1-4; 275.2; 276.1a, 4; 281.3; 282.2, 3; 283.4; 284.8, 9; 294.3 – **Wagner & Co. Solartechnik GmbH**, Cölbe: str. 243.1 – **Walraven GmbH**, Bayreuth: str. 109.1, 3, 5, 6 – **Walter AG**, Tübingen: str. 134.3 – **WDV-MOLLINÉ GmbH**, Stuttgart: str. 222.3; 284.7 – **Wieland-Werke AG**, Ulm: str. 136.3; 137.1; 138.3; 158.2-5; 161.4 – **Wilhelm Layher GmbH & Co KG.**, Güglingen-Eibensbach: str. 41.6 – **WILO SE**, Dortmund: str. 286.5 – **Windecker GmbH**, Landau-Zeholfing: str. 164.4 – **Windhager Zentralheizung GmbH**, Meitingen: str. 267.5 – **Witt-Gasetechnik GmbH & Co. KG**, Witten: str. 78.2, 3; 81.3, 4 – **wolfcraft GmbH**, Kempenich: str. 54.5 – **Wolfensberger AG**, CH-Bauma: str. 132.1-3 – **Harro Wolter**, Hamburg: str. 194.1 – ©2017 **ZARGES GmbH**: str. 40.1-4 – **ZINSER GmbH**, Albershausen: str. 80.2 – **Zopf Biegemaschinen Handels GmbH**, Haldenwang: str. 68.2